U0560134

Guangzhou

THE COMMERCIAL CAPITAL RISING
AND THRIVING BY SEA

广州

向海而生的商业之都

叶曙明 / 著

团结出版社
UNITY PRESS

图书在版编目（CIP）数据

广州：向海而生的商业之都 / 叶曙明著. 一北京：
团结出版社，2024.7
ISBN 978-7-5234-0095-1

Ⅰ.①广… Ⅱ.①叶… Ⅲ.①广州－地方史 Ⅳ.
①K296.51

中国国家版本馆 CIP 数据核字 (2023) 第 060898 号

出　版·团结出版社
　　　　（北京市东城区东皇城根南街 84 号　邮编：100006）
电　话：（010）65228880　65244790（出版社）
　　　　（010）65238766　85113874　65133603（发行部）
　　　　（010）65133603（邮购）
网　址：http://www.tjpress.com
E-mail：zb65244790@vip.163.com
　　　　tjcbsfxb@163.com（发行部邮购）
经　销：全国新华书店
印　装：三河市东方印刷有限公司

开　本：170mm×240mm　16 开
印　张：25.75
字　数：410 千字
版　次：2024 年 7 月　第 1 版
印　次：2024 年 7 月　第 1 次印刷

书　号：978-7-5234-0095-1
定　价：78.00 元
　　　　（版权所属，盗版必究）

清代绘画：广州街景

广州同文馆师生

清代绘画：广州茶楼

1919 年的袜子广告

繁華せる蘇州の街　（東門）

城内大新公司

珠江码头

VIEWS OF CATON

20 世纪 30 年代的十三行

1931 年的国货展览会

1936 年的广州街头

面朝大海

　　一个生命体的诞生与成长，总能令人感动不已。一座城市，也是一个巨大的生命体。在不同时代、不同地方诞生的城市，会留下不同的历史印记，有着不同的文化基因，这些决定了这座城市不同的生命历程。

　　广州作为一方地域，生于两千多年前的南海之滨。南临大海、北倚五岭的地理位置，有如一道天然屏障，被明末学者屈大均形容为"粤处炎荒，去古帝王都会最远，固声教不能先及者也"。①屈大均固然是感叹广东的文化劣势，但从另一角度去看，这种"劣势"，恰为广州的成长发育，提供了一个"天高皇帝远，海阔任鸟飞"的环境，未尝不是优势。

　　当秦王朝横扫六国、一统天下时，岭南几乎是最后被征服的地方。但秦王朝千辛万苦征服了它，却把它当作安置罪徒、贬谪官员的流放地，直到两宋以前，都是如此。王朝的轻慢与隔膜，却为广东输送来大批人才，也培养起广州人敢想敢干、独立自主的精神，当城市开始走向近代化、现代化时，这就是一股无与伦比的强劲动能。

　　中国历代王朝，都主张"以农为本""以农立国"。内地大部分城市，都是从农田中成长起来的，在春耕夏耨、秋收冬藏的一次次轮回中，慢慢积累而成。但广州是从码头港口发展起来的。码头港口是大陆与海洋的交汇点，一条条航线，把五洲四海联结起来。经济全球化，就是从一个码头驶向另一个码头的"织网"过程。

---

① （明）屈大均：《广东新语》上卷，第 321 页。中华书局 1985 年版。

大海是地理，码头是人文。有了码头，世界就开始流动了，文化在流动中壮大与传播。世界的每个细小变化，最终都可能会通过一连串的关联，传达到广州，形成蝴蝶效应。

16世纪，葡萄牙人夺取了摩洛哥西岸和塞索格尔河口。这是发生在遥远国度的事件，与中国似乎毫不相干，生活在西安、成都、开封、长沙或任何一个内地城市的人，也许完全感受不到它的震撼，但广州人感受到了。

葡萄牙沿非洲西岸南进，到达好望角，继而攻占了马六甲。在马六甲，葡萄牙人偶然遇上几艘中国商船，打探到广州是中国南部沿海最大的商业中心，全国水陆两路的大量货物，都在广州装卸。葡萄牙人欣喜若狂，马上将航海罗盘，瞄准了广州。两年后，第一艘葡萄牙船，到达了广东海岸。尽管他们的首航，一无所获，但更多的外国商船，闻风而来，一连串的历史巨变，由此触发。

广州的兴衰际遇，不像种田人家那样，只与一家一户相关，而是与五洲四海关联，与世界关联。一艘一艘商船，带来了大洋彼岸的消息，也把广州的消息带往远方，吸引更多的商船前来。广州因海洋而生机勃勃，活力无限。海洋开放时，广州兴；海洋封锁时，广州衰。这是被时间反复证明的一条铁律。海洋、码头、港口、船，这些对广州而言，具有特殊的文化意涵和象征意义，足以揭示出多层文化积累的根源。

浩瀚的海洋，让这座城市的生命之花，恒久绽放。

广州，从砌下第一块城砖那天起，就是一座商业城市。尽管在历史上，它也曾短暂地做过三朝十帝之都，但终究没有成为一座政治中心城市。农业时代，它不为耕种而存在；工业时代，它也不为机器和工厂而存在。当中国开始迈向近代化时，广州同步前进，但不是以大型现代工业为主导。

洋务运动之后，张之洞在广州办过工业，岑春煊也办过，陈炯明也办过，陈济棠更是投入了极大的热情去建设现代工业，但直到1936年，号称清末以来广州工业最兴盛时期，一个逾百万人口的大城市，也只有7.84万人在从事工业。[①]规模在全国排得上号的大工厂，寥寥无几。大量的手工业者，仍然保持

---

① 《广州市志》第5卷，第9页。广州出版社1998年版。

着几百年前的生产方式，没有因为越来越多的现代工厂出现，而产生联合组成大工厂的愿望与冲动。

揆诸事实，广州的近代化，是以商业和城市改造为主导的。广州要办工业，不得不面对地理环境与人文历史两方面的问题。地理环境方面，广州西边受增埗河所限，南面是珠江，北面是白云山，在这个面积不大的区域内，人烟稠密，插针无缝，兴建大工厂，基本是不太可能的，只有东面有发展的空间。这就给了政府一个难题，如此宝贵的东部空间，究竟是用来发展住宅，抽疏市区中心人口，以创造更好的居住环境呢？还是用来发展大工业，把广州变成华南的工业中心？

政府选择了前者。之所以做出这样的选择，不仅有地理因素的考虑，也受着人文历史的影响。广州的商业传统非常深厚，两千多年来，城市早就有一套基于商业的成熟运转机制，朝廷、官府、商人和普通老百姓，都从这个机制中获益。商人为了自身的利益，会努力维持这种运转模式，不让它发生动摇。

广州商人社会，历史悠久，根深蒂固，至1923年国民党改组以前，他们都是政府执政的基础，在很多时候，甚至左右着政府的决策。在商人看来，要吃荔枝，不一定要自己种一棵荔枝树。没有经过大规模的工业化，照样可以把西方国家工业化的成果，直接引入。可以把西方现代城市的概念、模型和管理制度，复制过来，甚至生活方式，也可以照搬。别人有汽车、火车、轮船，我们也可以有；别人有高楼大厦，我们也可以有；别人有林荫大马路，我们也可以有；别人有交通规则，我们也可以有；别人有百货公司、医院、大学，我们一样都不少。这一切都可以通过商业运作来实现。

这种观念，至少在1924年"商团事件"之前，深刻地影响着政府。所以在那段时期，轰轰烈烈的城市改造运动，只关注"拆城筑路"，而工业的进步，并不受政府重视。"商团事件"以后，传统商人社会土崩瓦解，商界对政治的影响力，一落千丈。1930年以后，陈济棠主政，明显改变了以前的发展策略，实行工业与城建同时并举，在省内兴办了一系列的工厂。这是由于当时广东处于半独立状态，陈济棠为了与南京政府对抗，急需建立一套自给自足的工业体系。这个梦想最终也因政局的改变而破灭。

　　近代化是一个繁杂浩大的工程，工厂多了不等于实现了近代化转型，它只是为进入近代化，创造了必要条件。近代工业使效率提高了，产能提升了，流动成本降低了，时空观念改变了，必然推动全球市场的建立，使人类有更紧密的关系，进而促使政治、经济、文化、社会生活的方方面面，发生前所未有的演进。易言之，近代化的实现，是建立在市场的自由流动、自由竞争、自由贸易之上的。市场的规模与形态，决定了近代化的程度。人类的交流越广泛、越深入、越开放、越包容，近代化的实现也越快、越彻底。现代化亦然。

　　回顾来路，展望将来，千里迢迢，荆棘塞途，一路上有无数分道口，走错一个路口，可能就要浪费几代人的时间。每个城市，都背负着不同的历史包袱，发展的基础不同，条件不同，在各自的路上跋涉，也有不同的经验教训。

　　广州生于海洋与陆地的夹缝之间，天生带有海洋与陆地混合的基因，在波浪与岩石的搏击中成长。当农耕时代的闭关锁国，无可奈何地瓦解，新世纪的风云在海平面汇聚成风暴，滚滚扑来时，面朝大海的广州，有过怎样与众不同的经历？这些经历将给中国带来哪些启示？生活在这座城市中的人们，又有过怎样的奋斗与徘徊、失望与憧憬、痛苦与欢笑？这委实是一个值得书写的故事。

目录

第一篇

古城旧貌

《广州港与广州府城画》局部（海珠炮台与镇海楼）。该画现藏于大英图书馆

第一章　一座城的身世

秦始皇时代
在山海之间、云水深处，有了一座王城——广州。

东吴时期
广州成为一座给民居住的城市。

大唐时期
从广州出发的商船与沿途九十余个国家和地区进行贸易。

宋代
在广州设立市舶司。

明代嘉靖时期
广州成为海上丝路的唯一进出口岸。

乾隆二十二年
中国进入广州一口通商时代。

十三行
将广州打造成一座世界商业城市。

珠江边的明珠

公元前 214 年，秦始皇派任嚣、赵佗率军征讨岭南，打败了南越人的顽强抵抗，平定了岭南。南海郡尉任嚣在珠江岸边、越秀山下，修筑了一座小小的营寨，作为南海郡治，被称为任嚣城。后来，赵佗在任嚣城的基础上，踵事增华，修筑了越王城。

从此，在山海之间、云水深处，就有了一座城——广州。

无数的历史文献与近世考古，似乎都得出这样的结论：任嚣城只是一座军营，而越王城是一座王城，并没有老百姓居住。

城市，没有樵子渔夫，没有村歌社鼓，没有孩子的哭闹，没有织妇的吟唱，它还算一座城市吗？从这个意义上，越王城是城，但不是城市。

汉武帝平定南越国后，交州治所迁到广信（封开），越王城被夷为平地，昔日的豪华宫署，只剩下残垣断壁。汉武帝也许以为，这座城的故事就此结束。但没过多久，南越国宫署的废墟上，又见缕缕炊烟，又闻鸡鸣狗吠，几番风雨过后，这座城又复活了。

东汉建安十五年（210 年），东吴孙权派步骘为交州刺史。步骘到广州实地视察后，被其天然形胜所震撼，建议把州治迁回广州，获得孙权批准后，征调民工，以南越王宫署废址为中心，修筑城墙，以作州治屏障。这是广州自任嚣建城四百年来，有实物可考的第一次修筑城墙。东汉建安二十二年（217 年），步骘把州治迁回广州。这时的广州，已有不少居民了。清人仇巨川《羊城古钞》称：

骘治尉佗故都，筑立城郭，民用绥集。[1]

在广州绵绵不绝的生命历程中，"民用绥集"这四个字，如大夜见长庚，

---

[1] （清）仇巨川：《羊城古钞》，第 382 页。广东人民出版社 1993 年版。

如春风绿山林，这意味着，给民居住的城市诞生了。

古人修筑城池，要不要进行规划？有没有一定的规则、规范？当然是有的，而且十分重视。中国上下五千年，共修筑了四五千座城池。每座城池的设计，都可以看到春秋时期工艺官书《考工记》的痕迹。作为西周礼乐制度的组成部分，《考工记》被收入《周礼》，成为儒家礼制经典。对城市的营造，这部书里有详细规定：

匠人建国，水地以县。置槷以县，视以景。为规，识日出之景与日入之景。昼参诸日中之景，夜考之极星，以正朝夕。匠人营国，方九里，旁三门。国中九经、九纬，经涂九轨。左祖右社，面朝后市。市朝一夫。[①]

从城池的选址、方位、形状，到城中房屋、道路规格、功能布局，都有一定规度。

天下城池大都倚山傍水，没有水的城是死城，没有山的城是危城。比较之下，水比山更重要。广州背倚云山，面瞰江海，用屈大均的话形容：

自白云（山）蜿蜒而来，为岭者数十，乍开乍合，至城北耸起为粤秀，落为禺，又落为番。禺北番南，相引如长城，势至珠江而止。[②]

综观世界，凡持久繁荣兴盛的商业大城市，多数坐落在大河两岸，如果靠近入海口，那就更优了，如巴黎、纽约、东京、伦敦、首尔、香港等，莫不如是。

唐代的广州城，与步骘城范围大致相同，城墙周长约为五里，方方正正。这种方正的网格造型，有利于作出符合城市礼制的功能划分，哪里是官署，哪里是社稷，哪里是祭坛，哪里是市阓，哪里是闾里，无不互相对应，井井有条，就像阴阳八卦一样严谨。日本真人元开《唐大和上东征传》中记述了唐天宝初年（742～756年）鉴真和尚东渡日本，经过广州时，亲见广州城"州城三重，都督执六纛，一纛一军，威严不异天子。紫绯满城，邑居逼侧"。[③]其规模之盛大，竟令人有"不异天子"之叹。内城建筑以官署衙门为主，商业区

---

① 引自《周礼·冬官考工记》，载《十三经》上册，第629页。广东教育出版社、陕西人民教育出版社、广西教育出版社2005年版。

② （明）屈大均：《广东新语》上卷，第78页。中华书局1985年版。

③ ［日］真人元开：《唐大和上东征传》，第74页。中华书局1979年版。

集中在西城外，两者保持一定距离，老百姓大多居住在城墙脚下，"邑居逼侧"，与官署衙门形成强烈对比。这一切，都是为了彰显上下尊卑的礼制。

此时，广州已是大唐的对外贸易重镇，每年九十月间，寒冷的冬季季候风越过南岭，满载绫绮罗绢的中外商船，便解缆挂席，从广州出发，穿越马六甲海峡，跨过印度洋、波斯湾，再到阿曼湾、亚丁湾、东非海岸，与沿途九十余个国家和地区进行贸易，来年三四月间，再随东南季风回航，俗称"返唐山"。常年侨居广州的"番商"，多达十几万人，官府在广州西城外划定"番坊"，供他们居住，坊内有专供番商使用的市场、学校和宗教场所。广州人把他们称为"住唐"，意为长住唐山。广州几成"唐"的代名词。

宋代十分注重商业，在广州设立市舶司，逐步放宽民间与海外的贸易限制。元丰三年（1080年），朝廷改革外贸制度，规定中国所有商船前往"南蕃诸国"，只能从广州出发，也只能回航广州。即除了对日本、高丽的贸易，由杭州、明州市舶司管理外，其他几十个国家、地区的贸易，一律由广州市舶司掌管。与广州有直接贸易关系的国家和地区，多达一百四十余个。后来朝廷两度撤废闽、浙市舶司，唯留广州一口通商。每天城外江面上，樯帆不断，大小商船络绎不绝，排队入港，百货汇聚，人口也在急剧增加，城市得到了空前的发展，成为天下有名的东方大港。

南北两宋，前后凡三百余年，广州城经历大大小小二十多次扩建和修缮，是有史以来最频密的。北宋景德年间（1004～1007年），高绅出任广南东路经略使时，把建设重点放在城西南，因为它是广州的外贸港口。他开凿南濠，把城中众多渠水汇入南濠，排出珠江。大中祥符年间（1008～1016年），邵晔任广南东路经略使时，大力开凿和疏浚城外护城河，凿濠为池，以通舟楫，人皆称便。

北宋庆历四年（1044年），广南东路经略使魏瓘在东面修筑子城，复疏浚城濠，凿东西澳建水闸，每天定时启闭。子城北部围绕着经略安抚使司，是传统的官衙区，隋广州刺史署，唐岭南道署、岭东道节度使府、清海军节度使司，南汉乾和殿，均设在这里。一条天街（今北京路）直通江边，以清海军门（双门）为界，南部为新兴的商业区。这次修固城池非常及时，因为八年后，即宋皇祐四年（1052年），广西侬智高揭竿造反，攻打广州五十余日，但新修子城，固若金汤。

依智高之乱虽然平息，但由于广州商贸兴盛，珍货山积，盗匪垂涎，动辄杀人放火，商人无法安居乐业。官府多次动议修筑西城，却因工程复杂浩大，筹钱困难，总是议而不决。宋熙宁三年（1070年），程师孟调任广州知州，翌年再任经略史。在广州士民支持下，官府毅然动工修筑西城，历时一年完成。这次修城最大的特点，是把著名的光孝寺、天庆观、六榕寺、崇报寺、怀圣寺，甚至整个蕃坊，都纳入城内，从而打破了唐代以来"化外人法不当城居"的规矩。南宋绍兴二十三年（1153年），官府重新修葺中城、东城和西城，从此，广州有了"三城"之称。

宋三城的设计，已突破《考工记》的规范，不像南越王城、步骘城和唐城那样方方正正，而是根据商业中心而变化，明显向西南方临江繁华商业区延伸，成了一个矩形。把商业区纳入城中，是一个破天荒的改变，意味着昔日"王城"向"商城"的蜕变。传统的城市礼制，在一定程度上被打破了，反映出世俗市井生活的蓬勃兴旺。

南宋末年，元军攻打广州时，东、西两城都被摧毁，其后进行过修复。元亡明兴，明军不战而下广州，城池没有受到破坏。明洪武二年（1369年），广东置行省。自南宋程师孟修筑西城，至今经历了三百多个春秋，随着人口的增加，原有的城区格局，已难以适应。于是，洪武初年（1368年）便有了"三城

古广州城正北门（大北门）

古广州城小北门

古广州城归德门

合一"的工程。

"三城合一"，就是把宋三城连成一片。洪武十一年（1378 年）开始，拆掉了三城之间的城墙，把城市范围向北拓展，北城墙跨过了越秀山，南城墙在今大德路，西城墙在今人民路，新辟正西门（今中山六路与人民路交会处），与正东门相对。开通西门大街，方便了城内交通。三城合一以后，城区大大扩张，比原宋三城面积增加了一半以上。其后由于城南江边的冲积地不断扩大，嘉靖四十三年（1564 年）修筑了南城，人们称为新城（外城），与原有的旧城（内城），区别开来。广州城池的格局和规模基本定型。

明亡清兴，顺治四年（1647 年），总督佟养甲筑广州东西二雁翅城。当时南明军民在珠江三角洲声势浩大，多次进攻广州，要夺回这座古城。佟养甲在南城墙的东西两端，分别修筑城墙，直抵珠江边，作为城防工事，因形似雁翅，故称雁翅城，也有人称作"鸡翼城"。

这是广州最后一次修筑城墙。从有文字记载的周、秦算起，广州的筑城历史始于南武城（传说）、任嚣城、赵佗城，经历了东汉、两晋、唐、南汉、宋、元、明、清，历朝历代的重建与修葺。最后，广州城墙以全长约 9700 米，高约 7.6 米，宽约 6 米的规模，在人们的记忆中定格。自此之后，除维修倒塌的城墙外，再没有筑新城墙。广州的城墙修筑史，于焉画上句号。

守禁，抑或开变？

直到民国初年，广州都不是一个独立的行政区划，它是作为路、府、州或省的治所而存在的，城墙之内，密密麻麻、层层叠叠，都是各级官署衙门。实际的地方行政，由番禺县和南海县分治，番禺县管理城东，南海县管理城西。

从来没有哪座城市，像广州这样，分成截然不同的两片天地。走出城的北门、东门，处处稻花飘香，清溪绕村落，一派田园风光，人们日出而作，日入而息，凿井而饮，耕田而食；走出南门、西门，满眼商铺林立，果栏、菜栏、鱼栏、杉木栏、桨栏、竹栏、米栏、糙米栏、油栏、豆栏和茶楼食肆，千门万户，人如潮涌。广州有句俗谚："东村西俏，南富北贫"，形容的就是这种现象。

在西濠至联兴街之间，坐落着东（小）溪馆、荷兰馆、新英国馆、旧英国馆、瑞行、帝国馆、宝顺馆、美国馆、章官行、法国馆、西班牙馆、丹麦馆。气势恢宏的夷馆，坐北朝南，耸立江浒，飘扬着不同国家的国旗，迎接着五洲四海的商船。这就是世界闻名的十三行。

在大英图书馆地图馆皇家地图藏品部，藏有一幅《广州港和广州府城画》长卷，原画长920厘米，高74厘米，为绢裱本卷轴水粉画，创作时间约在清乾隆二十五年（1760年），是英国人聘请中国画师为纪念其开辟广州商贸而作，后来被英王乔治三世收藏。这幅巨作，西起广州城西的黄沙、柳波涌西炮台，东至广州城东的大沙头、东水炮台，广州港口、广州府城和珠江沿岸风景，尽收笔底。大小码头和各类官私、宗教、中西建筑两百多处，参差错落，鳞次栉比；停泊在岸边或行驶于江中的船只有四五百艘，岸上和船上人物六七百余，画工精细入微，物象形态生动，再现了当年广州贸易口岸的繁荣景象，被研究者奉为神作，誉称"广州的《清明上河图》"。

《广州港与广州府城画》（长卷的开头部分）。该画现藏于大英图书馆。

在仔细观察这座城市之后，每个人都会大感不解，它究竟是一座面向世界的商业都会，还是一座基于乡村的传统城邑？从城东、城北，到城南、城西，反差之大，好像相隔千年。那些靠攻读四书五经、科场考取功名的官员，是如何管理这座城市的？人们如何解决住房问题？如何处理生活垃圾与污水？如何防止流行病传播？如何解决商业纠纷？多少人在做工？多少人在经商？民众接受什么样的教育？对社会事务有没有发言权？这些都是衡量一座城市近代化程度的重要指标。

拉开历史的距离看，明代的经济结构，上承南宋开创之局，曾闪现过新世纪的曙光，可惜生活在内城中心的官员们，目光并不比城墙范围更开阔。历史给了他们机会，他们却把心思，都花在如何防范民众出海上。治理城市的办法，照搬一千年前，《周礼》《仪礼》《礼记》一类古文典册中，那些他们早已滚瓜烂熟的资源。

明代对学术文化的钳制，严于风刀霜剑。士人常因表达思想而横遭诏狱、廷杖摧戕；多数人溺于利禄之学，奔走竞逐，追求纸醉金迷、夸多斗靡的生活；少数高洁之士，则终日陶醉在山水之间，唱酬觞咏，参禅悟道，把玩瓷器、漆器、刺绣、景泰蓝、宣德炉，吟哦着"省事除烦恼，端坐养静虚。栽花终恨少，饮酒不留余。山径儿吹笛，村田妇把锄"①的小诗，以示与世无争。

嘉靖元年（1522 年），江苏人魏校任广东提学副使，下车伊始，认为广州民杂华夷，教化未及，邪奸好讼，浇风薄俗，要大力推广教化。他最大的一

---

① （明）陈献章：《南归寄乡旧》之一。载《陈献章集》，第 351 页。中华书局 1987 年版。

项政绩，是将所有未获朝廷赏赐敕额的神祠、佛寺，视为"淫祠"，概行捣毁。并在民间重建乡约保甲组织，创设社学，教化民众。

在一场移风易俗的风暴中，广州镇远街定林寺被改为中隅社学，番禺县西真武庙被改为东隅社学，大市街尾旧五显庙被改为西隅社学，归德门外大新街西来堂被改为南隅社学，小南门外直街观音堂被改为东南隅社学，西门外蚬子步旧天妃庙被改为西南隅社学，朝天街小府君庙被改为北隅社学，并在二牌楼街设武社学。社学由致仕官绅、监生、生员中品学兼优者担任教读，教授儒学经典和劝导农桑。上课时间，按春耕夏耘、秋收冬藏的农时安排，农闲时开学，农忙时散学。

八所社学，分布在广州城四隅，俨然为城市划定边界，后来学者黄佐在《泰泉乡礼》中，提出"在城四隅社学"，与魏校一脉相承。黄佐不仅构思了一套冠婚丧祭的礼仪（四礼），在城乡推广，根据财产多寡，将居民划定为上户、中户、下户三等，所有人都须遵守自己所属等级的礼仪，而且还设想用宣誓仪式，将乡礼贯彻下去。他建议城中的士大夫，到城隍庙集体宣誓，承诺以立教、明伦、敬身（三事）为自我修身之本。同时召集乡民在里社宣誓："孝顺父母，尊敬长上，和睦乡里，教训子孙，各安生理，毋作非为，遵行四礼条件，毋背乡约，齐心合德，同归于善。若有二三其心阳善阴恶者，神明诛殛。"①

世界已进入地理大发现时代，"不知有汉，无论魏晋"的田园牧歌理想，还能维持多久？当社师在课堂讲授"你每到春来便耕田，夏来便耘田，秋熟及时收割禾稻，冬闲及时修整屋舍，早起便干家事，晚睡莫出村乡，都看天时，干尔生计，此便是用天之道"时，城西十八甫蚬子步外，一艘一艘蕃舶正等候入港，牙商忙着上船验货，丈量船只大小，进行抽解。象牙、犀角、龙脑、沉香、珊瑚、檀香、硫黄、苏木、降香、油红布、西洋铁，堆满码头。不同的价值，已判然两途。祠堂与乡约，把人们固定在土地上，而做生意就像三江之水，四方流动。在广州这种商业发达的地方，价值观的对立，难免日益尖锐。

官府希望社会是凝固的，每天都无事发生，在上者无为而治，在下者含哺而熙，大家都乐在其中，天下则太平安稳。对社会流动，总是心存戒惧，在官

① （明）黄佐：《泰泉乡礼》，第 624 页。（中国台湾）商务印书馆 1986 年版。

府的词典里，"流动"的近义词，就是"失控"与"不测"。因此必须用严密的保甲制，紧紧捆绑住每一个人，把流动降到最低，以此控制基层社会。

保甲制可以追溯到西周时代的"六乡六遂"，迨至明清两朝，乡间的组织层级，变来变去，无非乡、里、都、图、保、村、区、社、甲等，在城曰坊，近城曰厢，乡都曰里。名称或有更换，宗旨则一以贯之，就是要把一个个小家庭绑一起，变成一个"大家庭"（甲），再把多个大家庭捆绑一起，变成更大的家庭（保）。整个制度设计，基于家庭为单位，县官是"父母官"，老百姓是"子民"。父父子子、父严子孝，成了城市管理的伦理基础。

这种制度就像扎一只大粽子，绳子紧时，所有人都成了馅料，被绑得死死。遇见盗贼、逃犯、奸宄窃发事故，邻居有义务报告甲长，甲长报告总甲，总甲报告府州县卫，府州县卫核实，申解兵部，一家隐瞒，邻居九家、甲长、总甲没有告发者，一律治以重罪不贷，谁也别想脱身；但绳子扎得过紧，馅料溢出，也容易迅速蔓延，大家觉得，反正安坐家中也可能获罪，一人反了，索性一齐反了，可能还有生路。结果就是全局溃散，鱼烂瓦解。

朝廷实行严厉的海禁，禁止二桅以上的船只出海，凡私下与海外互市、贩卖番货者，一律严惩不贷。朝廷在广州、泉州和宁波分设三个市舶提举司，管理"四夷朝贡"，这是代表朝廷施恩布德的机构。只准朝贡国的贡船进港，非朝贡国的商船，统统拒之门外。在市舶司之外，朝廷又另委派一名太监到广州，作为皇帝的私人代表，提督市舶司，设立"提督市舶衙门"（又称市舶公馆）。市舶提举和市舶提督，体制上叠床架屋，目的也是互相监视、互相牵制。

明代海禁时期，广东市舶司主要负责来自暹罗、占城（在今越南中南部）和西洋的贡船。朝廷规定，安南、占城、高丽、真腊、爪哇等国三年一贡，琉球两年一贡，暹罗六年一贡，日本十年一贡。每次船不能超过三艘，每艘船上人员，初时不能超过两百，后来放宽至三百。但规定洋人不准踏入城池半步，和洋人做生意的"夷市"，必须设在城外。广州西关，今天还有一条小街叫"怀远驿"，就是明代专门安置洋人的驿站。

朝廷害怕洋人，连带也痛恨起和洋人做生意的行商，在明朝的官方文件中，时常可见"奸商棍揽""市舶豪棍""商棍"一类称呼，所指就是从事外贸的三十六行商人。明朝的广州书院，大多选择建在城北（越秀山至白云山一带），也是为了远离红尘烦嚣，以保持儒家"重义轻利"的清高理念。但朝廷和地方官府也明白，这些行商是摇钱树，国库、私库，全赖于此，不能根除，只能严加控制，从行商的数量，到经营方式，都在官府操控之中。除了三十六行的官牙之外，其他商家不能公开染指对外贸易。

　　嘉靖六年（1527年），福建、浙江两个市舶司被撤，只留下广东市舶司，广州成为海上丝路的唯一进出口岸。珠江三角洲，一向地少人多，嘉靖十七年（1538年），全国人均土地面积为2.3亩，而广东在嘉靖二十五年（1546年），人均土地仅得1.59亩。[①] 洪武二年（1369年）前后，广州人口只得2.75万，到嘉靖四十一年（1562年）已增至30万人。[②] 土地如此紧张，人们仍不断往广州聚拢，唯一的原因，就是受商业的吸引。隆庆元年（1567年）之后六年间，越来越多的私商不避刑辟，加入海贸行列，不断冲击朝廷的海禁政策。许多非朝贡商船，也打着朝贡旗号，蜂拥而来，珠江水面上，舳舻相接，十里连樯。

　　民间的活动，有强大的倒逼力量。随着海禁逐渐松弛，海外贸易逐年增加，广州生齿日繁，带动周边的新城镇，不断崛起。珠江三角洲的市镇，在永乐十三年（1415年）前后仅33个，到万历三十年（1602年）增至176个。[③] 乡村城镇化与中心城市近代化，是一个互为动力、相辅相成

民国时期的珠江广州河段

---

① 引自胡其瑞：《近代广州商人与政治（1905-1926）》。（中国台湾）政治大学历史系硕士论文。

② 中国对外友好协会广州分会编：《广州》，1959年版。

③ 佛山地区革命委员会编写组：《珠江三角洲农业志》第1册，第97页。

的演进过程。明朝刑部尚书郑晓，曾到珠江三角洲视察，所到之处，只见"人逐山海矿冶番舶之利，不务农田"，[①] 他似乎明白了，这股潮流，势不可当。

当世界进入 17 世纪后，在中国曲折而漫长的海岸线上，环集着大批葡萄牙、英国、荷兰、法国、丹麦以及神圣罗马帝国的船只，在寻找登堂入室的门径。崇祯八年（1635 年），英国"伦敦号"商船，经印度洋首航澳门。崇祯十年（1637 年），明军在虎门与企图硬闯广州的英国船队发生冲突，英国人派遣一百多名水兵登陆，强占炮台，升起英国米字旗，并掳走了几条民船，他们声称此举"非寻衅，惟欲通商"。而官府毅然反击，扣押了对方的货物，抓捕与英国人做生意的广州商人。英国屡屡无功而返，引起英王不满，于是授予伦敦的"柯登集团"对东方贸易的五年特权，要求加快与中国实现通商的进度。

崇祯十七年（1644 年），即大清顺治元年。英国东印度公司的"欣德号"商船，再次抵达澳门，谋求通商。中国正处在改朝换代的动荡之中，烽烟四起，人心惶惶。英国人一无所获，空手而去。顺治十五年（1658 年），又有"国王费迪南号""理查德—马撒号"两艘英国商船，驶抵广州探路，仍然不得其门而入。

1655 年荷兰东印度公司商船停在广州港

---

① （明）张萱：《西园闻见录》卷六十二《兵部·广东》。

来自欧洲的商船，频频叩响中国的大门，清晰地传递着一个信息：世界的政治、经济格局，正发生着某种异乎寻常的巨变。波涛万里的海洋，呈现了前所未有的机遇，中国能够把握得住吗？

明朝的海禁政策，一直延续到清朝。这是一个很可悲的对比：正当欧洲各国商人拼命争夺海洋，不断向外扩张的时候，大清王朝却废除了主管外贸的市舶司，规定凡未经批准，擅造二桅以上桅式大船，将带违禁货物下海，前往外国买卖，即等同谋叛，除当事者要枭首示众外，全家还要发边卫充军；私自与外国通商，亦等同私卖军火、泄露军情，同样要处斩、充军，货物入官。朝廷还规定查获者可获没收货物的一半，作为奖励。

尽管在康熙二十三年（1684 年），皇帝同意开海贸易，设立粤、闽、浙、江四海关，但仍然层层设防，实行"以官制商，以商制洋"的策略，官府指定若干家有抵业的富商开设牙行，总揽对外贸易，承保番舶，交纳税饷，备办贡物，管理外商，承办官府与外商的交涉。这就是后来天下闻名的十三行。这些牙行称为"官行"，或"官牙"，实际上是兼有商务和外交双重性质的半官方组织。

朝廷不屑于与外国贸易，中国地大物博，无所不有，何须与夷人互通？准许他们朝贡，只是体现皇恩浩荡而已。雍正二年（1724 年），一艘暹罗国贡船抵达广州，向朝廷进贡。皇上降旨："暹罗国王不惮险远，进献稻种果树等物，最为恭顺，殊属可嘉，应加奖赉。其运来米石，令地方官照粤省现在时价，速行发卖，不许

清海关图

行户任意低昂，如贱买贵卖，甚非朕体恤小国之意。"① 同时免去暹罗船随带货物的税银，以示宽大之典。

广东官府举行了隆重的欢迎仪式，向外界展现友好的姿态。由南海、番禺两县委派河泊所的官员，到怀远驿护送贡物，陪同贡使、通事，浩浩荡荡，由西门列队进城，前往巡抚衙门。两广总督大开中门，由通事、行商护送货物进入。所有官员穿褂服，挂朝珠，列队而出，贡使则站在道旁打躬迎接。官员登上大堂后，贡使在通事引领下，毕恭毕敬，行一跪三叩首礼。总督赐座、赐茶；官员入座，解结验货。最后贡使站立道旁，恭送官员离去。贡品由贡使送往北京，路费由有司出；其余梢目、水手等人，在广州等候期间，伙食也由有司全包。贡船回航前，有司举办盛大的宴会，欢送贡使和船员。

每一个细节，都是为了彰显"雷霆雨露，俱是君恩"，从头到尾，就是一出做给西洋商人看的大戏，希望他们把"皇上优待远人如此深重，为从古未有之旷典，传知海外各邦"，令世界各国"无不向风慕义，群思效忠"。②

除了"雨露"的一面，还有"雷霆"的一面。康熙、乾隆时期，对洋人限制之严苛，几近变态，诸如洋船离开时，船上不准带超额粮食；洋商不准在广州过冬；洋妇人不准进入广州城，不准入住夷馆；本地人不准卖船给洋人，也不准给洋船做维修；行商不准向洋商借贷；洋人不准乘轿子；除规定的时间外，洋人不准在江中划船游玩；洋人不准直接向官府呈递禀帖，一切陈述须通过行商转呈；等等，让人眼花缭乱的种种"不准"，肃若严霜，皆为防范与外国交流带来的不测。抚院海部今天一个法令，明天一道宪谕，商人们无所适从。行商如果被官府怀疑偏帮洋商，或与洋商有暗中勾结，轻则罚款，重则银铛入狱。

文化上也采用严防死守的政策。雍正八年（1730年），广东总督鄂弥达奏请将广州的外国传教士驱逐到澳门，等有该国船到达再驱逐回国；对入教的中国人予以严惩；对外省入教者解回原籍处理；教堂改作公所，或由官府变

---

① 广东省方志办　广州市方志办编：《清实录广东史料》第1册，第281页。广东省地图出版社1995年版。
② 雍正皇帝朱批奏折。引自李国荣　林伟森主编《清代广州十三行纪略》，第30页。广东人民出版社2006年版。

卖；禁止洋商潜入广州城内交易；禁止传教士和闲杂人到十三行，杜绝蛊惑人心，败坏风俗，潜生事端之行为。

这时，国际形势正发生着一系列剧变。1739年，英国与西班牙为争夺南美的殖民地，爆发了旷日持久的战争；1740年，神圣罗马帝国的查理六世去世，因皇位继承问题，引发了波及全欧洲的战争。英国支持奥地利一方，法国支持普鲁士一方，为四年后两国开打，点燃了导火索。

大清朝廷对这些事情，知之甚少，也不太关心。但欧洲的形势变化，对广州却产生了直接影响。1739年，英国海军去太平洋截掠西班牙的运输船。但舰队在途中遭遇风暴，损失泰半，最后只剩下一艘"百夫长号"，在舰队司令乔治·安逊（G. Anson）指挥下，鬼使神差，驶抵广州，这是第一艘越过太平洋到达中国水域的英国船只。

安逊要求进入广州，进行船体维修和补充给养，遭到拒绝；安逊提出单独前往广州，拜会两广总督，又遭到拒绝。这位皇家海军舰队司令勃然大怒，声言如不放行，就武装强行进入。在"百夫长号"大炮的威胁下，海关不得不同意它驶入省河。事件背后的意义在于：大航海时代，不同国家、不同文明之间的距离，已间不容发，要为碰撞做准备了。

但没有人意识到这一点，或者有人意识到了，却没有人愿意倾听他们的声音。官府对城市的管治理念、管治手法，仍然在惯性的轨道上缓慢运行，墨守着千百年来的成规，以为越古老的办法越有效，指望以不变应万变。他们惺忪的睡眼没有看到，这时茫茫海洋，已波涛汹涌，一场改变世界格局的暴风雨，即将发生。广州将如何面对这个变局？

走向世界的十三行时代

宋代开放和自由的市场，带来了繁荣的商品经济。中外商人可以随意来往，自由贸易，并从中直接获益。这种状态，持续到元代。但明代以后，这种自由贸易的形态，逐渐被朝廷和官府扼杀，管制越来越严，对外贸易几乎全由国家垄断。

市舶司时代的招商发卖政策，培养了大批牙商。随着市舶制度解体，朝贡贸易名存实亡，而牙行的作用越来越大，外贸管理机构与交易机构的脱钩，有水到渠成之势。康熙设立海关时，两者正式剥离，管理由海关负责，买卖由洋行（牙行）负责，这是外贸迈向近代化的重要一步。

在朝廷管制之下，连外国商船能否泊岸、在哪里泊岸、怎么泊岸，都成了问题。直到开海贸易 52 年后，让不让洋船在广州黄埔港停泊，仍然争议不休。雍正朝的最后一年，广东巡抚和粤海关副监督，联衔奏准八项措施：一、对虎门口进出船只一律严查，杜绝走私；二、禁止黄埔深井村民盖篷寮与洋人买卖食物；三、禁止洋商私雇中国仆役，违者连行商一并追究；四、汛弁严查走私夹带船只；五、不准十三行停泊小艇，以防引诱走私；六、凡运货到黄埔，押船人役在洋商落货之前，先验明船舱，随后将货箱堆实，不许留舱罅；七、严令洋商管束各洋船，禁止水手上岸放枪打弹，惊扰居民；八、地方官员如串通洋商走私，即行严处。①

雍正十三年（1735 年）八月二十三日，皇帝驾崩。消息传到广东，十三行的洋商全体服丧三天，澳门的洋商也在三巴堂诵咒礼拜，举哀 27 天。新皇继位，改号乾隆。关于是否准许洋船停泊黄埔的讨论，仍在持续，直到乾隆六年（1741 年），才由皇上"乾纲独断，金口御言"，准许洋船停泊在黄埔港。

---

① 引自李国荣　林伟森主编：《清代广州十三行纪略》，第 39 页。广东人民出版社 2006 年版。

当两广总督从北京回到广州后，准备接见各国大班，宣讲新皇圣谕，奉扬仁风。官员事先提醒洋商们，见圣谕如见皇上，在听圣谕时，必须行三跪九叩礼。但大班们一致表示，鞠躬可以，下跪不行。大清的官员与商人们，对洋商苦苦相劝：鞠躬与下跪，区别只在于弯腰和屈膝，何必认真计较？当年荷兰专使两次上京谒见皇上，都是行三跪九叩礼的；暹罗贡使见督抚，也是行一跪三叩礼，入乡随俗而已。但洋商们一口拒绝：区区总督，算个什么东西，当得起我们下跪？他们互相以荣誉保证，在见总督时，决不下跪。为了跪与不跪，争论了将近一个月，洋人仍不退让，两广总督只好取消了这次接见。

在大清官员心目中，中外关系，就是天朝与宗藩关系，历来如此，永远如此。乾隆二十二年（1757 年）十一月初十，乾隆皇帝敕谕，洋船只许在广东收泊，不得再赴浙省贸易。实际上，关闭了闽、浙、江三口，仅留粤海关对外通商。

从广州出口的商品，以茶叶、生丝、土布、丝织品、瓷器等为大宗，带动了全省的丝织业、陶瓷业、冶铁业，以及蚕桑、甘蔗、茶叶、莞香、果木等农业生产，一派蓬蓬勃勃的景象。进口商品则以棉花、棉布、棉纱、毛纺织品为大宗。在一口通商时代，从黄埔港开往世界各地的航线，已横跨几大洋，远达欧洲、拉丁美洲、北美洲、东南亚、日本、俄罗斯和大洋洲，全中国的对外贸易，几乎都流向了广州。

十三行究竟是什么意思，史界迄无定论，晚清学者梁廷枏在写《粤海关志》时有这么一段话："国朝（清朝）设关之初，蕃舶入市者，仅二十余柁，至则劳以牛酒，令牙行主之，沿明之习，命曰十三行。"[①] 可知十三行这个名称，是沿用明代的习惯叫法。但明代一般是称三十六行，并非十三行，因此，所谓十三行，可能只是泛指，以十三指代所有行商。乾隆二十二年（1757 年）实行一口通商时，广州的洋行就有 26 家，而不是 13 家。

从成立洋货公行的康熙五十九年（1720 年）至十三行消亡的一百多年间，行商数目或多或少，时有变化，刚好是十三家的，只有嘉庆十八年（1813 年）

---

① （清）梁廷枏：《粤海关志》卷二十五，"行商"。

和道光十七年（1837 年）两年而已。① 道光十七年（1837 年）的十三家行商是：怡和行伍秉鉴，商名浩官；广利行卢继光，商名茂官；同孚行潘绍光，商名正炜；东兴行谢有仁，商名鳌官；天宝行梁丞禧，商名经官；兴泰行严启昌，商名孙青；中和行潘文涛，商名明官；顺泰行马佐良，商名秀官；仁和行潘文海，商名海官；同顺行吴天垣，商名爽官；孚泰行易元昌，商名昆官；东昌行罗福泰，商名林官；安昌行容有光，商名达官。②

十三行旧貌

---

① 陈柏坚：《广州十三行商贸概况》。载《广州十三行沧桑》，第 31 页。广东人民出版社 2002 年版。

② 梁嘉彬：《广东十三行考》，第 225 页。广东人民出版社 1999 年版。

越来越多外国商船，蜂拥而来。道光十六年（1836 年）六月至十七年（1837 年）五月，有 213 艘外国商船前来广州互市，[①] 而号称"盛世"的乾隆二十九年（1764 年）至三十年（1765 年），只有寥寥 31 艘。[②] 不可同日而语。道光十七年（1837 年），广州的出口总值，达到 3607.5260 万元，进口总额（不含鸦片）为 1853.9377 万元，出进口总值折合 3932 万余两白银。比乾隆二十九年（1764 年）增长六倍之巨。[③]

海上丝路将 Canton（广州）这个代表财富的名字，传遍欧美，几乎无人不知。Canton 是一座繁华美丽的东方大都，是世界贸易的中心城市之一，是中国联系世界的主要通道，很多时候还是唯一通道，即使没听说过广州的人，也听说过 Canton，甚至常常误以为 Canton 就是中国。在所有描写清代广州十三行的书中，无不充斥着"五都之市""天子南库"一类称颂之词。

乾隆十七年（1752 年），德意志商船"普鲁士国王号"准备首航广州。德国好像过狂欢节一样，国王批准为首航广州铸造了唯一有广州商人像的德国银币。银币正面是腓特烈二世的头像，背面正中上方是普鲁士的鹰旗，下方是公司徽章，正中是即将远航广州的"普鲁士国王号"，左边站着一个手持猎枪的当地土著人物，右边是一个穿着清朝服装的广州商人，头戴礼帽，手肩夹着一卷丝绸布料，身后放着一大箱茶叶，箱子上放着陶瓷花瓶和茶壶，这是当时中国商品的"三宝"。腓特烈大帝骑着骏马，从柏林赶到数百公里以外的埃姆登港口，亲自为"普鲁士国王号"送行。仿佛只要敲开广州的大门，万千财富便滚滚而来。

十三行把官商垄断外贸的经济模式，演绎到了极致。潘振承是十三行的行商之一，他经营的同文行，几乎垄断了与英国的生丝贸易，乾隆二十五年（1760 年），他联合了九家行商，呈请设立外洋行，专门经营中西贸易，而他则被奉为十三行洋商领袖。潘振承的经营手法和胆识，在当时的行商中，显得相当前卫，伦敦汇票在广州市场出现时，很多人心存疑虑，不敢使用，而潘

---

① （清）梁廷枏：《粤海关志》卷二十四，"市舶"。
② 姚贤镐编：《中国近代对外贸易史料 1840-1895》第 1 册，第 311 页。中华书局 1962 年版。
③ ［美］马士著 张汇文等译：《中华帝国对外关系史》第 1 册，第 410 页。三联书店 1957 年版。

振承已要求公司采用汇票支付生丝合同的货款，成为最早使用欧洲汇票的中国商人。

另一位十三行商人伍秉鉴，祖籍福建，隶籍南海，他的怡和行，以经营丝

洋人拍摄的十三行行商伍秉鉴的浩官花园

织品、茶叶和瓷器为主，凭着长袖善舞的经商天才，雄踞总商地位，其势如日中天，创造了一个惊世骇俗的金钱神话。道光十四年（1834年），伍秉鉴的个人资产已达2600万银圆，属于世界级巨富。他不是把钱藏进地窖里，而是在全世界投资，在国内到处购买田产、房产、店铺，在美国投资铁路、证券和保险业务，同时他还是英国东印度公司最大的债权人。他是中国第一代资本运作的巨擘。

然而，十三行所带来万世一时的繁荣年代，是建立在朝廷授予的垄断地位之上，靠赢家通吃，快速积累起来的。由于限定只有十三行可以交易，没有自由竞争，大大增加了交易成本，让外商难以承受。这种国家垄断的结果，一方面，造成了巨大的贸易顺差；另一方面，普通民众根本无法分享繁荣的成果。

从另一个层面去观察，仅仅拥有数量惊人的财富，对社会的更新换代，并没有起太大作用。十三行时代既没有像葡萄牙、荷兰、西班牙、英国那样，发展起雄视世界的航海业，也没有对国内政治、经济、文化的近代化转型，做出多少贡献。除了多财善贾之外，几乎没有什么值得炫耀的。哥伦布（C. Columbus）四次横渡大西洋，发现美洲大陆，用了12年；麦哲伦（F. Magellan）首次环航地球，用了两年；伽马（V. Gama）穿越欧洲航海纪录上的空白水域（东非海岸），开辟从欧洲绕过好望角到印度的航海路线，只用了不

到一年。历史给了十三行一百年时间，让它富可敌国，但它所做的事情，却只是坐在家里数钱。

十三行绅商，诚然有个别出类拔萃者，头脑比别人清醒一点，走得比别人前一点，投资魄力比别人更大一点，伍秉鉴是其中之一。但更多行商，仍然像乡间老财主那样，妻妾成群，老嬷丫鬟一大帮，抽鸦片，玩古董，读四书五经，追求顶戴功名，见到金印系肘的大官，便三跪九叩，口称"老爷"，表现得诚惶诚恐，服服帖帖。官府对他们生杀予夺，任意羞辱，也不敢哼一声。他们的影响范围，几乎就限于十三行，连影响广州城内的生活，也无能为力，更别说改变国家、改变世界了。这种情况，直到鸦片战争以后，半官商性质的十三行消亡，民间商业蓬勃兴起，才有所改变。

清代中期以后，绅权的日渐壮大，是社会的一大特色。从更广阔的历史语境去看，地方绅权的过度膨胀，可以追溯到太平天国运动期间，朝廷深陷财匮力绌的困境，不得不依赖地方自行筹饷，组织团练，以曾国藩、李鸿章、左宗棠等人为代表的"湘军""淮军"一类地方力量，乘势而起，财政权渐次落入地方督抚之手，拥有了与中央相颉颃的本钱。

督抚要组织民团打仗、筹措军饷，必须与地方士绅联手，"官绅""官商"的身影，无处不在，意味着绅权日益壮大。朝廷对长江以南的地方管治愈发鞭长莫及。湖南、安徽、江西、贵州、四川等地的绅商，是从土地上成长起来的，与农村有千丝万缕的关系。而广州绅商，是从海洋上成长起来的，他们的知识、财富、价值以及对整个世界的认知，几乎都建立在海洋之上。

很多城市绅商，尽管乡下仍有田地，但关系已很疏淡，只有小部分的收入，是来自田租，大部分是靠做生意赚来的。广州商人的经营模式，大致有四种：一是包买商制，

清代的广州买办

商人卖给小生产者原料，收购其产品；二是商人雇主制（散工制），小生产者从商人处领取原料进行加工，按期交纳成品，按件领工钱；三是商人设场（矿）制，商人开设工场、开矿、冶铁、造纸、制糖；四是商人租地经营制，商人租地雇工，种植茶叶、果木、蔬菜等等，把种植、加工、运销联合一起经营。[①]

无论采用哪种模式，城市都是心脏中枢。所以城市的一砖一瓦，都与他们的身家性命息息相关。他们也俨然以城市主人翁自居，许多民生事务，包括举办义学、修路筑桥、疏浚河渠，乃至施医赠药、施棺执殓、荒年平粜、赡老恤婺、扶养废疾等公益慈善，无不揽于一身。他们说一句话，在民众心中，顶官府说一百句。

所谓"铁打的营盘流水的兵"，如果把官员形容为五日京兆的流水，那么商人就是铁打的营盘。广州许多市政建设项目，都是官府发声，民间集资，绅商具体操办的。工程从开始到结束，已换了几任地方长官的情况，并不鲜见，但绅商始终是那些绅商。离开绅商的支持，官府一事难成。比如广州著名的六脉渠，始建于宋代，是内城的六条大渠，有抗洪防涝、排放污水和消防之用。由于内城居民增多，住房不够，在渠边乱搭乱建，造成六脉渠不断变窄，水流淤塞，甚至湮没。这种情况，也见于清水濠、玉带濠、东濠、西濠等护城河。

疏浚濠涌，本属官府责任。按照规定，濠渠一年一小修，三年一大修，每次要花数百两到一二千两银不等，由院司以下在省官员捐钱，或由南海、番禺两县官员捐养廉银，作工程费用，但要官员从自己身上割肉，难乎其难。所以很多修治工程，一拖再拖，最后还是由民间富商买单，才得以完成。

道光年间（1821～1850年），十三行伍、叶、潘、卢四大行商，捐出部分房产，联合西关其他绅商，在文澜书院成立清濠公所，专责为日后清理濠渠，筹集经费，代官府负起民间管理之责。西关的西濠、大观河等河涌历次疏浚，都是由绅商出钱出力。道光十七年（1837年）清濠公所在濠边立碑为戒：水濠界内不得占筑搭盖致碍水道；禁止侵占涌界，竖桩架盖，盖成木屋；禁止填地据为自业图利等，呼吁民众共维大局，各宜自爱，对贪图利益、违示抗众者，必指名禀官究治，决不宽恕。

---

① 《广州市志》第6卷，第3页。广州出版社1996年版。

鸦片战争惨败，王道从此衰落，甲午战争、庚子之乱踵至，朝廷的合法性、正当性，岌岌可危。这时的广州绅商，财富虽不敌十三行时代，但在民间，却拥有更广泛的基础，他们的声音，比官府文告更具权威性，他们所关注的，也不限于清濠之类的事务，而涉及更广泛的城市公共领域。光绪三十四年（1908 年）刊登在《粤商自治会函件初编》的一篇文章，对商人的地位，作了清晰阐述。作者是广州的一位商人，他写道：

清濠公所立的石碑

　　夫商者，农工之枢纽也。塞野时代，出产不富，制造不多，所谓商人，不过通有无，粟易布而已；迨文明进步，出产丰富，器用繁多，万国交通，因利生利，而商人居中控御，驳驳乎握一国之财政权，而农工之有大销场，政界之有大举动，遂悉居住证商人是赖。此时虽欲不尊重也，不可行矣。是以观其国商人地位之尊卑，既可以知其国文野之程度，其有中外之异，今昔之殊哉！迩者吾国政府之一二明公，地方之三五贤吏，渐知商人为国家重要任务，稍稍礼敬而赞助之。吾商人之有志者，亦不甘居人后以自暴弃。[1]

　　道光年间，广州已有人口 120 万（城内 90 万，城外 30 万）；光绪十七年（1891 年）达 180 万人，光绪二十六年（1900 年）更升至约 240 万人。[2]数字未必完全准确，但人口的快速增长，则是不争事实，反映了商业的蒸蒸日上。

　　十三行把广州打造成一座世界商业城市，人口与资源向城市汇聚，商品和观念则从城市向四面八方扩散。官府一方面要依赖商人的财富，一方面又要防范商人尾大不掉。鱼与熊掌，难以取舍，长期矛盾纠结的结果，便酿成了清末的一系列剧变。

---

① （清）关伯康：《粤商自治会函件初编·序》。粤商自治会 1908 年印行。
② 《广州市志》第 2 卷，第 359 页。广州出版社 1998 年版。

商人引领城市自治

五口通商后，广州的外贸地位，一度大幅下跌，曾经富有四海的十三行商，抄家的抄家，破产的破产，溃不成军。但没过多久，广州商人就重新站稳脚跟。据英国的贸易报告称："自1864年危机起到目前（1872年）为止，粤海关使自己的税收在帝国海关中名列第四位，只有两年下降，其他的年份都表

粤海关翻译员

现为上升。"[①] 展现了惊人的韧性和适应力。广州作为华南地区最大的内外贸易中心，这个地位仍然是其他地方无法取代的。

随着城市范围的扩大，广州的主要商业区，一直往西扩张。两宋时，最具规模的外贸码头，在今大德路与海珠中路交界之处，称为"西澳"，中外商船在这里装船、卸货、泊岸、离岸，穿梭往来，忙碌不停。直到明、清时，濠畔街一带，仍是繁荣的商业区。势力雄厚的山陕、湖广、浙绍、徽州与金陵五大商帮，都把濠畔当成大本营，山陕会馆、湖广会馆、绍兴会馆与庄口、货仓望衡对宇，连绵数里。苏杭顾绣、绫罗绸缎、药材、皮草、绍酒、火腿，货如山积。外贸的中心，随着珠江北岸南移和城市的扩张，转移到更西边的十三行。

---

① 《1871-1872年广州口岸贸易报告》。载广州市地方志编委会编《近代广州口岸经济社会概况：粤海关报告汇集》，第65页。暨南大学出版社1995年版。1864年危机指太平天国运动。

西关，被广州人用来指称西城外的商业区。中国城池建筑的传统，关城一般指老城人口过于稠密，在城墙外加建一圈城墙的小城。南城外的小城叫南关，西城外的就叫西关。但广州西关没有城墙保护，西边是宽阔的增埗河，南边是珠江，起到城墙的作用。南汉时代，这里是皇帝的离宫别苑区，到了十三行时代，不少富商在这里兴建庭园别墅。

十三行消亡后，一部分财富流入民间，许多原来为十三行服务的行业，被迫寻找新的市场，遍及广州城厢内外的小商业，反而更加兴旺起来。

沿着广州南城、西城内外，汇聚着许多专业街，光雅里是仪仗专业街，长乐路是炮仗专业街，沙基是谷粮专业街，沙面、长堤是洋酒专业街；浆栏街、打铜街是参茸药材、绸布批发、银号钱庄专业街，杉木栏是纱绸专业街，杨巷是疋头专业街，德星路是百货专业街，初来西地的酸枝家具专业街。

打铜街，位于广州西城外，是西关最繁华的商业街之一，有人把它称为"参茸街"，也有人把它称为"药街"。有一位名叫伊凡（Yvan）的法国人，写了一本关于广州的书，把打铜街作为探视广州商业的一个窗口。他写道："打铜街被英国人称为药街，因为那里有很多药材铺，但是那儿的药店数量并不比卖灯笼的、玩具的、原材料的商铺多。药街穿过整个郊区，从东到西，由于它范围大，成为广州最繁忙的交通要道之一了。"

伊凡留意到，大部分店铺装饰奢华，招牌美观。沿街的商店，大部分是商、储、住混合的，前面是店面，后面是仓库，两侧是店主的卧室。商店门口是商人最用心装饰的部分，前面立着华丽的招牌，装饰漂亮，镶嵌着镀金的字。伊凡幽默地解释："无论招牌是药材商的还是珠宝商的，卖玻璃的还是卖瓷器的，纺织工的还是裁缝的——唯一的区别是他们

清代绘画：广州街景

的货物不同。"他还观察到，在商店的墙上，通常都会张贴着一些介绍文字，"介绍文字是商业用语，相当于'信誉是生命'，或者非常有创造性的宣传广告。"[1] 他的描述，栩栩如生，有助后人重构鸦片战争时期广州商业街的历史场景。

传统的百货批发业，集中在长寿里、吉星里一带。长寿里经营小百货的店铺，以苏杭杂货为主。鸦片战争以后，洋货大举入侵，许多百货店都转营洋货，一时土洋杂陈，比肩齐声，头绳、针线、纽扣、袜子、花边、毛巾、脂粉、布伞、座灯、脸盆等日用百货，牛油、朱古力、威士忌、白兰地等洋食品，竹纱、夏布、呢布等土洋疋头，大小店铺，琳琅满目，任人选择。

清末民初，是广州商业从传统向现代转型的关键时期。广州靠近珠江，货运主要依靠水路，商品的集散地也都汇聚在城南外岸边，俗称"栏口"，也称"九八行"（指七十二行的货栏）。竹木柴炭业有柴栏、杉木栏、桨栏、竹栏；米业有糙米栏、沙基米行、谷栏、米栏、麦栏；油业有油栏、豆栏；水产品类有咸鱼栏、塘鱼栏；禽畜有猪栏、牛栏、鸡鹅鸭栏；蛋有蛋栏；菜有菜栏；果有果栏；等等。行栏的主要收益，是向买卖双方收取成交金额约 2% 至 5% 的服务费。

栏口每天黎明时分开市，天亮散去，故又有"天光墟"之名。落栏买货的零售商、食肆采购商，摸黑聚集在码头，等候栏口卖手在趸船上"喊冷"（喊价），买手们争相还价，直到卖手认为价钱合适时，一声"杀你"（成交之意），这笔买卖便算成交。

卖手喊价不能太高，不然人们会认为你不懂行情，不还价便一哄而散，最后落得个坐艇（开价太高，无人帮衬，反要贱卖）的结果；也不能喊价太低，否则等于贱卖大出血，被顾客"冚盆"（一次全买下），成为行家的笑柄，甚至被东家炒鱿鱼。所以，卖手必须非常了解行情，既要识货（判断货色好坏），又要识市（熟悉行情），还要识人（了解买家），出价才能恰到好处。

从五仙门外，一直到黄沙，沿岸几乎都是栏口，一家接着一家。在曦微

---

① ［法］伊凡：《广州城内》，第 48～51 页。广东人民出版社 2008 年版。

的天色之下，到处都在装货、卸货，嘈杂的点数声此呼彼应："包一有个七，三七突个一，回一剩个六，一共二千七！"整个交易过程，人头攒动，百口争喧，紧张而热闹。天亮以后，商人们、卖手们便呼朋引类，齐上茶楼饮早茶，一壶靓寿眉，两只叉烧包，天南地北地聊聊天，交流一下生意经，享受每天劳累后的轻松时光。

城厢内外的零售商，每天到栏口进货，然后在大市、小市、归德门市、清风桥市、大南门市、西门市、大北门市、四牌楼市、莲塘街市、迎恩桥市、永安桥市、正东门市、小东门市、仓边街市、二牌楼市、新桥市、小新街口市、宜民市等各个墟市，卖给居民。这种交易模式，不知存在了多少年，很多栏口卖手的爷爷的爷爷，就已经在从事这一行。分布在街头巷尾的各种米铺、山货铺、杂货铺、京果海味铺、药材铺，不少也是代代相传的。

进入 20 世纪以后，这种行之千年的商业模式，开始改变了。广州华侨众多，毗邻香港，资讯流通较为自由活跃，陶冶出商人的世界性眼光和襟怀，这在近代化过程中，发挥了至关重要的作用。广州的商业转型，明显受到香港影响。光绪二十六年（1900 年），先施百货公司在香港开张，一层是卖场，二层为仓库，这是中国 20 世纪第一家现代百货公司，借鉴了悉尼的欧式百货店风格，引入陈列展卖，开具发票凭证，明码标价，声明"货不二价"，招收女员工，引进洋工装，规定营业时间。

仅仅七年后，这种全新模式的百货商店，便在广州登陆了。光绪三十三年（1907 年），广州第一家以公司形式经营的百货商店——光商公司，在十八甫开业，实行分柜式明码实价售货。顾客可以方便地浏览五花八门、款式新颖的商品，从容选购自己的心头所爱。百货公司一出现，

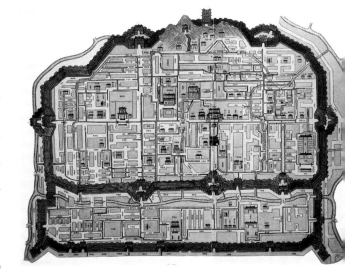

清代广州城坊图

传统的小商业，便招架不住了。宣统二年（1910年），真光公司也在十八甫开业，标志着广州的商业，迈进了近代化的门槛。

真光公司是广东中山籍旅澳华侨黄在扬、黄在朝兄弟创办的。最先在香港，后来移师广州，经营名贵日用华洋百货，坊间称之为"省港真光公司"。有一首竹枝词描写西关女人的生活："大洋货铺好铺场，拆白联群猎粉香。毕竟西关人尚侈，食完午饭去真光。"午饭后逛逛百货公司，是西关女人时髦的休闲活动。这位竹枝词作者感叹："十八甫真光公司百物俱备，又以地点热闹，生意大佳，但洋货比国货销路较多，可慨耳！"[①]

人们常常把广州称为"传统商业社会"，但什么才是商人？广州有多少商人？清末民初，"商人"的定义，十分宽泛。根据民国初年的《商人通例》，凡商业的主体之人，都属商人，行业包括：买卖业、赁贷业、制造业或加工业、供给电气、煤气或自来水业、出版业、印刷业、银行业、兑换金钱业或贷金业、承担信托业、作业或劳务承揽业、设场屋以集客之业、堆栈业、保险业、运送业、承揽运送业、牙行业、居间业、代理业等。[②]

大量传统手工业作坊，采用前店后厂模式，与商业的关系，你中有我，我中有你，难以清晰划分，除了传统的行商坐贾，商人也包括众多手工业作坊与商业组织的股东。因此，工商业在早期是一体的。晚清的广州，有多少商人？据宣统二年（1910年）谘议局统计，广州城区有住户96614户，其中商户有27524户。[③]如果按每户有4人计，靠商业养活的人口，就有11万人之多。这还没包括走街串巷的流动摊贩和在外地经商的广州人。

商人各有各的行会，即所谓"七十二行"，计有：土丝行、洋庄丝行、花纱行、土布行、绒线行、绸绫绣巾行、颜料行、南海布行、纱绸行、上海绸布帮行、疋头行、故衣行、顾绣班靴行、靴鞋行、牛皮行、洋杂货行、金行、玉

---

① 胡子晋：《广州竹枝词》。载雷梦水等编《中华竹枝词》第4册，第2899页。北京古籍出版社1997年版。
② 《中华民国商业档案资料汇编》第1卷，上册，第167～168页。中国商业出版社1991年版。
③ 《广州谘议局编查录》卷下。1910年印本。

清代广州的成衣铺（外销画）

清代广州的瓷器店（外销画）

清代广州的瓷器店（外销画）

器行、玉石行、南番押行、典押行、米埠行、酒米行、糠米行、澄面行、鲜鱼行、屠牛行、西猪栏行、菜栏行、油竹豆行、白糖行、酱科行、花生芝麻行、鲜果行、海味行、茶叶行、酒行、烟叶行、烟丝行、酒楼茶室行、烟丝行、生药、熟药行、参茸行、丸散行、薄荷如意油行、磁器行、潮碗行、洋煤行、红砖瓦行、青砖窑行、杉行、杂木行、铜铁行、青竹行、电器行、客栈行、燕梳行、轮渡行、书籍行、香粉行、银业行、银业公会、矿商公会、报税行、北江转运行、北江栈行、南北行、天津公帮行、上海帮行、四川帮行、金山庄行等。

七十二行在不同文献里，略有差异，数目也不尽相同。宣统二年（1910年）香港报纸在报道广州商界拒赌时，标题为《省城一百二十行西家行拒赌传单》，[①] 似乎当时的工商行业，至少有一百二十行之多。事实上，在大行之下，往往还有许多小行，如绵纶行是广州丝织行业的大行，下面还有放机行、朝蟒行、金彩行、宫纻线平行、牛郎行、杂色行、洋货三行、十一行、十八行、丝纱行、线纱行、广纱行、绍纱行、三纱行、八丝行等。洋货三行下面又细分为安南货行、新加坡行、孟买货行等。

这是松散的"商人联盟"，一般没有固定的办公地点，也没有章程，遇到重大事项，由各行代表在西关文澜书院集议，决定集体行动。宗旨是行商内部联络感情、启发见闻、调解纠纷、调查实业、研究商学，并不是一个与官府分庭抗礼的社会组织。

在广州，还有另外一种机构，与七十二行商影响力相当，那就是九大善堂，它们是：方便医院、广仁善堂、爱育善堂、广济医院、惠行善堂、崇正善堂、润身社善堂、述善善堂和明德善堂。这些善堂，由绅商、邑人主持，以富户捐助和置田收租，作为经济来源。比如爱育善堂，便是由南海县绅士、富户捐资建成，资金的使用，包括治产（管理资金和田地）和生息两种，平时向居民宣讲圣谕，举办义学，施棺赠药，赡老恤嫠，扶养废疾等。县志记载："而广州管育善堂，其规模之大，积储之厚，捐输之广，施济之宏，尤前此所未

---

① 香港《华字日报》1910 年 12 月 5 日。

有，偶有灾荒，赈济平粜，一呼即应，其惠几遍于全省。"①

对广州这样人口密集的大城市来说，粮食是个大问题。古代储粮备荒，官府的常平仓，担当主要角色，除此之外，还有义仓、社仓等。明朝各州县在四乡各置预备仓，出官钞籴粮贮之，以备赈济，荒年借贷于民，秋成偿还，遂为一代定制。清代也沿袭了前朝的仓储制度，顺治时，各府、州、县设置常平及义、社仓，丰年购进粮食储存，以免谷贱伤农；歉年卖出所储粮食，稳定粮价，以免谷贵伤民。但官府的常平仓及民间的义仓，遇到重大灾荒时，未必能够满足需要，这时，善堂就要出手了。

善堂平时购进大米，用于灾时平粜，以补常平仓与义仓的不足。这类记载，在历代县志、古人笔记中，多不胜数，比如《番禺县续志》，便记述了在光绪三十三年（1907年）年水灾中，商人的赈灾行动："西潦大涨，基围崩决，米价翔贵，贫民粒食维艰，总督岑春煊檄行善后局、司道筹拨银两，复由九善堂、总商会、七十二行、东华医院各商函电中外，筹捐购米，运回举办，平粜米石。"②

善堂既是城市粮食流通的重要一环，也是一种民间救助的慈善机构，与底层社会有广泛密切的关系，覆盖了城市的每个角落。实际的功能，还有更深一层意义，即在朝廷禁止民间结社的情况下，用来维系社会秩序的一种组织。

光绪三十年（1904年），朝廷推行新政，颁布《商部奏定商会简明章程》，要求所有旧式的行会、公所、会馆，一律改为具有现代意义的商会。翌年广东总商会（初称"商务总会"）成立。再越年，《广州总商会报》创刊，内容有上谕、商务、论说、本省商务要闻、京外商务要闻、译外国商务要闻、时事、本省要闻、铁路纪事等。广东总商会宣称，不参与政治，其目的十分单纯，就是联络群情、开通民智、兴利除弊，联络各个口岸，调查商情，抵制洋货，挽回利权。

商人虽然宣称不卷入政治，但一旦组织起来，就是政治，难免会卷入各种

---

① （清）宣统朝《东莞县志》卷十九，"建置略"。
② 《番禺县续志》卷四十二，"前事"。

社会事务，施展其影响力。广州商界乃至各行业，唯总商会、九善堂、七十二行马首是瞻，其中以七十二行声势最大。

光绪三十三年（1907 年），粤商自治会成立，旨在"拓财货，扩商权，进而参与新政，兴商富国之伟"①，则开宗明义，要介入政治了。其章程宣称："凡自治会须先定区域，制度地方自治。凡居住于该区域地方之内者，皆在该自治团体范围之内。""凡住于境内之本国人，遵章守例，皆得享有权利，负担义务。"自治会采用复选举法选举成立议事会，会内一切应议之事，皆由议事会讨论。

哪些属于应议之事呢？荦荦大端有：人民关于地方利弊、整顿盗贼、维持风化之条陈，酌量批准议行或批驳之；代人民申述其困苦不能上达之事于地方官；调处民事两造之争议；随时派员调查地方盗贼、地方利弊及各处风俗，上条陈于地方官；对于地方官所办之事，得随时上书质问，地方官应即解答之；应地方官之咨询访问申述其意见；将地方巡警之创设改良事，商请该管官署酌办，该管官署委任地方自办，则由议事会议决交董事（会）按办；随时议设下级各城镇乡村之自治团体。②以上各条，如果认真落实，那就不是商人自治，而是全省全民自治了。

与此同时，"以忠君爱国为首务，以研究宪法为宗旨"的广东地方自治研究社，亦应际而生。发起人梁庆桂，号称"四世三卿位，粤中一名族"，他的曾祖父梁经国，是广州著名的十三行行商之一，经营天宝行，全盛时期，其财富居行商中的第五位。梁庆桂本人官拜内阁侍读，是赫赫有名的广州商界领袖。研究社开宗明义宣称："顾宪政之要，必以地方自治始。"③研究社所创办的《广东地方自治研究录》，前后出版了 14 期，不遗余力地鼓吹地方自治和预备立宪。

研究社成立时有社员 172 人，但随着全省各地士绅纷纷加入，到宣统元年

① 引自邱捷：《晚清民国初年广东的士绅与商人》，第 199 页。广西师范大学出版社 2012 年版。
② （清）邓雨生编：《全粤社会实录初编·粤商自治会》，第 2～3 页。广州 1910 年印行。
③ 广东地方自治研究社编：《广东地方自治研究录》第 1 期。光绪三十三年（1907 年）十二月二十日。

（1909 年）五月时，已达 584 人以上，成为广东立宪运动的中坚。研究社领导广东士绅上书请开民选议院，刊布传单，分送各处签名，签名者达 1.1 万多人，可见其号召力之大。

这些商人团体的纷纷成立，标志着城市近代化已抵达起跑线前。

光绪三十三年（1907 年），是清末新政具有里程碑意义的一年。署黑龙江巡抚程德全呼吁速开国会，并提出组织责任内阁，与国会并行，以符三权分立之制。协办大学士张之洞在北京与众重臣开会，他指出：中国要打算富强，非拢民心不可。现南方各省革命盛行，都是由于官府压力太大所致，要消弭此祸，非开议院、设乡官、实行地方自治不可。

为了推行宪政改革与地方自治，朝廷连下两诏，要求各省在本年成立谘议局。谘议局没有立法权，但享有议决本地应兴应革事项、岁出入预算、岁出入决算、税法及公债、担任义务的增加、单行章程规则的增删修改、权利的存废和选举资政院议员、申复资政院咨询、申复督抚咨询、公断、和解自治会的争议、收受自治会或人民陈请建议等权力，可以说是省议会的雏形。

广东谘议局如期举行选举。广东全省合格选民有 14.1558 万人，其中广州府有 5.5538 万人。[1] 投票不算热烈，也有不少瑕疵，但宪政时代的第一块基石，已经铺下了。事实证明，民众的民主素养，是在创建民主制度的过程中，逐步培养出来的，不是先有了民主素养，才有民主制度。

美国驻广州的总领事观察了选举全过程，在报告中写道："中国人口大部分仍是文盲，此次选举并不是一个普通的赋予人民选举权的创举，只有职业界、学界和有产业过二千金元的公民，才能为合格的选民。"这位领事乐观预测："然而，这次选举是第一次的试验，无疑地，其范围将渐为扩大，如果选民能慎用其权利，被选者能尽其职责，则我们可有信心地庆贺立宪时代将真正地降临在中国。"[2]

---

[1] 《全省议员之支配》。载香港《华字日报》1909 年 8 月 14 日。

[2] 引自陈定炎 高宗鲁：《一宗现代史实大翻案》，第 35 页。BERLJND INVESTMENT LTD.1997 年版。

　　全省选出了 94 名议员，大部分有绅商背景，半数是自治研究社的成员，易学清当选为正议长，丘逢甲、卢乃潼当选为副议长。这三个人，都是大名鼎鼎的教育家，易学清主持端溪书院、羊城书院二十余年；丘逢甲担任广东总教育会会长和两广学务公所议绅，也是广东自治研究社的发起人之一；而卢乃潼则历任菊坡精舍、学海堂、广雅书院教习和广州府中学堂校长，也是《广东地方自治研究录》的主编之一。宣统元年（1909 年）九月廿六日，谘议局开第一次会议，有 83 位议员出席，官府派了 9 名代表参加。这是改写历史的时刻，官府与民意代表首次平等地站在同一个议事平台上。

　　在清末十年轰轰烈烈的政治改革大潮中，绅商从事自治运动、立宪运动，刊刻图书，创办报纸，兴建学校，启发民智，把自己的代表选入谘议局中，议事论事，挥袂生风，推动国家政治转型；建立现代的经济体系，从事各种工商事业，推动经济转型；从金钱上支持革命者；当官府追捕革命者时，他们不畏斧钺，毅然翼护，展示了政治自觉与社会关怀。在光绪三十年（1904 年）的废约运动、光绪三十一年（1905 年）的铁路商办运动、宣统元年（1909 年）的禁赌运动、宣统二年（1910 年）的国会请愿运动、宣统三年（1911 年）的保路运动中，都可以听到绅商的声音，在舞台中心响起，铿锵有力，激动人心。

　　1911 年，大清纪年为宣统三年。10 月 10 日，同盟会革命党人在武昌发动起义，成立军政府，大清王朝的丧钟敲响了。震波从长江流域迅速向四面扩散，有如海沸河翻。10 月 22 日，湖南宣告独立，陕西、江西、山西各省继踵而起，意味着朝廷最害怕的骨牌效应，已经开始了。

　　广州，作为反清革命策源地的城市，处在暴风雨前夜，城厢内外，人心惶惶。10 月 29 日上午，九大善堂、七十二行、总商会各团体代表，在西城外文澜书院举行大会，决议广东独立。两万多民众浩浩荡荡，穿过高大的西城墙，进入城里，到总督署请愿，随后又走出城南，转往长堤巡游。所到之处，商民夹道欢迎，燃放鞭炮。城厢内外，四面八方，鞭炮声震耳欲聋，从傍晚 6 时一直响到晚上 10 时。每条昏黑的横街窄巷，都闪烁着鞭炮的白光，硝烟弥漫全城。

　　当晚，两广总督张鸣岐突然张贴告示，严禁倡言"独立"，所有居民商店，立即摘去独立的旗灯，"倘仍不知悔悟，有意抗拒不遵，甚或聚众滋扰，则是冥顽不灵，惟有严加剿办，彼时良莠难分"。① 天亮以后，大部分商店都落闩关门，停止营业，有的甚至用铁链锁住大门，或用木板把门窗钉死，当铺也不接受普通物品的典当了。令居民陷入更大恐慌的是，正西门、大北门、小北门、大东门、小东门、定海门、文明门、归德门等 17 座城门，竟统统关闭，只剩下大南门一条缝隙，供人出入。

　　在太平时期，每天清早 6 点到晚上 9 点，所有城门都会开启，人们聚集在城门附近做生意，遇上节日庆典，金吾不禁，官民同乐。只有发生严重的灾异危机，才会在大白天关闭城门。这天毫无预兆，突然四城紧闭，人们以为官府将大开杀戒，成千上万的逃难者，扶老携幼，挑着箱笼细软，涌向唯一开放的大南门，在狭窄的街道上，挤成一团，呼天抢地，争相逃离。

　　这座有两千年历史的古城，在经历了无数次毁灭与重生之后，这是最后一次因动乱而关闭城门了。长夜漫漫的专制时代，似乎已到了破晓时分。

　　谘议局议员陈炯明，也是一位同盟会革命党人，在淡水揭起义旗，召集各地民军万余人，向惠州进军，旌麾所指，广州遥遥在望。陈炯明，字竞存，广东海丰县白町乡人，三岁丧父，六岁入私塾读书，先后毕业于海丰师范学堂、广东法政学堂。读书期间，已十分关注社会改良问题，在家乡积极推动地方自治会、戒烟局，整理育婴堂、县仓等社会福利事业。毕业后，在海丰筹办《陆安自治报》（后改名为《海丰自治报》），自任主笔，文章皆有锋芒，剖析社会痼疾，敢道人之所难言。虽然只是点点滴滴，但社会的进步，便由涓滴改良，积微成著。在广州的近代转型中，陈炯明是一位承前启后、继往开来的人物。现在他刚刚登场，属于他的舞台，大幕正徐徐拉开。

　　11 月 8 日早上，九大善堂、七十二行商在总商会召开大会，选举新政府的临时都督。会后各界代表在东城外谘议局开会，群情鼎沸，如火硝已到了临爆点。大会决议宣布与清廷脱离关系，和平独立，全城竖独立旗帜。当天，绅商动员全城的缝纫店，赶制了三千六百多面旗帜，准备明天一律悬挂。

① 大汉热心人辑：《广东独立记》。载《广东辛亥革命史料》，第 129 页。广东人民出版社 1981 年版。

当天晚上，张鸣岐总督微服逃到沙面租界，请求庇护，在英国人保护下逃往香港。

天终于亮了。1911 年 11 月 9 日，夏历九月十九日。这一天，在广州的历史上，光芒万丈。虽然立冬已过，但城厢内外，仍是一片橙黄橘绿的深秋景象。当第一波阳光冲破天际，洒落越秀山头时，全城蓦然苏醒了，千万面独立旗帜，在晨风中飘扬，蔚为壮观。

第二章　近代化启程炮

张之洞
为广州城的现代化道路铺下第一块路石。

广东钱局
所铸钱币，流通于各大口岸。

广东制造局
日产八千颗枪弹；初步建成覆盖整个东南沿海的电报网络。

广州同文馆
诞生了中国第一代外语和外交人才。

格致书院
即后来的岭南大学，是广州的第一所大学。

广雅书局
规模宏大，卷帙浩繁，极一时之盛。

东西文明相撞，新旧文化并存
构成了广州城的一幅奇特图卷。

工厂的汽笛在广州城响起

现在，让历史的目光，暂时离开辛亥革命卷起的滔天怒潮，回到半个世纪以前，回到这股近代化巨潮的滥觞之地，追寻最初的涓涓细流。

从道光二十一年（1841 年）至 1941 年，是动荡的一百年，也是中国近代化剧烈转型的一百年。正如分娩一样，转型是痛苦的、有风险的，但同时也是激动人心的、充满美好冀望的。在这一百年里，广州是如何从农业时代的城邑，变成一座近代城市的呢？它经历了怎样的风风雨雨？走过了怎样艰难曲折的道路呢？

所有世界性大城市的近代化转型，首开其端，无非二者，或为工业革命，或为商业革命，有些以前者为重，有些以后者为重。反观广州的转型，商业是最主要的牵引机，工业也有强大的推毂作用，但二者从未达到"革命"的程度。

鸦片战争的结果，签订《南京条约》，开放广州、福州、厦门、宁波、上海五口通商，广州一向独占鳌头的外贸优势，不复存在。第二次鸦片战争，英军攻破广州外城。十三行被大火焚毁，天子南库、锦绣乾坤，霎时间都灰飞烟灭，化作废墟，十三行结束了它长达一百多年垄断对外贸易的显赫历史，外贸的重心移到上海。在一段时间内，广州似乎失去了发展的方向，在迷茫中徘徊。

广州是中国历史最长的外贸口岸，传统手工业，有近水楼台之利，发育得根深叶茂。嘉靖三十五年（1556 年），葡萄牙传教士克罗兹（G. de cruz），在广州逗留了几个星期，走街串巷，眼界大开，对遍布城厢内外的各种作坊，叹为观止。后来他根据所见所闻，撰写了《中国志》一书，在书中他津津乐道："（广州）很多手工业工人都为出口贸易而工作。出口的产品也是丰富多彩的。有用彩色丝线盘曲地绣在鞋面上的绣花鞋、彩漆绘画盒、硬木家具（如写字台、桌、椅、木雕的床）、镀金的铜盘、瓷器等，都是绝妙的艺术品。广州的主要街道比葡萄牙首都里斯本的街道还要宽阔。"仅以纺织作坊为例，当时在广州附近，便多达 2500 余家，分布在带河基、晚景园、龙津桥、金沙滩一带，每个作坊约有"机房仔"（工人）20 名，① 如今在光复北路以西，还有经纶大街、麻纱巷等地名，其盛况可窥一斑。

纺织品是广州久负盛名的出口产品之一，当近代工业出现时，最先发展起来的，本应是纺织工业。在珠江三角洲，处处桑基鱼塘，鱼塘养鱼，桑叶养蚕，蚕蛹喂鱼，塘泥肥桑，形成良性循环的生态环境，也造就了南方最重要的蚕丝产地。

锦纶会馆是一座岭南祠堂式建筑，原址在下九路西来新街，始建于雍正元年（1723 年），道光二十四年（1844 年）重修，是清代广州丝织业的行业会馆。在会馆内有一块雍正九年（1731 年）的《锦纶祖师碑记》，记载当时在广州从事丝织业的有数百家，他们共同出资兴建了关帝庙作为丝织行家聚集地。丝织业尊奉的祖师爷是"汉博望张侯"，也就是两千多年前出使西域的张骞。每年农历八月十三"师傅诞"，绵纶行业都会大事庆祝。东家（雇主）在绵纶堂聚会，而西家（工人）则在正西门外的先师庙聚会。

一位鸦片战争后到访中国的英国人，在广州十八甫遇见了一位绅士。这位绅士对蒸汽机械，表现出极浓厚的兴趣，恳请英国客人，给他画一幅以蒸汽为动力的纺纱织布机器图样。英国客人粗略地绘画了一幅草图，并解释了它的工作原理。绅士听得入神，但因未见实物，终觉遗憾。英国客人告诉他，在澳门的美国人已答应为中国制造一艘蒸汽动力船，很快就可以来广州了，如果想看真实的蒸汽机，可以参观一下这艘船。英国客人真切地感到，广州人正努力理解与吸收这些知识。

事实证明，广州人的学习能力超强。同治十年（1871 年），中国第一家现代机器纺纱厂——厚益纱厂在沙面建成投产，有棉纺锭 1280 锭，日产 15 支纱 800 磅，比大名鼎鼎的上海机器织布局，还要早 19 年。虽然只半

_____

① 引自《广东工艺美术史料》，第 55、59 页。广东省工艺美术工业公司、广东省工艺美术学会 1988 年编印。

年时间就停业了，但它的出现，让人们听见工业化的汽笛，第一次在广州响起。

同治十二年（1873 年），广东籍越南华侨陈启沅，在南海创办继昌隆缫丝厂，采用蒸汽缫丝，这是中国第一家机器缫丝厂，打破了手工作坊的天下。同年，商人陈濂川也在广州十八甫开办陈联泰机器厂，尝试利用旧机器，改造安装蒸汽缫丝机，后来还自行制造，销往顺德、南海等地。机器缫丝极大地提高了生产率，很快就把手缫丝（土丝）逐出了市场。19 世纪 80 年代，广州机缫几乎独占了欧洲大陆市场。

受到外国船坚炮利的刺激，朝野有识之士痛定思痛，对发展军事工业，有更迫切的期求。国内的制造业，大都从军工起步，广州工业亦如是。早在道光二十二年（1842 年），十三行商人潘仕成奉旨督办七省海防战船、火炮和自制水雷等军工生产。由于研制成功攻船水雷，朝廷赏加潘仕成布政使衔，从二品顶戴。按规定商人最高只能授三品职衔，潘仕成一跃而为二品，可谓备极荣宠。

商人仓促转行做军事工业，虽然是形势所迫，求成心切，带着几分悲壮，亦带着几分无奈，但商人一无经验，二无技术，成功的概率，微乎其微。

同治八年（1869 年），两广总督瑞麟在文明门外聚贤坊买下十几间民房，开办兵工厂，制造"猪仔脚"手枪和七响后膛抬枪。光绪二年（1876 年），两广总督刘坤一购买英国机器，在西门外增埗兴建军火局；又收购英资香港黄埔船坞公司在黄埔的废弃船坞、工厂和机器设备，改造成军舰制造厂。后来，黄埔船坞为南洋舰队造出了七艘军舰，包括两艘 700 吨级的铁甲巡洋舰。粤海关的一份报告写道："所有上述工作，全部都是由本国人自己完成的。"[①] 瑞麟和刘坤一，都是久历沙场的武将。

这些早期的工业，虽然不尽如人意，有些还没有完全脱离作坊模式，但积累了宝贵的经验，培养了一批熟练的机器工人。迨至张之洞任两广总督兼署广东巡抚，致力兴办工厂时，发现"粤工多习洋艺，习见机器，于造枪、造弹、

---

① 《粤海关十年报告（1882-1891）》。载广州市地方志办公室、广州海关志编纂委员会编译《近代广州口岸经济社会概况：粤海关报告汇集》，第 894 页。暨南大学出版社 1996 年版。

造药、造雷，皆知门径"①，不必熬心费力，
从头训练，这便是前人开路后人行。

　　在广州的近代化过程中，张之洞——
一位标志性的人物出场了。

　　张之洞，字孝达，号香涛，人称"香
帅"，祖籍直隶南皮，出生于贵州兴义府。
咸丰二年（1852年）16岁中顺天府解元，同
治二年（1863年）27岁中进士第三名探花，
授翰林院编修，历任教习、侍读、侍讲、内
阁学士、山西巡抚。光绪十年（1884年）到
广州，筹备创办和改造充实了一批新旧企业，
包括广东制造局（东、西两局）、广东钱局、
广东机器织布纺纱官局、广东缫丝局、广州
铁厂等。其中对全国影响最大的，莫过于广
东钱局。

张之洞

　　鸦片战争前后，白银大量外流，造成银
贵钱贱的现象，日趋严重，银钱并用的后果，
令国内经济和民生，倍感艰难。早在道光十三年（1833年），就有大臣提出
官铸银圆以抵制洋银，但朝廷举棋不定。直到张之洞到广东后，重提旧议，势
在必行。

　　光绪十二年（1886年）十月、十一月，张之洞两次致电驻英公使刘瑞芬，
请他就近考察英国伯明翰喜敦父子工厂（伯明翰造币厂）铸造铜钱的机器和技
术。他嘱咐公使：只要有合适的机器、价钱和交付日期，"请即订立合同，能
再速尤妙"②。急迫之情，溢于言表。刘瑞芬不负所托，很快把考察结果报告

---

① （清）张之洞：《筹议海防要策折》。载王树枏编《张文襄公（之洞）全集·奏
　　议》卷十一。
② 《张文襄公粤省购办机器试铸银铜钱全案》。载《泉币》第20期，1943年9月1
　　日。

了张之洞。光绪十三年（1887年）正月、二月，张之洞向朝廷递交了《购办机器试铸制钱折》《粤省拟试造外洋银元》等折。刚刚经历了中法战争，财政困惫不堪的朝廷，这次不再举棋不定了，而是迅速准奏。

张之洞马不停蹄，立即在黄华塘乡购买土地八十余亩，作为广东钱局的局址。黄华塘在大东门外，亦称皇华塘，紧挨着东濠。明末僧人函可在这里盖了一座皇华寺，清代诗人樊封赞美寺院的景致，"栖濠面郭，红棉绕门，景最清幽"①。当地乡民对在这里兴建工厂，怨声四起，担心钱局会侵占田地，影响他们的生计，甚至趁张之洞到天字码头时，纠合了数百人，拦路上书陈情，请求把钱局移往他处。

张之洞不为所动，要求英国设计师尽快绘制蓝图，中国工匠加紧施工建筑。工程费用，由承办赌饷的赌商诚信堂、敬忠堂，代向省城富商挪借。光绪十四年（1888年）三月初七，吉时一到，广东钱局破土动工。经过一年的建设，在这片宁静的乡郊土地上，盖起了权饼房、较准房、银春饼处、银烘片处、银库房、打机房、木工房、翻砂房、铁工房、汽锤房、储煤厂、水龙房等十几处厂房和仓库。乡村从此不复宁静。

从英国购置的4台造币用大型印花机（与伦敦皇家造币厂同级，每台日产银圆约2.5万枚）；86台小型造币机（与喜敦厂所用相同，每台日产铜钱约3万枚），还有多台车床和1台制作钢膜的大型螺旋机，按时运到，由4名英国的会计长、轧片机师、印花机师和制模师，负责安装调试。56名机器匠、181名工人和124名艺徒，扛着简单的铺盖，进驻钱局。四月二十六日，炉火熊熊燃起，开始仿效洋钱的重量、成色和范式铸造银圆。

广东钱局从张之洞提出设想，到建成投产，不过两年多时间，颇有一种只争朝夕的紧迫感。钱局最初所铸银圆，正面镌有"光绪元宝 库平七钱三分 广东省造"等字样，背面刻有蟠龙纹，故称"龙银"。后来，因为七钱三分比鹰洋重，不利于竞争，遂改为七钱二分。另有三钱六分、一钱四分四厘、七分二厘、三分六厘四种小银圆。

这是中国最早生产的机制银圆，后来又大量铸造铜圆。广东钱局所铸钱

---

① （清）樊封：《皇华寺》。载《南海百咏续编》卷二。

币，流通于各大口岸，不仅与西班牙银圆（本洋）、墨西哥银圆（鹰洋）、美国银圆等洋币相抗衡，而且对未来的货币改革，产生了深远影响。

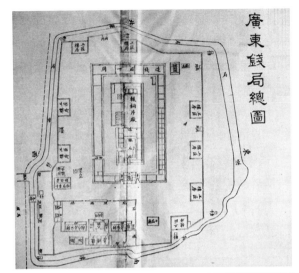

广东钱局总图

广东机器局的前身，就是瑞麟在城南外创办的兵工厂，后来黄埔船坞和增埗军火局，也包括在内。光绪十一年（1885年），张之洞奏请把广东机器局和西城外增埗军火局，合并为广东制造局（东局），并进行大刀阔斧的改革，黜退了不称职的官员。

光绪十三年（1887年），在广州大北门外番禺县属石井墟，购地三十余亩，开办一所枪弹厂（西局），采用德国克虏伯炮厂的机器，制造毛瑟、马梯呢、士乃得、云者士四种枪弹，日产八千颗。岑春煊接任两广总督后，对西局进行了改造和扩建，生产德国1903年式七九毛瑟枪、丹麦式8厘米轻机关枪和6.8厘米新式五响无烟快枪等，在全国赢得名气，连直隶等北方省份都来订货，厂名亦改为石井兵工厂。

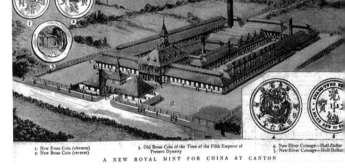

位于广州黄华塘的广东钱局全貌

广东钱局的官员

经过岁月淘荡，广东制造局的厂房与机器，如今早已荡然无存，石井兵工厂的原址，也变成了养老院。但在尘封的历史档案里，却留下了一份《广东制造东西两局章程》，让后人得以一探大型工业的兴起，对城市的深远影响。

在这份历史文献中，清楚地记载着：

> 局中工匠，每日六点钟吹头遍号气，即行齐集。俟六点半钟吹二遍号气，即行进厂作工。十一点钟放工吃饭，十二点钟开工，五点半钟放工。每日除放饭工外，共作工十点钟。如早晨六点钟未到厂者，罚工半日，未到五点半钟先时私走者，亦罚工半日。[①]

看似一份普通的厂规，无足为奇，但它把一天的作息时间，精确到分钟，却具有非凡意义。广东钱局的工人开工、收工，也是按时钟鸣号为准，其他大工厂亦然。久而久之，附近乡民与城中居民，都习惯了按工厂鸣号来判断时间。农业时代与工业时代，在此划下了分水岭。

"日出而作，日入而息"的农耕时代，一天的时间，是按时辰计算的，只要能把地里的活干完，辰时下地，还是巳时下地，没人会管你，收成好坏，也是你自己的事，人们常说"日上三竿"，到底是指几点？没人说得清楚。一年光阴，按春夏秋冬四季、二十四节气计算，"清明热得早，早稻一定好""七月十五定旱涝，八月十五定收成""立秋下雨万物收，处暑下雨万物丢"。诸如此类的农谚，人们祖祖辈辈，耳熟能详，耕耘树艺，不误农时就行。即使在家庭式手工业作坊，对作息时间，也没有严格规定，只要按时交货就行。

但进了大工厂，时间观念就彻底变了，立秋、处暑下不下雨无所谓，但说早上6点到厂，就一定得6点到厂，汽笛一响，机器就要开动。一人缺位，就会拖累全厂生产进度，受影响的不是一个人、一个家庭，而是整个工厂成百上千人、成百上千家庭。如果未能完成生产，受累的可能是一间工厂、一座城市，也可能是很多工厂、很多城市。涟漪效应，无远弗届，一辈子面朝黄土背朝天的农夫，很难理解。

---

① 载《中国近代兵器工业档案史料》第1辑，第368页。兵器工业出版社1993年版。

时间观念，是衡量工业化的重要指标之一。现代化程度越高，越重视时间的精确性。以前广州报时，白天靠在城楼悬挂时牌，午时在越秀山上鸣响午炮，晚上则靠更夫打更报时，都不十分精确，也无须很精确。但这时在世界很多完成工业化的大城市里，都有大钟楼，每个十字路口的交通亭上，都耸立着一只时钟，精确地提醒过往行人：现在是几时、几分、几秒。时针日夜不停转圈，从不停歇，象征着世界前进的脚步。时间一到，学生上课，工人开工，商店开门，火车入站，轮船离港，一切都按着时刻表有序运转，城市显得井井有条、生机盎然。

鸦片战争前在广州生活的美国人亨特所著《广州"番鬼"录》一书中，记录了在广州看见的大钟："礼拜堂的尖顶上装着一个引人注目的大时钟，这是广州唯一的大钟，每个人都按它来对自己的表。"① 这是见诸文字记载中，广州最早的一只公共大时钟，它是为在广州的洋人而设的。广州本地人，仍然习惯于白天听午炮，晚上听打更。

1914 年由英国人修建西堤新海关大楼时，第一次在华界建起了大钟楼，楼顶嵌有大型四面时钟，内置五个大小不一的吊钟，每隔 15 分钟报时一次，乐韵雄浑悠扬，在珠江水面上回荡。很长时间内，海关大钟楼都是广州显赫的地标建筑。

海关大钟楼

① ［美］亨特著，冯树铁 沈正邦译：《广州"番鬼"录》，第 42 页。《广州"番鬼"录·旧中国杂记》，广东人民出版社 2009 年版。

不可否认，在鸦片战争和太平天国两场大动乱的冲击下，焦头烂额的朝廷，对南方的管治，已逐渐鞭长难及。这为各种新思潮在广州兴起，留出了一定的空间；也为身为洋务派领袖的张之洞在广州做一番事业，创造了一定的条件。张之洞在广州五年，不仅带来了近代工业的第一批工厂，也为城市建设通向现代化的道路，铺下了第一块路石。

在张之洞到广州前两年，穗港商人已共同发起组成广东香港电报公司，不久后改称广东香港华合电报公司（或称粤商华合公司），雇请丹麦大北公司承办架设粤港（广州至香港）陆线。光绪九年（1883年），广州至九龙的电报线开通，旋将线路延长至香港。翌年，广州至香港直达电报线开通。

在张之洞担任两广总督的五年间，完成架设广州经韶州府、南雄州以抵庾岭的一千多里长电报官线，与江西赣州、吉安、南昌、九江的线路接通，形成与苏浙闽粤线平行的北南干线；同时展筑了两广线多条电报线路，加上原有广州至香港、九龙的电报线路，初步构建了一个几乎覆盖两广乃至整个东南沿海的电报网络。电报的出现，极大改变了人们的空间、时间观念，以前文书全靠驿递，从广州到京城，六百里加急，往返也要一个多月，现在电报顷刻可至。信息的快速传递，对政治、军事、商业、新闻传播等，都具有创世纪意义，最终会改变每一个人的生活。

张之洞到广州那年，光绪十年（1884年），广州口岸的出口额，只有11354009海关两，几乎是10年最低点；但在他到任两年后，光绪十二年（1886年），飙升至17120682海关两，出口值和贸易顺差，都达到历史高位；在他离任那年，光绪十五年（1889年），广州的进出口总额，更达到28361316海关两，为18年来最高值。[①]这要归功于机器的普及，使产能与产品质量都不断提升，归功于通信、码头、道路等基础设施的逐步完善。

时年46岁的张之洞，正值春秋鼎盛，并不以此满足，还想给广州带来更多东西，他的目光，落在了城西江面的一个小岛——沙面。

广州十三行被战火摧毁后，英、法两国侵略者对重建十三行，已失去兴

---

① 杨万秀主编：《广州通史》近代卷，下册，第693页。中华书局2010年版。

趣，他们看中了西城外沙面这块地方。咸丰九年（1859 年），英国人先在沙面北面挖了一条宽 40 米、长 1200 多米的河涌（即今沙基涌），使沙面变成孤悬江面的小岛，然后把沙面沿岸的炮台全部拆除，将防城炮及炮台基石投入江中，加填沙砾土石，修筑堤岸。

咸丰十一年（1861 年），英、法与清廷签订《沙面租借条约》，英国占有沙面八成面积为租界，法国则占有东段为租界。他们对沙面进行统一规划，先后修筑了三条东西走向的主干道，五条南北走向的次干道，马路两旁种植花卉树木，兴建了一百多幢风格各异的楼房，有领事馆、教堂、银行、邮局、电报局、商行、医院、酒店和住宅等，还有俱乐部、酒吧、网球场和游泳场等生活设施。怡洋、太古、天祥、沙逊、和记、洛士利、时昌、旗昌等英国洋行，美孚、德士古、慎昌等美国洋行，礼和、捷成、谦信、山打等德国洋行，还有法国、丹麦、荷兰、日本等国的洋行，先后进驻沙面。

此时与沙面隔水相望的华界沙基，依然像贫民窟一样破烂、拥挤、肮脏。用张之洞的话来说，租界"堤岸坚固、马路宽平"，华界则"街埠逼窄，棚寮破碎"，视觉上的强烈反差，令广州人不仅尴尬、难堪，而且痛心疾首。张之洞虽被尊为洋务派领袖之一，但从未踏出过国门，他是从租界这个小窗口，看到了中国城市与西方城市的差距。

最早提出修筑长堤的，是敬业堂的一批商人，自愿捐缴三百余万元承筑堤岸。商人的建议，正中张之洞下怀，光绪十四年（1888 年）九月十五日，张之洞致函广东善后局，请筹议修筑省河堤岸，传集爱育堂绅董及南关、西关、河南沿河一带绅商，各抒己见，出谋献策。光绪十五年（1889 年）七月三日、十月二十二日，

沙面建筑

张之洞两次提笔疾书，以《修筑珠江堤岸折》和《珠江堤岸接续兴修片》，向朝廷详述修筑长堤的来由。

张之洞奏称："自洋人在省城外西南隅当白鹅潭之口，建筑沙面，广造洋房，不特地势高整，界画分明，而石堤陡峻、江流湍急，力能刷沙，致淤沙停积，多在上下游水缓之处。其沙面以上以下沿江一带，私占民地，屋宇参差，瓦砾芜秽，杂投淤积，无从禁阻。潮退以后，皆成泥滩。近年地方豪族，往往明目张胆，填筑河身，盖造房屋，动辄斗入河心数十丈。若不亟为禁断，将来接踵效尤，河身日窄，三十年后为患，何可胜言。"他指出，这种状况若不改善，"不独相形见绌，商务受亏，实非浅鲜"。

张之洞具体规划，修筑一条从东濠口至沙面、长达一千八百丈的石堤，堤高一丈，堤面宽五丈二尺，石勘厚三尺，堤帮一丈三尺，堤上是三丈宽的马路。沙面的马路可以行车，我们的马路也要行车；沙面的马路旁种植树木，我们的马路旁也要种植树木，荫庇行人。工程分十段完成：天字码头段；堤东至洪庙段；洪庙至东濠口段；东濠口至观音庙段；观音庙至川龙口段；堤西至潮音街段；潮音街至源昌街段，源昌街至同德街段；西关自西炮台起至横沙段，横沙至泮塘段，泮塘至澳口段。

张之洞接受了商人建议，沿堤兴建六尺宽商业铺廊，可以遮阳挡雨，方便人们交易；铺廊以内是鳞列栉比的行栈。另外，在沙面南岸斜对之洲头咀地方，新开一河，以分水势，由鸡鸭滘经马涌、瑶头诸村，过省城之东五里，至鸭墩关以下，始归入省河北支正流；复将南岸鳌洲江面最窄、素号阻水之处开掘宽通，使上游江水之来，从容畅行，西关、南关繁富之区，自无水患。张之洞预言：

一经修筑堤岸，街衢广洁，树木葱茂，形势远出其上，而市房整齐，马头便利，气象一新，商务自必日见兴起。①

长堤工程，虽由商人首倡，但开工之日，张之洞却把商人排除在外，理由是如果让商人自办，无异筑室道谋，吵个没完，所以必须官办，才有如臂使指之效，商人只能在堤岸修成后，承领新填地段，不准直接参与修堤。这反映

---

① （清）张之洞：《修筑珠江堤岸折》。载王树枏编《张文襄公（之洞）全集》奏议，卷二十五。

出官府对商人，心魔难消，惧怕商人出钱出力之后，有了话事权，将来会垄断码头、航运，与朝廷争利。在后来的粤汉铁路工程上，这种心理表现得尤为强烈，以致酿成事变。

张之洞描绘的长堤蓝图，美如春台，满城商民无不欢欣鼓舞，可惜好事多磨，张之洞在批准筑堤工程后仅一个月，便奉调湖广总督，十月交卸督篆，与广州官绅商民一揖而别。张之洞走后，继任者对修马路兴趣索然，于是人亡政息，长堤工程停顿下来，只完成了天字码头约一百二十丈的路段和官轮码头，虽然"仅成堤坝，断续难行"，但却是广州城建史上，第一条自行修筑、符合现代标准的马路。

商人们一窝蜂向官府承领缴价，兴建铺屋。由于僧多粥少，几乎争破了头，竟然导致传统商业中心西关的铺租骤跌。许多人得意地预测，长堤将成为广州新的商业中心。但他们没有预测到的是：长堤主体的基本建成，竟拖了21年之久。

洋务时期的广州教育先行

鸦片战争，是农业国与工业国之间的一次正面对撞，中国的精英阶层，第一次见识了工业革命的厉害，意识到两者之间的差距。从遥远的大洋彼岸运来的一台台机器，隆隆运转，不仅生产出火炮、枪弹、轮船、棉布、纸张、火柴、玻璃和罐头，而且对人们的思想，也产生暴风般的冲击。这种冲击，必将在教育、传播、学术、文艺等各个领域，全面反映出来。

张之洞最为人熟知的主张，就是"中学为体，西学为用"。一方面维持儒家明明德、亲民、止于至善和格物、致知、诚意、正心、修身、齐家、治国、平天下的伦理价值观；一方面又要学习西方的科学知识和技术，在教育、赋税、武备、律例等方面，仿效西方。

清代的官学系统，沿明旧制，中央有国子监；地方有府学、州学、县学、社学、义学诸种。书院则因有自由讲学的传统，被朝廷担心传播异端邪说，历来受到防范和打压，不断在收紧与放宽之间摇摆。清代广州府有 152 所书院，317 所社学，居全省之首。明代书院多以儒者自由讲学为主，师生互相切磋学问；而清代书院，自由讲学之风日衰，应取科考的作用日大，民间思想的自由空

1863 年，广州一个学堂

间被挤压，书院虽然不少，但士人的精神，却普遍趋于僵化与蔽固。

一批有远识的知识精英与开明官僚，决心扭转这种局面。朝野开展自强运动，积极向西方学习，探求民族振兴之路。同治元年（1862 年），北京设立京师同文馆，招收满族子弟，培养翻译人才。翌年，广州也创办了广州同文馆（又称广方言馆）。同治三年（1864 年）正式开学，设于城西朝天街。这是中国最早开办的外国语学校之一。

同文馆设立提调一员，由广州将军在协领各员内遴派充当，以资统率。另设旗汉馆长各一员，旗员用防御，汉人用佐杂，经理馆务。延请汉人教习一人，西洋教习一人，一般在粤海关职员中选拔，取能通算学、有熟习西学实用者，每日上午、中午、下午，由西洋教习训课，早晚各时由汉文教习训课。课程包括天文、地理、算学、化学、万国公法、医学生理、天文、物理等，并兼习满文、满语。除了学习英文外，还课以经史大义。学制为三年，每年甄别一次，西洋语言文字不合格的，即行开除，挑选更换。

同文馆肄业生额设二十名，其中旗人十六名，汉人四名，年各二十岁以下十四岁以上，拣选世家子弟的聪慧者，送馆肄业。同文馆肄业生由旗汉各绅保举，提调总核保举人数，酌定筹第，先挑选二十名入馆肄业，仍挑选存记二十名，以备肄业生或有事故，挨次挑补。光绪五年（1879 年），广州同文馆又增设了法文馆、德文馆，每馆招收学生十人。其后又增设东语（日文）馆、俄语馆，学制增至八年。

同文馆的课程，第一年：认字，写字，浅解词句，讲解浅书；第二年：讲解浅书，练习句法，翻译条子；第三年：讲各国地图，读各国史略，翻译选编；第四年：数理启蒙，代数学，翻译公文；第五年：讲求格物、几何原本、平三角、弧三角，练习译书；第六年：讲求机器、微积分、航海测算，练习译书；第七年：讲求化学、天文、测算、万国公法，练习译书；第八年：天文、测算、地理、金石、富国策，练习译书。

学生的待遇，颇为优厚。学校提供纸笔课本，供应膳食，八人一桌，菜肴丰富到吃不完。每月作文一次，甲、乙班学生出色的文章，分为三等给予奖励，一等奖一元五角、二等奖一元、三等奖五角。这在当时，足令很多人羡慕不已，对同文馆的学生，另眼相看。

　　同文馆的位置，紧挨着唐、宋时代的蕃坊。这里是中国向世界敞开最早的一扇窗口，几十万番客曾经在这里安居乐业，讲着各自的语言，保守着各自的生活习俗，也学习着中国的文化。从唐代到民国，在同文馆周边方圆一千米范围内，坐落着佛教的六榕寺、光孝寺，伊斯兰教的怀圣寺，基督教的光孝堂，道教的元妙观，世界各种文化渊渟泽汇、相激相荡，而又和睦相处。

　　中国第一代"科班出身"的外语和外交人才，将从这里诞生。首届毕业生蔡锡勇，同治十一年（1872年）授翻译监生；首届毕业生那三，镶蓝旗人，后担任驻新加坡总领事；首届毕业生左秉隆，正黄旗人，通英、法、德三国文字，毕业后任驻新加坡总领事；毛殿龄，汉军旗人，光绪三年（1877年）入同文馆学习，毕业后任上海江海海关关员；贾文燕，汉军旗人，光绪十年（1884年）入同文馆学习，毕业后任驻缅甸仰光领事；杨佑，汉军旗人，光绪二十三年（1897年）入同文馆学习日文，毕业后任朝鲜元山随习领事。

　　一批一批走出同文馆的毕业生，以他们的亲身经历，告诉这个时代：无论

广州同文馆师生

出于主动，还是被动，中国都必须要与这个世界共存，要与西方列强打交道。闭关锁国的时代，再也回不去了。对此，在城市绅商与知识精英之间，达成了默契。在广州这个对外部世界从不感到陌生的城市里，这种默契，正演变成一种鲜明的文化姿态与社会取向。

　　从广州正东门出去，往东走大约两千米，便是一片连绵的低丘荒冈、溪流沟壑，纵横交错，这就是东山。在东山有一座姚家冈，东南面有个大水塘，当地村民叫它"牧鹅塘"。如今，牧鹅塘早已不见了，一座红墙绿瓦的美丽学校坐落在那里，校园被枝繁叶茂、欣欣向荣的树木所环绕，显得静谧而柔美。这是广州市第七中学，

1906 年的牧鹅塘

前身是美国南方浸信会在广州创办的培道女子中学。

　　西方国家在中国的宣教组织，称为"差会"，基督教以英国伦敦传道会、美国公理会、北美长老会、美南浸信会、德国的信义会、安息日会、金巴仑长老会等为主；天主教则以法国巴黎外方传教会、加拿大满地荷无原罪女修会等较为活跃。早在鸦片战争前的道光十六年（1836 年），浸信会牧师们的足迹，已深入两广内地，成立了华南浸信会。鸦片战争后的《南京条约》，规定广州为通商五口岸之一，其后《望厦条约》《黄埔条约》和《天津条约》，均规定允许外国传教士在通商口岸租买田地，建造教堂、医院、学校、坟地，允许华人信教。道光二十四年（1844 年）浸信会到广州发展。

　　光绪十一年（1885 年）——也就是张之洞执掌两广总督的第二年——广州、粤东、粤北、粤中和广西梧州、桂林等地的浸信会教派，成立了跨省的"两广浸信联会"，在两方地区创办学校。"两广浸信会"与差会不同，它的

主事者为华人，外国传教士只担任副职，这种教会称为"公会"。基督复临安息日会广州区会、中国神召会华南区议会、基督教华南金巴仑长老会总会等，都属于这一类。

培道学校的女学生

中国人的旧观念，"女子无才便是德"，在现代社会，亟须打破，因此教会办校，首先以女子学校为重。同治九年（1870年），出生于美国马里兰州的纪好弼（R. H. Graves）牧师，在她广州寓所的餐桌前，创办了第一个圣经班，这就是东山神道学校的雏形。十年后，华南浸信会在广州创办了6所日校，收取一百八十名学生；又过了十年后，学校增至14所，学生二百六十人；光绪三十年（1904年），学校更增至三十二所，学生有七百五十人。[①] 而培道女子学堂，就是其中的一所。

张之洞离开广州的前一年，光绪十四年（1888年），浸信会传教士容懿美（E. Young），获派来华开办女子教育。她身上只带着很少的金钱，来到广州，没有物资建校，也没有可依靠的人。最初她在五仙门开办了培道女子中学，当时称为妇孺班，开学时只有6名学生，但她仍全心教授她们。

为了让更多妇女读书，容懿美允许妇女带着孩子来上学，也让有缺陷的人学习刺绣，使她们能有一技之长。在她的努力下，学生人数渐渐增加。第二年增设了妇女班和盲女班，入学者达七十余人。在2018年广州市第七中学的《培道—七中建校130周年》册子中，对容懿美有这样的评价："容懿美女士的到来，为培道种下了一颗平等爱人的种子。"[②]

① ［美］区慕灵著，韦以皓译：《五十年来之华南浸信会》。载《广州东山和培道女子中学五十周年纪念特刊》，第10页。1938年6月印。
② 《培道—七中建校130周年》，第14页。2018年印。

第二年，容懿美回美国，由纪好弼接任校长，并在培道学校服务达35年之久。她是一位慈祥的长者，一位培道学生回忆："当你病时如遇星期日，她就来坐在你的床前唱歌给你听，或说故事，使你觉得她好像慈母一般，所以学生都很爱她。"[1] 学业课程，以四书五经及《圣经》为主，课余教以麻布抽纱、刺绣及编织等工艺。

光绪三十二年（1906年），因学校人数增加，校舍不敷，遂派了一名华人教徒，到东山与寺右、山河两村乡民商议，买下了牧鹅塘附近几十亩地，由澳大利亚建筑师帕内（A. W. Purnell）设计，兴建第一宿舍（俗称"红楼"）和耶德逊堂，后者是课室兼礼堂，可容纳学生两百余人。第二年新校舍落成，当第一批学生乘坐紫洞艇来到新校舍时，举目四顾，周围还是一片荒凉郊野。几十年后，一位培道学生见证了东山变成全广州的模范住宅区，骄傲地说："东山之有今日，培道是开山祖，第一宿舍恐是第一间建筑物吧？"[2]

1906年培道全体师生在新校舍合影

光绪十五年（1889年），浸信会以仅有的六十七元捐款，在城内德政街草创了一间新学校，命名为"培正书院"（即今培正中学），后来曾迁到大塘街、雅荷塘、南关珠光里，居无定所，四处流浪。光绪三十三年（1907年），

---

[1] 禤伟经：《我对母校二十三年的回顾》。载《广州东山和培道女子中学五十周年纪念特刊》，第28页。1938年6月印。
[2] 禤伟经：《我对母校二十三年的回顾》。载《广州东山和培道女子中学五十周年纪念特刊》，第29页。1938年6月印。

1913年培道蒙学的女毕业生

就在培道迁校的那一年，培正中学在东山烟墩路以南，耗资二万二千多元，购得一块乱葬岗，终于建成了永久校舍，并在寺贝通津兴建一座可容纳一千三百人的大礼拜堂，是浸信会在两广地区最大的教堂。培正在广州素波巷、西关和香港、澳门等地，均有分校。全盛时，共有学生6000多人，为华南地区中学之冠。一位培正中学的老师感慨道："1907年，堪称为东山浸信会事业所开的新纪元。"[1] 宣统三年（1911年），浸信会在烟墩路南侧创办了一所恤孤院，在寺贝通津创办了安老院。

西方教会在广州办学，最著名的有岭南大学。光绪十三年（1887年）美国长老会传教士哈巴安德（A.P.Happer）医生在沙基（今六二三路）创办了格致书院，后来搬到四牌楼，又搬到芳村花地，再迁至澳门。书院课程主要有英文、数学、物理、化学，并聘请中国教师讲授中国古典文学，还有固定的圣经课。香山少年陈少白就是该书院的学生，后来协助孙中山革命，成为著名的革命家。光绪二十六年（1900年）书院从澳门迁至广州河南康乐村，后来更名为岭南学堂，知名度越来越高。1927年正式命名为岭南大学。这是广东的第一所大学。

同治十一年（1872年），长老会女传教士那夏理（H. N. Noyes）在沙基金利埠（今六二三路容安街）创办广东第一所女子学校，定名为真光书院，奉"尔曹乃世之光，尔光当照人前"为校训。初期只有六名女学生。最初人们并不相信传教士的办学诚意，怀疑洋人是为了把女孩子卖到国外，甚至耸人听闻地说，他们把女孩子的眼睛挖出来，做医学试验；还有人恶意地造谣，说那夏理是男扮女装的拐子佬（专拐卖孩子的人）。各种流言蜚语，闹得满城风雨，

---

① 关存英：《东山小识》。载《培正中学六十年周年纪念刊》，第51页。1949年印。

但那夏里和她的同伴们，不作辩解，把一切交给时间。

光绪元年（1875 年）一场大火，烧毁了沙基的棚屋区，殃及真光书院校舍，那夏理将书院迁至仁济街，由美国差会拨款重建，改称真光中学堂，只有三幢校舍，容纳一百多人，分大班、中班、细班和妇人班。宣统三年（1911 年）更名私立真光女子中学。

美国长老会女传教士碧卢夫人（J. Bigelow），宣统三年（1911 年）在逢源街长老会礼堂创立慈爱保姆传习所，首创幼稚园和幼稚园师范班。这所学校，在 1915 年夏天的水灾中，被洪水冲垮。碧卢夫人与那夏理女士协商，把真光书院的师范班与慈爱幼儿师范合并，改名为协和女子师范学校，增设小学师范科。"协和"二字，乃取两校"协力同心，和衷共济"之意。1921 年，在美国长老会、同寅会、加拿大长老会、新西兰长老会的资助下，学校在西村兴建新校舍，并于翌年迁入，同时附设幼稚园和小学。这就是今天协和中学的前身，而校内那座古色古香的协和堂，也是当年的旧建筑。

有识之士都明白，要做好迎接新世界到来的准备，光靠一两所同文馆，是远远不够的。但要大规模兴办新式学校，也非易易，讲四书五经的先生遍地都是，供过于求，能讲数学原理、化学公式的老师，却打着灯笼也难找。在这种情形下，只能从国外引入，能者为师。于是，教会学校便扮演起大辂椎轮的角色了。

也有一些人宣称，教会办学校，是故意羞辱堂堂大清："西人在我通商之地、分割之境，皆设学校教堂，我有女子而俟教于人，彼所以示辱我也，无志甚矣。"[1] 但更多城市绅商与知识精英却不这么认为，他们对教会学校，并不排斥、抗拒，而是采取包容、支持、学习的态度。事实上，在光绪三十三年（1907 年）朝廷公布《女子师范学堂章程》和《女子小学章程》，把女子教育纳入正规学制之前，广东人自办的女子学校，如育贤女学、广东女学堂等，已遍地开花，教材逐渐从针黹、刺绣、编织、四书五经、明心宝鉴、新约旧约之类，转向历史、地理、博物、物理、化学、数学、卫生、外语等。广州也出现了专供女性阅读的《岭南女学新报》《妇孺报》《女镜报》《妇孺日报》等报刊。女子的世界觉醒了。

---

[1] 朱有瓛编：《近代学制史料》第 1 辑，第 879 页。华东师范大学出版社 1983 年版。

　　张之洞从山西初到广州时，同文馆已经开办了 20 年。他对办教育有浓厚兴趣，在四川办过尊经书院，在山西办过令德书院。他在广州，创办了鱼雷学堂、两广电报学堂、广东水陆师学堂。在普通教育方面，他没有阻止教会办学，但也致力于办自己的学校。这可能是出于不容洋人擅美的竞争心理，也可能是出于对儒家传统文化的终生服膺。总之，光绪十年（1884 年）张之洞一到广州，就着手筹办一所新书院，并为此付出了极大的心血，亲自选择院址，挑选山长，选定教材。

　　经过不厌其烦、近乎严苛的勘察，终于选定城西外元头村为院址。由顺德青云文社、省城惠济仓各绅、爱育堂各董事及诚信堂、敬忠堂各商捐资兴建，光绪十三年（1887 年）书院大功告成，命名为"广雅"，取"广者大也，雅者正也"之意。张之洞表奏皇帝，请为广雅书院颁匾额。广雅书院占地面积达 12 万平方米，四面有围墙环绕，内分斋、巷二十，东廊十巷，西廊十巷。书院中轴五进，一进大门，二进山长楼，三进礼堂，四进经正无邪堂，五进冠冕楼。冠冕楼是图书馆，藏有经、史、子、集图书三万余册，为广东书院之冠；院内还有清佳堂、经书堂、莲韬馆、一簧亭等建筑，杨柳依依，绿烟深邃，外引小北江水环绕左右，直通院内。

　　广雅书院第一任山长梁鼎芬，字星海，一字心海，又字伯烈，号节庵，番禺（广州）人。光绪六年（1880 年）中进士，授翰林院庶吉士，光绪九年（1883 年）授编修。张之洞到广东履任的那年，梁鼎芬也遭逢仕途的重大变故，他因上疏弹劾北洋大臣李鸿章在中法战争后签订辱国条约，犯了六大可杀之罪，被朝廷连降五级，任太常寺司乐，成为绝无仅有的"从九品翰林"。梁鼎芬年方廿七，正是青春飞扬、傲睨万物的年纪，此处不留爷，自有留爷处，毅然挂冠南返。张之洞佩服梁鼎芬敢于弹劾李鸿章的胆识，也看中他的才学，延入幕中，开始了一段长达 15 年的宾主关系。

　　张之洞亲自给书院制定学规，规定生徒每日必须早起，入夜不得外出，不得容人留宿，禁止赌博、醉酒、吸食洋烟，不得干预词讼、造言讪讪，不得恃才傲物、诋毁先儒、轻慢官师、忌妒同学、党同伐异、嬉荒惰废等。肄业期以三年为小成，九年为大成，即九年为最后期限。课程分为经、史、理、文四科，兼习舆地、历算等实学。从学校管理和课程设置看，广雅书院已显出向现代学堂过渡的雏形。

张之洞在《劝学篇》里，曾提出改书院为学堂的主张。光绪二十五年（1899 年），两广总督谭钟麟、巡抚鹿传霖、学政张百熙遵令改革书院，奏办广西学堂，附设在广雅书院内，改为两广大学堂，学科则改为国文、英文、数学三科，初次招生 100 名，成绩优异者拟派往外国留学。这是最早实行改制的书院之一，预示着中国的近代教育，将揭开新一页。

张之洞离开广州时，不仅留下了书院、工厂、马路，还有一份沉甸甸的文化财产，那就是广雅书局。

广州的绅商，历来有刻印图书的传统。如十三行商人潘仕成，做生意赚钱后，便投资文化事业，蒐集坊间的故书杂记、孤本善本、前贤遗编，刻为《海山仙馆丛书》。计有：《海山仙馆丛书》（118 卷），《佩文韵府》（140 卷），又《佩文韵府拾遗》（20 卷），《石刻海山仙馆集古帖》（10 卷），《兰亭集帖》（4 卷），《尺牍遗芬》（2 卷），《选刻经验良方》（10 卷）等。这类例子，不胜枚举。

在双门底一带，辏集着芸香堂、九经阁、味经堂、古经阁、翰墨园、聚文堂、拾芥园、三元楼、文选楼、聚锦堂、聚丰坊、藏修堂、集成堂、登云阁、经韵楼等书坊，刻印各类图书。在书坊街、九曜坊、龙藏街一带，亦多有以刻书、售书为业的书坊，如富文斋、六书斋、简书斋、效文堂、正文堂、敬元堂、聚珍堂、酌雅斋、绍经堂、华文堂、艺苑楼等，承揽广东公私刻书。公刻如学海堂、菊坡精舍、广东书局所刻各书，以及《广东通志》《广州府志》等；私刻如伍崇曜《岭南遗书》、李光廷《守约篇》、谭莹《乐志堂续集》等。此外还有黎永椿编《说文通检》、黄遵宪编《日本国志》、陈在谦辑《国朝岭南文钞》、邓翔撰《知不足斋诗草》等书。

张之洞下车伊始，即招揽文人学士，在城南设广雅书局。书局的位置，具有特殊的历史意义。元末明初，孙蕡、王佐、黄哲、李德、赵介五位诗人在这里结南园诗社。后人在南园原址建五先生祠，纪念他们。嘉靖年间（1521 ～ 1567 年），欧大任、梁有誉、黎民表、吴旦、李时行五人在这里再结诗社，被称为"后五先生"。明代末年，陈子壮、陈子升、欧主遇、欧必元、区怀瑞、区怀年、黎遂球、黎邦瑊、黄圣年、黄季恒、徐棻、僧通岸 12

人，重建南园诗社，世称"南园十二子"。这批诗人，全都是忧国忧时之士，
每一个名字，都在历史上熠熠生辉。张之洞选择这里为书局的局址，当然是有
追慕先哲、传承诗书的雅意。

广雅书局

据近儒罗香林记述：

昔南皮张文襄公（之洞），总制两粤，设广雅书局于南园旧址，而更置藏
书楼，与东西校书楼于园内濠北。延武进屠寄、江阴缪荃孙、遵义郑知同等，
校刻《广雅丛书》，及其他珍籍，选择慎审，校勘精勤，一时海内秘籍与名家
稿本，多汇萃粤中，校刊既良，流播亦广，世称广版，引为美谈。[1]

书局内有雕版、印刷、校书堂、藏书楼等设施，规模宏大，所刊刻的图
书，包括《广雅丛书》161 种 2366 卷，《武英殿聚珍版丛书》148 种 2923 卷，
《纪事本末汇刻》8 种 750 卷，卷帙浩繁，极一时之盛。

---

① 罗香林：《广州名迹记》。载《广州印象》，第 12 页。广州出版社 2007 年版。

打开窗口看世界后的思想巨变

对鸦片战争，南方人的反应，比颟顸顽固的朝廷，要敏锐、迅速得多。南方人是最早被西方坚船利炮惊醒的人，也是最早意识到变革是中国唯一生路，并把变革付诸实践的人。

变革的思想资源，相当一部分，来自已完成近代化转型的西方国家。而广州是中外沟通的重要通道，翻译是出版业的重头戏，中国许多知识分子，都是通过翻译著作，打开通向世界的窗口，甚至皇帝对西方国家的了解，也主要靠南方官员的奏报和南方人撰写、翻译的书籍。

鸦片战争时，两广总督耆英，曾专折向道光皇帝报告有关美国的情况，并奉旨查阅《万国地理图》诸书；广州学者梁廷枏编写介绍英美等国情况的《海国四说》《粤海关志》和《夷氛闻记》等书，朝野争相阅读，有着广泛的影响。

中国第一位试图用"暴力革命"推动现代化的人，是太平天国的洪仁玕。洪仁玕出生于广州花都，在太平天国诸王中，是唯一具有英国殖民地四年生活经验的人。咸丰九年（1859 年）春，洪仁玕雄心勃勃地为天王洪秀全草拟了一份施政纲领——《资政新编》。

洪仁玕提出，政治的关键是"设法"，即立法问题、制度问题。一以风风之，一以法法之，一以刑刑之。洪仁玕主张革除陋俗和腐败的生活方式。如男子留长指甲、女子缠足、穿金戴银、养鸟、斗蟋蟀、斗鹌鹑等骄奢风气，虽不能立法严禁，亦应"自上化之"及"立牧司、教导官亲身教化"。而医院、礼拜堂、学馆、四民院、四疾院等，则应大力倡办。同时他主张引进西方国家先进的科学利器，诸如建造火船、火车、汽船，兴办银行，开发矿藏，修筑公路，建立现代邮政，办报，等等，皆为利国利民的美举。

　　至于"刑刑类"，洪仁玕则建议"善待轻犯""恩威并济"；反对无罪株连，"罪人不孥，若讯实同情者及之，无则善视抚慰之，以开其自新之路。若连累及之，是迫之使反也"。法律与教化并重，从教育感化入手，引导人走上正途。"昭法律，别善恶，励廉耻，表忠孝，皆借此行其教也，教行则法著，法著则知恩，于以民相劝戒，才德日生，风俗日厚矣。"

　　洪仁玕着重阐述了"法法类"的重要性："所谓以法法之者，其事大关世道人心，如纲常伦纪，教养大典，则宜立法以为准焉……立法善而施法广，积时久而持法严，代有贤智以相维持，民自固结而不可解。"他更进一步指出："盖法之持在于大纲一定不易，法之文在乎小纪每多变迁""更当留一律以便随时损益小纪，彰明大纲也"。

　　以英国为例，"于今称为最强之邦，由法善也"；俄国学习法国之邦法，"大兴政教，百余年来，声威日著，今亦为北方冠冕之邦也"。洪仁玕预言，日本与西方通商之后，"得有各项技艺以为法则，将来亦必出于巧焉"。① 洪仁玕列举了社会、政治、经济建设方面一系列应兴应革事项。

　　风靡中国近代思想界的达尔文《进化论》和卢梭《民约论》，是广东嘉应州人黄遵宪最早介绍到中国的。他编写 40 卷《日本国志》，详细介绍了日本的历史和现状，着重介绍了明治维新以后的改革措施及成效，第一次把人权、民主、平等的概念引入中国。后来康有为、梁启超，乃至光绪皇帝，都把它当教科书来读。孙中山的民权主义思想，也受到这本书的积极影响。

　　风气一开，思想界云驰电飞。光绪十七年（1891 年），广东南海人康有为在广州开设"万木草堂"，聚徒讲学，"大发求仁之义，而讲中外之故，救中国之法"。康有为早年在家乡时，已阅读各种新书，如《西国近事汇编》《环游地球新录》等，开阔了眼界。后来亲身游历香港，感受到西方文明，治国甚有法度，绝不是中国人所说的"夷狄"。于是大购西方书籍，大讲西学。

　　万木草堂初办时，只有寥寥十几名弟子。康有为亲自制定《长兴学记》，

① 洪仁玕：《资政新编》。载中国史学会主编《太平天国》第 2 册，第 527 ～ 532 页。上海人民出版社、上海书店出版社 2000 年版。

作为万木草堂的校规，主持《新学伪经考》和《孔子改制考》等重要著作的分纂和校勘。甲午战败，成为中国政治、社会、文化转变的一个大枢纽。变革的思潮，在民间风起云涌。广东新会人梁启超在《变法通议》一书中，大声疾呼：中国的官制必须改革！教育制度必须改革！科举取士制度必须改革！中国变则存，不变则亡！字字掷地作金石声，有如破山之雷，振聋发聩。

　　光绪二十四年（1898 年），在光绪皇帝的支持下，康、梁在京城策动政变，实行自上而下的改革，但只推行了百日，便以人头落地，失败收场，从此自上而下变革的幻想色彩，黯淡褪色；自下而上的变革思潮，骤然抬头。改革将从地方小传统入手，从基层社会入手，从绅权、民权入手，自下而上，实现变古易常。诚如梁启超所说：“戊戌维新，虽时日极短，现效极少，而实二十世纪新中国史开宗明义第一章也。”①

　　万木草堂时期，康有为在《大同书》中，描绘了一个“至平、至公、至仁、治之至、尽善尽美”的乌托邦社会：全世界没有国家，只有一个总政府；亦无家族，男女同居不得超过一年，逾期换人；妇女怀胎即入胎教院，儿童出世即入育婴院；设立公共宿舍、公共食堂，按劳分配，自由享用。他认为，人类发展的规律，冥冥之中，早就定下，就是循着据乱世—升平世—太平世的轨道，渐次递进，不可躐等。“升平世”是小康，“太平世”是大同，而人类当下还在“据乱世”的阶段。

　　在康有为看来，大同社会的主要特征，一是消灭家族制度；二是男女平等、妇女解放；三是消灭私有财产。他说：“大同世之工业，使天下之工必尽归于公，凡百工大小之制造厂、铁道、轮船皆归焉，不许有独人之私业矣。”他所设计的未来工厂，规模大到不可思议，“用人可至千百万，亘地可至千百里，厂内俨如国土，厂主俨如古邦君。其分管各职之伯，其补助之亚、管数之府、记事之史如大夫。其群管工之旅如士，其巡察之胥如下士，作役之徒如民。其议工之院如朝廷，其畜图书器物之府，皆有学士、技师百数以朝夕论思，日月献纳，如天禄、石渠。其公园花木、水石如上林，皆有音乐院、戏

---

① 梁启超：《康有为传》。载中国史学会主编《戊戌变法》第 4 册，第 11 页。上海人民出版社、上海书店出版社 2000 年版。

园，听工人自为之。工人皆有公室，人二室，一卧室，一客室，更有浴溷小室；十余人则有公厅。作工者不论男女皆许同居，其别寓旅舍者亦听。有公饭厅，食听人所好，而扣其工费；有讲道院，日日有学士讲道德之名理，古今之故事及工业之术以教诲之。"①

这不是康有为天马行空的梦呓，究根结底，他的乌托邦，是建立在儒家文化传统之上的，与中国人的思维十分吻合。因此，后来当国家真的步入工业化时，有不少做法与思路，都可以在康有为的《大同书》中，找到最初的影子。

康有为在光绪二十八年（1902 年）明确提出"公民自治"和"地方自治"概念，把"国治"与"民治"区分开来。他说："人人有议政之权，人人有忧国之责，故命之曰公民。"他认为如今民智未开，不能立即成立国会，但"各省、府、州、县、乡、村之议会，则不可不立矣"，凡地方讼狱、保卫、学校、道路、桥梁、医院、慈善、祭祀等，都可由乡间自主。民间自治机构是官民沟通、下情上传的渠道。他认为：公民兴起，不是为了抑制君权，而是为了抑制地方权力和绅权，巩固君权。地方官吏、世家巨绅敢为非作歹，公民得起而反抗，则"君可免忧""君权益尊""君利益大"。②

光绪二十七年（1901 年），梁启超在《卢梭学案》一文中，借阐释卢梭未尽之论，也表达了对民间自治传统的厚望："我中国数千年生息于专制政体之下，虽然，民间自治之风最盛焉，诚能博采文明各国地方之制，省省府府，州州县县，乡乡市市，各为团体，因其地宜以立法律，从其民欲以施政令，则成就卢梭心目中所想望之国家，其路为最近，而其事为最易焉。果尔，则吾中国之政体，行将为万国师矣。"③ 在《过渡时代论》中，他宣称：今日之中国，"人民既愤独夫民贼愚民专制之政，而未能组织新政体以代之，是政治上之过渡时代也"。④ 他寄望于"芸芸平等之英雄"，挺身而出，创造时势。

---

① 康有为：《大同书》，第 288～289 页。中华书局 2012 年 7 月版。
② 康有为：《公民自治篇》。载《新民丛报》第 5、6、7 期，1902 年 4～5 月。
③ 梁启超：《卢梭学案》。载《饮冰室合集·文集之六》，第 110 页。中华书局 1936 年版。
④ 梁启超：《过渡时代论》。《清议报》第 82 期，《清议报》全编第 1 册。

梁启超翻译的政治小说《佳人奇遇记》《经国美谈》等，每本都掀起洛阳纸贵的热潮。"国魂""立宪""议院""公民""代表""义务""主义"，这些五光十色的词汇，为中国的思想界注入了勃勃生机。

方兴未艾的革命党，也看出这是百年难遇的机会，在外国游历多年的孙中山，光绪二十六年（1900 年）夏天，致函香港总督卜力（H. A. Blake），建议趁北方庚子之乱，在南京或汉口，成立新的中央政府，各省成立自治政府。他设想未来的国家体制，中央政府统辖军队，主管外交，设立由各省代表组成的议会，向各省派驻总督，一切在宪法内行使权力；地方设立省议会，全权自理地方政治、征收、正供，不受中央政府遥制；省内民兵队及警察部，俱归自治政府节制；岁收中按额拨解中央政府一部分，以为清洋债、供军饷及宫中府中费用；以本省人为本省官，必须由省议会内公举，议员则由民间选定。①

当时的孙中山人微言轻，不足以左右大局，但他清晰地勾画了一幅未来的政治蓝图，对于在近代化的转型中，国家何去何从，深具启发意义。

戊戌变法虽然失败，但变革却没有止步，在经历了庚子之祸后，变革的呼声，反而愈加高涨。光绪三十年（1904 年）秋，朝廷正式宣布：自明年开始，所有乡会试一律停止；各省岁科试亦即停止。行之千年的科举时代，至此曲终人散。所有的旧式书院，一律改为新式学堂。在广州，禺山书院改为番禺初级师范学堂，越华书院改为府立中学堂，应元书院与菊坡书院合并改为存古学堂，西湖书院改为南海中学堂。张之洞创办的广雅书院，改为两广高等学堂，辛亥革命后改为广东省第一中学，1935 年改为广雅中学至今。

宣统元年（1909 年）秋天，以"少年解元，青年探花，中年督抚，晚年宰辅"为傲的张之洞，在北京逝世。梁鼎芬亲自扶柩至张之洞老家南皮，沿途痛哭不已，声震云天。他有一副挽联，悼念这位把广州领向近代化的先行者："为学通汉宋，为政贯中西，一代大师成相业；其心质鬼神，其才兼文武，九

① 孙中山：《致港督卜力书》。载《孙中山全集》第 1 卷，第 193 页。中华书局 1981 年版。

州公论在人间"。①

张之洞去世后，梁鼎芬的健康，每况愈下。宣统三年（1911年）春天，梁鼎芬在广州榨粉街太史第养病期间，仍强支病体，竭尽心力，筹办一所图书馆。不久，以"梁祠图书馆"为名的广州第一所面向学生的公共图书馆，便在榨粉街梁氏宗祠开张了。梁鼎芬在启事中写道："方今文学凋落，道义衰微，日又一日，吾为此惧，故所列者旧学书十之七八，新学书十之二三焉。"又称："本馆专为学堂学生而设，以学古救时为宗旨，几吾邦彦，不忘此言。"他郑重告诫学生："读经二语，一经明行修，一通经致用，行修为己也，致用为人也。"②1919年梁鼎芬去世后，其子将所存藏书二万余册，捐给了广东图书馆（今广东省立中山图书馆），其数量相当于当时省馆藏书总量的两倍。

在这个沧海横流的时代，每个人对未来，都有自己的想法，都有自己的价值判断。清流派出身的张之洞，毕竟是从词臣言官转变过来的实干家，骨髓里仍然是"天不变，道亦不变"的儒家正统，这也是他与梁鼎芬一拍即合的原因之一。无论是张之洞，还是梁鼎芬，在引进西学的同时，都没有忘记"中学为体"的最高价值。在这种思想框架内，他们能够走出多远呢？他们所竭力保存的传统文化，对近代化的进程，又会产生怎样的影响？东西文化的关系，是平衡？互补？还是对抗？历史没有到揭盅的时刻，谁也无法参透。

光绪十年（1884年），也是张之洞到广州的那一年，广东第一份中国人自办的报纸《述报》，在城西多宝大街海墨楼书局创刊，这是中国最早的石印报纸。两年后，《广报》在广州创办，内容以论著、本省新闻、中外新闻为主，也附有宫门钞、辕门钞和货价行情。这是中国最早的日报之一，与汉口的《昭文新报》、上海的《汇报》鼎足三立，同为最具影响力的近代日报。后来，因"辩言论政，法所不容"，《广报》被当局查封，改名为《中西日报》出版后，又被第二次查封。

① 吴天任：《梁节庵先生年谱》，第256页。（中国台湾）艺文印书馆1979年版。
② 吴天任：《梁节庵先生年谱》，第272页。（中国台湾）艺文印书馆1979年版。

光绪二十六年（1900 年）创刊的《商务日报》，以小说形式撰写内容敏感的新闻，开创了一种新文体。光绪二十七年（1901 年），朝廷开始推行新政，言论的空间进一步放宽，尺度之大，堪称空前。仅在光绪二十八年（1902 年），广州便新出了两份报纸：《亚洲日报》和《开智日报》，公开谈论革命，刊登革命党人文章，官府也听之任之，没有缇骑夜出，拉人封屋。光绪二十九年（1903 年）创办的《时敏报》，第一次正面记述太平天国。甚至革命党也在办报纸，陈少白在香港办的《中国日报》，在广州热卖，连当时两广总督陶模父子都是《中国日报》的忠实读者，这份鞭挞时政、揭露黑幕的革命党报纸，每期在总督衙门可以卖出两百多份，不能不说是一个奇迹。

科举停止后，士人断绝了科考入仕的通道，不得不另谋出路，有的投身工商界，有的投身报界。鸦片战争前，广州的报纸大多是洋人办的，战后纷纷迁往香港、上海等城市，开辟新市场，广州绅商趁势大举进入这个领域。从光绪三十一年（1905 年）至辛亥革命前，广州的新办报纸，就有 82 种之多，虽然不乏朝荣夕灭者，但一鸡死一鸡鸣，不断有新的声音，加入这场大合唱，声浪日见飞涨。

广州的报馆大多在西关，位于下九甫的文澜书院是绅商的大本营，而报纸大部分是由绅商出资办的，在文澜书院的周围，形成了广州最大的图书报刊出版中心。第七甫有群英阁、通艺局、丹桂堂，第八甫有载经堂、藏经阁、经纬堂，十七甫有五经楼、明经阁、穗雅印刷局、东雅印刷局，十八甫有允经楼、时雅书局、维新书局；《羊城日报》《时事画报》《中西日报》《博文报》《时敏报》《安雅报》《国民报》《粤东公报》《震旦日报》《七十二行商报》《国事报》等报纸，如北辰星拱一般，紧紧围绕着文澜书院。光绪三十四年（1908 年）成立的"广州报界公会"，设在十八甫的《国民报》旧址。人们习惯性地把第五甫至第八甫一带叫作"报纸街"。

百余年的社会嬗变，一切都是从知识的传播开始的。鸦片战争后，中国被"山呼海啸，西潮东卷"的世界大势所迫，走上了近代化之路。纵观其过程，始终与"西学东渐"相伴，从赫胥黎的《天演论》（进化与伦理）、穆勒的《群己权界论》（论自由），到梁廷枏编写的《海国四说》《夷氛闻记》等，对外部世界的视野日渐开阔，见识不断加深，其结果也不限于生产方式和工艺技术的转变，更重要的是社会关系、制度体系，乃至价值系统的转变，是整个文明结构的转型。

东西文化相撞，新旧文化并存，相激相荡，巨浪滔天，构成了 19 世纪末20 世纪初广州文化界、思想界的一幅奇特图卷。

第三章　蹒跚的起步

1859 年
传教士嘉约翰创办博济医院，即今天的中山大学孙逸仙纪念医院。

1890 年
华侨黄秉常开办中国第一家民用电灯公司。

1908 年
广州成为继上海之后全国第二个安装自来水的城市。

警察的布告
关乎衣食住行、生老病死，林林总总，贴满
城门通衢。

广九铁路的修筑、东沙马路的开拓，以及西方教会大举进入东山
预示着广州面临历史巨变。

夜晚的灯光与入户的自来水

张之洞在设计长堤马路时，以沙面租界为摹本，希望广州的城市建设，能够超越洋人。但如果白天车水马龙，晚上漆黑一片，那么即使马路再宽阔、再平坦，也不符合张之洞对城市的想象。

城市夜晚要有光。张之洞有见及此，从外国购入一台发电机和100盏电灯，安装在总督衙门里，为全城作示范。这时距离爱迪生（T. A. Edison）发明电灯，才仅仅九年时间。这是广州第一次出现电灯，不用洋火，不用洋蜡，也不用火水（煤油），一拉开关，就有光了。书吏师爷们惊叹不已，视为神奇。人们听说，全国只有三个城市有电灯，那就是北京、上海与广州。尽管由于电压不稳，光线忽明忽暗，但张之洞坚信，总有一天，这东西会把全城千家万户照亮。

华侨开始崭露头角了。美国檀香山华侨黄秉常，广东台山人，托人向张之洞转达回乡投资的愿望，张之洞求之不得，马上表示支持。于是黄秉常在华侨中招股，集资40万元，光绪十六年（1890年）从美国西屋电气公司购买了两台发动机和两台交流发电机，雇用了100名工人，开办广州电灯公司，可供1500盏电灯照明。这是中国第一家自办的民用电灯公司。公司开张时，张之洞已调任湖北了。

每一项新事业的起步，都是艰难的。黄秉常遇到的最大困难，是没办法降低电费。16支光的灯泡每月电费是1.6元，10支光的1元；如果安装了电表，每安培小时的电费，大约是1.5分；16支光每小时也是1.5分。[1] 这是一笔不轻的负担，因而许多人对电灯的好处，赞不绝口，却不敢轻易尝试。全城安装的电灯总数，不过区区700盏，负荷不足公司发电量的一半。开工不足，亏损严

---

① 张富强 乐正等译编：《广州现代化历程：〈粤海关十年报告（1882-1941）〉译编》，第27页。广州出版社1993年版。

重，苦撑九年之后，宣告倒闭，发电厂改成了锯木厂。

对一个有广阔前景的行业公司来说，九年寿命，也许过于短暂，但经过它不遗余力地推广，开张第一年，广州已有 40 条街道装上了电灯。[①] 人们出入方便了，因蜡烛、火水灯引起的失火，也比从前少了。黄秉常的 40 万元，等于在广州为电灯做了个大广告，后来者

1903 年建成的粤垣电灯公司

再走这条路就顺畅多了。光绪二十六年（1900 年），英资旗昌洋行在广州长堤五仙门开办粤垣电灯公司，初时只有 4 台发电机，装机容量共 546 千瓦。

出于权利不可外溢的考虑，宣统元年（1909 年），广东省官商合股毫银 150 万元，收购了粤垣电灯公司，成立广东电灯股份有限公司，在长堤靖海门设立事务所，添置发电机组，第一年购进两台火油渣机，每台 200 匹马力，可以发电 120 千瓦。现在，公司有了另一个名称：电灯机器总厂。也就是广州人都知道的五仙门电厂。到这年年底，据广东警务公所统计，广州已安装了 1054 盏街灯，其中老城、新城 288 盏，东南关 322 盏，西关 326 盏，河南 118 盏。[②] 才一年时间，公司就达到了收支相抵，略有盈余。

电力的使用，对工业的意义巨大，电力驱动机器，把以往人们十天半月的工作量，在几小时内就完成了，高效率的生产，使大规模工业成为可能。电力也让广大商家受益。广州夏季天气溽热，酒楼、茶楼、商店生意，都颇受影响，电风扇的出现，为人们解决了大问题。宣统二年（1910 年）一则酒楼广告写道："扇凭电力，清风与故友俱来；窗映波光，明月偕美人并至。"[③] 酒

① 杨万秀主编：《广州通史》近代卷，下册，第 748 页。中华书局 2010 年版。
② 《宣统元年七月至十二月广东警务公所第二次统计书》，第 205 ～ 207 页。
③ 《广告》。载《天趣报》1910 年 12 月 10 日。

楼顿时上了一个档次，成为吸引客流的卖点。

电灯也改变了人们的作息习惯，白天与黑夜不再有清晰的界线，人们不再"日入而息"，电灯把白天的繁华延伸到夜晚，城市开始有了"夜生活"。这一切，对时间观念造成的颠覆性冲击，与那只"嘀嗒嘀嗒"响的时钟，不相上下。

广州城居住着几十万人，他们的饮用水，一向是靠井水，甚至是河涌水。广州地临南海，每逢海潮上涨期，咸潮便大举倒灌进城。尤其秋天，台风频生，咸潮更是肆虐。古人形容咸潮涌来时，虎门外的海面，"入夜则海水纯丹，火光万里，波浪乘风如千万火山冲击，物触之辄生火花，咸故生火也"，[①]景象十分骇人，可见咸潮的凶猛。

咸潮期间，广州的井水都是咸的，民众苦不堪言。在南越王宫署遗址里，考古人员发现了星罗棋布的水井，从秦汉到民国的都有，可见两千年前的赵佗，也是靠挖井解决饮水难题的。东吴时期，交州刺史陆胤到广州，便深感"州治临海，海流秋咸"，人民生活，深受困扰，于是在越秀山脚挖湖蓄淡水，开凿河渠，把白云山的蒲涧水引入湖中，使民众在秋冬季枯水期有淡水饮用，广州人称之为"甘泉池"。

在广州流传着一个家喻户晓的故事：南朝梁武帝普通八年（527年），佛传禅宗第二十八祖达摩禅师从天竺航海，来到广州，在光孝寺挂单时，见人们喝的水味多咸卤，有损健康。他来到光孝寺一处地方，告诉人们，这里挖下去有黄金。大家拼命往下挖，挖至几丈深处，突然有泉水喷涌而出，却没看见黄金，大家埋怨达摩骗人，达摩却笑称："这黄金不是可以用斤两计算的。"如今在光孝寺里，还可以看到这口达摩井。

广州几乎每条大街都有水井，据1932年的统计，全市有558口水井。[②]这时广州正在进行大规模的建设，水井数目与清代相比，只会少不会多。这些水井，有些是专门用于消防的"太平井"，平时加上盖子，不准随便打水。人们

---

① （清）仇巨川：《羊城古钞》，第131页。广东人民出版社1993年版。
② 《广州市市政公报》，第400期。1932年7月31日。

解决日常生活之需，仍不得不依赖山泉水与河涌水，洗衫、冲凉、洗碗洗碟。广州河涌水的肮脏，尽人皆知，大量垃圾长期往河涌里排放；四乡农民每天都会撑着屎艇入城，收购居民粪溺，不少贪图方便之人，却把粪溺直接倒入河涌内。广州每到夏季，往往有疫疾传播，饮用水的不洁，是重要原因之一。广州有一首童谣唱道："咸水清，淡水浊，咸水满洋，不如淡水一掬。"

解决饮用水，成为广州人千百年的奢侈梦想。

在张之洞任两广总督之前，已有一位澳大利亚华侨向官府提出了自来水的设想，他的名字叫何献墀，南海西樵山人，早年曾在香港教会学校读书，后来随兄长赴澳大利亚谋生，逐渐成为当地侨领。同治七年（1868年），何献墀回国，参与各种新兴工商业，包括保险公司、矿山、铁路、电报线路及自来水公司等，与张之洞关系密切。何献墀利用他在香港的便利，不断把外国及香港各种军事和经济情报，报告给张之洞，俨然是两广总督府的探子。

何献墀从香港聘请英国工程师，到广州勘测水源。据他的估计，广州需要用自来水的人家，约有7800多户，每户平均日用水为10至15挑，[①]因此每日水的供应量，必须达到11.7万挑以上。最初计划在白云山上设水厂，但英国工程师认为，白云山水不敷供应，又恐附近山坟密布，影响水质，因而作罢。接着又打算仿效伦敦汲用泰晤士河水，在广州城西增埗设水厂，以西江水为水源。何献墀准备成立一个自来水股份公司，拟定筹集资本为一万股，每股百元。他用心编写了一本40页的《粤垣源源水局议》册子，交给官府审议。

但自来水厂计划，遭到乡民抵制，担心会破坏风水，而且从古到今都是用免费的井水、河水，水就是上天给的，凭什么要掏钱买？这不是拦路打劫吗？自然竭力抗拒。绅商对自来水能否赚钱，没有把握，也不甚积极。南海县官府的态度，更是冷淡。一项美好事业，胎死腹中。

张之洞离开后，广州各项建设几乎全面熄火。有些张之洞在任时订购的机器，接任者却不愿付款，张之洞只好用湖北的钱付清尾数，然后把机器运去湖北。广州机器织布官局、广州铁厂的命运，都是如此。虽然有人继续为建自来

---

① 《北华捷报》1882年3月11日。引自周瑞坤：《公共卫生与广州城市现代化（1901～1930）》。（中国台湾）政治大学历史学系研究所硕士论文。2004年。

水厂奔走倡议，但都如石沉大海，得不到官府回应。

何献墀的自来水计划落空，几年后，广州暴发了史上罕见的鼠疫大流行，死亡人数十万有奇。面对这种恐怖情景，人们不禁又想起了何献墀，如果当初就有清洁的饮用水，广州疫情还会如此猖獗吗？

光绪二十九年（1903 年），朝廷派岑春煊为两广总督。岑春煊，字云阶，号炯堂老人，广西西林人。在康、梁倡言变法时，曾上书朝廷，慷慨支持，塑造了一个激进的维新派形象，被擢为广东布政使。但戊戌变法失败后，维新派纷纷落难，他也被朝廷冷处理，调到土瘠民贫的甘肃。光绪二十六年（1900年），八国联军陷京，慈禧太后和光绪皇帝两宫蒙尘，逃难西北，岑春煊亲率大军护驾，改变了太后对他的印象，从此仕途顺风顺水，官拜陕西巡抚、山西巡抚、四川总督。

岑春煊到广州时，大鼠疫余波未尽，人人谈疫色变，省城的卫生状况，愈发引人焦虑。岑春煊重提自来水计划，并警告："省城近年鼠疫盛行，春夏之交，死亡枕藉，天灾之酷，惨不可言，虽致疫不止一端，而大端由于饮水之不洁。欲消瘴戾，宜讲卫生，此省城自来水之不能不急办也。"①

自来水的另一个好处，是发生火灾时，可以引水扑救。因此，无论从卫生，还是防火两方面考虑，兴办自来水，都是急如星火的事情。经岑春煊反复呼吁，增埗建水厂的计划，被重新讨论。一位商人向岑春煊提出，由他负责兴建水厂，并在城中和河南铺设水管，条件是由他承包七十年经营权，水费由 2 元至 1 毫，分为五等。同时承诺如果遇到火灾，居民用于扑救的自来水，可以免费。但岑春煊不愿水厂完全商办，必须有官股加入。他否决了这位商人的提议，另外提出官督商办的办法，官商各出一半投资，商股来自广州与上海商人。

光绪三十一年（1905 年），广州成立"广东省河自来水有限公司"，在谷埗（今人民南路西堤一带）购置办公大楼。公司章程上写道："现在环球各国无人不研究卫生之学。卫生之道，食物最先，而饮水一端，尤为饮食日用不

---

① 《两广总督岑云帅奏请息借民款以兴要政折稿》。载《申报》1904 年 6 月 6 日。

可少之物，于卫生上关系更为重大。"① 呼吁全体绅商铺户，一律安装水管龙头，避免疾疫传播。

公司聘请从国外归来的工程师关国栋与两位美国工程师、一位德国工程师，共同进行水源勘测和水厂基建的技术设计工作。几经踏察，卒以增埗河为采水点，引小北江水入市。关国栋，字干臣，满姓瓜尔佳氏，广州满洲正黄旗人。幼时入读广州同文馆，学习汉文、英语、数学等课程，光绪二十一年（1895 年）毕业，以优异成绩，被官派到英国留学，入牛津大学攻读工程技术专业。

正当关国栋夜以继日地为水厂绘制蓝图时，坏消息却不断传来，先是筹资一波三折，商股直到光绪三十二年（1906 年）才集齐，官股勉强筹得三十万两，缺口还很大；在西场乡征地建厂房时，又遭到村民反对；施工过程也是举步维艰，因为要埋输水管，必须挖开街道，沿街居民群起阻挠，吵架、殴斗，无日无之，有居民威胁要把死蛇烂鳝、臭老鼠丢进输水管；有些离输水管很远的房屋，年久失修，被风刮倒，也算到输水管头上，吵着要水厂赔偿；还有职员贪污、偷工减料等各种问题，都令主事者头痛不已。

社会的每一步前进，都是各种利益激烈复杂博弈的结果。形形色色的阻力，或来自朝廷和官府，或来自内部，或来自民间，甚至来自那些最可能从近代化得益的人群。

道路虽然曲折坎坷，但水厂还是在光绪三十四年（1908 年）九月建成，开始向西关、南关和惠爱街一带供水。那年的重阳，有 600 多户人家，只要拧开水龙头，晶莹清亮的水便"哗哗"流出来。广州继上海之后，成为全国第二个安装自来水的城市。虽然六口之家每月要收 1 元水费，每加多一人就加 1 毫，但人们一旦发现自来水的好处，也就不再骂水厂了，争先恐后都想安装，到年底已增至 7500 户；商业场所一律安装水表，按表收费；还有一项专门针对贫穷人家的安排，在街口装置公用水龙头，贫户去挑水，每 64 斤收费 1

① 《官商合办广东自来水有限公司装设龙头水管收取水资禀定章程》（1907 年），广东省立中山图书馆藏。

西关水塔

仙。[1]迫至辛亥革命时，已有1.3万户人家在使用自来水了。[2]

由于水压不够，需要在西关地区兴建水塔。西关长寿寺曾被人举报窝藏妇女，被附近民众砸毁。后来，广州绅商希望利用寺庙兴办学校，与寺中的原住户发生冲突，演变为轰动一时的"毁学案"。岑春煊下令拆毁长寿寺，寺地用来建戏院、商铺，水塔亦在这里兴建。关国栋负责设计，用两年时间，建起了一座巍峨壮观的水塔。工程造价94087两白银，是广州第一座供应自来水的水塔。外壁用钢板焊接而成，塔身高6.71米，内径12.2米，可储存约782立方米水，用钢架把水塔托起，距地面约42.1米，[3]堪称西关的地标性建筑物，广州人习惯把它叫作"西关水塔"。从此，西关地区实现了全面供水。

① 《自来水公定议收费》。载香港《华字日报》1907年1月18日。
② 《粤海关十年报告（1902—1911）》《宣统元年广州口华洋贸易情形论略》。载广州市地方志办公室、广州海关志编纂委员会编译《近代广州口岸经济社会概况：粤海关报告汇集》，第981、496页。暨南大学出版社1996年版。
③ 《荔湾区志》，第314页。广东人民出版社1998年版。

卫生医疗之新貌

考察一个城市是否迈入近代化门槛，有一个重要指标，就是看它的医疗体系，看它应付流行病的能力。

光绪二十年（1894 年），干支纪年为甲午年，距离中日甲午战争发生，还有三个月。在三月初十的《申报》上，刊登了这样一则消息："近日粤东疫症流行。自城厢以及乡落，无有蔑有，死亡之多，实从来所罕见。棺木店昼夜作工，仍觉应接不暇。有某乡户口寥落，不满百家，旬日之间，竟毙百余人，其中幼孩居多。往来行人，恐致传染，咸有戒心，不敢向此乡涉足。亦可见疫症之盛矣。"① 消息排在第二版，夹在密密麻麻的新闻当中，似乎并没有引起人们的重视。

但恐怖的消息，却接踵而来，其凶猛程度，有如飓风过境。三月二十四日的《申报》报道："粤东迩因天时不正，至疫症流行，城厢内外人民染之即毙。被灾最重者，莫如南胜里，自二月下旬起，至本月初五日止，统计疫毙男妇约共一百三十六名。"② 南胜里即今大南路，当时是回族人聚居的地方。鼠疫暴发后，首先成为重灾区。

街坊们惊传，有一个年轻人，以帮人挑水为业，这天挑了十几担水，觉得口干，便回家喝粥，其间还与家人说笑，不料一碗粥没喝完，"扑通"一声倒地毙命。三月十九日《申报》报道，广州城西洗基有一个医生，早上起床还能出门应诊，到午后觉神志昏迷，不省人事，第二天就一命呜呼了。弟弟来给他办丧事，入门没多久，也染病暴亡。四月初五报道：有两个年约三十的男人，衣履整洁，至十三行地方，忽然倒毙于路。还有一妇人怀抱幼子，行至归

---

① 《疾疫盛行》。载《申报》1894 年 4 月 15 日。
② 《时疫盛行》。载《申报》1894 年 4 月 29 日。

德门，猝染疫症，倒地即死，怀中的幼子尚呱呱哭啼。①

绘声绘色的故事，令人毛发耸然。这场世纪大疫症，源自云南，经水路传到广州后，迅速传遍全城。早在一年前广州曾发生天花流行，《申报》已报道过广州卫生状况不佳："城厢内外，人烟稠密，各街道粪草垃圾规程如山，一至炎天，秽气熏蒸，闻之易生疬疫。"②不幸一语成谶。

广州不仅卫生不佳，某些不文明的生活习惯，也助长了疫情的蔓延。不少人相信"苏鼠"（鼩鼱）可以治疗小儿疳积，想方设法活捉苏鼠，卖给郎中，而郎中则把新鲜鼠尸用陶器加以烘煨，捣成碎末配药。在乡村，用田鼠泡酒，甚至生吃田鼠，以为可以强腰健身，这些都是很常见的事情。鼠疫到了广州，就好像进了一座不设防的城市。

极高的死亡率和缺乏有效药物，引起巨大恐慌，人们争相逃难。仅4月份，平均每星期就有1.1万难民从广州逃到香港，把鼠疫直接传入香港。③等到香港也成为疫埠后，大批难民又从香港逃回广东。6月中旬，已有十几万人离开香港，每日还有三四千人出逃，以致"港中工作乏人，各局厂相率闭户"。④如此巨量的人口流动，使鼠疫的传播，变得完全失控。当疫情达到最高潮时，站在广州城头俯瞰，大街小巷，千门万户，挂满了办丧事的蓝字灯笼，让人心寒胆落。

中医认为一切疾病的根源，都是由"气"引起的，外界的邪气、湿气、疬气，体内的厥气、肝气、水气等。所谓"人受气于谷，谷入于胃，以传于肺，五脏六腑皆以受气"，当鼠疫袭来时，"鲜知其病所由来，但名曰核症，而无从考其核之所来"。⑤对传染病的认知，十分匮乏，也没有隔离防疫的概念。

《申报》报道了一则故事：三月十九日，南海县举行童试，由于参加考试的人太多，学宪凌晨5时开门点名，直到下午4时才点完，"是日适值大雨滂

① 《时疫未已》《口疫可畏》。载《申报》1894年4月24日、5月9日。
② 《羊城游屐》。载《申报》1893年7月21日。
③ 《香港政府宪报·1895年》，第369～370页。香港政府1895年印。
④ 《港电报疫》。载《申报》1894年6月13日。
⑤ 余伯陶：《鼠疫抉微·李序》。载《中国医学大成》第4册，第732页。中国中医药出版社1997年版。

沱，昼夜不绝，各童莫不带水拖泥，淋漓尽致"。有一位文童考入黉宫，喜报传来，亲朋戚友、宗亲乡里，纷纷前来道贺，一时门庭若市，不料文童因此染疫，"俄顷之间，竟登鬼录。于是贺者在门，吊者又在室矣"。[1] 没有人意识到，这种群聚场合，为鼠疫传播，开了方便之门。

绅商在西关、黄沙等地，设立养病施医所，收留染疫无家可归者，但提供的治疗极其有限。街上忽而哄传升麻鳖甲汤有效，忽而哄传解毒活血汤救命，究其用药，不外乎连翘、赤芍、柴胡、忍冬、黄芩之类。各种祖传秘方、偏方、验方、仙方满天飞，也有人用蚂蟥吸腹沟淋巴部位，以排脓血，却往往轻症变重症，重症变危症，危症变死症，染疫死亡人数，与日俱增。《申报》报道，死亡的高峰，在四、五两个月，"诸伴作欢呼饮宴，莫不兴高采烈，扶醉而归"。[2]

官府也想救民于水火，无奈既不懂望闻问切，又不识三阳六脉，唯有病急乱投医，搜罗街上流传的药方，派给居民。每天来领药方的人群，把臬司衙门围得水泄不通，反而助长疫症更快蔓延。南海、番禺两县衙门，除了暂停操演，疏散营汛，督促差役勤加洒扫，在狱中燃烧香术等物辟除疫气外，也没有什么好办法了。

人们求医不得，只好求神。城中谣传，洪恩里等街，出现疫鬼作祟，每到夜深人静之际，便飞沙走石，鬼哭神嚎，这是疫鬼在寻找替身。于是人们纷纷请道士法师，在城隍庙设坛超度亡魂。作法数日，依然无效，又把洪圣庙里的各路神像，抬出来巡游，仪仗簇拥，鼓乐喧天，街上人山人海，拥挤不堪；连南海、番禺两县的县令，也亲自到波罗南海神庙，恭请铜鼓回省，各处巡游，希望仗此神威，驱除疠疫。但迎神终究无效，大家又转而指望天降甘霖，把疫症冲走。

当时的广州缺少最起码的正规医疗体系。防疫与治疗，主要靠善堂施医赠药、施棺执殓，零散的坐堂医、游医，各施各法，连一座正规医院也没有。直到疫症暴发五年后，绅商为防疫症卷土重来，才创办了善堂性质的城西方便

① 《粤试杂闻》。载《申报》1894 年 5 月 7 日。
② 《粤疫续述》。载《申报》1894 年 7 月 15 日。

所，光绪二十七年（1901 年）更名为城西方便医院，这是广州第一家中医医院，以赠诊为主，设有留医用的"养病房"，也就是今天的广州市第一人民医院。

不过，在疫症的第一波恐慌过去后，人们开始积累着抗疫经验，不断改善防疫措施。人们已经知道了，鼠疫不是通过鬼怪，而是通过人传人的，于是就有了隔离防疫的意识。光绪三十四年（1908 年）五月间，香港再度发生疫情时，广州绅商便向官府建议，在城外东堤附近，设厂专门收容从港回粤的病人。总督张人骏认为这里离码头不远，病人不用奔波劳累，且"迎纳海风，吸收空气，于病人尤为有益"，[①]同意了绅商的要求。这就有了早期的隔离病房。

光绪二十年（1894 年）的这场大鼠疫，导致广州 11 万余人死亡，[②]暴露出广州与近代城市的标准，还有相当距离。疫症暴发前，上海、厦门、北海、汕头等城市，都有港口检疫制度；疫症暴发后，上海、厦门都重新订立了防疫章程，宁波、澳门等地，也建立了检疫制度。天津在光绪二十一年（1895 年），中国台湾在二十二年（1896 年），牛庄（营口）在二十五年（1899 年），福州在二十六年（1900 年），汉口在二十八年（1902 年），安东（丹东）在三十二年（1906 年），大连在三十四年（1908 年），秦皇岛在三十五年（1909 年），都先后建立了检疫制度，广州作为鼠疫受灾最重的城市，迟至宣统三年（1911 年）才实施港口检疫制度。[③]

广州的检疫官全部由外籍医生担任，工作范围大致是：对国家公布的传染病进行检疫；对往来国内外疫区的船只进行检疫；对来自国内外疫区的旅客查验预防接种，为无证者补种，对疑似患者进行门诊观察，或收容隔离治疗；对前往国外疫区的船上员工进行预防接种；对必要船只进行蒸熏，或杀虫消毒；

---

① 《饬自治会搭厂执行香港病人》《设医局治核疾》。载香港《华字日报》1908 年 6 月 2 日、5 日。

② 《粤疫续述》。载《申报》1894 年 7 月 15 日。

③ 引自曹树基：《1894 年鼠疫大流行中的广州、香港和上海》。载《上海交通大学学报（哲学社会科学版）》2005 年第 4 期。

必要时对船上人员进行血检、饮水、食品等全面检疫。①

亡羊补牢，广州人开始对这种传染病进行探索，《鼠疫汇编》《鼠疫抉微》《鼠疫约编》《鼠疫治法》等图书，大量翻印流传，有的甚至"板经五刊"。与此同时，随着西方教会的到来，近代西方医学也跟着进来了，西医用全新的理念、全新的方法，把对疾病的防控治疗，提升到"科学"的境界，无论任何病痛，都用科学去解释，用科学去解决。

在甲午鼠疫发生八年后，一座三层高的西式楼房，在西关荔枝湾涌旁落成了，登楼眺望，远处是大片泮塘水田，随着季节的转换，忽绿忽黄；河涌从楼前经过，疍家艇欸乃而过，不时飘出歌声。河涌两侧，是一望无尽的低矮房子，居住着西关地区的贫穷人家。这幢鹤立鸡群的洋楼，是广州第一所专门为女性服务的医院，名为"道济"，取传道济世之意。

创办这所医院的，是基督教北美长老会的女传教士富玛利（M. Fulton）。甲午鼠疫发生前七年，年仅30岁的她，从美国俄亥俄州来到广州，在四牌楼和同德路，分别创办了两家妇女赠医所，每月为四五十人至上百人诊病。后来又在花地开了一家赠医所，并建立了专门为女性服务的正规医学院和医院，这就是后来的广东女子医学校和道济医院（今广州医科大学附属第三医院）。开张那天，美国驻广州领事、番禺、南海县令、广雅书院山长等一众高官名流，联袂而至，出席了开幕典礼。

大清驻美公使梁诚也来参观，他看到"道济"二字后，对富玛利说："道济"与粤语"刀仔"（小刀）谐音，中国人本来就害怕手术，剖膛破肚，近乎凌迟。刀仔这个名字，让他们望而生畏，更不敢上门求医了。医院既然以女性为服务对象，不如改为"柔济"，女性会较易接受。富玛利欣然接受，把医院改名为"柔济"。

---

① 引自刘荣伦 顾玉清编著：《中国卫生行政史略》，第207页。广东科技出版社2007年版。

柔济医院院校

柔济医院重视实验诊断，图为早期实验室

追溯西方医学进入广州的历史，道光十五年（1835年），美国传教士伯驾（P. Parker），得到十三行商的鼎力支持，捐出新豆栏一所房子，开办"眼科医局"，是为中国第一所西式医院。伯驾毕业于耶鲁大学神学院，又取得了医生文凭，他的高明医术，很快赢得广州人的信任，登门求医者，门槛为穿。

《中国丛报》写道："很大数量的病人得以恢复健康，药物亦在他们中间免费配给。在清晨，人们每天能见到，病人、盲人和残疾人——各个年龄和性别——拥挤在诊所门前。"[1]尽管不愿公开承认，很多官员私下都找伯驾看病，连钦差大臣、两广总督林则徐也悄悄找他看过疝气。

第二次鸦片战争期间，医局被战火所毁。咸丰九年（1859年），在眼科医局当过医生的俄亥俄州长老会传教士嘉约翰（J. G. Kerr），在南郊租了一所房子，创办博济医院，即今天的中山大学孙逸仙纪念医院，并创办了一份医学报纸《广州新报》（后更名为《西医新报》）。他是一位外科手术专家，对结石手术，尤为精专，成功地让广州人不再对"血光之灾"感到恐惧，愿意躺到手术台上。截止到1922年，博济医院施行了3689例结石手术，其中膀胱结石3136例，尿道结石425例，阳端膜结石118例，肾结石6例，阴囊结石4例。[2]还有乳癌摘除、剖腹、胚胎摘除、青光眼、白内障等各种手术。

博济医院创造了许多个"第一次"，第一次使用乙醚和氯仿麻醉，购置中国内地第一台X光机，第一次拍制X射线医学照片，也第一次把"无菌操作"概念带到广州，创立了严格的手术室消毒程序：照明灯必须用玻璃罩隔离，墙壁和天花板都要刷上油漆，方便经常擦拭消毒；认真执行外科医生和助手的术前消毒和灭菌，彻底清洗双手，并在防腐溶液中浸泡；使用抗菌溶液及蒸汽，仔细消毒手术器械等。医院还进口了一台先进的压力蒸汽灭菌器——阿诺德消毒器。

博济医院

---

① 《澳门眼科·广州诊所》。载《中国丛报》第2卷，第276页。
② 引自崔军锋　叶丹丹：《民国早期广州博济医院的专业化发展（1914-1926年）》。载《学术研究》2017年第6期。

当时绝大部分中医，仍然把《黄帝内经》《伤寒论》《金匮要略》等千年古籍，奉为天书，以自己一生的行医经验，去实践它，诠释它，敷弘它。对西医的理论、器械和技术，闻所未闻，见所未见。一位曾师从嘉约翰的中国人，在了解西医后，写诗赞美："西士名医共仰嘉，远从美国至中华。刀针药石皆精妙，卢扁原来未足夸。"① 卢扁就是中国古代名医扁鹊。有史以来第一次，中医遭到了中国人自己的质疑。这种质疑，在民国初年达到了高峰。

光绪二十四年（1898年），嘉约翰又自己掏钱，在芳村购地，创办惠爱医癫院（今广州市精神病医院），专门收治精神病人，是中国最早的精神病院之一。嘉约翰还在同治五年（1866年）创办博济医校，为中国培养医生。嘉约翰亲自翻译和编写了34本西方医学书籍，包括《西医略释》《种痘捷法》《西医新法》《内科全书》《眼科撮要》等，即使在多年以后，这些著作，在全国医界仍有广泛影响。

医生传教士嘉约翰

光绪十五年（1889年），博济医院的美籍华人医师冯西，在医院内收养了四名盲幼女，把她们送入医院附设的女塾读书。但几年后收留的盲女愈来愈多，于是在仁济街租赁房舍设立瞽目女塾，教授盲女们盲文、音乐、打毛衣、编竹篓、竹筐等。后来女塾失火，烧毁了校舍，1912年，冯西在芳村购地建筑永久校舍，将女塾改名为明心书院，兼收男盲童，于是广州便有了第一所盲人学校。

富玛利创办广东女子医学校，从最初招不到学生，没有女子肯入读，第一届只勉强招到9名学生，到后来不少女性冲破传统束缚，投身到这个专业。光绪二十七年（1901年），来自美国印第安纳州的夏葛（E. A. K. Hackeet），捐款扩建了学校，开办了夏葛女医学堂和特纳护士学校，一开张

① 陈梦南：《送嘉约翰先生回国序并诗》。载《万国公报》第389卷。1876年5月27日。

就招了 41 名学生。^① 到 1920 年，夏葛医学校培养出 160 多名女医生。特纳护士学校从光绪三十二年（1906 年）开办，到 1936 年，共办了 27 届，培养了 197 名护士，其中 178 名是广东本地人。^②

越来越多的中国人学习西医，从事医生、护士的工作。光绪三十四年（1908 年），陈子光、梁培基、郑豪等人，发起创办光华医学专门学校（西医学堂），校址在关部前（今泰康路）。这是中国人自办的第一间西医学校。其后，华人医生伍百良创办私立图强高级助产学校、谢爱琼创办私立妇孺高级助产学校。西医慢慢深入人心，在广州越来越普及了。

甲午鼠疫唤起了广州人对城市卫生的关注。狭窄的街道，拥挤的民居，缺乏完善的排水系统和垃圾处理系统，民众的生活习惯，与一千年前相比，没有太大的不同。民众居住在河涌两岸，往往上游在洗粪桶，下游却在洗锅碗瓢勺；城墙角下垃圾成山，死去的家禽牲畜，在烈日下散发着恶臭；街上的排水沟渠被垃圾堵塞，每逢下雨，水浸街巷，污水横流；珠江上拥挤着数以万计的疍家艇，吃喝拉撒，都在江里……

这一切，千百年来，天经地义。但当一座城市迈向近代化时，它要做出哪些改变？又如何让民众接受和适应这些改变？

庚子事变后，京城管理弛废，原来负责京师治安的步军统领衙门，名存实亡，军役各散东西，城里又不让驻军，兵燹遗黎，无从安居乐业。直隶总督袁世凯在天津把年纪较大、准备退役的新军士兵，组成中国第一支警察队伍，在北京站岗巡逻。后来，天津、塘沽等地，均用警察站岗，维持秩序，备受中外人士称许。

按照朝廷的改革要求，光绪二十九年（1903 年），广州也设立了全省巡警总局，局址在小北直街东侧飞来庙附近。光绪三十一年（1905 年），裁撤广东督粮道，巡警总局迁到南朝街旧督粮道署。总局设督办一人，由按察使

---

① 杨万秀主编：《广州通史》近代卷，下册，第 465 页。中华书局 2010 年 10 月版。
② 据《特纳护士学校历届毕业生名册》统计。引自方靖：《中国近代第一所女子医学院：夏葛医学院》。载《广州大学学报（社会科学版）》第 1 卷第 3 期，2002 年 3 月。

兼任，下设会办、坐办、提调等。老城内初设五个分局，老城内原有的保甲局暨老城九段各卡，一律裁撤，只保留新城、东南关、西关、河南的保甲局、卡。巡警总局为完全官办机构，士绅不再参与。后来相继增设新城第六、第七局，河南一至四局，东南关一至五局，西关一至十二局，并在省河设立水巡队，共合 29 个分局（队）。①

巡警总局内部，最初没有具体分工，权责亦不甚清晰。光绪三十四年（1908 年），仿照日本警视厅和国内南北洋的管理制度，大刀阔斧，进行新一轮改革，把原巡警总局，改组为广东巡警道，分科治事，设总务、警政、警法、卫生四科。原警务分局改为区署，下设分署，专管全省警务，诸如巡警、消防、户籍、营缮、卫生等，并由巡警道制定《全省警务公所各科办事细则》第 10 章第 85 条，管理警务工作。

在卫生科下，设清洁、医务及医学三课。清洁课负责扫除街道事宜，制定整治疏浚沟渠的规章和监督执行；管理清道员役；预防传染病；检查饮食及其他物品器具的卫生；处分居民铺户倾泼秽物污水事宜；禁止贩卖疫兽、死兽事宜。医务课负责巡视等体格检验；对路上急病及罹受灾难者施以救护；对局员及丁役疾病诊察；精神病者的监护治疗；对公众卫生及工场卫生的稽查。医学课负责管理公、私立医院，研究各种疾疫发生及检验徽菌，医院、娼妓病院的设立与考核。

当头戴草帽，辫子盘在头上，身穿茛布衣衫，腰扎皮带，脚蹬草鞋，小腿扎着绑带，手持警棍的警察，神气十足地在街头出现时，居民都十分好奇，不知他们是干什么的，小孩在身后追逐，女人掩着嘴偷笑。直到有人像平常一样向河涌里倾倒脏水时，被这些装束奇特的人上前厉声喝止，人们才蓦然惊觉，生活要改变了。

商人成为推动城市改良的一股重要力量，光绪三十三年（1907 年），在《商工旬报》（后改名为《农工商报》《广东劝业报》）上，发表了笔名为"侠庵"的文章，提出"振兴商务最要着手之三项"：一是划出城厢内外为市区（此非市头之市，乃合城厢内外统为一市）；二是改良交通，如街道、河

_____
① 《广东警务官报》1910 年第 3 期。

渠、邮政、电话等；三是举办有裨商工之事，如工艺厂、劝工场、卖菜街市、博物馆、动植物园、公花园、戏园、娼院等。[1]

作者把广州城区从番禺、南海两县划出的提议，可谓独立建市第一声，显示出卓尔不群的见识。另一位作者张石朋，具体论述应如何改良城区的街市，他写道："街市之设，所以处置零星买卖，及鱼盘、肉抬、果摊、菜市者也。今试问城内繁盛之街道，莫如双门底及广府前矣。唯街市未设，双门底下，绾以南门口之市场，广府前之下，继以清风桥之市场，喧哗杂沓，泥泞载途，行者厌之不宁。唯是无论何地，凡往来稍众之街道，莫不遍地小贩，零星散置。既碍道路，而果摊、食物等市，所有吐弃之余，随手散布，盈街盈巷。虽千百清道夫，其能实行清洁耶？苟能择适中之地，建设多数广大街市，所有零星小贩及鱼盘、肉抬、果摊、菜市一律迁入。嗣后无论大街小巷，不得仍前任意开设，则街道易于改良矣。"他举了一例子，藩司前面的街道，以前也是摊贩林立的，满地垃圾，如今经过改良后，豁然清洁，天地为之开朗，行人为之畅快，如果全城都这样整治，则广州街道不让香港、沙面矣。他建议由巡警局落实，"甚不可缓图也。"[2]

按同治年间（1862～1875年）编撰的番禺、南海县志所记，广州城厢内外，有465条街道，老城区有115条，新城区有49条，城外西关有162条，东关有62条，北关有12条，河南有37条。但到宣统二年（1910年）谘议局统计时，城厢内外街道多达3921条，其中新老城区994条，东南关571条，西关1700条，河南706条。[3]如果要每天清扫街道，需要动用多少人力、物力？大家都不清楚，绅商们提议设立洁净局，招商清扫街道，经费由粪租中扣取一定比例。只要商人有利可图，多少人力物力，都不成问题。

但官府对商人心魔深固，连扫街这样的事情，也不放心让商人承包，非要官府主导不可，交由警察负责。他们的算盘是：一来警察日常巡逻街道，方便监督清道夫工作；二来把垃圾卖给农民做肥田料，这笔收入，不欲商人染指。

① 侠庵：《羊城市面改变之大观》。载《商工旬报》第1号，1907年6月21日。
② 张石朋：《羊城改良街道不可缓》。载《广东劝业报》第61期，1909年3月12日。
③ 《广州谘议局编查录》卷下。1910年印本。

于是，刚刚整装上道的警察，便在街坊面前，龙行虎步，执行起监督清除街道垃圾、厕所秽物的任务了。

警察的布告，贴满城门通衢，宣传卫生规定，诸如禁止随地大小便；禁止将秽物投弃路上；禁止将泡过的茶叶回收再卖；禁止贩卖病死肉类；禁止在月饼上涂抹颜料；粪夫必须准时倾倒粪便，且粪桶需加用木盖，以防气味及粪溺外溢；娼妓必须接受医药检查；各家各户必须在门口放置垃圾桶，并将垃圾放入桶中，俾清道夫清理；警察还不时抽查路边摊贩的食物；如果附近已建起新的市场，路边摊贩就必须入室经营；警察的工作，还包括强制犯人清理濠渠；把收集的死鼠洒上消毒水并掩埋；把传染病死者的衣物送至郊外焚烧；对所管地区民众的死因及数目进行调查，每月上中下旬列册据报总局。光绪三十三年（1907 年）十二月，巡警道呈请两广总督批准，在小北飞来庙旁，设立"广东巡警留医院"，收治伤病警察及警察送来的孤寡鳏独病人。

各种规定，林林总总，不一而足，但贯彻起来，要改变人们世代形成的生活习惯，仍然任重道远。民众阳奉阴违，清道夫马虎应付是一个问题；警力不足，无法随时纠察是一个问题；政治动荡，遇上改朝换代，又是一个问题。总之，虽然修建自来水厂，制定卫生规则，还有警察上街监督执行，但直到民国初年，在政府卫生司的报告中，可以看到，民众的不卫生习惯，并没有得到认真的纠正。

这份民国的报告写道："城中居民之食水多系由井取汲，间有吸食海水者。然井水之中实在无一干洁者。试观各处之井，多属不深，而附近无非沟渠、沁井、小便所等环绕。至清倒粪溺、洗桶之水随街倾倒，似此污秽之水，流入于内，不洁可知。至于汲食海水，不洁更甚。盖所有死尸、死畜各物均投入海中，即大小便等事，亦在海面，是则海水之中无物不有，秽何如之。但中国人食水多系煲滚乃饮，亦称幸事。惟洗涤爨具食品，则纯用生水，其传染病亦可由是发生，病痛死亡不知凡几。其病症之最要者为霍乱、肠热、痢疾等症，可见省垣所有井水、海水均不能用。"[1]

衣食住行、生老病死，人生各个方面，需要改良的事情，实在还有很多很多。

---

[1] 李树芬：《卫生及广东卫生之行政》。载《中华医报》第 1 期，1912 年 6 月出版。

象征工业时代的铁路大风潮

岑春煊到广州后，重启了张之洞的长堤改造计划。当年张之洞设计长堤马路时，广州还没有铁路，但光绪二十四（1898 年），粤汉铁路已提到议事日程，这条南起广州黄沙，北抵武昌徐家棚，横跨三省的粤汉铁路，一旦建成，将是贯通珠江流域与长江流域的南北经济大动脉。长堤马路的位置，恰好连接广州马路、水路与铁路交通的枢纽，其经济地位，比张之洞时期更加重要。

商人敏感意识到，铁路是一个巨大的商机。光绪二十六年（1900 年），朝廷与美国华美合兴公司签订合同，由美方出资 4000 万美元，获得粤汉铁路的筑路权和 30 年经营权。黄沙作为粤汉铁路的起点，将兴建大量道路、码头、仓库、商铺和住房，因此商人们掀起了一股在黄沙购地置产的热潮。由商人卢少屏领头，集资 30 万元，组建宏兴公司，向两广总督禀请修筑黄沙堤岸，获得批准。堤岸工程从米埠至大坦尾，共长五百余丈，南北长数十丈不等。筑成后每年缴纳官租 5000 两。[1]

黄沙筑堤工程，受到当地乡民群起而攻之，认为会阻塞海道，雨季造成泛滥，冲淹农田，他们甚至包围工地，强力阻止开工；黄沙鱼栏商人指责工程影响生意，拒绝搬迁，发起罢市；铁路公司也要来分一杯羹，提出堤岸工程与铁路大有

广州黄沙火车站

---

[1] 《粤海春涛》。载《申报》1909 年 3 月 25 日。

关系，他们必须参与；宏兴公司面临各种纠纷，内部也四分五裂。但无穷的纷讼扰攘，本身起了聚拢人气的作用，有了人气，就有商机。因此，尽管进展很慢，一个新的商业中心，围绕着未来的粤汉铁路广州总站，依然轮廓渐现。

岑春煊接任总督后，对展筑长堤，与黄沙堤岸连为一体事宜，急如星火，招商承建工程，并专门成立堤工局，负责管理修堤经费。岑春煊特别盼咐，在西堤兴建的房屋，气势上要压倒沙面洋楼，不可输给洋人。后来长堤确实按这一思路规划建设，马路平坦开阔，绿树成行，一排雄伟的西式建筑面江而立。这种对洋人始而羡慕，继而学习，终于要互争雄长的心理，正是那个时代社会进步的重要推动力。

由于未来各项基建工程，需要大量水泥，岑春煊在河南草芳围，创办广东河南士敏土厂，由广东善后总局、两广盐运使等拨款 40 万银圆，向进口商贷款 80 万银圆，共计 120 万银圆为总投资，购买德国设备，可日产 500 桶水泥。① 日后工厂的营业溢利，用作广东省教育经费。但工厂刚刚动工兴建，岑春煊就调离广东了，由新任两广总督周馥接手。厂房建好了，机器却迟迟没有运到。等机器运到时，周馥也调走了，由新任两广总督张人骏接手。宣统元年（1909 年）士敏土厂正式试机，生产威风祥麟牌水泥，当年就达到了原定的生产目标，不过这时需要最多水泥的长堤工程，已近尾声。

这项由张之洞启动的工程，拖拖拉拉，走走停停，一直拖到宣统二年（1901 年），川龙口至西濠口段、黄沙段（西濠口至黄沙粤汉铁路总站，不包括沙基），才次第告竣。站在新修成 16 米宽的马路上，看人来车往，畅行无阻，实在是一件赏心悦目的事情。许多人都怀揣着美好梦想，一旦粤汉铁路通车，这里将"生意兴隆通四海，财源茂盛达三江"。但出乎预料的是，粤汉铁路的修筑，竟如此艰难曲折，甚至成了大清王朝倾覆的导火索之一。

自铁路在中国出现，便成了官商缠斗的焦点。朝廷认为铁路事关国家主权，不宜由私人资本经营。但朝廷囊空如洗，承担不起庞大的筑路费用，唯有让民间资本参与投资，分享利益。光绪二十九年（1903 年），朝廷允许一些

---

① 《既是博物馆又是名建筑》。载《广州日报》2019 年 12 月 13 日。

支线由私人集资兴建，广东商人可以集股自办广厦、潮汕、新宁三条线路。但广东商人志不在此，他们更渴望参与南北大动脉——粤汉铁路的建设。

承建粤汉铁路的合兴公司，实际上资本不足，真正建成的，只有粤汉铁路的支线广三铁路（从广州至三水，时称省佛支路），全长仅 49 千米。广州人要搭广三线火车，须从谷埠和西濠乘坐船，到石围塘火车站。这种转乘方式，一直维持了几十年，直到广州河北与芳村有大桥贯通为止。

粤汉铁路主线，耗费两年时间，才铺好黄沙至郭塘间 18 千米的铁轨。足以证明，外国公司并不是实力与诚信的代名词，招摇撞骗者大有人在。广州商人忧虑，筑路权落入外国财团之手，不仅路权，而且沿线矿权，亦可能沦为外人盘中餐。粤汉铁路的情况，引起朝野强烈不满，要求赎回路权的抗议风暴，席卷湖南、广东各地。

当时日俄正在开战，朝廷对任何涉外问题，皆小心翼翼，如果直言废约，恐引起列强反感，所以只敢提"商民备款赎路"，希望把外交问题，淡化为商务问题。驻美使臣梁诚卒与美国公司签订合同，以高于原价近一倍的价钱赎路。所谓商民备款，不过是官府借商民名义行事而已，赎金是以鄂、湘、粤三省烟土税作抵，向香港英国殖民地政府筹借。粤商哗然，这是前门拒虎，后门进狼。广东民间并不缺钱，为什么不能自筹资金兴建粤汉铁路？

已经出任湖广总督的张之洞，一言九鼎，主张湖北段全部由官款建，湖南、广东段官款、民款各半。但广东绅商决心自行集资修筑铁路，联合湖南绅商，派代表到武昌谒见张之洞，建议三省铁路分开办理。最后张之洞勉强同意，三省各筹各款，分段修筑。湖北段官办，湖南段官商合办，广东段完全商办。商人们兴高采烈，回到广州，着手筹备成立铁路总公司，推举梁诚为总办，梁庆桂为副总办。

面对绅商的挑战，岑春煊一怒之下，竟把几名绅商领袖投入大牢，公然下令禁止《中国日报》《世界公益报》《维新日报》《日日新报》等香港报纸在内地发行，免得煽动民间情绪。《广州总商会报》几位主笔受到压力，集体辞职，这份才办了三个月的商人报纸，宣告倒闭。官府的高压手段，不仅未能奏效，反而激起民间更大愤怒。广州总商会召开紧急会议，通知全市所有商号，一律罢市抗议，朝廷一日不严惩岑春煊，商店一日不复业。锣声一响，三街六市的店铺，全部上板落闩，停止营业。

抗议的声浪，响彻朝野。广东全省士绅、同乡京官、外埠侨商，纷纷致电朝廷，吁请"去岑安粤"。商人和学生组织代表团，到大牢探望被拘押的商绅领袖，表示慰问。最后朝廷让步，同意粤汉铁路广东段交由商办。

七十二行商、总商会、九大善堂公开为粤汉铁路广东段招股。为了吸引普通民众认购股票，特意制作铁路模型，陈列在善堂，供人参观认股。股票面值定得很低，每股5元，首期先收1元，二期收1.5元，三期收2.5元。市民反应热烈，未及两月，全部股额，认购一空。大家与其说指望它赚钱，不如说为了向朝廷示威。被捕的绅商获得释放，警察所外，聚集了成千上万欢迎的民众，鞭炮响了一整天，就像迎接凯旋的英雄。

受到粤汉铁路广东段商办的鼓舞，沪宁铁路、苏甬杭铁路、广九铁路都相继爆发了赎路风潮。到宣统二年（1910年），全国各省成立了近二十家铁路公司，全部都有商股，或完全商办，或官督商办，或官商合办。粤汉铁路之争，为后来导致辛亥革命爆发的川路风潮，埋下了一根伏线。

中国近代多少风云往事，都围绕着铁路发生。

从道培中学牧鹅塘往东走，过了松冈、西元岗，搭横水渡过河涌，在象栏冈东面，有一条千年古村，叫"簸箕村"，开村于北宋天禧三年（1020年），东面是火甲涌，西边是沙河涌，状如簸箕，所以叫簸箕里，明弘治年间（1488～1505年）改称簸箕村，1930年改名为扬箕村。今天，扬箕村已是高楼林立的繁华市区，但村中一块巨石上，仍刻着这样的文字："扬箕居广州城东，三面临水，北倚云山，沃野千亩，风物闲美，民国中期有诗传曰：'东出翠竹林，西入古榕荫，南临水松帐，北沿栗影行。'"

在近代化的进程中，乡村水静日长、渔樵耕读的日子，注定要被打破；"清风荡情怀，荒野入指顾，落日寺飘钟，牛羊认归路"的郊野景致，也注定要消失。城里人第一次到扬箕村，发现村里有七个池塘，分布在村的东南西北四个方位，北面最大的叫"火车路塘"，不禁啧啧称奇，这个奇怪的名字是怎么来的？

原来，是广九铁路从村子的北面经过。

光绪十六年（1890年），英国提出兴建广州至九龙铁路，由怡和洋行及香港上海汇丰银行组成的中英银公司，承修广州至九龙铁路。获朝廷批准，光绪二十五年（1899 年），双方在上海议定借款草约，兴筑广九铁路。但不久因北京发生义和团事件，八国联军入侵，广九铁路事，无形停顿。直到光绪三十一年（1905 年）才重开谈判，由外务部与中英银公司订立代发 150 万英镑债票合同，九五折交付，年息五厘。这笔借款，用于修建广九铁路。

光绪三十三年（1907 年）七月十三日，广九铁路华段（广州—深圳）动工兴建，全长约 142.77 千米，为标准轨距单线，碎石道床，铺的是汉阳钢铁厂造的钢轨，枕木用澳洲硬木枕。广州始发终到站设在大沙头。大沙头至仙村段在宣统二年（1910 年）十月二十七日竣工，十一月初五通车。广九铁路华段在宣统三年（1911 年）八月初七全线建成。

从此，广州的城东，响起了象征工业时代的火车汽笛声，黑烟滚滚，气吞山河。

铁路被视为现代文明的标志，开明人士对它称颂有加，连乡村的水塘也改名为火车路塘了。广九铁路直接刺激了东山的房地产开发，美南差会（美国浸信会国外传道部）捷足先登，大量购买土地，兴建教堂和学校，其他教会也纷纷跟进，宣统二年（1910 年）美国安息日会到猫儿岗附近宣讲福音。1919 年出版的《广州指南》，在记述东山变迁时写道：

昔本荒地，自广九铁路成，西人皆在此建住宅以避市嚣，华商亦接踵而来，于是成整洁之村落，有茶居、福音堂、学校等，地价日增，屋宇日盛。①

广九火车站

---

① 慈航编：《广州指南》卷一，第 3 页。上海新华书局 1919 年版。

从此，以广九铁路为分界，浸信会主要在铁路以南，安息日会主要在铁路以北，各自发展自己的地盘。农林下路、三育路、福今路一带，都是因为安息日会在这里传教，逐渐人气集聚而开发的。1919 年教会兴办"三育中学"，1926 年将路面拓阔，改名为三育路。而教会宣讲教义之地，被称作"福音村"，后来开辟街衢，名福音路，即今福今路。

在兴筑广九铁路的同时，光绪三十二年（1906 年）三月，一条由大东门外东校场，经东明寺、牛王庙，通往沙河的马路，也由本地商人集资，动工兴筑，命名为东沙马路（今先烈路），仅一年时间，全路贯通，长 12 千米，细砂石路面，据说，是广州唯一可据鞍驰骋的马路。每年清明、重阳等郊游旺季，东沙马路上，游人如鲫，帽影鞭丝，络绎不绝，商人在沙河墟旁开了一家宏厂酒肆，名为"息鞭亭"，方便游人征逐。

广九铁路的修筑、东沙马路的开拓，以及西方教会大举进入东山，这一系列的事情同步发生，发出了一个强烈的信号：城市将快速向东扩张。广州的空间结构，面临历史巨变。

宣统二年（1911 年）四月十一日，大清朝廷突然宣布，全国铁路干路收归国有，从前批准干路各案，一律取消，各省所有分设公司集股商办的干路，应即由国家收回兴筑。度支部、邮传部电令粤、鄂、川、湘四省的督抚，迅速遴派大员，到各商办铁路公司，清仓查账，接管公司业务。同时，邮传部与英、法、德、美四国银行团签订粤汉、川汉铁路的借款合同，以两湖厘金盐税担保，借款 600 万英镑。

铁路干线国有政策一出，石破天惊，举国震动。赞成者有之，反对者有之。前者认为，民间资金匮乏，又无法向外国贷款；缺乏专业技术人才和管理人才，效率低下，腐败滋生；民间自建铁路，各地自行其是，易造成重复建设和资源浪费，由国家经营，引入外资，可以提高建设速度。后者则认为，铁路国有的根本目的，不是推进国家现代化，分明是与民争利，抢劫民间的血汗钱，国进民退，其祸无穷。

完全商办的粤汉铁路广东段，将何去何从？五月初十，粤汉铁路公司召开股东大会，会场内外，挤得水泄不通。股东们各抒己见，有反对借外债的，有要求十足退还股金的，有要求坚持商办的。经过激烈的争论，卒由董事提出五个方案，供大家选择：一、更换国家股票；二、换领国家公债票；三、愿领回资本者，由国家估价归还，准其自筑支路，或经营矿务及其他实业；四、续缴二、三期股银，换国家息债票；五、仍援前案，坚请商办。他说的前四个方案，都遭到喝倒彩起哄，只有说到第五个方案时，全体股东一致起立鼓掌，大声叫好。一场绅商抗命运动，风起云聚。

民间声音上达天听，但朝廷不肯退让，铁路国有，势在必行，挡其路者，视为反贼。为了阻止广东、湖南、湖北、四川绅商互相串联，朝廷下令上海、武昌、长沙、宜昌、成都各地的电报局，禁止收发反对收路的电报，报纸也不准登反对的声音。朝廷以为只要封锁消息，捂紧盖子，再施以高压，反对的声音，自然消散于无形。

不料，广东绅商却寸步不让，为了抗议铁路国有，甚至发起不用官发纸币运动。大清的纸币非常混乱，外国银行、私人票号、钱庄都可以自行发行纸币。直到甲午战争以后，西风东渐，朝廷才逐渐意识到金融管理的必要性，光绪二十三年（1897 年）成立中国通商银行，发行官方纸币银圆票和银两票。光绪三十一年（1905 年）成立户部银行，后改名为大清银行，主要发行银圆票、银两票和钱票三种纸币。

光绪三十三年（1907 年），大清银行在广州设立分行，其后又在汕头、香港设立分号。广州分行的业务，主要是办理广东应行解京、沪各处的公款和办理所有本省一切寄存公款。发行有 1 元、5 元、10 元的纸币。后来因为 10 元纸币有伪币，收回不用，市面流通的纸币，只有 1 元、5 元、50 元、100 元四种。广东官钱局开办于光绪三十年（1904 年），属于半银行半钱庄的过渡性金融机构，总局设于濠畔街，上海、香港、汕头设有分局，广东境内各海关官银号，都归它管，主要业务是代造币厂购买生银和办理官铸银毫的发行。到光绪三十四年（1908 年），广东官银钱局印行的银元票，达 1530 万元。按照度支部规定，银行必须照发行纸币数目，常储有五成现银以备兑换，其余的也须有确实的有价证券作为准备。

挤兑大清银行的"金融战"，首先在香港分号打响，迅速延烧至广州，人们手持广东官银钱局印行的银圆票，顶着烈日，涌到三府前街的大清银行广州分行，要求兑换银子。银行门口人山人海，车马寸步难行，一日便兑掉了几十万两白银。这一事件显示，广州绅商的动员能力，非同小可。

两广总督十万火急，请度支部截留外债数十万两拨助，并请大清总行和交通银行接济应急，一面匆匆向外国银行订借现款五百万两，以备周转。广东造币厂日夜加班，赶铸双毫，以应对困局。度支部拿出二百万两应付兑现，这才勉强平息了风波。

朝野双方互不信任，龙争虎斗，八方风雨，等到火药味全面扩散，大局已无法收拾。官府不达目的誓不罢休，非要赢得这一局不可，甚至对"滋事分子"祭出"格杀勿论"的王命旗牌；而广州绅商宁可玉碎，不愿屈从，纷纷逃亡香港，远赴南洋。

闰六月十八日，九大善堂、自治研究社、七十二行商和各绅、商、报等界，在总商会开大会，公议维持商场大局事宜，决议"将粤省乱后商民交困受害实情公布中外"，并以总商会、粤商自治会、十大善堂、自治研究社、七十二行五大团体名义发表《告同乡书》，决与官府周旋对抗到底。

广东、湖南在镇压民间反对风潮时，都使用了"格杀勿论"四个字，但只是虚张声势，没有真的开枪，但在四川却真的向示威民众开枪了，导致数十人死亡。枪声一响，朝廷的正当性、合法性，便荡然无存。朝野的尖锐对立，急剧升级，全国就像坐在炸药桶上，只等火柴的出现。现在，官府把火柴悍然划燃了。

四川的保路运动，发展成广泛的起义，朝廷派湖北新军第三十一、第三十二标入川弹压，武汉三镇只留下炮兵、工兵和辎重营。宣统三年八月十九日（1911 年 10 月 10 日）晚，中秋节后第四天，湖北新军第八镇工程八营的革命党人，在武昌聚众发难，其他各营汉籍官兵群起响应，迅速占领了全城，宣告成立军政府。

改变历史的辛亥革命爆发了。

第二篇

新城之光

行驶在太平南路的公共汽车

第四章　时代再出发

革命
为广州这座城市，带来了翻天覆地的变化——

中国废除了大清纪年
人们剪掉了辫子。

警察
负责市政建设规划的执行。

广州证券、粮食、花纱布、皮毛
四大交易所的开张，开启了广州工商业的
现代运作模式。

"骑楼"一词
载于官方文书，标志着以政府为主导，
以法制为规范的城市改造，由此发端。

广州城厢市政公所的第一号布告
就是广州现代化市政建设的一幅全景蓝图。

革命之后的城市新风

　　回望大清王朝的最后十年，是革命党与立宪派赛跑的十年。朝廷以最大的决心，实行改革，上至如何制定国家宪法，下至怎样建一座城市公园，都纳入了讨论范围。广东谘议局自宣统二年（1909 年）10 月成立，到 1911 年 11 月广东独立，开了四次常会和一次临时会，议员们提出的重要议案包括：禁赌筹抵；裁撤善后局；筹办城镇乡地方自治；停止就地正法；改良教育办法；振兴女子小学；各属筹设图书馆；设立游民教养院；改良征收地税办法，为避免贪污舞弊，交由各地方自治会征收；设立联合教育会劝学所；筹办工业试验所；革除衙署积弊，包括废除受审时受刑与下跪；鼓励植林；筹筑惠潮路；等等。

　　涓埃之微的改革，看似无关痛痒，但一个文明社会，便由此开始成育。正当议员们慷慨陈词之时，在与之平行的另一条跑道上，无数革命者为了拯救危难的国家，正奋身而起，置生死成败于不顾，凭着一股"我不入地狱谁入地狱"的精神和勇气，发动一次又一次起义。他们蔑视改良，追求彻底革命，誓要推翻大清王朝，建立共和政体。领导了广东十次起义的革命党领袖孙中山，豪迈宣称："当今之世，中国非改革不足以图存，但与清政府谈改革，无异于与虎谋皮。因此，必须发动民主革命，推翻这个昏庸腐朽的政府，为改革政治创造条件。"[1]

　　武昌革命的枪声，打断了大清的改革进程。湖北、湖南、陕西、江西、云南、江苏、贵州、浙江、安徽、广西、福建、广东、四川共十三省，相继宣告独立，各自成立军政府，继而共同选出中华民国政府。在革命初起时，各独立省份，并没有统一的领导机构，互相之间也没有统属关系，只是凭着"驱除鞑

---

[1] 孙中山：《与杨度的谈话》。载《孙中山集外集补编》，第 27 ～ 28 页。上海人民出版社 1994 年版。

虏，恢复中华"的一腔热血，便轰然而起了。

各省的谘议局，在历史的十字路口，大多选择支持革命党，因为他们相信，革命会带来真正的地方自治。11月9日，广东宣布独立，在其宣言中，明确宣示："如果和平独立，克底于成，一切军事权，统归军政府节制，民事权则由人民举员任之。"① 当晚，同盟会南方支部长胡汉民从香港登船赴省，在绅商的欢呼拥戴下，就任广东军政府都督，并推举陈炯明为副都督。

绅商对革命的支持，除了发动民众，实现和平易帜，为革命党的执政创造了必要条件，还在金钱上对军政府大力援助。从1911年11月9日至1912年5月31日，军政府收到了来自商人、华侨的捐款1427698.21元，借款3813494元。② 尤其重要的是，商人表示愿意接受军政府发行的纸币。新生的政权，得以运作。

11月29日，陈炯明率循军抵达广州时，面对纷纷扰扰的乱局，他做的头一件事，就是"先定省制"。在12月5日粤省临时大会上，陈炯明宣布政纲，他指出：广东独立，未烦一兵，未折一矢，较其他省以兵力克服不同，所以政府并非纯军政府性质，应认定广东政体为民政府。现虽暂定军政府名称，只是为了与中国各省联络一气，一俟军事平定，即当改正。未来的政治架构，当取三权鼎立之制，分为立法、行政、司法三大纲。为此，必须先组织临时议会，作为立法机构，所有事项经议会议决，由都督执行；行政省长由省议会选举产生，省政府各司首长，由都督遴选送省议会选举，这才名正言顺，符合共和政体。

陈炯明还提出：废除清朝的道、府两级旧制，以县直隶于都督，取用东西各国市区独立制度，宜划出省城及河南铺户别为区域，直隶于都督府，不分隶于南、番两县。司法机关设有审判厅，下属县判局、区判局，但省城另设一审判局，隶于省审判厅之下。③

---

① 大汉热心人辑：《广东独立记》。载《广东辛亥革命史料》，第131页。广东人民出版社1981年版。

② 引自邱捷：《孙中山领导的革命运动与清末民初的广东》，第271页。广东人民出版社1996年版。

③ 陈炯明：《在粤省临时大会上的发言》《维持广东政见书》。载《陈炯明集》上卷，第39、40页。中山大学出版社1998年版。

　　这是由新政府提出，广州独立建市的第一声。尽管由于时局纷剧，这一设想，未遑落实，但在历史上，却留下了深远的回响。

　　陈炯明曾身兼谘议局议员和革命党双重身份，让他能够更深入、更清楚地观察和理解民间社会的运作，他认为庚子之变后朝廷的种种改革，大方向是正确的，但朝野间没完没了的拉锯战，白白消耗改革资源，很难获得最终成功。唯有实行共和制，在共和宪政的框架下，把清末开启的改革继续下去，才可望九转丹成。他知道，革命对旧世界虽有破坏之功，但一旦夺权政权，就必须把注意力转移到建设上来。

　　这也是广州绅商所希望的。当时湖北军政府都督黎元洪通电各独立省份，请各派代表到武昌会商组建联邦民国，政治上已颇为成熟的广东商人，以广东善堂、商会名义，致书胡汉民都督："鄂省黎都督既电粤请派员往鄂，组立联邦，与桂省政府意见相合。商等公意，以为我粤与各省言语风气，不大相同，且岁入较各省为多，以本地之财，办本地之事，除外交费等照数公摊外，不必兼顾他省，自以联邦制度为最宜。务请从速集议公决后，立即派员起程。"[①]商人们意识到，以广东的历史和经济实力，与内地省份，尤其是西北地区，很难并辔齐驱，唯有按自己的条件，走自己的路，先发展起来，再谋合一。

　　革命初期，以孙中山为首的革命党人，对未来是实行美国式的十三州联邦制，还是单一国家制，并无定见，仍在热烈讨论之中。胡汉民、陈炯明、朱执信、邹鲁等人，起草了广东省议会的组织法，提交各团体代表会议讨论，快马加鞭，迅速通过。法案规定，由全省各团体举出代议士140人，组成临时省议会。凡年满21岁以上，有广东籍或本国人住在广东五年以上，没有反对革命及民国举动的，秉性良好，不担任政府、军、警公职的，都有选举和被选举资格。

　　临时省议会自成立之日起，至1912年3月4日即行解散，然后成立正式省议会，军政府对议会不能行使解散权。代议士的构成如下：每州县各举出代议士1人；省城及河南一区选代议士20人（各行商每行举1人，九善堂9人，自治研究社5人，工团5人）；各埠华侨代议士：港商3名；美洲、欧洲、澳

① 大汉热心人辑：《广东独立记》。载《广东辛亥革命史料》，第149页。广东人民出版社1981年版。

大利亚、非洲和新加坡、安南、暹罗、日本、
小吕宋各埠各 1 人；由大学堂选举专门学堂三
年以上毕业者，或在高等专门学堂充当教员三
年以上者，举出代议士 6 人；粤城自治会代议
士 1 人；军团协会代议士 20 人。显然，临时
议员在社会的身份，比谘议局具有更广泛的代
表性。① 在 140 名代议士中，有 10 名女议员，
更是亚洲开天辟地第一回。②12 月 18 日临时省
议会正式开会。

胡汉民

距离 1912 年的完结，还有最后 11 天，孙
中山由海外返国。胡汉民丢下广东都督一职，
跟随孙中山前往南京。临时省议会推陈炯明为
都督，兼广东北伐军总司令。陈炯明再三推辞
后，仅答应"代理都督"，至胡汉民复职。1912 年 1 月 1 日，中华民国成立，
孙中山在南京宣誓就任临时大总统。

革命为广州这座城市，带来了翻天覆地的变化。

第一个变化，废除了大清纪年，但改用什么纪年，众说纷纭，有人改用
黄帝纪年，有人改用孔子纪年，军政府公告的日期就是这么写的："黄帝纪元
四千六百零九年九月二十日……"直到民国政府成立后，才正式启用西方国家
通用的公元纪年，中国原来使用的夏历，称为"旧历"。人们普遍有一种趋新
厌旧的心理，西方传来的东西都是新的，中国传统的东西都是旧的，数学物理
是新学，四书五经是旧学，连中医也被称为旧医。

第二个变化，是人们剪掉了辫子，这条古怪的辫子，拖在人们脑后两百多
年，代表着文化的耻辱，如同精神枷锁。军政府颁布了"剪辫令"，在各个城
门设置剃头摊档，对出入城门的居民，强行剪辫。街上的年轻人拿着剪刀，一

---

① 《广东临时省会之草案》。载香港《华字日报》1911 年 12 月 12 日。
② 《胡汉民自传》。载《近代史资料》1981 年第 2 期。

看见脑后有猪尾巴的人，二话不说，上前就剪；所有理发铺挤满了等候剪辫的顾客，"飞发佬"（理发匠）忙得饮水时间也没有；茶楼里坐满了剪掉辫子的人，呼朋引类，觥筹交错，庆祝"斩断天然锁链"。一天之内，广州就有20万人剪掉了辫子。

第三个变化，各种社团雨后春笋般冒出来，一下子出现了过百个社团，会长、社长、理事、董事、干事满街走，一个会场，连着下一个会场；一场演说，接着下一场演说。讲完自由讲平等，讲完革命讲民权。每个团体，各有襟章，有绸缎做的，有洋布做的，有铜质的，也有银质的，红黄蓝白紫绿，五光十色。有的人一身兼任十几个社团的职务，身上便挂上了十几条襟章，垂垂累累，像醮坛的花牌一样。如果身上没有几个襟章，就算不上新式人物，见人矮三分。甚至一些八十老妪、五岁稚童身上，也挂着十几条花花绿绿的襟章。

第四个变化，城厢内外，多了许多"革命民军"，衣衫褴褛、面黄肌瘦，扛着拗兰、凭仔、烂肚蛇、大口钯、六心叭、猪仔脚、火绳长管鸟枪等长短破枪。他们是响应革命党号召，从四乡八镇赶来参加革命的。但大部分民军，都是由乡间的地痞流氓、绿林好汉和无业游民组成，打着革命的旗号，到广州"捞世界"。他们借口搜查军火，随时闯入民居，逮捕居民，抢掠财物，视人命如儿戏，比强盗山贼还凶残；在街上两支民军相遇，一言不合，即开枪乱射，把省城当成战场。广州民众对其无不咬牙切齿，恨入骨髓。

早在革命之前，陈炯明在谘议局时，就高度关注地方自治议题。谘议局第一期第四次会议上，他提出的第一个议案，就是《筹办城镇乡地方自治议草》，建议成立办理实务的城镇乡地方自治研究所，起用专业人才，加

辛亥革命纪念火柴火花

快自治进程。当时的议员，莫衷一是，议而不决，现在历史给了他践行理想的机会，他要大展拳脚了。

上任第一天，陈炯明迫不及待，着手对广州城进行全面整治。首先处理聚集在广州的十几万民军，恢复社会秩序。陈炯明一声号令，把一部分桀骜不驯、不听指挥的民军，遣散回乡；负隅顽抗的，以武力扫荡；部分素质较好的，改编为北伐军，开赴南京前线。还有一部分，改编为工兵，为即将到来的广州城市建设准备人力。尽管有革命党人批评这是"飞鸟尽，良弓藏；狡兔死，走狗烹"，但迎合了民众的心理，获得舆论支持。民军问题，很快得到解决。

为了维持省城的秩序，陈炯明把革命后军政府设立的警察总部，改设为广东警察厅（后改称广东省城警察厅），分为陆上和水上警察厅，由陈景华担任厅长，负责广州城郊的治安维持。政府另设卫生司，省城警察厅取消了卫生科，下设总务、行政、司法、侦缉四课，后增设军事课。1913年，设立广东全省警务处，还是由陈景华兼任处长。广州警察分为12区署和25个分区署，一支马巡队，共约4000名警察，身穿制服，腰间佩着短剑和手枪，在街上巡逻。警民比例大约是1：200。[①]

省城警察厅与全省警务处分开，广州与全省的警务，由不同的机构管理，是对城市管理体制的重大改革。宣统元年（1909年）朝廷公布的《城镇乡地方自治章程》，规定凡府厅州县治城厢地方为城，其余市镇村庄屯集等各地方，人口满五万以上者为镇，人口不满五万者为乡。[②]城、镇、乡分级实行自治。民国后，全省警察厅与省城警察厅分设，把城、县、镇属于警察权部分，加以明确区分。南海、番禺两县，再也管不着广州城了，这是为实现陈炯明提出广州独立建市的设想，预铺道路。

陈景华，字陆畦，广东香山县人，早年参加同盟会，投身反清革命。他性格暴烈，处事强硬，在广西贵县和桂平县当知县时，经常短衣草鞋，持枪亲自追捕盗匪，抓获的犯人，严刑拷打至血肉横飞，是江湖闻之色变的"悍吏"。

---

① 林仁：《清末至民初广州的警察机构（1903-1917）》。载《广州文史资料》第11辑，第100页。广东民政厅编：《广东警务状况》上册，第2～4页。

② 引自钱端升 萨帅炯等：《民国政制史》，第349页。商务印书馆1938年版。

他当广东省城警察厅长后，在布告中竟直言"景华以杀人者著，夫人皆知，无俟多说"。[①]据统计，仅 1912 年 5 月 4 日至 17 日，广州就枪毙了 79 人，[②]在全城造成恐怖气氛。

广州大街小巷，纵横交错，狭窄曲折，由于治安不好，所有内街的街口都筑起街闸，入夜就关闸断路，雇人把守，不准通行。大部分街道都没有路灯，晚上黑天墨地，如同鬼域。居民的尿缸、屎缸都摆放在街闸口，白天还聚集了许多轿夫、乞丐、流浪汉、二流子，形成卫生与治安的隐患。

陈景华觉得处处街闸，是警察的耻辱，于是一面加强警巡，一面勒令居民拆掉街闸，并在各个路口安装电灯，电费由街坊居民平摊。最初受到商民抵制，担心警察无力维持治安，街闸拆了，宵小横行。但陈景华说一不二，街坊不拆，警察代拆，拆后工料充公，追究责任。全城街闸，瞬间拆卸一空。此举虽然有霸王硬上弓的味道，但长远来看，为大规模的市政建设，扫平了现实上与心理上的路障。

自道光二十年（1840 年），广州开设第一家戏院后，大受戏迷的欢迎，带动起怡园、锦园、庆丰园、听春园等戏院，像雨后春笋一般，在西关、南关纷纷冒出。粤剧一向最受广州人喜爱。粤剧戏班坐着红船，在珠三角地区漂泊，哪里有迎神赛会、喜庆宴席，就去哪里演出。广州第一家售票公演的戏院是西关的广庆戏院，建于光绪十五年（1889 年）。光绪二十八年（1902 年），同庆戏院在长堤开张，这是广州最早的一家专演粤剧的戏院，有五六百个座位，后来改名叫海珠大戏院。光绪三十一年（1905 年），岑春煊拆毁长寿寺，盖了一座乐善大戏院，让广州人又多了一个听戏娱乐的地方。

戏院观众，品流复杂，既有达官贵人、富商豪贾、纨绔子弟，也有地痞流氓、豪棍恶霸，各种争风吃醋、欺良压善、殴斗伤人事件，不时发生，备受舆论批评。1912 年，政府颁布《广州市取缔戏院章程》，规定每家戏院内，必须设立"警员监视处"，派警察驻院监督治安，一切费用，由戏院承担，戏院不得另雇打手做保安。戏院开戏前一天，必须把戏曲单目报告管区警察，警察

---

① 陆丹林：《民初悍吏陈景华》。载《革命史谭》，第 189 页。独立出版社 1947 年版。

② 《广东临时省议会议事录》第 6 卷，第 68 页。

有权随时进入戏院巡查。有一名警长因为看"霸王戏"，被陈景华抓获，立即枪毙。

　　关于陈景华的逸闻，街谈巷议，流传甚广，贬多于褒。哄传最广的故事，是为了配合军政府统计广州人口，陈景华下令城区医院、留产所，遇有病人死亡和婴儿出生，均须将其姓名、性别、年龄、住址等查明后上报，棺材铺亦一律按月申报营业状况，统计销售棺材数量。原意是为掌握人口出生、死亡数字。但棺材铺误以为政府要据此征税，大为激动，奔走呼号，酿成全城棺材铺大罢市。迫使政府到西江、佛山等地，运棺材到广州卖，最后只好中止了统计工作。强力推行"棺材铺计划"的陈景华，死后竟无棺材入殓，因为全城棺材铺都拒绝卖棺材给他的家人。

　　除了拆除街闸，安装街灯，民政司还对长堤一带马路，进行全面整治。1912年7月，民政司要求长堤各街，所有堤岸民居铺户，在檐篷上一律安装横直水槽，容纳和排泄雨水；所有用葵叶搭建的临时摊档，限15天内一律清拆，如果不拆，就由警察代拆，"如敢恃强横抗阻，拘案惩罚不宥"。①

　　警察厅取消了卫生科，但对城区卫生，仍有监督之责，并多次发出布告，要求发生病疫的街道，必须打扫疫屋及收集死鼠以消灭鼠疫。为节省开支，命令狱中犯人清扫街道，警察严格检查；取缔屠户私宰及私售病死猪肉；对于堕胎药、迷药等非法药物，以及庙宇司祝胡乱开药，一律严加取缔；医生、妇产士、药剂师必须向政府注册等。甚至有警察留意到，广州人在街头购买食物，常用报纸包裹，容易使油墨渗入食物，影响健康这样的细节，并建议加以禁止。

　　警察厅也负有移风易俗之责。辛亥革命后，军政府即下令废除"七夕"妇女乞巧"陋习"，派警察查禁售卖七夕物品的店铺。1912年5月，广东警察厅颁布《规定棺柩寄庄之办法》，取缔庄房，限期安葬棺柩。9月发布《通告各区禁止火星醮陋习文》，直斥"陋习以火星醮为名，各街多有张灯结彩，设坛建醮，以为禳灾，其实大愚"，②既浪费钱财，又易招火灾。11月，警察厅又

---

① 《长堤宜整顿矣各街又如何》。载《民生日报》1912年7月17日。
② 赵灼编：《广东单行法令汇纂》第5册，警政，第52页。光东书局1921年版。

颁布《通告丧家不得搭丧棚及焚烧纸札烧过河衣文》，直斥这是"吾粤陋习，此等无意识之举动，因而惹起火患"，[①]必须厉行禁止。警察还禁止销售"通书"；强行拆除庙宇内的菩萨像；禁止乞丐行乞；禁止演出淫秽戏剧。

为了让市民养成卫生习惯，警察厅制定《取缔城厢内外及河南各厕所清洁规则》，详细规定：所有公共厕所，必须安装弹弓（簧）门板，免碍观瞻；厕内尿缸、尿槽须离门口五尺以外，不得逼近门；逐日收拾粪便，用加盖木桶装起，放在厕内偏僻之处，以免臭气外溢；每天上午9时前，下午5时后，须按时挑运粪尿，不得稍有存留；每天早上须清洁一次所有尿槽、尿缸；每六个月须将厕所墙壁用灰水刷一遍，用把麻油漆扫墙脚三尺高；墙上的街招纸一律清除；每星期须在厕所内外遍洒臭水三次以上消毒。警察区署会每天发一份表格给厕所清洁夫，在完成每天清洁工作后，填表交该地段警察签名确认，到月底由区收回送警察厅考核。不按章清洁，造成积秽不洁，有害公共卫生者，严惩不贷。

清洁夫收集的粪便，由四乡农民用屎艇运去作肥田料。西关有一条汇馨街，就是昔日的粪埠。屎艇由柳波涌入，沿大观河、下西关涌、荷溪上，运载城中粪便。每到收成季节，农民带一些番薯、芋头之类的农产品入城，送给居民，以表感谢。广州人把清倒粪便称为"倒夜香"，汇集全城粪便的粪埠，乃有"汇馨"的雅号，而柳波涌也被人叫作"芙蓉涌"，芙蓉者，粪便也。

卫生司负责医疗卫生工作。为了预防鼠疫再度流行，卫生司在城中街道设置鼠箱，搜集死鼠，每只死鼠都在脚部拴上标签，注明是哪一区哪一个鼠箱的，然后送去检疫，方便追踪。一旦发现哪里有疫情，马上派员上门喷洒消毒药水，病人送入医院隔离。由于此举有悖中国人希望在家里"寿终正寝"的传统习惯，受到市民激烈抵制。报纸也连篇累牍，大加鞭挞，甚至有人自印小册子，到处散发，声称接触死鼠并无生命危险。卫生司劝阻无效，卫生司司长李树芬一怒之下，威胁此人如果还固执己见，危害公益，就把死鼠的血液注射到他身上。这人才吓得赶紧在报纸上刊登声明，承认自己胡说八道。

在陈炯明的设想中，移风易俗，重整天下，还有重要一环：厉行禁烟（鸦

---

① 赵灼编：《广东单行法令汇纂》第5册，警政，第68页。光东书局1921年版。

片）、禁赌、禁娼，匡肃社会风气。这也是陈炯明在谘议局时代的夙愿。当年谘议局第一次会议，讨论的就是"禁绝广东大小赌博的草案"，陈炯明是全面禁赌的强烈支持者，曾在议席上，大声疾呼："赌博为广东大害及妨碍新政之施行，诚非禁绝此害，不能救广东于危乱。"① 他还主办了一份专门鼓吹禁赌的报纸《可报》。现在，他大权在握，要把千

清末广东遍地赌馆，赌风炽烈

年痼疾烟、赌、娼，一举荡涤以尽，为重建国民道德，开创新局面。

1912 年 7 月 1 日，报纸刊登《严禁麻雀牌赌博告示》；8 月 13 日，报纸又刊登《着粤省各督办各县令限期禁绝赌博谕》《着粤省各县嗣后拿获赌匪务应严办谕》，要求全省各地在 9 月 10 日前，将所属赌博一律禁绝，"凡有开设赌厂、赌馆，严行查封或加焚拆。凡庇赌收规及出财开赌之犯，获讯明确，由各绥靖处核准，即行枪毙，以昭炯戒"。② 陈炯明严厉指出，目前是军事时期，禁赌属军事范围，以军法执行，绝不宽贷。

警察厅要求全城烟膏店须办理销售许可证，所有吸烟人员须在 10 日内，向警区申报姓名、年龄、籍贯、住址、职业及每日吸烟分量，办理购烟证，以后凭证购烟，分量只减不增，最迟在 1912 年 12 月 31 日前戒断。对违反禁烟规定、过期不能戒断者，即行捕押，或罚以重金，或令其扫街，或处以徒刑。

---

① 陈炯明：《在广东谘议局对厉行禁赌的发言》。载《陈炯明集》上卷，第 3 页。中山大学出版社 1998 年版。
② 陈炯明：《着粤省各督办各县令限期禁绝赌博谕》。载《陈炯明集》上卷，第 116 页。中山大学出版社 1998 年版。

　　割盲肠、切毒痈的任务，在别人看来，难于上青天，但在陈炯明看来，只要肯铁肩承担，无事不成。上任几个月，以雷霆手段，打击腐恶势力，收到立竿见影的效果，赌徒们鸡飞鼠窜，烟馆纷纷关门大吉，妓女也不敢公开营业了。11月14日，驻广州的美国领事，在一份观察报告中写道："广州所有的赌馆和妓馆，都已一律封闭了。违反禁赌者，可得到死刑。警察在积极搜查，无牌照吸鸦片烟者，罚款为不过100（墨西哥银）元。但政府已出告示，今年年底，鸦片烟将一律禁绝。"[1]

　　1912年1月，陈炯明颁令统一全省货币；4月颁令统一全省财政；禁止毫银出口。稳定金融，为振兴实业，创造条件。而广州证券、粮食、花纱布、皮毛四大交易所的开张，意味着工商业的现代运作模式，胎育初成。

　　1913年，政府饬令实业公司，展开调查规划。官办矿业如何扩充振兴；商办矿业是由官方介入，还是加以保护，都应切实调查，分别计划。注重垦荒，高、雷、廉、琼各县，荒地甚多，不少可以开垦。无论片荒散荒，官产民产，都要确实调查，设法垦治。筹办工艺，尤其是贫民工艺，亟筹普及，让四处流散的失业游民，有安身立命之所，把广州变成模范区，在各县推广。联合商会，辅以官力，应对激烈的世界商战，以免资本不充，商业被人操纵；信用不昭，商务亦难期发达。前事如何救济，后事如何维持，都要有所准备，凡事预则立，不预则废。

　　政府的各项新政，有条不紊地出台，处实效功，志在必成。仅凭这张成绩单，已令求治心切的广州人钦服。虽然铁腕威权，引起一些争议，但治乱世用重典，社会秩序迅速恢复，改朝换代、新旧交替造成的短暂混乱，得到纠正。中外人士的观感，确有气象万千的印象。陈炯明这个名字，也在民众心里扎了根。

　　这年4月25日，美国亚洲舰队一位舰长，在日志报告中写道："广州与近郊治安平静。代理都督陈炯明，人人都说他是一强者，他积极维护广州与近郊的治安。广州近郊的河流两岸，全是一片目不尽睹的田地，农民做着日常的

---

[1] 陈定炎：《陈竞存（炯明）先生年谱》。载"陈炯明研究中心"网站（已关闭）。

操作，世界上没有比这里更为平静的地方。"游览长堤后，这位舰长又写道：
"广州绝对安静。游客往来不绝，极受欢迎。本地人对美国人特别友善。河边
建筑了一宽坦的堤岸，通接广阔的马路。这堤岸，世界上任何都市都可以之为
荣的。街上不少警察，他们全穿着西服，仿效日本，佩着刀剑为武器。传教士
是最接近中国人的外国人，他们对中国的前途极为乐观，觉得中国是有能力建
立一个适当的平民政府的。"①

　　每天出现的新事物，让人应接不暇，那么生动活泼，激动人心。一个全
新的广州，仿佛已在不远处，向人们招手。然而，这时全国的政治形势，却急
转直下。1914 年 2 月 3 日，中华民国首任大总统袁世凯颁布命令，停办各地的
自治会组织，同时解散各省的省议会，继而解散国会，制定省官制、道官制、
县官制，废除各省都督，设置由中央任命的巡阅使。凡此种种，重演皇权时代
的"削藩"戏码，目的是把权力集中到中央，为袁世凯复辟帝制，扫清障碍。
成立两年的民国，经历危急存亡之秋，孙中山招集革命党人，高揭"讨袁"
大旗。

　　陈炯明的建设宏图，尚未进入佳境，便不得不暂时搁置，加入保卫共和之
战中去。1916 年，袁世凯在北京暴毙，帝制落幕，各省陆续取消独立，护国战
争结束。正当全国民众翘首企足，渴望和平之际，又发生"约法"问题。

　　民初有两部"约法"，一为《中华民国临时约法》，孙中山南京临时政府
所订；一为《中华民国约法》，袁世凯所订。二者均具有宪法意义。袁世凯死
后，国家到底应该遵奉哪部"约法"？南北两造，主张迥异，南方主张临时约
法，北方政府主张袁氏约法，导致公开决裂。广东、广西两省，在桂系的统治
下，宣布"自主"，与川、湘、滇、黔等西南省份，结成六省同盟，与北方分
庭抗礼。

　　大局云扰幅裂，广州的近代化进程，又将面临怎样的新挑战？

---

① 陈定炎：《陈竞存（炯明）先生年谱》。载"陈炯明研究中心"网站（已关闭）。

东山与西关——广州城的两种文化内涵

当西关已被形容为"肉林酒海，无寒暑亦无昼夜"的财货繁荣之地时，东山还是一片丘陵起伏、乱草丛生的荒地。那么，东山究竟是什么时候才开发起来的呢？又是如何成为官宦人家的后花园呢？

光绪三十一年（1905 年）前后，朝廷为了改革军队，着手裁汰勇营，编练新军。广州新军驻在燕塘。科举被废止后，身处十字街头的知识分子，彷徨苦闷，有些"走出西门口"，改行从商；有些则"走出大东门"，在强烈的军国民思想激励下，相信军队是国家的神明、振兴民族的希望，于是投笔从戎，加入新军。燕塘、农事试验场（今农林路口）、东校场都是军队经常训练的场地，为方便城里官员去观操，便修筑了从大东门到燕塘的官道。

广东谘议局成立后，在东门外建起了谘议局议堂。这里聚集了一批热衷于推行地方自治的士绅，热烈地讨论着禁烟、禁赌等令人兴奋的议题。每逢会期，外地议员为免奔波，就在谘议局附近租房子住。于是，东皋大道、百子路（今中山二路）一带的房子，多了一些长袍马褂的议员出入，房子也修得漂亮了，新修建的房子（包括谘议局的议堂），大部分是欧洲式样的，很少再有西关那种青砖灰瓦、封火山墙的古老大屋了。

城东的开发，早期以西方教会为主，集中在东山一带。龟冈以南至大沙头，清末尚未完全成陆。著名的羊城三石（海印、海珠、浮丘）之一的海印石，就在东濠口以东，因大潮时半露波际，形似印章，故名海印石。屈大均《广东新语》描写：

> 海印，潜石也。在下方之东，半出波际……视海珠、浮丘，隐隐若三台象。[1]

---

[1] （明）屈大均：《广东新语》上册，第 178 页。中华书局 1985 年版。

东山人烟稀少，几乎没有什么现代的生活设施，直到鸦片战争时，还是十分原始的乡村，人们种田捕鱼，牧牛养猪，每天望光揾食，望黑揾眠，没有电，没有自来水，没有马路，没有一所像样的医院。连生活的污水，也主要靠东濠涌和沙河涌，直接排入珠江。长年泥沙俱下，在海印石周围淤积，慢慢形成陆地，与筑横沙连成一片。

光绪二十九年（1903年），由商人集资兴筑的广厦铁路，第一段从东门外至黄埔，车站设在川龙口（今东川路南端），但岑春煊不以为然："其间人烟稠密，房屋栉比，并有教堂、医院错处，地方极为繁盛。舆马尚形挤拥，何况火车？堤岸环绕省城，若轨路居中横亘往来，尤觉不便。"[1]可见当时的川龙口，已属闹市区。光绪三十三年（1907年）在东濠口架设铁桥，东堤与大沙头贯通一气。广九铁路开通后，人气更加兴旺，后来的广九大马路，就是在海印石上开拓的。

时任两广总督兼南洋大臣的张人骏，希望照搬张之洞修长堤的办法，在东堤兴建市场、铺屋、公园，开辟马路、架设桥梁，建成一个新型模范区。而背后的动机，仍然是想把沙面租界比下去。张人骏相信，大沙头开发后，会吸引华侨回来置产定居。官府把大沙头新开发区，命名为"海新埠"，寓海外归来者耳目一新之意。

东堤的开发，与娼妓业也有某种关系。当年广州水上的妓艇，大部分集中在谷埠江面经营，白鹅潭上，无数紫洞花艇，遮花掩柳，灯红酒绿。从江边一直到陈塘、带河基、晚景园一带，各种烟馆、妓寨、赌馆，星罗棋布，是一个远近驰名的销金窝。

后来，紫洞花艇失火，殃及沙面租界。两广总督勒令妓寨统统迁往大沙头，远离洋人地界。光绪三十四年（1908年），飓风袭击广州，大沙头的花舫，被吹得七零八落，不久又遭火灾，数百艘花艇，付之一炬。从当时的竹枝词里，也可以想象娼妓死伤的惨况："祸淫福善理非虚，珠海无情火一堆。阿相姑娥齐断送，可怜形象似烧猪。"[2]经过这一连串的灾祸打击，大沙头被视

---

[1]　《岑督咨复张太仆公文》。载《岭东日报》1905年7月22日。

[2]　（清）羊城书院名老师：《羊城青楼竹枝词》。载雷梦水等编《中华竹枝词》第4册，第2882页。北京古籍出版社1997年版。

为花界头号凶地，官府勒令娼妓不准再在船上经营，于是娼妓纷纷弃船上岸，东堤湾畔，渐成烟月作坊。

众多酒楼、茶楼、戏院，看好东堤前景，争相往这里投资。宣统元年（1909年），有一千多个座位的东关戏院，在东堤火热开张。戏班红船可以停泊在东濠，上了岸就可以登台。宣统二年（1910年），由邓亚善、李世桂等人集资，在东堤兴建一座大型戏院——广舞台，外形与上海天蟾大舞台相似，重楼复阁，富丽堂皇，座位多达两千多个。1913年建成开幕，由警世钟新剧社作开幕首演。城里的达官贵人、绅商士子、富家子弟，联翩而至，选色征歌，无日无之。东堤夜夜笙歌，日日箫鼓。

广州以前有不少富商豪贾的私家园林，却无公共园林。"公园"概念的首次出现，是在光绪三十二年（1906年），官钱局提调署广州知府陈望曾建议，在上川龙口（今白云路与东川路之间以北地段）以西、东濠口以东，划出52亩土地，兴建官立公园，认为有利卫生，有益民智，有助商务，也不失为一个财源，得到岑春煊的支持，但这时他已奉命调四川总督，周馥接任两广总督。

官场惯例，人亡政息。周馥上任后，对公园没有兴趣，对商业却兴趣盎然，打算把广九铁路沿线，从川龙口至猎德涌口，辟建为商业区，设立"新市局"，主持建设工程。但民间的反应，却兜头泼了他一盆冷水。《广州总商会报》刊登了一则报道："讵应辟作商场之东山大街、百子桥一带无知居民等，陡于月之廿三日晚，鸣锣集庙，一时妇女百数辈，相率往新市局，希图豁免搬迁，哗抗不已，几酿事端。旋经巡警局暨广州协、番禺县各宪闻报，立派勇役驰往弹压。"[①] 事态并未真正平息，各村都在酝酿抵制。

大沙头的开发，同样充满官民纠纷，症结在于产权。官府的许多计划，都是在产权未厘清之下，强力推行，引起民间反抗。世居大沙头的乡人，竭力反对官府开发大沙头，理由就是大沙头产权，属民不属官，要开发也只能由本地绅民自行筹款开发。到周馥离任时，川龙口的商场，也没有建起来。

宣统二年（1910年），有一位港商以华侨名义，向北京农工商部呈请，将大沙头商场改为商办，获得北京同意，激起舆情再次反弹，反对声浪比想象

---

① 《新市局购地饬迁几致生事》。载《广州总商会报》1907年5月6日。

中更来势汹汹。乡绅坚持拥有大沙头产权，决不出卖。城中大绅、粤籍京官也纷纷声明，支持大沙头绅民的诉求。谘议局议长易学清惊呼："近日风气嚣张，事涉竞争，非假托华侨，即借词公愤，据之事实则大谬不然。若不稍加整饬，将无可办之事。"[1]

朝廷允准大沙头由广东地方自行筹办，是把烫手山芋扔了回来。这个"地方"，究竟是政府？华侨？还是绅民？谁才有资格开发大沙头？产权仍然含糊不清，官民各执一词，成了僵持之局。

辛亥革命后，当地绅民七百余人开会，议决收回大沙头自筑自办。1月25日，邀请副督陈炯明，到东堤东园公开辩论，还请来各界代表旁听作证。陈炯明应邀到场，在认真倾听绅民的诉求后，当场拍板：把大沙头公产，交回当地绅民。会场顿时掌声如雷，齐声欢呼："都督万岁！大沙头万岁！"

当时民国刚刚成立，都督胡汉民离职，陈炯明"代理"没几天，所有法律、行政，乱如梦丝，未及理顺。警察厅以未奉都督命令，碍难办理。绅民试图向高等审判庭提出起诉，又被驳回。4月，胡汉民复职，大沙头产权之争，又复不了了之。

大沙头的开发，一度打着华侨的旗号，希望借华侨之力，把东堤建成与西堤沙面相抗衡的模范区。很多人梦想，有一天大沙头会比沙面更美丽。可惜，理想遇上现实的墙壁，往往头破血流。有一首竹枝词感叹："大沙头地好婆娑，近水楼台接绿波。空气虽佳人尚怯，却输沙面太平多。"[2]

华侨投资大沙头，以失败告终，但在大沙头的北面，沿着新河浦往东北走，越过龟冈，却呈现了另一番景象。

最先进入东山的西方教会，止步于新河浦，没有再向南扩张；而东堤湾的箫鼓花楼，也没有向北发展。于是以新河浦为界，形成了两个世界。宣统元年（1909年），美国华侨、侨眷钟树荣、郭乃伦、包华、黄启有、何茂均等人合资，组成的"郭群益堂"，向寺右乡农民购买了大片荒地，分为六块出售，

---

① 《建筑大沙头新埠无商办之望矣》。载香港《华字日报》1911年1月3日。

② 胡子晋：《广州竹枝词》。载雷梦水等编《中华竹枝词》第4册，第2909页。北京古籍出版社1997年版。

侨眷钟树荣在今烟墩新街入口西侧，兴建房屋，他的侄子钟玉波从美国回国，在东侧地段建筑洋房两座；檀香山华侨江茂德、江顺德兄弟，在今烟墩新街及靠近寺贝通津南侧，分别建两座洋房。

1914 年，第一次世界大战爆发，欧洲战火连天，不少华侨返国避乱。当时，老城区与西关地区已是人烟凑集，很难觅得立足之地，而东山仍属郊野，未开发的土地很多，于是纷纷独资或集资购地兴建住宅，或自住或出售。新一轮的开发热潮，从房地产开始，带动各行各业的兴起。乡村的景色，渐行渐远。

1994 年编写的《东湖街志》，列举了华侨偏爱东山的五大理由：一是华侨在国外多半已信教，东山的基督教气氛浓郁；二是因为外国人较多，治安较好；三是旷地甚多，地价便宜，可供开发；四是坐拥乡村的宁静，离城市的繁华又不远，环境优越；五是东山有不少教会学校、医院，读书和看病，颇称方便。①这五项理由，大致属实，东山成为华侨归国定居的首选之地，顺理成章。

1915 年，美国归侨黄夔石组织"大业堂"，购得龟冈荒地 18 亩，挖掘平整，开辟了龟冈一、二、三、四马路，分段出售。开平华侨黄宝善堂、黄三多堂、黄维善堂、黄协秀堂等，纷纷在这里买地建房。

许多华侨得到启发，纷纷加入炒地皮行列。《广州文史资料》有如下记载：杨远荣、杨廷蔼掘平龟冈附近江岭那个小丘修筑了江岭东西街；钟树荣等开辟广成路一带，并先后建筑房子；梅彩酒在烟墩路兴建彩园为住宅；先后购买土地的人还有：冼锡鸿、朱昌瑞、简英甫、林秉伦、李济良、黄启明等；浸信会牧师张立才、曾维新、杨海峰等，虽非华侨，但接受华侨委托，代其经营地皮买卖；嘉南堂以低价购得拆城的砖头，用于建筑龟冈五马路的房屋；南洋兄弟烟草公司的简琴石，在恤孤院路建筑了堂皇的别墅名简园，他不是华侨，但用的是华侨资本。②

这股华侨投资热潮，持续了 10 年之久。1916 年开辟了署前路；1918 年开辟了启明大马路至四马路，合群一、二、三马路，恤孤院路和新河浦路；1920年开辟了美华路。以政府主导的修筑马路工程，实行公开招投标，由工务局制

---

① 《东湖街志》，第 55 页。广州东山区东湖街道办事处编印。
② 轶名：《东山的发展足迹》。载广州市政协门户网站·广州文史（http://www.gzzxws.gov.cn/gzws/cg/cgml/cg9/200808/t20080826_3954_4.htm）。

定招标工程章程，发出开投布告，有意投标的承建商，报呈承筑章程，中标承建商与政府签订合约，施工期间由工务局派员监理，竣工时负责验收。

由华侨投资兴建的住宅区，遍布在保安街、烟墩路、新河浦、达道路、合群路、恤孤院路、启明路、均益路、庙前街、共和路、竹丝岗、农林路、百子路等地。华侨房子，从早期的框架结构洋楼，发展到后来的花园别墅，都带有浓浓的欧美风格。他们按照自己在西方生活的习惯，按照在西方见惯的建筑形式，照搬到东山。有些人自己从国外把建筑图纸带回来，有些人甚至连家具也从国外搬回来。

清代末年，番禺县属警察四区管辖，东山是番禺县的一部分。1917 年，东山区公所成立，标志着东山即将告别乡村，归入城市管理。在 20 世纪 20 年代的某一天，人们如果站在寺贝通津神道学校的最高点，纵目远眺，会发现东山尽收眼底。在霞光映照之下，一条条新马路向前伸展，交织成网；一幢幢异国风情的洋楼，连并而起；火车拖着长长黑烟，嘶吼着向东奔驰；路基旁是成片的黄皮、龙眼、乌榄树；街道上人来人往，都是步向各个学校的男女青年。人们发觉：东山已在悄然改观。

东山的新居民，大都没有经历过让人不寒而栗的甲午年鼠疫，也没有经历

民国时期的东山农民

过己酉年（1909年）鼠疫卷土重来的恐怖。但国外的生活经历，让他们有较丰富的卫生知识，对建立现代的医疗体系，也有更迫切的需求。

这时，一位美国医生，进入公众视野。他的名字叫达·保罗（Paul J. Todd），美国医学博士，光绪二十八年（1902年）受美国长老会派遣来到广州，在博济医院担任内外科医生。光绪三十一年（1905年），博济医院院长嘉约翰回美国休假，达·保罗任代理院长。

宣统元年（1909年），由博济医院创办的南华医学堂（原称"博济医校"），发生学潮，学生因反对美籍校方的某些举措，实行罢课。校方开除了四名学生，并将学堂停办。此事激起社会义愤，由广州绅士潘佩如、江孔殷、钟宰荃、赵秀石，香港富商李煜堂，英国医学博士李树芬等40多人发动倡议，筹募资金创办广东公医学堂。这一行动，得到达·保罗的支持，为他们出谋划策，并对学校的管理和教学提供了重要的意见。

这是一所中国人自办的公医学堂，开办初期，租十三甫民房作校舍，召回原南华医学堂学生就读。次年春，以公助私筹形式，购置长堤天海楼（今长堤潮音街附近），建立公立医学堂，医院附设在天海楼旁边。此举继广东光华医科专门学校和广东光华医院创立之后，进一步打破了由外国教会垄断中国西医医疗机构与医学教育的局面。学校学制4年，由潘佩如任学校监督兼代校长。教员除曾留学英美及国内医校毕业的中国医生外，还聘请了一些美国、英国教会医生。

1912年，达·保罗离开博济医院，在猪屎寮村附近的百子冈，开设私人医院。这时东山正处于蒸蒸日上的发展时期，这里的新居民，大多更相信西医，而不是传统中医。达·保罗干脆关闭了私人诊所，把地让给公医学堂的筹办人，买下百子冈约100亩土地，兴建新校院。达·保罗自己也在公医学堂担任教员，学堂附设的公医院为实习医院，达·保罗任首任院长。他的妻子是英籍护士，担任公医院附属护士学校校长，学生们亲切地称呼为"达师母"。

1915年，公医学堂由广东省政府教育部门收归公办，改名为广东公立医科专门学校，学制仍为4年，后改为5年。课程包括：化学、生物学、植物学、解剖学、生理学、组织学、日文、英文、物理、病理学、妇产科、眼科、五官科、内科、药物学、外科学、精神病学、肺结核科、法医学等。1918年，在百子路（今中山二路）创办了新公医院作为医校附属医院，也就是今天的中山大学附属第一医院。

两广浸信会医院在 1914 年迁到木棉冈，有一座占地 600 华井（1 华井约为 11 平方米）的四层楼房，有 93 个房间，设门诊、留医，分内、外、妇孺、皮肤、耳鼻喉等各科。坊间流传的一首竹枝词，诙谐写道："试出东门南北行，学堂医院两恢宏。西人好与鬼争地，地有洋楼便卫生。"作者特别解释："东门外南如东山，北如望冈等处，西人购用坟地改建医学校、医院等。"①

当西医在广州越来越普及时，不少中医师也产生浓厚兴趣，转而学习西医。其中有一位邝磐石医生，广东省开平县人，从小立志当个悬壶济世的郎中，跟着当铺的管账师爷学习望闻问切、君臣配药。后来进了光华医院当会计，开始接触西医，顿觉耳目一新，经过争取，在光华医科专门学校当了一名旁听生，继而以优异成绩转为正式生，毕业后又到香港大学进修，在英国老师的指导下，学习外科和临床医学。当他重返光华医院时，已是一名出色的西医医生。他决定自己开办诊所。

1916 年，邝磐石在东山前鉴街铁路附近租了一座花园大屋，一部分用作门诊部，叫邝磐石医院，另一部分设五六张床位作留医病房，邝磐石夫妇住在后边，照顾留医病人。在太平沙又租了一间大屋作诊所，叫邝磐石医院分诊所。他的哲嗣回忆："他（邝般石）自奉甚俭，一生艰苦朴素，无不良嗜好，不抽烟、不喝酒、不上馆子、不做无意义的应酬，连一个舒适的浴盆也没有，始终用铁桶在厨里冲凉，一心积累资金以筹建医院。"

有志者事竟成。1918 年，邝磐石向一位盐商亲戚借钱，在梳头冈兴建了一幢两层楼房，楼上作住家用，楼下作诊室。另建一间八角亭，楼上作手术室、楼下是药房及特诊室。这个地方与公医院遥遥相望，一在百子路南，一在百子路北，"由于院址在山顶，树木多，空气新鲜，故很多远地的人喜欢来医院疗养或留医。医院设备比较好，医护人员业务水平也较高，还请了光华毕业的两位同学来当医生，并附设了一个护士班，这就是广州市第一间私人办理的邝磐

---

① 胡子晋：《广州竹枝词》。载雷梦水等编《中华竹枝词》第 4 册，第 2917 页。北京古籍出版社 1997 年版。

石医院。"①

医院名气很大，成了东山的地标，人们坐人力车去东山，如果说："我去梳头冈。"车夫可能不知道哪里，但如果说："我去邝磐石医院。"车夫二话不说，拉起车仔就跑。邝磐石医院，就是今天的中山大学附属第一医院妇科生殖医学中心。

生活在东山的人，真切感受到，这里的环境，一天天好起来。1915年，东山人盼望已久的自来水，终于开通了，他们和西关人一样，一拧开水龙头，就有清澄的水流出来。但美中不足的是，每逢枯水期，自来水还是带有一点咸味，水压也不够。经过呼吁和筹资，在公医院的台地上，兴建了一个加压水塔，总算缓解了水压问题。

电也来了。电灯公司架设了东山的供电线路，但照明电压为110伏，动力用电为220伏。动力用电输送至用户时，往往只有95伏，而且不时停电。东山一带的农民，为了省钱，宁愿用火水灯和蜡烛，早早上床歇息；即使美轮美奂的洋楼里，也经常只能靠摇曳的烛光照明。电话也是经常失灵，有时摇铃半天，没人接线；有时通话完了很久，也没人断线；不时搭错号码，不时又诡称不通，失时误事。以致在很长时间，坊间都有"自来水不清，马路不平，电话不灵，电灯不明"之讥。

东山电话分局

---

① 邝慈悲：《回忆邝磐石和邝磐石医院》。载《广州文史资料》第26辑，第157页。广东人民出版社1982年版。

尽管有种种不如意，但毕竟马路有了，房子有了，学校有了，医院有了，电灯有了，自来水有了，一切都开始有了。

在一般人的印象中，西关代表着传统，东山代表着现代。是否真的如此？广州人常说的"东山少爷，西关小姐"，又是什么意思？直到今天，很多人仍喜欢把两地进行对比，寻找那里生活形态、文化精神的异同。

从地理位置上看，东山与西关是平行对应的。打开地图，位于东山核心地带的启明社区与位于西关核心地带的逢源社区，基本上处在同一条东西横线上，对称得简直像阴阳八卦图一样，这是个有趣的现象。两地真实存在的差别，更加有趣，这种差别体现在衣食住行各方面，哪怕在街道上随意走走，也可以清楚感受到。

西关的民居，以"古老大屋"和竹筒屋为主。典型的古老大屋，因为多建于西关，也称西关大屋，其结构为"三边过"（所谓三间两廊），即正间以厅堂为中心，从临街门廊、门官厅、轿厅（茶厅）、正厅（神厅）、头房（长辈房）、二厅（饭厅）、尾房，形成一条左右对称的中轴线。门厅右边一般都有雅致庭院，种植花木，摆设山石鱼池。厅与厅之间以天井相隔，大屋与大屋之间以青云巷相连。

　　西关大屋的大门，也是一景。外为矮脚双扇门，中为趟栊，内为大门，俗称"三件头"，用坤甸木制成，既有利于空气流通，又可阻隔外人的张望和进入。西关大屋的庭院、天井、敞口厅、青云巷、天窗、侧窗以及可活动的屏门、满洲窗，各有自己的位置和作用，构成了一个非常有效的通风系统，冬避风寒，夏避暑热，居住十分舒适。

　　"竹筒屋"，有些地方叫作"竹竿厝"，其特点是正立面单开间，通常只有三四米宽，但进深却很大，可达十几米甚至几十米深，里面没有厢房，格局就像一根长长的竹子，一进一进的厅房，形如竹节，因而得名。与西关大屋相比，外面多了一些西式风格，诸如华丽的希腊壁柱、半圆券窗、彩色玻璃和铁漏花、罗马式三角山墙、巴洛克式卷曲旋涡纹、繁复精美的山花、宝瓶栏杆的阳台等，但大门却仍是典型的"三件头"。

中西合璧的西关竹筒屋

　　竹筒屋往往是几家、十几家门户相连。早期外观较为简单，多为一层建筑，但里面搭建"阁仔"，架设楼梯上落。石基砖墙，木构瓦顶。后来随着西方建筑技术的传入，采用了混凝土梁和西洋建筑的局部装饰，出现了有阳台的二三层平顶楼房，在过厅设楼梯上楼。如果相邻的竹筒屋是属于同一个家族的，往往会在中间天井处开一个横门互通。这表明晚清以来，西式建筑对广州传统建筑的影响，在西关街巷中，已浸显浸明。

　　西关大屋和竹筒屋的业主，大部分是富绅豪贾，他们的千金小姐，比那些租住他们房屋的女性幸运，很多都受过教育，甚至受过西洋教育，有文化，有教养，不屑于养在香闺待人识，也不必以德言工貌取悦人，小康人家的经济，已足以使她们不用太为柴米油盐忧心，可以大大方方从事自己的职业，大大方方追求时尚。人们用"西关小姐"称呼她们。

　　其实，西关人千差万别，不仅有西关小姐，也有西关嫲姐、西关大襟婆、西关梳头妈、打铜佬、戏子佬、喃呒佬、机房仔、三行仔……三教九流，无所不有。清末民初，由于乡下动乱频发，生活艰难，许多人都往大城市里跑，西关人满为患，西关大屋、竹筒屋的屋主，把房间分租出去，自己做包租婆、包租公。里面往往住满了四姻九戚、同乡同学、亲朋好友，大家同门异户，同屋共主，富商、名绅、牙医、红伶、优伶、小贩，在同一条青云巷中出入，在同一个屋檐下吃饭，低头不见抬头见。这种生活模式，逐渐培养了古老大屋里，浓浓的人情味和人间烟火气息，这才是西关文化的真正内核。

　　20 世纪二三十年代，华侨在东山兴建的房子，是典型的欧美风格，与西关的古老大屋、竹筒屋，完全不同，前后都有花园，绿树婆娑，幽静雅致。住宅一般有两三层，分主楼与附楼，主楼的造型设计，有的小巧玲珑，有的端庄豪华，用料高级，装饰华丽，外墙用水刷石、喷涂等材料，门廊则多为水磨石米。

东山小洋楼

　　东山与西关建筑的区别，首先是对私密性的要求不同。西关大屋在设计上，虽然重视封闭性，但实际使用时，却是七十二家房客，几乎没有秘密可言。西关发展较早，人口密度甚高，寸土尺金，所以更在意空间和土地的合理使用，在有限的空间里，尽可能多挤进几户人家。这也培养了西关人喜欢热闹的生活习惯，街坊相对密集，左邻右里，知根知底，谁家有几个碗、几个碟，

大家都清楚，饮早茶、打麻将、唱私伙局、烧香拜神，东家长西家短。在熙熙
攘攘的街市气氛中，认同感、安全感油然而生。

　　东山人则相反，地旷人稀，用地的经济性，不必作太多考虑，而对私密
性有较高要求，邻里间保持相对距离，互不干扰。华侨在国外习惯了尊重个人
隐私，崇尚个人自由，讲究个人权利，对东山情有独钟。西关的拥挤，让西关
人有安全感，却让东山人觉得不安全，连呼吸都感到困难，过于挤迫的生活空
间，更易成为各种作奸犯科的温床。东山的开阔、静谧，才是他们所追求的舒
适、安逸的家园。

东山公园

　　追根溯源，华侨聚居东山，开始只是被低廉的地价吸引，然后宗教、教育
等因素，形成共同的行为规范、生活方式，给人的印象，就是很"西化"。在
民国后崇尚西方文化的一批新官僚眼里，这里成了新文明的象征，都喜欢到东
山安家置业。人与人之间的距离，也被赋予了更多权力、等级的意涵，而不仅
仅事关隐私。对这些洋气十足的官宦子弟，人们叫做"东山少爷"。

　　东山与西关，就这样，从最初并非人为设计的自然发展中，逐渐孕育出不
同的社会生活共同体，形成了不同的情感、空间与社区管理模式。这种差异，
在20世纪30年代大规模的城市改造中，被推到极致，成为城市规划遵循的原
则之一。

东山慎园

市政公所成立——广州独立建市的先声

在陈炯明的治粤政纲中，至关重要的一项，就是拆城筑路。广州城墙，年久失修，早已破烂不堪，在热兵器时代，毫无防御作用，当年英、法联军以大炮开路，攻陷广州城池，易如反掌。宣统元年（1909年）谘议局一开张，就有人提议拆除城墙，以便交通，但因为遇上革命党起义，官府否决了此议。《申报》痛斥："满清官吏藉城自卫，故虽明知其害亦终不忍弃除，此实地方之大障碍，而亦我全省人民之不幸事也。"[1]

现在，历史给了陈炯明这样的机会，在他心里，有一个改良广州的庞大计划，第一步是拆除城墙，然后在城区内修筑宽阔的大马路和美丽的公园。城砖可以用来铺路，或用来建公园围墙。西关的住宅将搬走，改建为商业中心；四牌楼、朝天街一带的八旗居住区，也将重建；双门底与惠爱路辟为康庄大道，贯通内城中心，观音山（越秀山）改为公园，让民众工余有游山玩水之地；在珠江上兴筑过海大桥，方便南北民众来往。

1912年1月2日，中华民国成立第二天，城厢内外，庆祝的鞭炮，还在"噼噼啪啪"响个不停，军政府工务处（后改称工务局、工务司）的大字通告，已赫然张贴在城门上，民众言论纷纷。通告指出："省城街道至为狭窄，城根屋宇亦复参差，鳞次栉比，毗连杂沓，以致行人则往来不便，市场则挤拥不堪。若遇回禄蔓延，损失尤巨。兼之稠密太甚，空气缺乏，殊碍卫生，既妨社会之公安，实违建筑之定式，亟应整齐划一，使之疏通，以祛障碍，而宏乐利。"[2]

陈炯明也以都督名义，张贴布告称："照得省垣地方，素称殷盛，城厢内外，商业尤为繁富，若非于交通上设法改良，实不足以资利便。查现在城基一

---

[1]　《粤垣预备拆城筑路》。载《申报》1912年1月20日。

[2]　《工务部通告》1912年1月2日。引自杨万秀主编《广州通史》近代卷，下册，第735页。中华书局2010年版。

带，占地甚多，而城内城外互相隔阂，于交通上尤形不便。"目前城市改造的重心，在于改善交通，陈炯明指出："民国新成，闾阎安堵，振兴商务，整顿交通，实不容缓。往日阻碍之城基，自非从速拆除不可；且就城基一带，审查地势，最合改建大马路之用，将来若建筑功竣，车马分驰，与昔日情形当有天壤之别。"①

工务局开始进行测量工作，工兵也整装待发，可谓万事俱备。工程将先从地处偏僻、影响较小的越秀山镇海楼一带（北城墙）开拆，逐步向东西两翼展开，要求靠近城墙内外一带住户，在一个月内，将房屋所在地列明某街某号，深阔尺寸若干，业主何人，住户何人，详细报到工务司，俾工程开展。1912年1月24日的香港《华字日报》上，有简短报道："刻下（广州）工务部对于拆城一事，拟于二月一日兴工，昨并着令城基一带居民赶速到部报明，私地则由业主报，公地则由住户报。"②所谓"城基一带居民"，实际上，涉及的是2.33万家铺户。③

拆城墙时搭建的临时木桥

① 陈炯明：《粤垣预备拆城筑路布告》。载《陈炯明集》上卷，第55页。中山大学出版社1998年版。
② 《实行拆城》。香港《华字日报》1912年1月24日。
③ 《研究拆城善后办法》。载香港《华字日报》1912年2月6日。

2月12日，大清宣统皇帝退位。孙中山向临时参议院提出辞职，荐袁世凯以代。4月底，孙中山返回广东，胡汉民重揆督篆，陈炯明让位，改任广东全省总绥靖处督办。不过，胡汉民的才干，长于笔墨文字功夫，绌于地方行政实务，广州的城市建设计划，萧规曹随，沿用陈炯明的方案。但胡汉民对城市土地产权的复杂性，并不了解，如何处理，亦缺乏预案，为日后的纠纷，留下隐患。

在《中华民国临时约法》里，有条文规定：人民之家宅非依法律不得侵入或搜索；人民有保有财产及营业之自由。从法律角度言之，大规模市政建设，影响千家万户，若要顺利推行，首先要由立法厘清产权，哪些是官产，哪些是民产，官产如何处置，民产如何处置，依法执行，方可事半功倍。但军政府还没搞懂这些，以为和行军打仗一样，一纸行政命令，即可畅通无阻。

胡汉民复职后，要求所有清朝的房地产交易契据，都要换成民国的新契据。政府把换契的手续费，当成是重要的财政收入，却没有把换契的动机、理由、手续，向民众解释清楚，以致人们担心这是政府为了实现"平均地权"，借机照价收购民产。结果，许多人不肯换契；或者在换契时故意抬高不动产价值，新契比旧契高出一倍有多，以防政府收购；有的公产在长期多次换手后已变成私产，换契成了化公为私的合法途径；有的私产在交易时为了逃避交税过割而填写为官地（因清朝官地无税载，不用过割），以致公产、私产，盘根错节，要清晰划分，谈何容易。

由于仓促上马，工务司还没想好该如何善后，也缺乏与商民沟通，以致激起民间的抵抗风潮。商人黄凯廷组织会社，公开呼吁反对拆城。而警察厅的应对办法，就是把他逮捕归案，控以"聚众立会，抵制政府"的罪名。结果民间更加愤怒，三十九街商铺、安澜街、广安堂等商人出面，请求保释黄凯廷；广州总商会也致函胡汉民，吁请政府放人，大有粤汉铁路风潮时，商民抗议岑春煊的汹汹势头。

军政府只好把黄凯廷放了出来，但工程却卡在那里，进退维谷。工务司司长程天斗的市政建设规划，送到核计院时，被否决弹回。毕业于美国斯坦福大学和芝加哥大学的程天斗，遇上这种状况，焦头烂额，半点招数也没有，不得不以"全省工程重要，人少事繁，实难办理"① 为由，挂冠而去。筹备数月的拆城计划，就此草草夭折。军政府与商民缺乏沟通，感情隔膜，措置失当，是失败的重要原因。

民国初年的城市建设，大多从拆城筑路开始，把拓宽马路视为头等大事，似乎没有畅顺的马路，一切建设，无从谈起，以致被人讥为"马路主义"。广州人烟稠密，筑路涉及复杂的搬迁问题，几个月过去了，进展缓慢。

1912 年 11 月 9 日夜晚，城西新豆栏一座民宅失火，风助火势，火助风威，新豆栏、源昌街、德兴街、联兴街一带，尽成火海，火星吹过了珠江，把河南的房子也烧起来了。

火灾过后，新豆栏附近 384 店铺屋宇、河南 107 间房屋，变成瓦砾废墟，军政府才蓦然意识到，这场大火，竟意外解决了搬迁问题。不少灾民的红契已被烧毁，无法证明产权，有的虽然从火中抢出了红契，却烧光了所有财产，无力重建房屋。于是军政府趁机征收土地，拓宽街道，从西濠口至沙面的法国门（长堤沙基段），修筑堤岸和一条 18.3 米宽、457 米长的马路。这条马路，与原大沙头广九火车站至沙面的堤岸马路打通，连成一条 3.62 千米的马路。

自古以来，民房都是由居民各自兴建的，没有统一规划，钱多的建大屋，钱少的建小屋，没钱的搭窝棚。大小高低，参差不齐，肆意蚕食街巷、濠涌、河岸，官府也管不住，造成了混乱、拥挤、肮脏和不安全的环境。

民国成立后，军政府对在马路上兴建房屋，作了规定。1912 年颁布《省城警察厅取缔建筑章程及施行细则》，"取缔"一词，来自日语，意为"管理"。章程规定："凡堤岸及各马路建造屋铺，均应在自置私地内留宽八尺，建造有脚骑楼，以利交通。"又规定："骑楼两旁不得用板壁竹笪等类遮断及摆卖什物，阻碍行人。"② 其实政府是很讨厌骑楼这种建筑的，觉得它阻挡光线，有碍卫生。但拓宽马路，侵蚀两旁铺户的面积，阻力很大，允许建筑跨过

---

① 《工务司欲效挂印封金耶》。载《民生日报》1912 年 6 月 25 日。
② 赵灼编：《广东单行法令汇纂》第 5 册，警政，第 21 页。光东书局 1921 年版。

人行道的骑楼，是补偿面积、疏解民怨的最好办法。这份章程，为骑楼建筑提供了最早的法律规范。

进入 21 世纪后，所剩无几的骑楼建筑，受到广州人的赞美与缅怀，把它渲染为岭南文化的精神代表之一。关于骑楼起源，众说纷纭，有人认为，源自古罗马的券廊建筑；有人认为，最早见于古希腊的"敞廊式"建筑，还有人说，最早源于印度的贝尼亚库普尔地区，英国人建造的廊房建筑；也有人说，骑楼雏形，源自中国偃师二里头遗址，那时就有围廊环绕的房子，骑楼正是从这种房屋的前廊发展起来的；还有人认为，张之洞在长堤兴建的"铺廊"，就有骑楼的影子。不管哪一说法较为接近事实，但骑楼在广州的最初出现，其实是由于官民博弈，是无奈妥协的结果。

总而言之，"骑楼"一词，第一次载于官方文书，标志着以政府为主导，以法制为规范的城市改造运动，由此发端，也可视为中国有望步入近代法治国家的示范性事件。

1913 年 2 月，军政府把《广州市改良街道章程》，交给省议会审议。这是民国以后，"广州市"概念的首次提出，但只用来概括地理范围，并没有严格的行政划分。章程规定，民政司负责管理街道改良事宜；经费由军政府筹拨；改良街道的先后由民政司认定，不得抗阻。对于拆迁用地等事宜，章程具体规定，由业主向民政司登记填报价值，包括地价、建筑费、转受费三种，将来按这个价值收税，拆迁时也按这个价值补偿。"街道幅度狭小，需用民居地址，则司按照店铺、家屋之填报价值一律收买，给回原价，即将店铺、家屋分划丈尺，以为改良街道之用""附近改良街道，店铺、家屋一切建筑均须改良，街道改良后左右十丈均归政府，即由司绘定图则招商改建""应收买之店铺、家屋由政府先期六个月宣示以使人民择地搬迁，至街道改良后，店铺、家屋之建筑方法既妥时，由政府酌定公道价值先准原住者承回，若不允示，另召他人示受"。①

这个章程，强化了政府在城市改造中的主导地位。在政府的盘算中，改良街道，利国利民，又有长堤的成功样板在前，实在想不出商民有任何反对理

---

① 《胡都督函请省会集决改良街道文》。载香港《华字日报》1913 年 2 月 24 日。

由。不料，七十二行商对政府不与商民沟通、自行决定、不容置疑的做法，十分反感，一致表示反对，"当此商业凋敝，人心初定之时，正宜休养生息，以培元气，万不能遽事更张，致形纷扰"。[1] 商人语带讥诮地建议，如果政府有钱，还不如去投资大沙头，建一个模范市场，开马路，设电车，皆大欢喜，何必苛扰老城这种商务密集之区。言下之意，政府囊中羞涩，所谓改良街道，不过是想割商民韭菜而已。

官商之间的争持，始终无法解决。胡汉民上任时，计划开筑永汉路（今北京路），建成一条 13.4 米宽，两旁各有 2.4 米宽人行道的马路，但从公开招投承建开始，就遇到商民的百般"刁难"，指政府对搬迁商户，毫无补偿安置，令大批人失业。愤怒的矛头，直指胡汉民，直到他离任，永汉路工程仍然无法开展。

护国战争结束后，广州的政权，落入两广巡阅使陆荣廷、广东督军陈炳焜等广西军阀之手。北京发生张勋复辟事件，局势更加纷乱如麻。孙中山以"保护临时约法"为号召，率领海军，南下广州组织军政府，自任大元帅，发动对北京的护法战争，但他指挥不动桂系的一兵一卒。六省同盟的严重内耗和自身的违法行为，使其"护法"的正义性不断流失。这就是 1917 年前后的广州，风雨飘摇，危机四伏。

广州拆城筑路、改造城市的计划，还要不要进行下去？

1915 年 7 月，广东连天大雨，各江潦水暴涨，高要、南海、顺德、新会、三水、鹤山、四会等县，68 处堤围崩溃，二百万人痛失家园。广州西关几被洪水完全淹没，据一位西关老人追述："当时是日晨起洪水骤至，初时几寸，继而一尺二尺直浸至门楣，事起仓促，手足无措，只有楼阁天台可以暂避，预防房屋倒塌，于是租只大沙艇栖息，全家做了水上居民，待到水退回家，已过了半个多月。"丛桂路、兴隆街、水月宫街一带，水深竟达三米以上，西村的积水浸过瓦面。房屋成片倒塌之声，通宵不绝。人们仓皇爬到树上躲避，"泮塘塌屋五六成，死人数百之多。多宝、逢源一带，俗称西关角，地势更低。该处

---

[1] 《商人智识如是》。载《民生日报》1913 年 3 月 17 日。

原是藕塘菜地，富户在此置地建屋，栉比连衡。不虞乙卯年大水，竟是受淹最深之处。"①

当大水淹没西关之际，十三行同兴街不慎失火，全街店铺堆放的是煤油、火柴，瞬间点燃，油箱爆炸，火随水流，一发不可收拾，两千多间房屋烧成废墟，灾后发掘出千余具尸体。当时十三行九如茶楼，有六十余人在楼上避水，突然全楼倒塌，无一幸免。这场惨烈灾难，时距 1912 年新豆栏大火，不过三年，悲剧又再重演，西关的街道整治，再次成为舆论关注的议题。

乙卯年大水第二年，1916 年 7 月，山东人朱庆澜出任广东省省长，他认为拆掉城墙，对于振兴商务、致富粤民，大有裨益，应为"本省最近第一要务"。②城墙不拆，马路无法修筑，西关环境亦永无改善之日。10 月 1 日，省议会恢复，提出的议案之一，就是拆除城墙和城门，利用城基修筑主要马路。

朱庆澜欣然接纳，命令省会警察厅长，就拆城筑路事宜，进行实地勘测和规划。警察厅提出计划，先拆新城，以利交通，再拆老城；将鸡翼城马路与东堤连接，蜿蜒而西，与西城外西瓜园马路接驳，城内城外连成一片。1917 年 5 月，朱庆澜又请督办治河处工程师，负责对城基和有关街道进行详细勘测，并组织拆城工程队，随时准备开工。

这时的西省六省，号称"自主"，而朱庆澜的省长，是由北京政府委任的，因此受到桂系嫉视，事事掣肘，他自己也不安其位，1917 年 8 月被迫辞职。离开之前，不顾桂系反对，把 20 营省长亲军，移交给了陈炯明，这成了唯一听孙中山号令的军队，后来陈炯明成功驱逐桂系，帮助孙中山重建政权，亦全赖这支队伍。

朱庆澜一走，拆城筑路工程，无形搁置。1918 年 1 月 17 日夜晚，城南永汉街失火，时值冬季，风高物燥，火势一发不可收拾，64 栋房子被烧毁。灾后，政府沿袭 1912 年新豆栏的老办法，趁火灾之机，拆除永汉门，拓宽街道，把永汉街修筑成一条 18 米宽、137 米长的大马路。这项工程，赢得商家普遍赞许，激起了政府对修筑马路的兴趣。

---

① 劳逸风：《1915 年广州水灾史述》。载广州市政协门户网站·广州文史（https://WWW.gzzxws.gov.cn/gzws/cg/cgml/cg9/200808/t20080826_3941.htm）。
② 《拆城计划种种》。载《实业杂志》1917 年第 1 期。

无可否认，城墙是旧时代的象征物，拆城筑路，意味着与传统城市一刀两断。政府要表现自己的现代性，拆城筑路，就是最佳选项。9月30日，督军与省长两公署联衔发布第153号委任令，委任杨永泰、魏邦平为广州城厢市政公所总办，着即为规划市政建设办法。这一天，值得铭刻在广州的历史上。

杨永泰，字畅卿，广东茂名高州人，北京政法专业学校毕业，当过广东谘议局议员，1912年任中华民国临时众议院议员并加入国民党，时任广东省财政厅长。魏邦平，字丽堂，广东香山县（今中山）人。日本陆军士官学校第四期骑科毕业，1912年任广东陆军第二师第二旅旅长，广东都督府参谋长，广东水上警察厅长，时任广东全省警务处处长兼全省警察厅长。

1918年10月2日，广州城厢市政公所正式成立，杨永泰、魏邦平为总办，省财政厅官产处主任曹汝英为坐办，陈恭受为总稽核，下设总务科、工程科、经界科、登录科和总测绘等部门，总务科主财政、工艺、卫生、档案等工作；工程科主各项市政建设；经界科主测绘、调查、评价事务；登录科主注册、印证、税契等事务。业务范围，涵盖省城、河南、芳村、花地等地的交通、卫生、经界、登录及其他关于市政一切事务，明显超越城厢，故呈请更名为广州市市政公所，在育贤坊禺山关帝庙办公。

由于市政公所的设立，事先未经省议会讨论，其合法性受到质疑，议员们追问：临时省议会和省议会往年通过拆城议案，都无提及有这样一个机构，如此"非驴非马，不官不民"的机构，是从哪里冒出来的？省议会原提出拆城由官办，现在市政公所改为商办，理由何在？谁赋予它更改省议会决议的权力？拆城筑路的经费、工程计划，都未经省议会讨论，谁给它自把自为的权力？对这些质询，省政府给出的答复，含含糊糊，敷衍了事，而市政公所则继续我行我素，全力推进计划。

10月17日，市政公所发布第一号布告。该布告不仅涉及拆城筑路，而且是广州市政建设的一幅全景蓝图。布告称：

广州市开通较早，百货辐辏，有一十五万四千九百余户，有七十万零四千九百余口。民物殷繁，为中国省会冠……惟是市政范围，经纬万象。弊去其泰甚，事先于所急。分头擘画，括为五端：一曰拆城基。近世城垣，已如古代兵器，无存在之理由。广州老城新城，尤为天然障碍。辛亥鼎革之初，早经议拆，今当赓续实行，廓而清之，然后一切交通，方可措手。一曰辟马路。已成为马路，只有东西长堤，余尚闭塞。若已拆城基，即可循为路线，而由普济桥便门至西门，由西门至财政厅前，更由此浚通省长公署，前达永汉街口，概先筑路，外而与长堤衔接，内而与西关旗界一气沟通，则城里工商，首蒙莫大之利。盖不拆城、不辟路，绝无市政可言，而欲辟路先拆城，尤为此中枢纽，故无论如何，断不稍存瞻顾。一曰设市场。屠沽露店，逼处街衢，卫生交通，两受其害，不得不设市场以容纳之。拟先改建禺山关帝庙为模范市场，其他分择适中地点，次第建设，先收划一整齐之效，乃有公众卫生之可言。一曰设公园。西人称公园为都市之肺腑……以较广州市，直可谓之无肺腑矣。今先择定旧抚署为第一公园，推及于海珠、东校场、东山庙三处，西关则另谋适合地点，同时举行。一曰设工厂。市民无业者多，尤以旗籍为甚……拟先于旗界设一大工厂以其纳之。大约规划，每年常费约在五万元之间，通厂工额，可容二千名以下。教育事业，亦市政初基，扩而充之，悬是为的。以上五端，决定为进行第一时期，其他属于市政范围，更当旁考列强成规，内审地方习惯，集思广益，力图改良。①

　　这份文献，概括市政要务，不外乎拆城基、辟马路、设市场、建公园、办工厂五项。在政府看来，这五项就是城市是否现代化的主要指标。有研究者认为，市政公所的成立，意味着广州市的实际成立。但从这五项任务观之，远远未能概括一个市政府的功能，而事实上，市政公所连这五项任务，都未能全部达成，唯一拿得出来的成绩单，就只有拆城筑路。但它把"广州市"概念，首次用行政管理权明确下来，虽然还不是正式的行政建制，但所有应兴应革事宜，统由市政公所总揽，番禺、南海两县无权干预。广州脱离番禺、南海两县管治，独立建市的先声，已清晰在耳。

---

① 《广州市志》第2卷，第248页。广州出版社1998年版。

拆城筑路——广州告别传统城邑

自东汉时开始修筑的广州城，终于完成使命，到了该拆毁的时候了。根据市政公所的计划，全城 15 座城门，同时开拆；除大西门外，其他各门一律拆平，大西门保留城门门拱，作为将来拆城基时，安置铁轨搬泥之用；大北门、小北门因地处偏僻，对交通影响不大，可暂时不拆。

划入新辟马路两侧以及城基附近的店铺、住户，一律限期搬迁，原驻扎在城楼上的军队，亦须立即撤离。但坊间的反弹，十分强烈。人们控诉政府此举，劳民伤财，影响生计，纷纷上书陈情，有的吁请政府"妥置商民，酌量矜恤"；有的"恳令市政公所另筹妥善办法以免嗷嗷无依"；有的"吁恳准予变通办理，俾得市政民生两无妨碍"者；更有的商户、工匠联名向政府疾呼：与其因展拓马路，令商民"无辜颠连困苦以自毙"，不如索性对商民"迅处死刑"。① 也有省议员"为民请命"，向政府提出质问书，请求立即停止拆城。一时闹得满城风雨。有一首竹枝词写道："拆了三门剩北门，洋车马路手铃喧。阻街房铺谁收没，多少孀雏有泪痕。"②

但政府的决心，毫不动摇。省政府驳回议员就拆城问题的质询，要求工程如期推进。市政公所工程科根据 1912 年的《取缔建筑章程及施行规则》重新修订，颁布了《临时取缔建筑章程》，以适应城市道路拓宽与建筑物管理的最新需求。

1918 年 11 月 4 日，市政公所在育贤坊公开招投拆卸大西门等城门工程，中标的九家建筑商，分段承包拆卸城门及城墙工程。据记者在 1919 年 2 月初报

---

① 《方海等联恳呈函》。引自卢洁峰：《百年前的广州"拆城风波"》。载《岭南文史》2021 年第 2 期。

② 胡子晋：《广州竹枝词》。载雷梦水等编《中华竹枝词》第 4 册，第 2897 页。北京古籍出版社 1997 年版。

道："市政公所拆城筑路向持猛进主义，兹闻老新城基除西门至尚果里、普济门一段，去冬业已开拆；由普济门至靖海门、五仙门已由某公司报效；大东门至北校场一段，又由余某报效。其由大南至大东，万寿宫至育秀坊、永汉至五仙各段工程，均定初七开投。由尚果里至大南门一段，定期下星期五日开投，只余西门至添濠街尾一段，则俟西门拆下后即行接续投拆。各工程皆限三两个月竣工，预计今年五六月时，则老新城基可以一律拆平，变为康庄大道，统计拆城工费，约共二十五万元。"[1]12 月，各个城门开始清拆，六千多名工人，浩浩荡荡，开入各个工地，到处人车喧沸，尘土滚滚，把冬天的严寒与沉寂，驱除一空。

正西门最坚固，工程也最大，清拆下来的砂石泥土，在方便医院旁边，堆积如山，无法处理，建筑商呈请市政公所核准，由方便医院后门起，将以北一带城濠尽行填塞，以资容纳，并在城基敷设轻便铁轨，以便把砂石泥土运至百灵街尾。[2] 据后人考证："如今广州市第一人民医院内的'市一大道'至盘福立交处全长约 500 米的马路，即昔日被填塞的这段城濠的所在位置。"[3]

大北门至越秀山一段城基，沿途有不少南越国历史遗迹，所以暂时不动，予以保护。其他各门的泥石，共计五六十万立方米，则雇用船家，全部用船运往城东，一部分用来修筑新河浦堤岸，一部分准备用来修建公园。后来大北城楼因年久失修倒塌了，小北城楼也在 1924 年拆除了。广州城的 17 座城门，无一幸存，唯一留下的，只有归德门的一方城楼石额。

最令人们叹息的，是永汉街上的拱北楼，始建于南汉，叠石建双阙。宋代改为双门城楼。元代时被毁，明洪武七年（1374 年）重建，清代重修，称"拱北楼"。 拱北楼上，原有一个造于元代延祐三年（1316 年）的铜壶滴漏，是中国现存最大的古代计时器，由广州工匠冼运行等人铸造，水由上面日天壶（日壶）依次滴至夜天壶（月壶）、平水壶（星壶）、受水壶，浮箭逐渐升起，指示铜尺上的时辰刻度。四壶依次安放于阶梯式座架之上，通高 2.64 米。

① 《拆城工程之进行》。香港《华字日报》1919 年 2 月 7 日。
② 《保存南越故宫遗迹》。香港《华字日报》1918 年 12 月 17 日。
③ 卢洁峰：《百年前的广州"拆城风波"》。载《岭南文史》2021 年第 2 期。

铜壶结构精巧无比，经过了上百年还分秒不差，全城官民计时都以它为准。明代意大利的耶稣会传教士利玛窦（Matteo Ricc）到了广州，他是一个制造精密仪器的高手，曾自己制作天体仪、地球仪和计时用的日晷等物品，送给中国人。据说他对这个漏壶也兴趣盎然，很想仿造一个，但绞尽脑汁也无从入手。

拱北楼是广州重要的文化遗迹，但在拆城工程中，被夷为平地。铜壶滴漏无处安身，在市内辗转流离，直到1935年才被安放在越秀山上的广州市立博物院。20世纪50年代，铜壶滴漏被调往北京，由中国历史博物馆（今中国国家博物馆）收藏，广州博物馆陈列其复制品。

拆城在前，筑路在后。热火朝天的筑路工程，紧随拆城之后，全面铺开。传统城池，主要街道（尤其是重要官署前的街道）多设为丁字路口，敌人攻入城后不易辨认方向，守军可从丁字路口两侧夹击敌人，阻缓其推进。但现代城市，首要考虑的不是战争中如何攻守，而是如何有利商业发展，因此多辟十字路口，方便人车流动。

广州修筑马路，始于张之洞，当时主要着眼于长堤，对城内没有什么规划。光绪三十二年（1906年），两广总督周馥提出初步设想，他认为"粤省街道狭隘，人烟太过稠密，不特有碍卫生，即于商务前途，不无缺点"，[1]因此须大加改造。他的方案是：由西门至东门，

筑马路前的承宣直街（今北京路）

___

① 《老城填筑马路之详情》。载《商工旬报》第1号。1907年6月21日。

开辟一条马路，两旁铺户均饬让进数尺，以便各等车辆可以行驶。再修一条马路，从布政司（藩司）直通大南门、永清门，抵达天字码头。大北门街也填筑一条马路，通往四牌楼、归德门、小市街至五仙门，直达江边。

广州后来的筑路规划，大致是循着这一思路，加以充实和扩展。西门至东门之间的马路，即今中山路；藩司至天字码头的马路，即今北京路；大北门至五仙门的马路，即今解放路。这几条马路，都是老城中的主干道，对整个马路系统，起着提纲挈领的作用。然而，由于政局动荡，政权更替，筑路工程进展缓慢，直到1918年才完成长堤马路、东沙马路、东川马路、南堤二马路、西堤二马路、东堤二马路等非干线马路，总长不过四万二千二百尺。[①]市政公所成立后，才开始真正大兴土木，把市政公所第一号布告，付诸实行。

按照市政公所的计划，新筑的城基马路，其阔度由24.38米至30.48米，全长约9656米，足够安装铁轨，行驶电车。但困难在于，城墙内外的铺户地面，高低不齐，城内地势较高，与路面平；城外地势较低，比马路低了0.6至0.9米，从马路这边走到对面，必须要下石阶；另一个困难是，城基只有13.1米宽，比规划中的马路窄了许多，还必须购买城基两旁土地，以基不足。为了筑路，附城之地，须拆迁4000家铺户。[②]这是极其复杂的事情，无数抗议示威、讨价还价、种种据理力争、胡搅蛮缠，势必如滔滔浪潮，让政府穷于应付。

拆城的最大阻力在西关，这里是商业中心，商人的势力最大，他们与官府的关系，一向若即若离，处处提防。他们担心拆掉西城墙后，官府对西关便可长驱直入，再无阻隔。因此，当政府宣布拆城墙工程，先从西城墙开始，把西水关至正西门的城墙拆去，利用城基开辟一条30米宽的大马路时，城基一带的铺户，以政府补偿标准不合理为由，群起反对。

政府对于拆迁户，按一个月房租的六倍补偿，其中一半是给业主做拆屋工费补偿，一半是给租客做搬迁补偿。如果是自建自住的，则按月租的160倍补

---

① 程天固：《广州特别市马路小史》。载《道路月刊》1929年30卷2号。
② 杨万秀主编《广州通史》近代卷，下册，第737页。中华书局2010年版。

偿。铺户业主指责：政府对商铺的顶手费不予补偿，令商民利益受损。

广州商铺，向有"铺面"和"铺底"两种所有权，铺面权是指业主对地块与房屋的所有权，铺底权是指租户对铺面进行装修、改建及各种家私的所有权。业主与租户签订合约后，除非租户欠租，否则一般不会收回房子。而租户有时因生意失败，把铺面权转让出去，从新租客处收取一笔装修和家私的补偿，即所谓"顶手费"。有时经过多次转手、装修，铺底的价值，已远远高于铺面价值。对此，政府拒绝补偿，但调整了一些补偿标准，比如把原来的六倍补偿，增加到十倍。

但商民仍不肯收货，认为政府没有完善的计划，拆迁后的商民生活，一切要从头开始，毫无保障。为了化解矛盾，市政公所对扩路征地的补偿，再作调整，凡属圈用附城铺屋，对住客搬迁费、业主自行拆卸费、业主契价补恤费三项，作出相应补偿：铺屋如果是全间拆卸，则搬迁费和拆卸费，均照一个月的租额五倍支给，而作为补偿主体的契价补恤费，则以1918年市政公所开办以前，各业主向官厅投税红契内所载价格，给现银四分之一，拆清后四个月再给现银四分之一，尚余四分之二给予电车路股票。至于非全间拆卸者，则每井补回拆修费毫银五元，多少照算。

为了筹措工程资金，政府把旗界内的各种衙署，衙署所属的马圈、马房、空地，群房（旗人防御职以上人员衙署附属房屋）和旗街房屋，统统拿去拍卖。前三种分期开投，价高者得，最高价的是西瓜园的一段。很多人还没搬走，他们的房子已经被拍卖了。警察一日登门数次，限住户三五天之内搬迁，对死也不肯搬迁的住户，政府出动消防队，用挠钩套索强行拆房。有人在西瓜园贴了一副对联："今朝有酒今朝醉，明日拆城明日迁。"

拆西城墙急如星火，过程中还发生了意外，西瓜园地段的一堵城墙，忽然全幅塌下，当时周围有不少行人与围观者，险象环生，一名工人被压在泥土下，经救伤队、消防队全力挖救，才得以脱险，但也受了重伤。

然而，在纷纷扰扰的争议声浪中，工程如期推进，西城墙拆除后，城基开辟成丰宁路、长庚路（今人民南、中、北路一段）。东城墙的城基，筑成今越秀北、中路；西北城墙筑成今盘福路；老城南城墙筑成今大德路、大南路、文明路；新城南城墙筑成今一德路、泰康路、万福路。只有横跨越秀山的一段城墙，因与马路无关，保留了下来。

西城墙的拆除，主要牵涉商人利益，而老城的拆迁，往往涉及具有文物价值的建筑及官员利益，难度亦不遑多让。文明门在老城的城南，即今文明路。城门外是万寿宫，清朝是供奉皇帝万岁牌的生祠，为朝贺圣节及宣讲上谕之所，民国后，广州的孔学会也设在这里；城门内，自北宋以来，就是广东最高学府——广府学宫所在地，广州人都叫它夫子庙，因为里面有一座气象森严的大成殿，供奉着万世师表孔子和七十二贤牌位。学宫东西两侧各有一条小街，西边叫府学西街，东边叫府学东街。修筑马路时，府学东街被规划为一条 15 米宽的马路，起于惠爱路（今中山四路），连接拆城墙后开辟的文明路，继而拆毁万寿宫，延长文德路，并开辟文德东路。

工程本来可以避开夫子庙，但因为要拆掉一座刘家祠，潮梅镇守使兼潮循道道尹刘志陆表示反对，要求保留刘家祠，结果改变规划，从夫子庙穿过。孔学会一班老夫子，听说要拆毁万寿宫、夫子庙，声言"誓以老命相拼"，每天晚上，提着写有"乞恩免拆"的灯笼，在督军署和省长公署前，抗议示威，甚至扬言要把杨永泰、魏邦平二人铸成铁像，长跪于学宫门前示众。香港报纸也遥相呼应："筑路可也，拆城可也，因筑路而拆及学宫，因拆城而毁及庄严璀璨之学宫，是非筑路，非拆城，直毁教耳！直毁孔教耳！呜呼，晚近人心坏，世教衰，孔教之式微久矣。当此存亡绝续之秋，正赖有正谊明道之士，与夫二三贤有司，起而维持之。"①

前谘议局议长易学清，以 79 岁高龄，邀请在城绅士及学界代表，齐集明伦堂讨论对策，要求市政公所收回成命，又联同粤绅致电北京的广东会馆，宣称市政公所要拆毁广府学宫，呼吁旅京粤籍人士出面阻止。旅京粤人闻讯，由国会参议院院长梁士诒领衔，以旅京广东人士名义，致电广东政府，对事件表达关切；甚至惊动了内阁总理钱能训，也要求广东政府查明处理。一时函电交驰，反对之声，云集响应。

广州市政公所苦苦解释，并非拆毁学宫，只是拆去仰高祠、名宦祠及教忠学堂的操场而已，大成殿、明伦堂、孝弟祠等建筑，全部保留，并承诺广府

---

① 福星：《筑路与毁教》。载香港《华字日报》1919 年 2 月 7 日。

广府学宫旁的文昌宫

广州孔庙

学宫东边沿马路的宫墙，依照原有风格重建，涂以红色，保证宫墙如旧，庙貌依然。

老夫子们还是喋喋不休，市政公所也失去耐性，警察厅长魏邦平行事果决，颇有陈景华当年拆街闸的气魄，一声令下，1919 年 3 月 14 日，警察游击队百余人马，开到工地，以迅雷不及掩耳之势，掀砖揭瓦，摧梁折栋，把夫子庙的东部拆毁，万寿宫亦顷刻荡为平地。老夫子们痛哭流涕，但亦无可奈何，只能拭泪而去。工人把拆下来的砖瓦，装上木船，从清水濠运走。马路建成后，命名为文德路。

广州市政厅 1924 年编写的《广州市沿革史略》，描述当时官民对峙的状况："惟贴近城基及马路线内之铺户，均须拆卸割让，多感不便，反抗风潮，接踵而起。当局凭藉政府威力，一意力行，卒使数千年军事家凭陵之障碍物，次第荡平。"[1] 到 1920 年，惠爱中路、惠爱西路、文德路、一德路、永汉北路、永汉南路、丰宁路、万福路、吉祥路、大东路、泰康路、广卫路、越华路、广仁路、广大路、惠福路、东园路、广九大马路、广九三、四、五马路、珠光路、官禄路、维新路、仓边路、正南路、连新路、上下九路、第十甫等马路，陆续开通，总长度达 2.6 万米。

人们担忧，城墙拆平后，治安会趋于恶化。为了化解大家的忧虑，警察厅在新筑马路的路头路尾，筑起了一些小屋，小屋顶有个小望楼，可以监视马路四周，里面放上办公桌、电话、记事簿、考勤簿等物，每天有警察值班，小屋外面涂红色，方便市民辨认，大家都叫它"红屋"。虽然未必能够真正震慑鼠窃狗偷，但至少让市民略感安心。

1919 年 10 月 10 日国庆节，省政府决定举行一个盛大的马路开通典礼。由军政府总裁伍廷芳及督军莫荣新，分别负责主持开车和开路典礼。这天秋高气爽，阳光灿烂，各政府要员分别乘坐六辆汽车，来宾则乘坐人力车，从东堤的江防司令部出发，前呼后拥，向西行进。

当车队行至永汉铁桥时，迎面而来，是一座用电灯排出"国庆纪念，道路

---

① 广州市政厅编《广州市沿革史略》，第 94 页。广州市地方志办公室、广州市地方志研究所 1989 年印。

修明"八个字的牌楼，并有一条垂至距地面三尺的五色丝带，象征五色国旗。当莫荣新上前解开丝带时，鞭炮震天，人群为马路的开通，欢呼鼓掌。伍廷芳的车子率先通过牌楼，宣告汽车时代的正式来临。车队先后取道万福路、文德路、惠爱路，最后回到财政厅。一位诗人写竹枝词，描绘广州拆城筑路后的新景象："羊城今日已无城，不待佳人一笑倾。试上五层楼上望，马龙车水路纵横。"①

在总结广州城市建设的得失时，有历史学者这样评说："胡汉民为广东都督时，广州市的市政建设才被注意，胡汉民计划把广州城的旧墙拆除并兴建新马路，为了达到这个目的，他命令成立了一个'公共工程局'专司拓宽道路的工作。可惜他的计划没有能够实现。"迨至市政公所时代，"杨永泰治下的市政公所还是集中在筑路和建立公园上，至于教育、娱乐等等都还谈不上。这是由于广州的路面太过狭窄，行人过于拥挤，非把旧城墙拆除以建新路不可。"但杨永泰的市政计划，遭到工商业者的反对，尤其当他们的商业或工厂要拆除，为新马路让路时，"杨永泰却毫不为所动，在他的铁腕作风下才拆除了部分的旧城墙。即使在许多人的反对下，杨永泰的工作也使广州的面貌改变了不少。两年任内，杨永泰已奠下广州成为南方工业及文化的中心。"②

政府的各种新政，无论是拆城筑路，还是清洁卫生，都以"公共利益"为说辞，一切不文明行为，都是"有违公益"，受到指责。于是，"公共"的概念，逐渐深入人的大脑。尽管所谓公共利益，本身是一个边界模糊的概念，开马路是公共利益，保护私人房屋产权免受侵犯，也是公共利益；政府征收赋税，用于市政建设是公共利益，商民要求轻赋薄敛，节用裕民，也是公共利益。如何平衡，就是一场博弈。

人们开始意识到，这座城市的每一件事，都与自己有密切关系，每个人都有发声的权利。这对几千年来，缺乏公共意识的国人而言，是一个大觉醒。人人乐于为公共事务发声，甚至连新开辟的马路，都变成了表达意见的公共

---

① 铨伯：《续羊城竹枝词》。载雷梦水等编《中华竹枝词》第 4 册，第 3009 页。北京古籍出版社 1997 年版。
② 赖泽涵：《孙科与广州市政建设》。载（中国台湾）《传记文学》第 33 卷，第 4 期。1978 年 10 月。

空间。以前街巷狭窄，人群难以聚集，如遇民事纠纷，或涉及公共话题，只能"集庙妥议"，也就是到庙宇、祠堂里讨论。如今马路宽敞，正好做了集会游行的场所。在 1919 年的五四运动，以及后来各种民众运动中，在马路游行示威，几乎成了一种常态。

　　拆城筑路的过程，一路走来，风风雨雨，艰难曲折，终于看到了成果，人们感到无比感慨与兴奋。有一首竹枝词，表达了欣喜之情："穗垣景象不相同，马路新开四面通。纵使疏狂如阮籍，料应无复哭途穷。"[①] 今天，广州人仿佛看到，一座现代城市，有如一颗璀璨新星，正非同一般地冉冉升起。

---

① 罗衍广：《续羊城竹枝词》。载雷梦水等编《中华竹枝词》第 4 册，第 3008 页。北京古籍出版社 1997 年版。

第五章　模范省之梦——广州走向现代化的外驱力

拆城筑路
给所有人从衣食住行到思想观念，带来全方位的更新。

广东邮务管理大楼、海关大楼和财政大楼
成为现代政务机关的象征。

大新公司
是广州第一家现代百货大楼，它开创了一种全新的生活模式。

街头女子
越来越有"时代女性"风范。

陈炯明
厉行禁赌、禁烟、禁娼。

广州人
开始喜欢上茶楼饮茶，粤剧演员开始录制唱片，电影开始登陆广州。

各种主义和问题
在公园这样一个小小舞台上，相激相荡。

新文化运动风吹广州

拆城筑路带给城市的变化，远远超出所有人的想象，不仅是出行方便了，而且从衣食住行的生活模式，到思想观念，带来全方位的更新。

在城市的转型中，政府的主导地位越来越突出，但商人并未退场，仍然在舞台中心，发挥重要的影响力。拆城筑路之前，主要商业区在西城、南城外，这两处的地价比城里高。官府拍卖城里官地，商人不愿意承买，而城外的拍卖，却十分踊跃。因为城里与官署太近，"王气"太重，不利营商，所以不受商人青睐。

城外长堤马路建成后，长堤、西濠口和西堤一带，建起了一幢幢最西式、最豪华、最大型的现代建筑。1916 年落成的广东邮务管理大楼，面积 1740 平方米，南主楼三层，北副楼二层，均为钢筋混凝土框架结构。南立面以爱奥尼巨柱通贯二三层，柱头饰有华丽细腻的涡卷，充满立体感和音乐感。

四层高海关大楼同年落成，坐北向南，面朝珠江，连钟楼总高 31.85 米，建筑面积 4421 平方米，东南立面用花岗石砌筑，西北立面砌红砖墙，以大块麻石为基础。首层为基座形式，用云南大理条石砌筑。正面外墙以花岗岩圆柱与条石镶砌，正面和东侧柱廊全部双柱，仿爱奥尼柱通贯二三层，

广东邮务管理大楼

四层为罗马塔司干柱式；穹顶和副楼带有巴洛克式的建筑风格，造型端庄、豪华。

地价的明显差异，令财政窘困的政府，如梦初醒。拆城筑路，是提高城里地价的最好办法。地价上来了，通过拍卖公产（即官府所有的地皮），就可以解决财政困难，这成为拆城筑路的直接动力之一。1915 年在城内原藩司位置，兴建宏伟的省财政厅大楼。这块地皮，早在 1913 年由华兴合资公司出资 70 万元买下，准备开辟马路和兴建商场，但受到商界质疑，指未经公开招投，有失公平。而且华兴公司的老板是老同盟会员，似有官商勾结之嫌。省议会咨请都督，请其缓办。都督下令取消工程，退还华兴公司 10 万元订金，另外再赔偿 4 万元。但舆论却继续穷追猛打，指华兴公司白捞 4 万元，还是洗不掉官商勾结的嫌疑。[①] 这件事闹得沸沸扬扬，政府里外不是人。

藩司位置，处于老城中心，从南越王时代起，就是众星拱月的"地王"，经过这次华兴公司事件之后，政府决定改建为财政厅大楼，一来可避免商界眼红，二来可借政府建筑物，带动城内房地产业。地价上升，政府财政亦可得益。

大楼在 1919 年竣工，是一幢具有欧洲折中主义风格的砖、木、钢筋混凝土结构建筑物。大楼门额石匾书有"广东财政厅　中华民国八年六月吉日"字样，庄严古朴。大楼分两期建成，第一期建三层，第二期建四、五层及穹隆顶。大楼坐北向南，高 28.57 米、面阔 37.14 米。正面大门耸立着雄浑壮观的罗马柱式巨柱、倚柱和方柱，贯通到三楼檐部。巨大的体量，浑厚粗放的线条，近看有一种高山峭立的眩晕感。三楼起发拱券廊，四楼起双柱承托檐部。楼顶女儿墙饰以变化多样的线脚，与大楼顶部檐沿线互相呼应，浑然一体。直到 21 世纪，广州人仍把这幢大楼前的空间叫作"财厅前"。

果然，随着政府建筑物的兴建，示范效应迅速显现。财政厅大楼还没落成，市政公所就在大楼西侧开辟城厢内第一条马路，即连接惠爱中路（今中山五路）与司后街（今越华路）的广仁路，1918 年 11 月 27 日通车，沿路安装电灯，鼓励商人兴建商铺。香山籍澳洲归侨蔡兴、蔡昌兄弟，1912 年在香港创办

---

① 《华兴公司索赔偿》《白捞四万元》。载《民生日报》1913 年 6 月 18 日、19 日。

大新公司，1916 年进军广州。他们看中了财政厅大楼与广仁路之间的一块地皮，兴建"大新公司支店"（俗称"城内大新"）大楼。

　　以前广州的百货公司，如真光、光商等，都在城外，大新公司是广州城里第一家现代百货公司大楼，除了经营百货外，还设有天台游艺场、酒业部、饮冰室、浴室等，广州人争相前去尝鲜。蔡氏兄弟趁热打铁，又在西堤兴建第二家大新公司（俗称"城外大新"），是一幢12 层的钢筋混凝土大厦，为当时

城内大新公司

城外大新公司

广州最高的建筑。登上人称"九重天"的顶层，珠江从襟底浩浩而过，半江烟雨，半江瑟瑟。楼顶有一副嵌入"大新"二字的对联："大好河山四百兆众；新开世界十二层楼。"这是广州第一幢西式摩天大楼，也是中国第一幢摩天大楼，比天津最高建筑劝业场和上海最高建筑沙逊大厦还要早几年。

　　1919 年初，广州如庐诗钟社以《羊城竹枝词》命题征集作品，广东各地作者踊跃投稿。诗社邀请社会名流审稿，评定出前 100 名。夺魁的竹枝词，描写城市改造为人们生活带来的新变化："第一公园筑未成，清风桥外晚烟生。送郎直向东门去，郎出城时妾入城。大新高楼十二层，巍峨俯瞰五羊城。西堤东堤好风景，夜来携手与郎行。"①

　　城外大新的一至七层是百货公司，九楼是亚洲酒店的餐厅。天台设有空中花园和游乐场，这也是一种创举。一些高层的商业大厦，都会在天台开设电影场、粤剧场、魔术技艺场等，供市民娱乐游玩，而大新的天台娱乐设施是公认广州最好的，不仅场地开阔，视野宽广，而且布置了园林亭阁，环境优雅舒适。游艺节目以粤剧最吸引观众，不少当红粤剧演员，都曾在这里演出。后来还增加了游艺场所，除京剧、粤剧、魔术、电影之外，还开设了歌舞场及新派剧场，都非常卖座。

　　大新公司开创了一种全新的消费娱乐模式，对广州人来说，逛大新公司，甚至成为一种身份的象征。在那座高耸入云的大厦里，不仅可以购物、饮茶、看戏，还可以一尝坐升降机直上九重天的乐趣。大厦自置有供水、发电等设备，安装了四台升降机接载客人，最奇特的是有一条螺旋形斜坡，供小汽车直达四楼。开张之日，大新公司雇用大批人力车仔，拉着顾客从旋转车道上

报纸上的大新广告

_____

① 易石公：《续羊城竹枝词》。载雷梦水等编《中华竹枝词》第 4 册，第 3003 页。北京古籍出版社 1997 年版。

楼，远远看去，壮观如前进的蚁阵，引起全城市民热议。又有竹枝词写道："先施景致胜真光，直上天台望八荒。最是大新新样好，楼梯九曲似回肠。"①

词中提到的"先施"，是 1914 年在长堤开张的一家大型百货公司。澳洲华侨马应彪投资港币 100 万元，在长堤开办先施公司环球货品粤行，把香港先施的经营模式引入广州，是当时广州规模最大的民族资本企业，实行不二价的营销方式，并附设化妆品、汽水、服装、鞋帽等 10 个加工厂，兼营旅店、酒馆和游乐场等附属事业，并于 1915 年设立先施保险置产公司，获得极大的成功。

城内大新就像孵化器，孵化了附近大批商店。蔡氏兄弟利用城内大新旁边的空地，开辟了一条内街，以两兄弟的名字，各取一字，命名为昌兴街，迅速发展成著名的洋服街，吸引了众多的洋服店、车衣铺、洗衣铺聚集，在永汉路、惠爱路、新民路、广卫路一带，形成了一个专做新款西装、西式礼服、制服和时装的市场。1921 年洋服行业的从业人员，就达一千多人，并成立了广州市洋服同业工会。

惠爱路，以前是官府衙门集中的街道，户列簪缨，门枪森严。如今官衙退场，商人进场。西边的将军府将辟为市场，巡抚衙门准备辟为公园；广州府署一带成了"洗衣街"。百货业户如栉比，绫罗绸缎、西装革履、汗衫丝袜、胭脂水粉、毛巾雨伞、雪茄香烟、茶叶奶粉，土洋杂陈，包罗万象；饮食业门如鳞次，茶楼酒家，中餐西餐，各擅胜场，飞潜动植，炒煎焗炆，炸煲炖扣，样样精美；服务业多如星布，裁缝染洗、理发梳头、照相裱画、旅次住宿，宾至如归，无微不至；娱乐业更是繁花争艳，电影粤剧、音乐歌舞，笙箫管笛，吹拉弹唱，各种形式的表演，昼夜不停。所有与"洋货"有关的商店，诸如眼镜店、钟表店、自来水笔店、皮鞋店、西餐厅、照相馆等，一荣俱荣。

在广州人的生活中，又多了一个词叫"逛街"，或者叫"逛公司"。以前

① 易石公：《续羊城竹枝词》。载雷梦水等编《中华竹枝词》第 4 册，第 3003 页。北京古籍出版社 1997 年版。

上街就是为了柴米油盐酱醋茶，在街头巷尾的店铺，就可以解决，人们除了回乡拜山祭祖，极少出远门。河北的人去花地做工，就好像要背井离乡一样；东山的人可能一辈子没去过西关，西关的人也可能一辈子没去过东山。当年从西关到东山的公共汽车，称为"长途汽车"，人们的空间距离感，可见一斑，大家的活动范围，几乎不出住址方圆一千米。然而，现在时代变了，逛街成了一种文明社会的社交活动，是参观学习、吸收新知识的过程，有事没事，都去逛一逛，接触一下新事物，脑筋才不会老化。乡下女孩到百货公司转一圈，回家可以和姐妹们说上一个月。新式的街道、商店，新的购物体验，有意无意，被赋予了推广教化的功能。

民国初年，政府规定了男女礼服的样式，男子的中式礼服是长袍马褂，西式礼服是西装革履，系有领结。女子的礼服是齐膝对襟有领长衫，左右和后面下端开叉，周身加以锦绣，下身着裙，前后中幅平，左右打裥褶，上缘两端用带。但在广州、上海这些风气开放的大城市，规范很快就被突破了。

青年男子身穿窄腰散尾西服、瘦窄的腊肠裤，头戴日本鹰牌礼帽，脚蹬锃光闪亮的皮鞋，鼻梁上架一副金丝托力克无边眼镜，口袋里插一支派克金笔，细长的手指夹一支三五牌香烟，一开口，不是朗诵"两个黄蝴蝶，双双飞上天"，就是大谈什么"烟士披里纯"和"德先生""赛先生"。成群的年轻女子在马路上结伴而行，带着嘻嘻哈哈的笑语，宛如一道美丽风景线。

1919 年前后，青年女子中，卷起一股"文明新装"风，不佩戴任何发簪、耳环、戒指之类的装饰，上身穿宽大袖子的白色袄子，下身穿黑色长裙、白色袜子、黑色布鞋，额前垂着一簇刘海，以朴素、淡雅的形象示人。这种装束，最初在女学生中流行，脖子上加一条围巾，手持木柄油伞，夹着书本（或者拎一只小藤篓），是她们的标准配置，后来人人模仿，形成潮流。研究者认为，"这与女性受到开明教育以及学校崇尚简朴有关"。[1]

但这股潮流，很快又被新的潮流取代了。拜机器印花和机器织花所赐，女子们的服装，面料越来越轻薄，花色越来越丰富，裙子也不再是单一黑色了。西关小姐们穿上缎子上衣，丝绸宽脚裤，脚蹬木屐，呱嗒呱嗒，走在麻石雨巷

---

[1]　辛亥革命纪念馆编《衣袭华美：从百年旗袍看辛亥革命》，第 22 页。

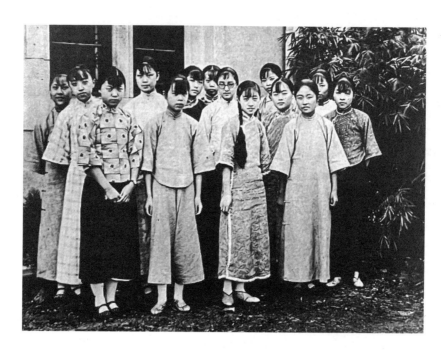

女子的文明新装（图片来自上海市历史博物馆）

中，别具精神；闺阁名媛迷上了丝袜，鞋子镶着美国进口的水钻鞋花，光耀夺目；越来越多的女子，喜欢穿白袜皮鞋，短裙散发，走路连跑带跳，手囊里还装着名片，每天用旁氏白玉霜、兜安氏美容膏、双妹花露水，抽哈德门牌香烟，喝黑咖啡，吃朱古力。种种做派，很有"时代女性"风范。这一切，百货公司和报纸商业广告，起着巨大的潜移默化作用。

在清末民初，学习西洋画法，被视为美术界的创新之举。早在光绪三十三年（1907年），整个社会还处在十分保守的氛围之下，广东画家冯润芝已用中国的生纸、中国的笔墨，临摹外国的裸体图了。江苏画家刘海粟在1914年首创用裸体模特写生，曾引起极大的轰动，但他最初只用男模特，第一次用女模特是在1920年。而在1919年的新文化大潮中，广州已出现女性人体画。一个叫谈月色的女画家，对镜自画裸体。谈月色是广东顺德人，弱龄出家入广州檀度庵为尼，法名悟定，为画尼文信弟子，因排行第十，人称谈十娘，晚号珠江老人，擅长篆刻书画，有"现代第一女印人"之称。

当时广州风气之活泼、开放，在全国首屈一指，但在离广州几千米以外的乡村，村姑农妇们，却仍然是粗布黑衣，头上盘着清代的发髻，赤着两脚下田。一辈子最风光的就是男婚女嫁时，照例是先通媒妁、送年庚，委禽之礼、延客酒礼，古老的礼数，一样不能少。婚礼时，新娘红袄珠冠凤头鞋，花轿鼓吹往迎。在城市，新娘已流行起头披白纱、身穿丝织婚纱，手持白花束的打扮了。广州竹枝词这么写："碧藤轿子簇鲜花，婚礼文明半世家；吉服却嫌红锦俗，新人头罩白轻纱。"[1]场景转换之急遽，对比之强烈，仿佛走进了不同的年代，置身于不同的世界。知识分子开始热烈讨论，城市的新文化，如何影响乡村、改造乡村。

从城市改造运动的开始，新型商业的兴起，到人们衣饰、饮食、出行、礼仪

广州城郊的妇女

广州城郊的农夫

---

[1] 崔海帆：《续羊城竹枝词》。载雷梦水等编《中华竹枝词》第 4 册，第 3005 页。北京古籍出版社 1997 年版。

等生活习惯的改变，都要放在 1919 年新文化运动的大背景去看，这一切，不是互相孤立的，而是同一个时代的不同切面。

儒家文化讲求"中庸"，但人们的思维方式，却往往趋于二分化，非此即彼，非白即黑，不是圣贤，就是禽兽。以前是天朝中心，盲目排外；如今变成世界主义，盲目崇外。在新文化运动的大潮中，"人人厌旧，世界维新"，一切旧文化都在横扫之列，打倒孔家店！打倒文言文！打倒线装书！打倒长衫马褂！眼镜精神不死！西装万岁！皮包万岁！世界语万岁！这些口号，在青年学生、官僚和专业人士中，声震屋瓦，成了甄别新旧人物的标识。

保守主义、自由主义、民主主义、人本主义、安那其主义、民粹主义、马克思主义等各种新思潮，溥畅而至，百家争鸣。年轻人组织不同的社团，走上街头演讲，严厉批评老一辈的人没有把国家事情办好，累及年轻一代，他们振臂高呼："今日之国家，是青年的国家；今日之时代，是青年的时代！"

私立时敏中学教师兼《广东中华新报》记者杨匏安，时年 23 岁，从 1919 年5 月 21 日起，在《广东中华新报》连载《青年心理讲话》一个多月；6 月至8 月，又在该刊发表近三万字的《美学拾零》，介绍柏拉图、康德、费希特、黑格尔和哈特曼等十几位西方著名学者的美学思想。从 1919 年 7 月 12 日起至12 月底止，他以《世界学说》为总题，在《广东中华新报》上发表了一系列文章，其中《马克思主义》，连载了 19 天，是南中国第一篇系统传播马克思主义的文章。同时，他还发表了《马克思主义浅说》一文，编译介绍马克思主义经济理论的《地租论》，以及有关国际共产主义运动史的《西洋史要》等。他只是当时活跃在广州的无数青年作者、青年翻译者、青年思想者中的一员。

五四运动爆发时，广州中等以上学校的学生，有两个最大的学生联合会，一是广东省会学生联合会，以广东高等师范学校的学生为主，由岭南大学、省立女子师范、南武、培英、培道、真光等中学共同组成，主张"学成救国"；一是广东中等以上学生联合会，以广东公立法政专门学校、广东第一甲种工业学校的学生为主，还有广东光华医药专门学校、广东公立医药专门学校、韬美医药专门学校、公立医药专门学校、私立广州法政专门学校、教忠、番禺、八桂、培正、岭海、圣心、岭峤、潮州八邑、中德德文、育才英文等中学及妇孺产科学校的学生，积极声援北京、天津、上海各地运动，致电挽留北京大学校长蔡元培；致电巴黎和会要求归还青岛；呼吁取消与日本所订之"二十一条"密约；组织学生示威游行；组织调查劣货（即日货）会等。

后来中等以上学生联合会改组为广东学生联合会和广州学生联合会，以更加进取的姿态，参与到各种社会活动中。舞台的中心位置，第一次出现了青年学生的身影。

1919年底，一份名为《闽星》的杂志，从福建传过来，在青年中传阅。发刊词掷地有声地宣称："人类一切罪恶，遂由旧生活、旧组织制造出来，所以阻碍这个世界的进化，到了今日，仍不能供给全人类均等的幸福，简直是人类社会一个'罪恶陈列场'。这种怪象，不是世界的自然力创造出来的，实在是人类自身不能打破旧生活、旧组织，所以被他支配直到今日。"文章向青年吹响号角："故此我们既然要为世界努力，便当先从改造中国做起，改造中国，又要先从思想界改造起，这就是我们努力世界问题的一个步骤了。"[①]

许多人都关注着福建，关注着漳州。那里回来的人，眉飞色舞地讲述着漳州发生的事情，人们在报纸上寻找从那边传来的零星消息，都是那么令人心潮澎湃，悠然神往。甚至连北京大学的学生刊物，也发表文章，赞美漳州的现实，"共产时代当亦不过如此"，把漳州称为"闽南的俄罗斯"。[②]

漳州到底发生了什么？与广州的未来又有什么关系？

正当广州的拆城筑路，大张旗鼓地开展时，在距离广州将近700千米的福建漳州，正发生着一场引人瞩目的城市革命。

1918年5月，广州非常国会改组军政府，废除了孙中山的大元帅制，改为联合负责的七总裁制，推举岑春煊为主席总裁。孙中山愤然离开广州，前往上海，护法战争宣告终结。桂系在赶走孙中山后，对潮汕地区的陈炯明粤军也步步进逼，希望把他一并逐出广东。陈炯明为避其锋芒，不得已麾军入闽，与听命北洋政府的福建军队开战。

---

① 陈炯明：《〈闽星〉发刊词》。载《陈炯明集》上卷，第403、406页。中山大学出版社1998年版。

② 如山：《游漳见闻记》。载《北京大学学生周刊》第14号。1920年5月1日。

8月31日，陈炯明进驻漳州，在城中设立粤军总司令部。其后转战经年，在福建58个县中，占有26个县，开辟了一片护法自治区。1919年，南北议和，双方停战，历史似乎给了陈炯明独当一面、实践理念的机会。他庄严宣示："炯主张以闽治闽，以民治民。盖地方分治之基，国家统一之法，悉原于是。"[①]

粤军驻扎漳州，只不过是暂借一块喘息之地，但陈炯明仍利用这个时间，致力于推行社会改良运动，把民初在广东未遑实现的理想，付诸实践。他要求在他的管辖区内，恢复民众的正常生活，学生上学，商人营业，工人开工。严令军队不能在各乡私自筹饷，不得移借米粮扰民，不得占据学校；为了给社会注入活力，他组织了闽南各校联合运动会和闽南学校展览会。当年轻人朝气蓬勃的身影，像振翅欲飞的雏鹰，活跃在运动场上时，一抹和煦的阳光，照亮了这座千年古城。

漳州城的旧城墙，半年之内，被夷为平地，整治西溪、修筑堤岸的工程，也同步进行。原漳州府衙后面的荒地，被改建为"漳州第一公园"，亭台楼阁，花草树木，环境优美。公园入口处耸立着一座纪念碑，碑座的四边，分别刻上孙中山、章炳麟、胡汉民、陈炯明题写的"自由、平等、博爱、互助"八个大字。公园范围内，还有儿童图书馆、音乐亭、古物陈列所等文化设施。到处安装电灯，入夜灯火璀璨，大放光明。这是漳州有史以来第一座公共园林，公园旁开辟了模范路和模范街市。第二公园也随之开始建设。

陈炯明把分驻各地的两营宪兵，全部调到漳州，轮班梭巡街市，维持风纪。警务处处理治安和卫生方面的事情，值勤警士沿街巡逻，执宪纠察。一位游客到漳州后描述："余每于饭后步行街头，见其街道清洁，警士林立，左指右挥，检查食物果品，监视居民扫除房屋（将室中全体洒扫，以除积垢，每日四次），诸□认真，军士游行者不多，也不闻有军民冲突事，秩序井然。"他大发感慨："夫漳何以独得呈此新气象？以其执政者系援闽粤军司令陈竞存之力也。"[②]

---

① 陈炯明：《辞福建省长电》。载《陈炯明集》上卷，第365页。中山大学出版社1998年版。
② 《漳州归客谈》。载《申报》1919年9月2日。

当时漳州正在流行天花，为了控制疫情，卫生局设立了地方卫生会、医学会，宣传卫生知识，在市民中推广接种牛痘；辟建了公共菜场和屠宰场，严格监管清洁卫生；还划定了一个妓女户特区，把妓女集中营业，以便管理。新政林林总总，包括创办漳龙长途始兴汽车公司；设立贫民工艺厂；兴办南通银行、博通公司（百货公司）、采蘩药局（药材公司）、迎宾大旅馆等；着手调查农林、矿产资源，垦荒植林。

1919 年春至 1920 年秋期间，陈炯明以高涨的热情，在闽南推行政治实验，训练军队，整饬军纪，改良币制，修筑公路，整理教育，派遣青年赴法、美、英、日留学。创办《闽星》杂志和《闽星日刊》，提倡社会主义，推动新文化运动。那篇振聋发聩的发刊词，便是陈炯明亲自执笔的。他又常常邀请朱执信等人，到漳州讨论学术，研究新思潮的发展趋势。1920 年元旦，《闽星日刊》以"红年大热"为标题，祝贺苏联十月革命成功。他不但赞成"五四"运动的宗旨，而且在闽南加以实践，为闽南护法区赢得了"模范小中国"的美誉。

10 月 29 日，美国驻华公使馆的武官，到漳州参观，并拜访了陈炯明。事后，撰写报告称："陈强调还政于民，恢复宪法。漳州到处可见到建设的显象，城中修建一大公园，公共菜场及屠宰场也均已修建。城墙拆除，改成道路，成立妓女户特区，道路拓宽，新屋不少，街道清洁，治安良好，美国侨民对陈之施政，也均引以为荣。建设确系突飞猛进，政府支出来自税收，人民虽负重税，但看见施政成果，也感满意，显然相信南方政府有改革政治的决心。"

驻厦门的美国领事，1919 年底，也撰写了一份报告，把陈炯明的领导，称为"一个前进的政府"。报告详述了对漳州的观感："闽南的南方军政府尽力地给人民一个明显的示范，它指示了怎样由一个前进的政府能造到的成果。在陈炯明的直接监督下，漳州积极地改良：如拆掉城墙，开阔马路，市中心建立一维护周全的公园，河边筑堤坝，又设立几个很可观而极卫生之公共市场等等。还有拟定了由漳州可向各方面通车的公路计划，其中之漳厦公路业已动工。所有建筑费用，全由税收负担。据说税捐虽重，但并不超过前北方政府所征收的。虽然有些私产被充为公用，赔偿不足时，一般漳州人民对政府这些成就，感到彻底的满意和钦佩。"①

梁冰弦，一位安那其主义者，获陈炯明邀请，到漳州主持教育。事后撰写《解放别录》一书，对陈炯明的政绩，大加称赞："陈氏见得国内除租界外，还未有一个现代都市（那时广州亦才开始拆城造路），乃决心把漳州改造，不上半年，旧城拆掉，马路纵横，两所公园，点缀其间，俨然小上海，于是国内谈物质建设的，都以陈为示范者。"②短短时间，就把有"秽臭疫埠"恶名的漳州，变成了"小上海"，确实令人叹为观止。

陈炯明1919年冬天写信给上海的孙中山，在谈到漳州建设时，满意地写道："差幸地方人心归附，得以稍为尽力耳！现着手各属交通，计明年可得二百里之马路，驶行汽车，并拟施行劳动教育，使劳动界皆识字，思想自可变迁，然后进图社会主义之实现亦非难事。"③他确实有资格做这样的断言。

清末谘议局时代，陈炯明身为议员，想实现自己的理想，没有机会；民国初年，他身为副都督、代理都督，想实现理想，还是没有机会。现在，漳州就是陈炯明的试验田。以前他想怎样改造广州，看看现在的漳州就知道了；以后有机会让他重掌广东政权，他会做些什么，看看现在的漳州也知道了。

---

① 引自陈定炎：《陈竞存（炯明）先生年谱》。载"陈炯明研究中心"网站（已关闭）。
② 海隅孤客（梁冰弦）：《解放别录》，第12页。（中国台湾）文海出版社印行。
③ 陈炯明致孙中山函。载《陈炯明集》上卷，第420页。中山大学出版社1998年版。

荡涤城市的污泥浊水

漳州的城市改革实验，还未大功告成，舞台的场景，已然转换。1920 年 8 月，广东的形势发生了很大变化，桂系对粤军武力进逼，东江重燃战火。陈炯明不得不把漳州交还给福建人，率领粤军，打着"粤人治粤"的旗号，回师驱逐桂系。10 月 29 日，粤军的旗帜终于插上越秀山头，桂系狼狈退回广西。

在这场战争中，被祸最深的是广州商界。桂系退出广州时，逼着商界出一大笔开拔费；粤军回师时，在魏邦平、李福林（广惠镇守使）要求下，商界又出一大笔欢迎费。由于前景不明朗，商人纷纷逃往香港躲避，城区商务几乎完全停顿。10 月 29 日，陈炯明发布《安民告示》，誓言将负起地方安宁的完全责任，"大军所至，严勒无犯，尚望各安生业，毋庸惊惶，致自纷扰"。[①]他一再强调，现在是"粤人治粤"时代，粤军决不会戕害桑梓，请全体粤民监督，对商界起了一定的安抚作用。

11 月 2 日，陈炯明在民众的欢呼声中，重返故地。广九车站和天字码头，各搭建了一座鲜艳夺目的大牌楼，悬旗结彩，花团锦簇。天字码头的牌楼上，嵌着"欢迎"两个大字，以花环砌成横额，上书"天日重光"四字。一副藏头格对联，分别嵌入"竞存"二字："竞得山河归粤治 存其模范作人师。"全城万人空巷，广九车站外，军队排列整齐的队伍，各界人士、民众团体、大小学校的代表，手持纸旗，夹道相迎，欢呼声响彻云霄。当陈炯明的专车驶进月台时，车站内外的鞭炮同时燃放，东堤至双门底一带，隆隆不绝。

省议会推举陈炯明为广东省省长，率先废除督军。当天，广东学生联合会广州分会召开评议会，决议各案：一、粤省实行废督及民选县长，不得以武人充当；二、上书陈总司令，请其实践从前的宣言赞助废督运动；三、电请撤退

---

① 载《陈炯明集》下卷，第 500 页。中山大学出版社 1998 年版。

驻校军队，并各校从速上课，以期恢复教育原状；四、定期召集各社团，开会讨论关于废督运动及民选县长事宜。[①]经过"五四"运动的陶冶，青年的政治意识大大提高，在许多政治议题上，走得比商人更快更远。

11月4日，陈炯明发表《告粤父老兄弟书》称：

民国元年（1912年）任广东省省长时摄　陈炯明

> 盖知昔日广东之所以亡，即知今日广东之所以亡而复存。人民如欲亡，非一二人力所能使之存；人民如欲存，亦非一二人之力所能使之亡也。今日以后，广东省者，广东人民共有之，广东人民共治之，广东人民共享之。

他激励全省民众，"同心同德，深维'共有共治共享'之真义，以努力进行而已"。[②]在10日的省长就职通电中，陈炯明重申了民治主张：

> 自兹以往，当奋力扫除秕政，以树立民治之基础。今日总摄军民两政，以守危难之局，炯明不敢惮劳。他日使军民分治之制得以实现，炯明亦不敢辞责。[③]

总商会、善堂和自治研究社设宴欢迎陈炯明，打探他的未来计划，陈炯明重申自治主张，给商人们派定心丸。迨至11月中旬，广九铁路恢复正常，逃亡的商人陆续返回，关闭的商店，亦陆续恢复营业，市面渐渐平静。商人开始相信这是"自家人之政府"，[④]愿意助一臂之力。因此，当财政厅厅长廖仲恺与商人洽商借款时，商人慨然答应借出100万元，以供政府纾困。

自清末新政以来，"自治"就是一个说不完的话题，但人们从来没有机会实践一下，在中国这样一个两千年"大一统"的国家，实现以公民社会为基础的自治，到底是否可行。1920年，这样的机会，似乎在广州出现了。

孙中山、胡汉民等人，偕部分国会议员，11月25日，离开上海，乘坐轮

---

① 引自陈定炎：《陈竞存（炯明）先生年谱》。载"陈炯明研究中心"网站（已关闭）。

② 载《陈炯明集》上卷，第504～505页。中山大学出版社1998年版。

③ 陈炯明就广东省省长职通电。载《陈炯明集》上卷，第508页。中山大学出版社1998年版。

④ 香港《华字日报》1920年11月10日。

船，联翩南返广州，正式恢复广州军政府，继续与北洋政府对抗，努力实现南北统一的宏图。对于广东本地的建设，孙中山与陈炯明的主张，表面上大致相同，即"切切实实建设起来，拿来做一个模范，使各省有诚改革的人，有一个见习的地方"。[①] 而陈炯明认为民国以来，南北纷争，都打着"共和"的旗号，其实苦了老百姓。与其南方统一不了北方，北方也统一不了南方，不如实行"联省自治"，各个省先把自己的事情办好，再谋全国统一。第一步，是实现"粤人治粤"的自治，脱离南北纷争，把广东建成全国模范省，为各省先导。

建设模范省的第一步，从净化社会风气开始。陈炯明以省长、总司令名义，下令所有民军一律造册呈报，静候编遣，以免重蹈民初各路民军大闹广州的故辙；下令禁止军人擅入民居搜查与拘捕人民；禁止军人拿获人犯后就地枪决；公布收容广州市乞丐办法，由指定慈善机构收容街头乞丐，以办至全广州市区不见一乞丐踪迹为止。[②]

陈炯明面前，还有更艰难的一项任务，就是禁赌。赌博是广东的千年痼疾，缙绅士子、农工商贾、妇孺走卒、市井无赖，趋之若鹜，赌博成为一种贫富皆宜的娱乐。花会、闱姓、番摊、白鸽票、彩票、摇宝、掷骰、牌九、挖花、天九等，名目繁多，五花八门。广东赌博最盛时期的清末民初，数得出的赌博名称，就有近六十种。

辛亥革命后，陈炯明任代理都督，厉行禁赌，卓有成效。可惜后来政局纷乱，桂系统治，赌禁大开，杨永泰还设计了一种所谓"广东公债彩票"，由广州总商会主办，每两月开彩一次，所得款项，七成用于彩金，二成用于维持广东货币，余下一成，一半用于发行经费，一半给零售者作佣金。公赌私赌，遍地开花。政府财政、军队饷银，靠赌饷挹兹注彼。据估计，禁赌将使广州财政每年损失1000万元。[③] 这是一个天文数字，但陈炯明毫不动摇，大有"不破楼兰终不还"之势。

---

① 孙中山：《在广东省署宴会的演说》。载《孙中山全集》第5卷，第431页。中华书局1985年版。
② 陈炯明：《收容广州市乞丐办法》。载《陈炯明集》下卷，第534页。中山大学出版社1998年版。
③ 陈炯明：《与日本大版〈朝日新闻〉驻粤记者太田氏的谈话》。载《陈炯明集》下卷，第581页。中山大学出版社1998年版。

陈炯明上任省长第三天，就在省城召集全体军官开会，重申禁赌主张。他警告说："现粤难已平，为地方官，即须从事禁赌，用副民望。说者谓禁赌须筹抵赌饷，试问前清末造及民国二年间禁赌，何尝先有筹抵赌饷，然后实行。以赌为饷，不特为古昔所无，亦实贻羞中外。吾人服官，兴利除弊，无论如何艰阻，必须一意进行。但禁赌二字，人民方面固极端赞成，诚恐军队方面未体谅斯旨，或以监视不力，隐予包容，则为效应不能大著。"[1] 陈炯明疾言厉色，全体军官唯有喏喏响应，表示服从。

第二天，陈炯明又与广东学界见面，向年轻人发出呼吁："当余在漳州时，曾筹计划，将来返粤，即先行禁赌。嗣返粤后，绝无人讨论提及。大抵社会心理，以余性最恶赌博，将必实行严禁，可以不必多所议论。然此种心理绝为不好。盖粤人治粤，非仅余一人所能治。吾三千万同胞，皆可治也。余现下虽有决心禁赌，惟尚欲造成一种舆论，使社会各界咸明万不可赌的原因。尤望教育界诸君及各属掌中宝生联合会赶速于数十日内，组成一个大团体，联请省长实行禁赌，然后由兄弟颁布禁律，实行势（努）力做去，务必禁绝为止，方为妥善办法。"[2]

11月23日，广东基督教拒赌会联合各界，举行声势浩大的广东人民请愿禁赌大巡行。省长公署外，人海旗潮，热浪沸腾，全无冬天的寒意。陈炯明接见请愿民众，毅然决然地宣布：现省会定12月1日起，各县自文到之日起，无论何项赌博，悉即禁绝。自禁以后，如有再行重犯者，概以军法从事。分别开设包庇种种罪恶，一律处以重刑。

赌博治罪章程施行细则，同时公布，要点如下：一、以赌博为常业者处死刑、无期徒刑，或一等有期徒刑。二、聚赌开设赌场以营利者处死刑、无期徒刑，或一等有期徒刑。三、包庇开设赌场以营利者处死刑、无期徒刑，或一等有期徒刑。四、赌博财物者，处三等至五等有期徒刑，或科二千元以下罚金；但以供人暂时娱乐之物，不在此限。五、发行彩票者，处二等或三等有期

---

① 陈炯明：《在粤军军官禁赌会上的发言》。载《陈炯明集》上卷，第513页。中山大学出版社1998年版。

② 陈炯明：《在广东学界欢迎会上的讲话》。载《陈炯明集》上卷，第515页。中山大学出版社1998年版。

徒刑，并科三千元以下罚金；为买卖彩票之媒介者，作共犯论。六、购买彩票者处三等至五等有期徒刑，或科一千元以下罚金。七、赌博器具及犯人所有金钱，作犯罪之证物论；房主知情者，房屋没收。八、买卖贩运赌具者，科一千元以下罚金。[①]

11月30日，各赌场白天还是照常开门营业，警察和军队虽然虎视眈眈，却没有干涉。许多山铺票厂，已笼罩着末日气氛，赌客担心彩银被吞，频频发生哄抢事件，赌商不得不请警察前来弹压，帮助他们驱赶赌客。还没到限定时间，不少赌馆干脆提前上板关门了。

晚上10时的钟声一响，如同铁闸落下，浊流立断，全省赌馆真的全部关闭了。

市民惊喜若狂，终于相信这是一个令出必行的政府。12月1日，广州举行了盛大庆祝活动。各团体、学校、商店，纷纷悬挂彩旗，家家户户，在门口贴上"本户赞成禁赌"的字条。省长公署门口，也搭起了巨大的牌楼，生花绿叶电灯环绕着"庆祝"二字。全城燃放炮仗，锣鼓喧天。停泊在省河的兵舰、轮船，也挂起了庆祝的旗帜。广州报界宣布"全体休业"志庆。所有茶楼、酒家，都是满坑满谷，摆满了庆祝禁赌的酒宴。

当天下午，万人大巡行从天字码头开始，东至官煤厂，西至电灯局，人潮汹涌，填街塞巷，50多间公私立大中小学学生、各社团、各界代表、粤军义勇军，吹着军乐，舞着醒狮，举着旗帜、头牌，一路演着街头活剧，向省长公署进发。途中不断有民众加入，队伍越来越长，就像一条游走的巨龙。

队伍在公署门前停下。陈炯明放眼望去，街道上万头攒动，旗帜飞舞，无数兴奋的面庞，无数挥动的臂膀。他也深受感染，对民众承诺："此甚于洪水猛兽之赌博，今既铲除，此后必当坚持除恶务尽，切实做去，方不负今日之庆祝！"[②]民众报以热烈的欢呼和鼓掌。

入夜，青年会开演影画戏助兴。大街小巷，成千上万盏灯笼，闪闪烁烁，

---

① 陈炯明：《广东赌博暂行治罪章程》。载《陈炯明集》上卷，第521页。中山大学出版社1998年版。

② 陈炯明：《在广东省会禁绝赌博庆祝会上的讲话》。载《陈炯明集》上卷，第523页。中山大学出版社1998年版。

汇成巨流。这是由广东教育会、拒赌同志团和工商学各界举行的提灯大巡行。那个晚上，陈炯明知道，回到广东后的第一仗赢了。政府成功地确立了威信并赢得了人民的拥护。

在成功禁赌之后，政府继续全力禁烟（鸦片）。早在军旅途次，陈炯明已发出《禁种罂粟布告》，要求各县知事，"如有烟苗发见，立予铲除"，烟田予以充公，种户治究；倘奉行不力，将来再发现烟苗，唯该知事是问"。[①]1921年1月发布的禁烟令指出："照得鸦片为害，弱种病民，关系国家前途，社会进化，均非鲜浅。是以政府牺牲重税，友邦极力赞成，始克毅然示禁。"嗣后无论是种、运、售、吸鸦片，"一经察觉，或被拘拿讯实，立予严办，决不宽贷"。[②]政府以铁腕执法，不留情面，有六个省议员因为有烟瘾，被警察当场抓获，不得不狼狈掩面下台。

在禁赌禁烟同时，政府还把分步禁娼，列为未来目标。目前则严禁妓女入旅馆卖淫，违者拘而罚之，旅馆还要把被罚妓女的照片张贴出来。旅馆留宿妓女之风，几乎绝迹。种种大政方针，刷新中外舆论，人们无不以当初注视漳州的热情，注视着今天的广州。

1921年，全国教育会在广州召开第七届联合会，江苏省代表黄炎培，事后撰写了一本题为《一岁之广州市》的小册子，盛赞在广州期间所耳闻目睹的新景象。黄炎培，上海人，著名教育家，职业教育的热心提倡者，也是全国教育会的发起人之一。他在这本小册子中，归纳出广州市面出现的变化：尊人道，如严禁警察无故鞭打人力车夫；言论自由，广州市有33家日报，虽有指斥当局、甚至倾向北洋政府的，也从未加以干涉；整风纪，严禁妓女私入旅馆卖淫，厉行禁吸鸦片；卫生行政方面，特聘专门人才，以科学的方法，锐意改革，如对医院、化验室、屠场、市场、浴场，以及药品、食料、饮料、茶楼、酒馆、牛奶房、剧场的管理，对妓院的检查和取缔等。[③]

广州的改变，有目共睹，众口交赞。一位记者1921年3月到广州参观，

---

① 载《陈炯明集》上卷，第491页。中山大学出版社1998年版。
② 陈炯明：《禁烟报告》。载《陈炯明集》下卷，第535页。中山大学出版社1998年版。
③ 黄炎培：《一岁之广州市》，第50～52页。商务印书馆1922年版。

后来他在游记中兴奋地写道："一至广州,只觉吾眼帘中少了一种刺激物,从前沿街遍巷,皆赌场也;临风招展,皆赌旗也;彻耳喧哗,皆赌声也;憧憧往来,皆赌人也,今则一扫而空之。又觉吾眼帘中添了一种新气象,从长堤行,环城漫游,曲折以达军政府,尽是五丈内外之康庄大道。吾于四五年前尝一度来游,丁令威化鹤归来,不胜人民犹是,城郭已非之感。"他还特别提到,一位与政界完全无关的朋友对他说:"拆城筑路,不能不算杨永泰、魏邦平一班人的功劳,禁赌不能不说陈炯明的功劳。吾们老百姓谁来谁去,什么都不管,惟真能为地方造福者,必牢记之。"①

①《南游通讯》。载《申报》1921 年 3 月 12 日。

中国第一市的规划

作为建设模范省的先驱，省政府认为，"原设之市政公所范围太狭，除拆卸城垣辟宽街道外，一切未遑计及，未足以言市政，遂有改组之动议"。[①] 这是历史赋予陈炯明的机会，改革市行政制度，以广州为全省行政中枢，做全面的市政规划，被视为较恢复旧国会、军政府，更加不容稍缓的任务。

1920 年 11 月 16 日，陈炯明就职省长的当天，宣布设立法制编纂委员会，自任主席，聘定吕复、杜之杕、陈融、廖仲恺、曹受坤、金章、孙科、卢兴原、林云陔、戴恩赛等 10 人为委员，编纂各项法制，以为刷新政治的准则。暂行省制，废厅一级机构名称，改设总务、财政、教育、实业、交通五司及警务、盐务二处；省长之下设行政会议，由省长及司长、处长组织之；又决议编定暂行地方制，实行县知事民选；委托孙科起草广州市政条例。

孙科，字哲生，广东省香山县人，孙中山的儿子。曾长年在美国生活和读书，获得美国加州大学伯克利分校文学士等学位，他对城市建设有着浓厚兴趣，游历欧洲时，认真观察揣摩。1918 年在《建设》杂志上，发表了文章《都市规划论》，阐述他对规划一座现代城市的想法。当时他只有 27 岁，但这篇文章的观点，在他一生三次担任广州市长期间，贯彻始终，成为广州建设的

曾先后三次任广州市市长的孙科先生

[①] 黄炎培：《一岁之广州市》，第 3 页。商务印书馆 1922 年版。

方向。

孙科认为，"大之如筹谋建设新都市全部之计划，小之如旧都市一隅之改良，街道路线之布置，商埠居场之拟定，公园游戏场之预择，公用楼房之建造，各种公用机关之设备，以至于水利沟渠之整理，工厂民房之建筑，莫不为都市规划内之事务"。城市规划分为两个阶段，第一阶段是测量。对全市作一个全面准确的测量统计，掌握经济、人口、职业、交通和地理情况。第二阶段，要提前考虑卫生（垃圾处理、饮水问题）及娱乐活动（公园及游乐场所等），以免建到一半才修改规划，要多花许多冤枉钱。

在孙科心目中，衡量规划的好坏，最终要看城市是否变得"较便利，较健康，较省费而节劳，较壮丽而美观"。他特别强调："新旧都市建设计划，所不可缺之要件有三，苟于设计之初，不预为之谋，则异日之改建工程，必费更巨之款，而事亦难办矣。"这三项要件就是：交通、卫生、娱乐。

交通，包括一切水上交通、铁路交通、车马交通与徒步交通。港口能否容纳足够多吨位的商船？码头与道路、铁路网络衔接是否合理？铁路进入市区的行走线路、车站设计是否合理？是否需要设立中央车站的交通枢纽？电车、汽车、马车、人力车是否各行其道，不致拥挤？马路两侧是否有人行道，不致人车抢道，以确保行人安全？

卫生，主要是自来水供给与垃圾、排泄物处理两大项。自来水厂的规模，是否能够满足居民的生活所需，而不必再依赖井水、河水？如何设计下水道网络，把生活污水和排泄物，输送到远处？固体垃圾如何清理搬运？以前广州靠挑夫用大木桶搬运粪便，随街乱撞，臭气熏天，野蛮而不雅观，不符合文明生活与卫生防疫要求，亟须改良。

娱乐，主要是在城市里要预留足够空间，开辟大小公园和游戏场，包括剧场、影剧院、儿童游乐场等，以备市民于闲暇时，得以听音乐，观名剧，或聚众演讲，开会跳舞，以娱乐身心，享受人生应有之福。[①]

孙科受命之后，在最短时间内，起草了《广州市暂行条例》8章57条，交法制编纂委员会讨论。"暂行条例"把旧属番禺、南海两县各一部区域，合

① 孙科：《都市规划论》。载《孙科文集》第1册，第218～230页。中国台湾商务印馆1970年版。

并为一行政单位，由广州市政厅管辖，直接向省政府负责，不入县行政范围。广州市全部区域，以市区测量委员会所测绘的地图为准，在此之前，暂以现在警察区域为市区区域标准。市政厅下设公用、公安、财政、卫生、教育、工务六局。公用、公安两局的名称，是孙科首创的。

市政的范围，包括市财政及市公债，市街道、沟壕、桥梁建筑及其他关于土木工程事项，市公共卫生及公共娱乐事项，市公安及消防火灾水患事项，教育、风纪及慈善事项，市交通、电力、电话、自来水、煤气及其他公用事业的经营及管理，市公产的管理及处分，市户口调查事项，中央政府及省政府委托办理事项。

市行政事务，由市行政委员会议决执行，市行政会议由市长及各局局长组织。市长综理全市行政事务，为市行政委员会主席，由市民选举产生；在本暂行条例未修改之前，由省长委任，任期五年。各局局长由市长荐请省行政长委任。市行政委员会对于市参事会议决有异议时，交参事会复议，如参事会议仍坚持前议，市行政委员会应执行之。

参事会是代表市民辅助市行政的代议机关，由省长指派市民 10 人、全市市民直接选举代表 10 人，工商两界各选代表 3 人，教育、医生、律师、工程师各界各选代表 1 人，共 30 人组成。负责议决市民请愿案咨送市行政委员会办理，议决市行政委员会送交案件，审查市行政各司办理成绩。参事员任期，可无限制连任。

另设审计处，处长由省长委任，任期一年，可以连任。负责审查市财政收支每月清册及检核各种收支单据，审查市行政委员会所订立关系财政的各种契约合同，献议关于市财政会计方式的改良，编造每年市财政审计报告书呈报省长。

这是中国首部较为完整的城市组织规章，第一次明确规定了广州市的行政区域、行政范围、行政组织及其职权。虽然，"广州市"的叫法，早已有之，但以前是笼统的地域概念，并无法律地位。现在从法律上，把"市"作为地方行政区域，确定下来，不仅在广州，而且在全国，都具有划时代的意义。

陈炯明凭着在漳州积累起来的政治声誉，以及成功驱桂的威望，由他推动，改革车轮一旦转动，便有不容遏止之势。当年市政公所的两巨头，杨永泰因与桂系关系过密，陈炯明回粤后，已经辞职避沪。而魏邦平是广东本地人，在驱桂一役中，支持粤军，声名尚佳，所以留任全省警务处处长，11月13日，魏邦平呈请辞去市政公所总办一职，但在市政厅成立前，继续执行职务。陈炯明再三慰留，魏邦平再三坚辞。官场的标准流程，表明新机构还未成立，新旧体制已开始交接棒。

12月6日晚，省长公署召开第四次省制编纂委员会会议，陈炯明出席，各委员详细审议了《广州市暂行条例》，没有重大的修改，即全案付表决通过。从12月14日开始，各大报章陆续以连载方式，披露"暂行条例"的内容。12月20日，广东省省长公署正式公布"暂行条例"。

然而，"暂行条例"在省议会遇到狙击，民间的反对声音，亦此起彼伏，认为市政厅权力过大，卫生局要把医生、妓女及猪牛羊屠宰管起来；工务局要把电灯、电话、自来水管起来；公用局要把各行会馆、各街庙堂、善堂、医院、各项社团等公共事业的财产管起来，政府什么都管，管得过来吗？从以往的经验看，如此扰民，无非是找理由盘剥而已。

省议员们对《广州市暂行条例》，逐条进行讨论，提出诸多质疑，并整理成书面意见，呈递省长，指"暂行条例"没有设立市议会一项，又没有预决算案一项，是剥夺了人民的议政和监督权利，既违反立宪原则，亦不符合民治精神，请省长暂缓开办市政厅，重新草拟条例，再交省议会审议。但所有人都知道，市政厅的成立，铁板钉钉，绝无回旋余地。

陈炯明早就认为这个桂系时代的省议会不合时宜，议长林正煊被舆论指有"通桂嫌疑"，要求其辞职的呼声，不绝于耳，省议会正酝酿重新选举议长。因此，陈炯明对省议会的反对，并不理会。1921年1月2日，委任魏邦平、许崇清、程天固、胡宣明、蔡增基、黄恒、孙科七人组成筹备委员会，负责广州设市的筹备工作。

1月17日，省议会选举钟声为临时议长。钟声是陈炯明的外甥，关系亲密。大家都预期，"暂行条例"必可轻舟强渡，前景毫无悬念。1月23日，省议会以"附逆有据"为由，将林正煊等十几名议员除名。2月14日，陈炯明任命钟荣光、黄鹭塘、杜之杕、黄焕廷、廖冰筠五人组成广州市市选举委员会；任命廖仲恺、胡毅生、魏邦平、陈达生、程天固五人为广州市市区测量委员。

　　一切紧锣密鼓地进行。2月15日，《广州市暂行条例》正式实施，原市政公所即日起停止办公。陈炯明任命年仅29岁的孙科为广州市第一任市长。市政厅六局，分别由黄恒掌公用局，魏邦平掌公安局，蔡增基掌财政局，程天固掌工务局，胡宣明掌卫生局，许崇清掌教育局。所有局长都有留学欧美的经历，被坊间笑话是一个"洋化机关"。①

　　2月24日，省长公署发布第2779号指令，广州市市政公所正式撤销，其一切事务及财物由广州市市政厅接收。市长与六局局长，合组市行政委员会，讨论处理市行政政策、计划、各局组织、预算决算、统计等各项行政事务，市长对外代表市政府，贯彻市行政委员会决议，监督各局办事，处理市行政委员会议决的紧急事项，任免各局局长等职，编造市行政预算决算，编造年度行政报告呈报省长等。

　　省议会部分议员，仍然不服，指省政府指派10人参事会，不能代表民意；市长不由市民选举、募集公债不经议会议决，都与民治本旨相违。是否施行此条例，尚需大会公决。议员的意见，虽然不无道理，但国内形势瞬息万变，利用有限时间，兑现改革，有时不我待的迫切性。陈炯明出于对孙科的维护，3月14日，驳回省议会的议案，斩钉截铁地指出："目计暂行条例除由本省长颁行外，已经由军政府政务会议议决令准在案，于法理事实均不容变更。"②

　　在"不容变更"四个字的护航下，市政厅顺利开张，在长堤的一幢洋楼办公，洋楼的原业主杨梅宾，曾在十三行开办过宝华银号，创办过海珠戏院、中山酒店和合德银行，是广州赫赫有名的大商人，也是一名专治喉疾的名中医，因为与桂系关系密切，1921年初以"通敌对抗政府"的罪名，被政府没收产业。

　　孙科原打算以10万美金重酬，邀请美国建筑师墨菲（H. K. Murphy）主持广州城市建设规划，但工务局局长程天固认为不妥，墨菲的设计经验，是在空地建一座城，而广州是一座千年古城，不能不考虑文化传承的问题，还是请中国人设计，更为可靠。

　　程天固，幼名天顾，后改名天固，广东香山人。10岁考入香山中西学

---

① 《程天固回忆录》上卷，第110页。（中国台湾）龙文出版社1993年版。
② 陈炯明：《咨复广东省议会查照广州市暂行条例不容变更文》。载《陈炯明集》下卷，第579页。中山大学出版社1998年版。

堂，15岁往新加坡，旋年赴美国留学，入加州大学政治经济院，毕业后入研究院，一年后获硕士学位，在广州曾创办大星皮革公司、大裕化学工厂等实业，亦曾担任广州机工总会顾问、广州市商会主席。但他生平最大的贡献，是在工务局局长任上，对广州城市的规划和建设，被誉为"广州走向现代建设的开拓者"。

城市规划，首先要划定市区范围。但广州市区的测量划界，因牵涉到省、市各种税捐饷项收入问题，大家讨价还价，迟迟难以确定。最初是按广州市公安局的管辖区（13个区）划线，大约包括原老城、新城、西关、东山、河南、芳村、花地、黄埔等地。南海县署迁到佛山，番禺县署迁到黄埔（但实际未有实行）。

1921年9月，孙科向省长提出，把东山开发为广州模范新区。他提出三大理由："窃自广州市开辟马路以来，骤臻繁盛，望衡栉比，地狭人稠，就市内之地形观之，西关则势处低洼，北隅则迫近山麓，欲扩张民居，殊非易易。唯东郊沿白云山一带，带若（玉子）、马棚、蟛（蟮）蛉、竹丝等冈，地势高爽，最为适宜。时势所趋，不容获已，此应展拓者一也。市厅开始，百端待费，预算不敷七八十万元，军兴而后筹款，更形棘手。该地冈一经开辟，则地价陡涨，以之变卖，可获利三十余万元，于市库收入不无裨益。此应展拓者二也。广州住宅建筑窳陋，于观瞻上、卫生上，均不讲求。若开辟新地，建筑适宜的房宅，以为住居之模范，则市民大受其益，此应展拓者三也。"

这片地方目前还是个乱葬岗，坟冢累累，在未建设之前，应先另谋迁葬地点，在瘦狗岭、横枝冈一带，建筑公共坟场，给居民一些补贴，妥为移葬。"至整理方法，应从工程着手。否则一片荒土，谁敢投资？现拟先行开辟马路，划分区段，然后招商投承，陆续变卖。无如工程费甚巨，一时不易筹集，只有暂为押借，已投变得款，即以归还，所余溢利，则为弥补市厅政费，及将来展辟市区之用。"①

但当时正在开展援桂战争，一切建设项目，都无法兼顾。孙科开发东山的设想，不了了之，直到10年后才付实行。而市区范围的界定，1922年6月，

---

① 《孙科致省长函》。载香港《华字日报》1921年9月23日。

程天固提出一个方案："本市区域应谋扩充，凡现在警察势力所及者，与有官荒空地可望将来发展者，顺地势河流之便于分界者，地点有公用性质者及水陆交通要塞能划圈或开辟为实业工场、商场地点者，均应划入范围。"① 得到比较多人的认可，但其后因政局发生剧变，孙中山与陈炯明关系破裂，市区划界，亦与开发东山计划，同一命运，无形停顿下来。

1923 年，新任工务局长林逸民，再次提出，应按照程天固的建议，拟定《假设拓展市区域计划》，以目前警察管辖范围为界，作为市区的"权宜区域"；再划出的"展拓区域"（后改称"拟定区域"），为未来市区的进一步拓展，留出空间。

权宜区域包括东至瘦狗岭之东、牛面冈之南、龙船冈之西；南至赤冈塔之南、鹭江村之北及岭南大学（今中山大学）之南；西至坑村之东，横过广三铁路沿涌至五眼桥、贝底水；北至牛牯江之北、增埗之西、牛角围之东，及沙河瘦狗岭之东北，牛面冈之西南。水陆面积约 9.2 万亩。而拟定区域则包括东至东圃及沿车陂涌至水土冈；南至黄埔；西至增埗对河两岛及石围塘；北至白云山。水陆面积约 29 万亩。②

1923 年 12 月，孙科签发《广州市权宜区域范围图表》，布露周知，并下发市政厅所属各局。在《广州市市政公报》上，刊登《广州市区域图》，对广州市的权宜区域和拟定区域范围，首次作出明确界定。

---

① 《工务局呈为暂行拟定广州市区域图请核转呈由》。载《广州市市政公报》第 67 号。1922 年 6 月 5 日。

② 罗国雄：《广州早年地政工作二三事》。载陈泽泓 陈锦鸿主编《广州话旧》上卷，第 361 页。广州出版社 2002 年版。

城市三大功能——交通、卫生、娱乐——的兴起

孙中山在 1920 年曾经说过："试观世界今日最文明之国，即道路最多之国。"他指出交通对城市现代化的意义："道路所经之地，则人口为之繁盛，地价为之增加，产业为之振兴，社会为之活动。"[①]1923 年他在香港大学演说时又说："我于三十年前在香港读书，暇时辄闲步市街，见其秩序整齐，建筑闳美，工作进步不断，脑海中甚深印象。"[②]与张之洞见沙面整洁而修长堤的心理，大致相仿，都是要学人所长，补己所短。孙科子承父志，在市政厅领导下，广州的各项城市建设，以开辟马路为重点。

除了开辟新马路，还对旧街巷开展了大规模整治。广州的旧街巷，原本就很狭窄，在两边建筑物长年蚕食下，越变越窄，产权又模糊不清，政府一旦干涉，便引起无穷纠纷。1921 年 5 月 9 日，市政厅制定《广州暂行缩宽街道规则》，6 月 20 日公布了修正版。规定全部是住宅的街道，宽度为 12 尺至 16 尺；崛头街巷（不通行的绝路）宽度为 8 尺至 12 尺；街内建筑物四分之一以上属于商铺，其余为住宅的，街宽度为 14 尺至 20 尺；建筑物四分之三以上属于商铺的，街宽度为 16 尺至 24 尺。[③]从此使街巷的整治，有法可依。

按照政府的逻辑，拆城筑路，本来是为了方便汽车行驶，筑路的费用，自然应由汽车公司承担。1919 年 2 月，市政公所在省港各报章，登出招商广告，开办电车公司，欢迎各界投承。一时间，上门洽谈的商人，络绎不绝，卒由广州电车路公司投得。

---

① 孙中山：《地方自治实行法》。载《孙中山全集》第 5 卷，第 221～222 页。中华书局 1985 年版。
② 孙中山：《在香港大学的演说》。载《孙中山全集》第 7 卷，第 115 页。中华书局 1985 年版。
③ 黄炎培：《一岁之广州市》，第 42～43 页。商务印书馆 1922 年版。

伍藉磐代表电车公司，与市政当局签订合同，报效政府 100 万港元，用来修筑马路；政府特准公司完全专利建筑、管理、备办及行驶有轨电车。其车规格为面阔 25 英尺，由公司自行建筑。以省长公署为中心，半径 10 英里为行车范围，在此范围内，所有街道、马路及将来新开街道、马路，其阔度足以铺设上述规格的电车、公用车辆的，均属使用范围。专利期为 20 年。

伍藉磐是台山籍美国华侨，辛亥革命后任军政府司法部第一司、第二司司长，属商人从政，他的主要合伙人，也都是美国及加拿大华侨。公司定名为"广东电车有限公司"，总办事处在香港，广州办事处设在广九车站。最初设计的电车线路有两条，一条由广九站至西濠口，另一条由广九站至普济桥（今和平东路与人民南路交汇处）。

公司一开办，就遭到商界反对，指其运营范围过广，权力过大，几乎垄断了市区的公共交通，并质疑市政公所有无暗箱操作，徇私废公情事。1919 年 8 月 5 日，市政公所邀请省议会、商会、善堂、商团自治研究社等代表开会，杨永泰亲自解释合同，赌咒发誓，绝无以权谋私。但并不能释除众疑，代表们决议派出六名审查员，彻查合同。

经审查后，列出一堆问题，包括电车路范围太广，报效金额太低，专利时间太长，公司注册地在香港，公司代表有二人为外籍，伍藉磐有官员身份等，都是不容忽视的弊窦。反对的声音，愈发高涨，商界成立"广州市电车路补救会"，专事推动取消电车合同。但杨永泰得到督军莫荣新的支持，亦不示弱，11 月，军政府正式批准电车合同。

这次风潮，令投资者颇感犹疑，迟迟不肯铺设路轨。1920 年，电车公司从国外买了几辆铁轮货车，改装成"无轨电车"，在开通有轨电车之前，投入营运。但质量甚差，事故频繁，甚至把路边民房撞塌；而且铁轮行驶，乘客颠簸得七荤八素，没人愿意搭乘；铁轮对花砂路面破坏也太大，跑几趟就把路面碾压得坑坑洼洼，令新开辟的马路"竟呈现一种不堪触目景象"。[①] 反对者更加振振有词，甚至倡议罢免杨永泰、魏邦平。最后"无轨电车"被政府叫停，责令电车公司必须铺轨行车。电车公司却一拖再拖，只勉强铺了广九站至一德西

---

① 《路政不修之现象》。载香港《华字日报》1921 年 5 月 5 日。

路的一段路轨，便止步不前了。1921 年，市政厅以公用事业应由政府经营为理由，勒令公司停办。昙花一现的有轨电车，乃草草收场。

1921 年，市政厅取代市政公所，公共汽车事业也开启了新篇章。1922 年，商人蒋寿石从加拿大购进十几辆汽车，办起了加拿大长途汽车公司，广州从此真正进入了公共汽车服务时代。被市民称为"加拿大车"的公共汽车，在全市有四条行车线路，一从沙河至大东门，一从东山至西濠口（设东山、大东门、财厅前、西濠口 4 站），一从东山至沙基东桥（设东山、东堤、靖海路口、沙基东桥 4 站），一从司后街至天字码头。坊间竹枝词描写这一变化："白云山下燕塘墟，怀葛风留太古初。同轨化行民俗变，村农入市也乘车。"①

肩舆

公共汽车出现后，市内便禁止马车通行了，但人力车还是满街跑，因为人们的活动范围有限，以短途居多，人力车轻便快捷，一路清风拂面，想去哪就去哪，不受公共汽车的固定线路限制。以前富人出门，多乘坐肩舆，辛亥革命后，一度禁止肩舆，其后虽禁而不止，但常令新文化人士侧目。因此富人改坐人力车，一车只载一两个人，有坐肩舆的感觉，却比肩舆快捷，所以受到青睐。1921 年 4 月，广州成立了人力车公司，后来陆续有十几家公司加入，几千辆人力车在马路上奔驰载客，"叮铃

人力车

---

① 孔沛然：《续羊城竹枝词》。载雷梦水等编《中华竹枝词》第 4 册，第 3007 页。北京古籍出版社 1997 年版。

1924 年广州的公共汽车

"铃"的手铃声，从早到晚，随处可闻。

据 1921 年公用局的统计，登记注册的水陆交通工具计有：大汽车（无轨汽车）16 辆，普通汽车 161 辆，人力车 3199 辆，货车 200 辆，汽船 60 艘，各种船只 9545 艘。[①] 后来不断有新的汽车公司加入竞争，1924 年的客运车辆总数，达到 30 多辆。[②] 1928 年，广州从香港引进了 14 座的客运汽车。这批汽车比较先进和舒适，装有弹簧座椅，还有电灯、电铃，乘客要下车可按电铃通知司机。

为了方便市民辨识，政府把汽车线路分为"红、黄、绿"三色和一条"新线路"。红线路从普济桥经泰康路至广九站；黄线路从黄沙经长堤、永汉路、惠爱路（今中山四路）至东山公园（今署前路）；绿线路从普济桥经丰宁路（今人民中路）、惠爱路西（今中山六路）至大新公司（今中山五路）；新线路则是从禺山市至十一甫路口。

汽车奔驰在花砂路上，响角怪叫，尘土飞扬，路人侧目。有人写打油诗嘲讽广州街头："一出马路行，但见花砂车屁逐飞轮，停足急掩鼻，黄尘扑我身。车夫争接客，乞丐苦缠人。娇妹妹表哥哥，三三两两过如梭。"[③] 由于行人缺乏规则意识，经常与车抢道，发生交通意外，市民把汽车称作"市虎"，讥其食人也。结果催生了一个新的职业——交通警察，每天在繁忙的十字路口站岗，专责指挥汽车、行人的通行。政府制定各种交通规则：汽车必须行走马路左侧；由支路开出的汽车，必须让干路的汽车先通行；市内汽车时速不得过 15 英里；行人过十字路口时，只准走"井"字形，不准斜穿；对撞死人的司机，施以罚款和终身禁止开车之类的惩罚；等等。

① 黄炎培：《一岁之广州市》，第 64 页。商务印书馆 1922 年版。
② 《广州市志》第 4 卷，第 650 页。广州出版社 1998 年版。
③ 《马路行》。载《广州民国日报》1928 年 4 月 10 日。

在孙科的设计中，城市具有三大功能，卫生是其中之一。孙科说："卫生为一国要政，欧美文明国家，无人不具卫生知识，无地不有卫生行政。都市之间地当冲要，舟车往来，冠裳荟萃，内以作四方之模范，及外以示一国之观瞻。"① 因此，市政厅成立之初，即对城市卫生特别留意。

广州的卫生环境，最受人诟病的，就是像蛛网一样分布城区的濠涌，常年垃圾成堆，枯水期滋生蚊蝇，臭气逼人，成为卫生死角；到了雨季丰水期，濠水又经常溢出，致满街泥泞，更把濠中垃圾，冲得遍地皆是。因此，市政厅决心整治濠涌，最初由工务局与卫生局分工，前者负责规划，后者负责疏浚。

然而，每一项工程，在一开始时，都遭到反对，其中争议最大的是西濠加盖工程。西濠是宋代经略使陈岘所开，最初只是玉带濠的分支。玉带濠在大古渠外分为两股，一出珠江，一向西流入十四甫水脚，经淘金坑、柳波涌，汇入白鹅潭。这条水道，成了四乡运粮入城的主要通道。由于西关人口稠密，历朝历代，西濠也是淤塞、污染最严重的濠涌。以前的治理，都是挖深、加宽，但不久又被压渠的民居侵蚀，重新堵塞和脏臭。市政厅准备为西濠加上一个盖子，一劳永逸解决了这个问题。

九大善堂、商会与清濠公所，齐声反对，认为加盖会令堵塞情况恶化；大雨时无法宣泄雨水；船只不能进来运货，改为陆运，增加成本；如此等等。孙科召集西关绅商开会，希望化解误会，达成共识，但绅商代表个个蹙眉蹙额、摇头摆手，丝毫听不进去。

程天固专门撰文，从科学角度，讲述西濠加盖的好处：他说西濠上游的水越来越少，濠涌越来越浅，已不适合行船，况且汽车发达后，陆路运输成本必然降低；西濠的地势，南北低而中间高，排洪作用有限，往年北江、西江洪水，都是从西关西边的南泮塘涌入，亦从那里退去，西濠并非西关水浸的祸首；至于卫生方面，船只、竹排等如果入濠，艇家随意往水中丢弃垃圾，日积月聚，濠涌更加淤塞，雨季濠水漫溢，必然更加严重；加盖以后，船只不能进

① 孙科：《发刊词》。载《卫生通俗月刊》第 1 号。1921 年 12 月。

来，减少垃圾，水流自然通畅。种种理由，都说明西濠加盖，有利无害。[1]

程天固表示欢迎大家反驳，但绅商们却不知如何反驳才好。程天固得意地说："自此文章发表后，彼辈便不敢再来辩驳，声气已沉静了。"[2] 但由于经费问题、政局问题，濠涌加盖改造工程，只进行了很小一部分。直到 1965 年，广州市才对西濠进行彻底整治，全部改成钢筋水泥的渠箱。

卫生局是市政厅六局之一，根据《广州市暂行条例》规定，卫生局负责：管理公立市场、酒楼、食馆、戏院、厕所；管理市民生死婚嫁注册、办理户口调查；管理医生及药房的营业；监督私立医院；管理市立检疫所及各种传染病院、精神病院；管理其他公共卫生相关事项。卫生局下设洁净、防疫二课，教育、统计二股。聘请中外名医 12 人，组成卫生顾问团。将全市划分为 6 个卫生区，每区设稽查员、清秽员各 2 人，办理各区卫生事务。

改造前杂乱的菜市场

第一任卫生局局长胡宣明，美国约翰霍普金斯大学公共卫生学博士，学识渊博，但不懂粤语，无法与同僚沟通，只干了几个月就走了。继任者是在广东公医学校、夏葛医学校当过教员的李奉藻，他是美国田纳西大学医学博士，专

---

[1] 《指令》。载《广州市市政公报》第 9 号。1921 年 4 月 25 日。
[2] 《程天固回忆录》上卷，第 118 页。（中国台湾）龙文出版社 1993 年版。

于细菌学与病理学。

在卫生局管辖下，有一支清秽夫队伍，由垃圾公司管理，人数逾千，从总清秽夫目、清秽夫目，到特务夫目、特务夫、鼠夫目、鼠夫、伙夫等，名目繁多，各司其职。清秽夫每天从早上 6 时至 10 时，下午 1 时至 5 时，清扫大街，把一车车垃圾拉到河边，垃圾公司用船运到乡下卖给农民。任何人不得自行收集、贩卖垃圾。市民如果因修葺、兴建房屋，产生大量垃圾废料，超过 10 公斤，必须自行处理；若是随地丢弃被发现，第一次罚款毫银半圆，或五天以下拘留，第二次加倍，第三次惩罚更重。

鼠夫负责收集死鼠，有时也要捡拾死婴；特务夫承担后备支援，哪里垃圾太多，哪里发生火灾，他们就赶赴现场，协助搬运垃圾，清理灾场的瓦砾废物。稽查员巡查公共娱乐场所和公共厕所，看是否按时清洁；牲畜禁止在街道上拉屎撒尿，违者罚款。

酒楼、牛奶店、茶店、旅馆等饮食店，必须领有卫生局的执照方可营业，执照须悬挂在当眼之处；店家不得雇用传染病患者；厨房内不得设置大小便所；使用的器具及室内物品，必须保持干净，随时清洗；贮藏的食物，必须用盖罩遮护；不得贩卖腐烂或添加色素的食物。稽查员不时进入酒店、旅馆、茶楼、餐馆巡视。

稽查员还检查工厂有没有排放污水，污染饮用水源；有没有排放烟尘，影响市民的呼吸健康。确实有几家工厂因污染环境，被政府勒令停工和迁移；有几家偷卖死猪的店铺，被重罚到哭天喊地。

居民的排泄物，由倒粪夫负责上门清倒粪溺，清洗粪桶；担粪夫负责把粪溺运送到指定地点，卖给四乡农民；厕夫负责清洁厕所。所有工作必须在早上9 时前完成；无论刮风下雨，每三天必到居民家中清倒一次粪溺；挑粪的木桶一定要加盖；每天早上 8 时以前，下午 4 时以后，厕夫必须把公共厕所清洗一遍。类似规定，民国初年，早已颁布过，现在只是雷厉风行地执行起来。

不过，虽然有卫生局与警察的双重监督，清洁工人与市民冲突的事情，仍不时发生，或因粪夫不按时收取粪溺；或因粪夫在井台洗粪桶，弄脏了井水；或因粪夫故意倒洒粪溺，要市民付钱才肯清理，形同勒索；或因清秽夫走得太快，市民听到摇铃声，提垃圾出门，垃圾车已经远去；或因有的无价值垃圾如碎瓦烂砖之类，农民不收，清秽夫便丢弃进珠江里，造成河道淤塞。

医院被纳入卫生局管理，凡中西医生均须在卫生局注册，领有执照，才准行医。中医生须经卫生局考试合格，方准注册；西医生须在政府认可的医学专门学校毕业，领有文凭，经卫生局认为合格者，方准注册；所有医生的处方，都须署名，医生开方写字，不得潦草，药名不得混用同音字；有传染病人就诊时，须报告卫生局。中西医生未经注册，私自行医，一经查出，或被人告发，除勒令停业外，处以 50 元以上、100 元以下罚款；再犯则加倍（后改为送法庭按律处罚）。

总体而言，城市清洁运动，成效显著。从 1921 年 4 月至 7 月，政府疏浚了全长约 53121 米的 126 条沟渠；[①] 在全市动员灭蝇灭鼠；普及卫生教育，卫生局教育股举办各种卫生演讲、编辑卫生图书、开设卫生展览会；统计股登记市民的生死婚嫁数据；为 1788 名中医、354 名西医，办理了执业注册；统计因传染病死亡的人数；在全市 62 间公立小学，为 6830 多名学生做健康检查；登记市内医院、药房、产婆等数目。[②] 这一切，做得有声有色，市民的观感，焕然一新。

城市让人们的生活，增添了色彩。平民百姓每天为生计奔波劳碌，日作夜息，生活单调乏味。他们最大的娱乐，就是在偶然得闲时，到东较场的大榕树头，听讲古佬讲故事，当讲到精彩之处，讲古佬忽然停下，托着盘子笑嘻嘻说："前世唔修（收）今世修（收）！"要听众付了钱才肯往下讲。大家或丢一二铜钱到盘中，或一哄而散。

这一类的坊间娱乐节目，并不受革命风潮的影响，只要不发生战乱，它们都会存在于老百姓当中。在禺山市、城隍庙外、河南宝冈，都有不少讲古佬，只要把小锣一敲，吆喝几声"讲古啰！有嘢（东西）听，今日讲杨七郎打擂"，马上就有一群人围拢过来，聚精会神地听故事。

听讲古是社会底层的娱乐方式。经济稍宽裕的广州人，喜欢上茶楼饮茶。

① 引自赖泽涵：《孙科与广州市政建设》。载（中国台湾）《传记文学》第 33 卷，第 4 期。1978 年 10 月。
② 《卫生报告书》。载《广州市市政概要》，第 3 ~ 24 页。广州市市政厅编印。

茶楼多属私人产业，算半个公共空间。清代在老城就有寰乐园、涎香、南如、吉祥、永乐等多家茶楼。每天早晨，茶客们带着鸟笼上茶楼，水滚茶靓，一盅两件，边饮茶边逗鸟，是许多有闲人士的消遣方式；商人也在茶楼内交谈生意经，打听行情。对一般人而言，茶楼是个消息总汇，从北洋大总统捧哪个戏子，到卖鱼佬的老婆偷了谁的汉，什么八卦新闻都有。"饮茶"成了一种生活方式，"饮咗茶未啊？"（饮了茶没有啊）也成了广州人见面问候的习惯语。几天不上茶楼，就好像与社会脱了节。

拆城筑路以后，城市空间扩大了，更多茶楼、酒楼开张。食肆终日人流不息，这边茶楼吆喝："埋数！单收，福禄寿齐啦！"那边酒楼高呼："某官人到，某酒家准备款接贵客光临！"唱码声此起彼伏，热气腾腾。太平南路的新亚酒店一开张，就宣布"约法三章"，凡在店内赌博、吸食鸦片烟和其他毒品、宿娼的客人，恕不接待。顿时满城争议，人人称赞，令酒店名声大噪。新亚酒店的"八重天"餐厅，早茶清晨 6 时开市，5 点多电梯口就已经大排长龙，轮候的食客，一直排到人行道上。

清代绘画：广州茶楼

一本介绍广州茶楼的书写道："当时的人们娱乐活动并没有那么丰富多彩，因此到茶楼听曲是一种受欢迎的消遣。最早的'歌坛'是雇佣盲人演唱的，位于西关的初一楼开了先河，在茶楼门口的一侧架起木板的高台，台上置一几两椅，每日请两位失明女艺人分坐两旁演唱，分日夜两场。这些女艺人被称之为'师娘'，其后发展成年轻漂亮的'女伶'取代'师娘'的位置。唱女伶不仅可以使人们满足听粤曲的爱好，更为茶楼提高了营业收入，那些当红的女伶，演唱粤剧名曲，并有乐队伴奏，形成了最早期的'粤曲茶座'。"[1]

茶楼本来就是品流复杂之地，师娘、女伶的演出，吸引众多逐腥之蝇，终日流连，拈花摘艳，搞得茶楼乌烟瘴气。一位市民投书报纸批评："茶居自有唱瞽姬后，初时小锣小钹，丝竹铮钹，继且大锣大鼓，巨笛聒耳。舍瞽姬而代以女伶，若曰：好密味者范围狭，毋宁女伶之能博众欢。但彼所谓女伶，实则陈塘东堤校书，色相示人。果然能博多数人心欢喜，虽增收茶价亦弗吝。未几，各茶楼瞽姬歌坛，遂为校书占据。此风一开，渐而茶室及炒粉馆皆聘女伶唱曲，当最盛行时，举广州之茶楼，几几无一家不有女伶。"[2]

由于担心败坏风气，有议员致函政府，请禁止瞽姬学唱卖唱。但市政厅答复：此等瞽姬，乃天生残废之人，实在可矜可怜之列，国家既未设救济机关，以为安置，致令其自谋生活，学唱卖唱，营此不可已之残苦生涯，官厅不特不加怜恤，又从而禁止之，似属不近人情，唯有认真查察，严防虐待及强迫卖淫等弊，庶于矜怜废疾之中仍寓维持人道之意。[3] 黄炎培认为，这展现了一种人道精神。

1922 年 9 月，政府颁布《广州市唱演瞽姬手托戏违章罚则》，主要是针对茶楼、商店，未领专门牌照而请瞽姬唱演，或领有某种牌照，但从事超出牌照范围的唱演，初犯罚毫洋 30 元，再犯加倍，连犯三次罚毫洋 120 元，并勒令停止唱演。[4] 所谓专门牌照，指茶楼、酒家牌照分为甲乙两种，领取甲种牌照才能请人唱演，乙种牌照不能。甲种牌照费用较高，一般小店家无力承担，使

① 陈莉：《一盅两件》，第 28 页。广东教育出版社 2009 年版。
② 《茶经》。载《广州民国日报》1925 年 8 月 15 日。
③ 黄炎培：《一岁之广州市》，第 50 页。商务印书馆 1922 年版。
④ 载《广州市市政例规章程汇编》卷二，"财政"，第 5 页。1924 年编印。

唱女伶之风，不至无限制泛滥。

　　新建的百货公司大楼，如大新公司、先施公司，都在天台开辟戏剧演出场地。一些茶楼也延请戏班演出，以招徕食客。1922 年，政府颁布了《广州市开演白话技艺戏违章罚则》，规定茶楼和一切演出场所，开演白话剧、技艺戏，必须事先申报批准，未经呈准，或批准了某一种戏，但演出时超出范围，都要受罚。初犯罚毫洋 50 元，再犯也是加倍罚，连犯三次罚 150 元，并勒令停止演出。①

　　美国胜利唱片公司开始为粤剧录制唱片了。最初留声机还不普及，听唱片的人很少，坊间相传，灌唱片后留声机会把人的嗓音摄进去，引起失声（倒嗓），以后再也不能演戏唱曲了，所以粤剧演员们个个畏缩不前，不敢尝试。现存最早的粤剧唱片《围困谷口》和《闺留学广》，是光绪二十八年（1903年）录制的。

　　第一个吃螃蟹的人是八和会馆创始人邝新华，他毅然灌录自己的第一张唱片。在他的带动下，灌唱片的粤剧演员越来越多，胜利、百代、高亭等外国唱片公司，纷纷加入，求分一杯羹。在中国所有地方戏剧中，粤剧是灌制唱片最早、也是最多的。农村酬神庙会上的古老戏曲，和最先进的工业文明产品相结合，是一个有趣的现象。

　　电影也开始登陆广州了。这是一种更具工业文明色彩的东西，当时的人们完全想不到，若干年后，它在中国竟会成为一个巨大产业。电影是光绪二十二年（1896 年）前后传到中国的。法国人把电影放映机带到广州，在石室耶稣圣心堂的丕崇书院内放映电影短片。这是电影第一次出现在广州。后来，一位华侨从海外带回来了一台放映机和几部短片，在茶楼里放映，这是普通民众第一次有机会，透过小小的银幕，看到外面的大千世界。后来有了专门放电影的地方，叫影院、画院，或叫映画院。

　　清末民初在广大路口开了一家电影院，名字叫"通灵台"，是广州最早的电影院之一。城隍庙附近也有一家，叫"镜花台"。这些名字，反映了电影初到中国时，人们对这门艺术的理解。不少百货公司、酒家投顾客所好，纷纷开

① 载《广州市市政例规章程汇编》卷二，"财政"，第 6 页。1924 年编印。

辟电影放映场地。政府在 1922 年颁布了《广州市续订影画戏院饷额章程暨罚则》《广州市修正征收游艺场捐规则》等条例，对电影院、戏院的规模、收费等，作出了相应的规定。

辛亥革命后十年间，商家争相投资电影院，意利影院（西关）、新民影院（西关）、智育影院（河南海幢寺侧）、先施公司天台游乐场（长堤）、豫章书院（长堤）、洞天酒家（长堤）、一景酒家（长堤）、明珠影院（长堤）等多家电影院，相继开业。1924 年广州出现了第一个摄影棚，拍摄了《孙中山先生北上》等新闻纪录片；1926 年首映广州自产故事片《爱河潮》；1929 年 9 月首映彩色影片《天涯浪子》。

早期的电影都是"默片"，没有声音，内容多为异国风光，为了增强电影的艺术感染力，电影院请来广东音乐的五架头，在现场伴奏。银幕上是西方的花花世界，但背景音乐却是一片村箫社鼓，观众听得很过瘾，仿佛回到了珠江三角洲水乡，尽管他们是为看美国故事而来的。这种别出心裁的中西合璧，产生了奇妙的艺术效果。

唱片、电影给生活带来了什么新元素？它会改变什么？怎么改变？身在其中的人们，也许不易觉察，但改变已不知不觉发生。粤剧演员从最初害怕录音会把自己的声音摄走，到后来争相灌制唱片；电影从全男班到后来出现女演员；观众最初看电影，一个脸部特写也吓得尖声惊叫，甚至发生因银幕上有演员向观众方向开枪的镜头，令观众又惊又怒，竟放火烧电影院的事情，到后来电影院越开越多，到 20 世纪 30 年代电影业出现了一个小小的黄金期。人们的观念在改变，生活也在改变。终于有一天，人们恍然大悟：原来世界真的改变了。

孙科很看重公园，公园承载着城市的娱乐功能。他在《广州市暂行条例》里，专门有"开辟公园"一项。杨永泰、魏邦平的市政公所时代，曾讨论过把原巡抚衙门改为第一公园，但未及实现，桂系政府便垮台了。现在，市政厅要完成这个夙愿，不仅兴建第一公园，还要兴建第二公园（东较场）、第三公园（海珠岛）。

在规划中，以第一公园为中心点，省公署、交涉署、财政厅、市政厅、盐运使署、高等及地方检视厅、南海、番禺两县公署、图书馆、大会堂等重要的公共建筑，将围绕合建，成为广州的政治中心。黄炎培称之为"一种破天荒之新制度出现"，他说："此制在欧洲当罗马雅典时代已有之，不唯行政机关合设而已，即教育机关乃至市民议会亦归纳焉。其后各国踵行，至法之巴黎，建行盖为宏敞，遂推世界名都。"[①] 在他的想象之中，未来的广州，将和巴黎一样宏伟壮观。

巡抚衙门在惠爱中路，清初是平南王府，后来改为巡抚衙门，后花园规模盛大，东至厚王街，西至雨帽街，今天的市政府大院，都在其中。园内画桥流水，曲径通幽，有"渔、樵、耕、读"四景。乾隆年间（1736～1796年），在衙门的后院建了一座"菜根香轩"；道光初年，又建起了万竹园、署漪园等。在晚清推行新政时，简化行政制度，巡抚建制被视为有名无实的闲曹，广东率先裁撤。巡抚裁撤后，抚衙便改为广东工业高等学堂。

1920年，政府征用了抚衙及周边几十间民居，作为辟建"第一公园"的用地，委托工务局取缔课课长兼设计技士杨锡宗设计。杨锡宗毕业于美国康乃尔大学建筑系，第一公园是他回国后第一个作品，采取仿西洋的中轴对称式布局，两边古木森森，碧草如茵，音乐亭、游艺室、喷泉、休息亭、盆景园、游泳场等，分布其间，一派欧洲风格，与广州传统园林迥异。不过，在欧式喷泉中，立着一尊慈眉善目的观音像，让人蓦然记起这里是广州，而不是欧洲某个城市。

公园建成后，康有为从意大利购回几件狮身人面白石雕像，陈列于园中。原将军署前的两座汉白玉石狮像，为清初靖南王府旧物，以及原悬挂在大佛寺的古铜钟，亦被移置于园中，供游人欣赏。1921年10月12日公园落成，举办了隆重的开园典礼。1925年，公园改名为中央公园。

公园最初是用砖墙围起来的，市民戏称它是个"大监牢"，后来为了还原公园为平民服务的本意，把砖墙拆了，改用铁制栅栏，视觉上豁然开朗，任何人都可以进园游览，无需购票。市政厅制定管理规则：公园每天从早上6时至晚上10时为开放时间；裸体跣足者不得入内；游客只能走正路，不得践踏草地；不得擅行采摘花果；园内木椅只可端坐，不得偃卧竖足，致失观瞻；儿童

---

① 黄炎培：《一岁之广州市》，第45页。商务印书馆1922年版。

不得掷石角斗；食物渣滓不得弃置地面；痰涎鼻涕不得任意吐抹；只能从门口出入，不得翻墙；不得携带犬马及一切能伤害人的东西进园；不得擅自搬动园内物件；等等。①

第一公园是平民化的象征，倡导白话文及教育平等化的《现代评论》，点出了这种意义所在："在现在的中国里面若要找一个较自由及平等的地方，请你到广州去，第一公园不用买票，谁都可以进去观赏，哪里有什么贵族与平民之分？"②公园开张几天后，《羊城新报》上刊登一首"粤讴"，以一个女子的口吻唱道："君呀，你到过来，个处第一公园……因为佢系建筑初成，就应份前去一转，睇吓辉煌到点样，免使我锁着眉端。君呀，你快快同奴去吓，莫个重在心头算，有心就唔怕路远。个阵吸些空气，都叫作系有点因缘。"③这首俚曲，凸显了第一公园的平民定位。

第一公园（今人民公园）

① 《广州市第一公园游览规则》。载《广州市市政例规章程汇编》卷三，"工程"，第47页。1924年编印。
② 龙冠海：《广州一瞥》。载《现代评论》第97期。1926年10月。
③ 《公园》。载《羊城新报》1921年10月19日。

平民主义，在 1919 年前后，盛行于世，是安那其主义者的一面旗帜。安那其主义，有人译作"虚无党""无强权主义"或"无政府主义"，19 世纪末，从欧洲传入中国，提倡个人自由，反对一切以政府名义的暴力统治，甚至进而反对家庭与宗教，认为这些都是对个人自由的压制。

然而，在一个社会，如果缺乏公民教育，缺乏规则约束，一味鼓吹平民至上，平民皇帝，就连一个小小的公园，也难管理好。一位游客入园游览，便感觉不适："你试踏足入（公园）里面，跑到疲倦不堪的时候，也找不着一张座椅，纵然找着一两张，却也没福享受'坐'的权利呢，因为这些椅已变成无赖地痞的'梳化床'，他们老早已'肢体横陈'的占满了。我们却不敢干涉他们啊。其余各处树荫下的草地，没有不横七竖八地躺满，赤膊露体。"① 还有人刻薄讽刺："（在公园里）听得歌声清亮，以为是什么剧社演剧，乃趋前一看，见着裸体的苦力工人，在那里击壤而歌，响遏行云，阳春白雪和霓裳羽衣曲。"②

现实让人啼笑皆非，那些管理规则，全都形同虚设。霸占了公园椅子、草地，放声高歌，扰人清听的人，未必是无赖地痞，很多是体力劳动者，劳筋苦骨之余，享受一下现代城市的免费设施，本属理所当然，自命清高的读书人，看不惯了，指责他们把幽雅的公园变成了"怪公园"。有人尖锐批评："在中国，人民向没有公共的观念，每人只顾自己的方便，不晓得顾全别人的利益。"③

这些批评与嘲讽，不无道理，但在平民主义高涨的年代，让人感到格格不入，甚至透出某种陈腐气息。人民缺乏公共观念，原因何在？如何解决？是把公园圈起来，只供少数文人雅士享用？还是普及平民教育，从而扫除千年旧习，传播新思想、新观念、新道德？这也是新文化运动争论的焦点话题之一。

20 世纪 20 年代，思想界风起云涌，无数的主义，无数的问题，盘互交错，相激相荡，在公园这样一个小小舞台上，亦表现得淋漓尽致。

第一公园建成后，又陆续建成了永汉公园（今南越王宫署西侧）、观音

① 《唯一之怪公园》。载《广州民国日报》1925 年 8 月 15 日。
② 《公园百怪录》。载《广州民国日报》1927 年 8 月 18 日。
③ 张慰慈：《市政制度》，第 54 页。上海亚东图书馆 1925 年版。

山公园（今越秀公园一部分）、黄花岗公园（今黄花岗七十二烈士陵园一部分）、东山公园等公园。尽管现实还有许多不如意，几乎每走一步，都会遇到无穷旧阻力，横生出无尽新问题，但一种新生活的形成，一座新城市的诞生，不可能一蹴而成，只要方向是对的，走下去就是了，总会有"堂堂溪水出前村"的一天。

第六章　站在近代化的十字路口

县长、县议员、市参事会选举
成为重大的法律案件。

陈独秀
在广州的短暂驻留，开启了广东现代教育的
转型。

义务教育计划
开始酝酿；"六三三"学制开始启用；
男女受教育机会平等的观念得到推广。

无数光脚汉从农村走到城市
他们坚信在城市中能创造更多的财富。

工潮此起彼伏
"全世界无产阶级联合起来"的怒吼声，响彻天宇。

频繁的战争
让商界苦不堪言，与政府日渐疏远。

广州的近代化进程
在隆隆炮声中，急遽地落下大幕。

市民法律意识之萌芽

1917 年孙中山在南方高揭"护法"旗帜，曾一针见血指出："国家之治安，惟系于法律。"他又说："国中无论何人及何种势力，均应纳服于法律之下，不应在法律之外稍有活动。"[①] 对一个国家来说，法治的程度，就是衡量文明程度的标尺，在一座城市的近代化进程中，亦复如是。

民国以后，孙中山倡导民权主义，描绘了一幅民主政治的蓝图，人民拥有选举、罢免、创制、复决四权（政权）以管理政府，政府则有立法、司法、行政、考试、监察五权（治权）以治理国家。孙中山说："要把国家的政治大权分开成两个：一个是政权，要把这个大权完全交到人民的手内，要人民有充分的政权可以直接去管理国事。这个政权，便是民权；一个是治权，要把这个大权完全交到政府的机关之内，要政府有很大的力量治理全国事务。这个治权，便是政府权。人民有了很充分的政权，管理政府的方法很完全，便不怕政府的力量太大，不能够管理。"[②]

从理论上看，孙中山与陈炯明的主张，颇相接近。但如何才能做到"人民有了很充分的政权"呢？孙中山认为，应自上而下，由革命党指导、教育人民如何自治，因为民国主权在民，四万万人民就是皇帝，但这四万万皇帝，"一来幼稚，二来不能亲政，我们革命党既以武力扫除残暴，拯救皇帝于水火之中，保卫而训育之，则民国的根基巩固，帝民也永赖万世无疆之休"。[③]

而陈炯明则相反，认为应从最基层的乡村自治开始，由下而上，循序推

---

① 孙中山：《与戊午通信社记者的谈话》。载《孙中山集外集》，第 234～235 页。上海人民出版社 1990 年版。

② 孙中山：《三民主义·民权主义·第六讲》。载《孙中山全集》第 9 卷，第 347～348 页。中华书局 1981 年版。

③ 居正：《中华革命党时代的回忆》。载（中国台湾）《革命文献》第 5 辑，第 82 页。

进。1921 年 2 月，陈炯明接受上海《字林西报》记者访问时，作了如下表述：
"中国各村自古实行共和制，各村莫不以自治为宗旨。今中国之自治，应先自
村庄施行，依次发展，及于全县全省与全国。刻广东已在村上实行分区。自治
村中，警察与税收由人民自办，将来各县县长与省议员亦归人民自举，再由议
员共举省长。他省能仿行之，则可达到联省自治之目的。"①

陈炯明就任广东省省长后，立即成立省制编纂委员会，制定和颁布了《广
东省暂行县自治条例》《广东省暂行县长选举条例》和《广东省暂行县议会议
员选举条例》，全省按部就班，铺开选举县议员和县长工作。

为什么县长要由选举产生？陈炯明解释："广东有九十多县，无论哪一
个做省长，都没有办法自己想出这九十多个县知事来。如果不负责任地胡乱委
任，一定要弄得一塌糊涂。民选这一个制度，无论如何，总比由一个省长去委
任要安全得多。"② 这与孙中山要把政权完全交给人民的主张，是相契合的。

县自治条例，就是一部关于县一级治权的法律，列明了县的事权范围，
凡未载明的，一概归省政府。县的事权，共计有 11 项：一、办理师范学校，
中学校，高等国民小学校，幼稚园，半日学校，各种废疾学校，宣讲所，图
书馆，博物馆，美术馆及其他关于教育事项。二、奖励农桑渔牧垦荒造林经营
并监督共有及私有工业，设立各种展览所试验场，及其他关于实业事项。三、
疏浚河流湖塘，修筑埤圳沙围堤防并道路，及其他关于水利交通事项。四、建
筑并管理公有营造物，及一切公共土木电力煤气工程。五、办理县银行各种保
险合作，及其他公共营业。六、清理市街屠场，整饬公园公坟，及其他关于公
共卫生事项。七、办理义仓施医育婴恤嫠养老，收养废疾，保护工人，及其他
公益慈善事项。八、办理警察及保甲团防并其他保安事项。九、调查户口生死
婚嫁，及其他关于统计事项。十、办理行政官长依法令委托征收及执行各种事
项。十一、其他依法令赋予自治事项。③

---

① 陈炯明：《与〈字林西报〉记者吉尔伯德的谈话》。载《陈炯明集》下卷，第 560
　页。中山大学出版社 1998 年版。
② 陈炯明：《关于行政制度改革的谈话》。载段云章　沈晓毅　倪俊明编《历有争议的
　陈炯明》，第 395 页。中山大学出版社 2006 年版。
③ 引自陈定炎　高宗鲁：《一宗现代史实大翻案》，第 206 页。BERLJND INVESTMENT
　LTD.1997 年版。

县长的产生，先由县民直接选出三名候选人，再由省长择一任之。对这种"半干涉选举"方式，省议会曾提出异议，指有违民治精神，不如一人一票的直选方式。但陈炯明认为，现时乡村士绅势力极大，为避免被士绅把持选举，故采取这种过渡性质的"半干涉选举"。最后省议会接受了陈炯明的解释。

在选举中，有一个特殊规定：每位选民必须在当年参加义务劳动三天，凭自治服工证书换取选举票。如不能参加的，须出资请人代劳，每天毫券四角。义务劳动大多是修筑公路。1921 年 5 月 16 日，陈炯明颁令："照得各县局发给自治服工证书后，应列册移送选举监督，业经将册式及证书式，令行遵照在案。惟各县知事及各县公路局移送选民服工名册时，应将三联证书截出缴验一联，随同名册，汇送选举监督，以备投票人检验证书时，得以比对查考，并须另造发给服工证书名册，呈报本署查核。"[1]

5 月 19 日，陈炯明再次要求各县，把入册选民人数，其中有多少是有自治服工证书的，有多少是缴纳免工费的，合计选民总数，统计清楚，报告省署。显示省政府对这项工作的严重关切。从后来投票的踊跃程度看，服劳役并没有减低人们参加投票的热情。

全国对广东的自治实验，都投以热烈的期待目光。《新青年》杂志上，刊登了一封读者来信，向广东发出热烈的欢呼："只一点火在黑暗中大发其光，是易招灭熄的，但在一个能发光而有引起他物燃烧的地位时，自然是努力吐光焰，照耀一切！如孙（中山）、陈（炯明）及先生等人，在广东一地却是那点有力量的火，等到广东烧得红了，别处也见着太阳是从广东来的了！"[2]1921年 9 月，全省民选县议员完成；11 月，民选县长亦告完成。这是中国开天辟地头一回。

省政府十分关注选举过程中，是否存在舞弊，要求所有选举诉讼，一律移交法院处理。当时广东的检察与审判系统，基本沿用清朝旧制。广东省设高等检察厅，广州市设地方检察厅，曲江、琼山、合浦、惠阳、茂名、高要 6 个首县，设立地方审检厅。广东省设高等审判厅，广州市设地方审判厅，分民事庭

---

[1] 陈炯明：《谕广东省各县知事等按规定发给县自治服工证书令》。载《陈炯明集》下卷，第 610 页。中山大学出版社 1998 年版。
[2] 《读者来信》。载《新青年》第 9 卷第 4 号。1921 年 8 月 1 日。

和刑事庭两种；香山、新会等 14 个县，设立一等地方审判厅；在宝安、龙门等 64 个县，设立二、三等地方审判厅。全省各县都有地方审判厅，首县有审检厅。

县长选举以后，检察厅开始热闹了。电白县、始兴县，先后被人揭发舞弊，但最引人注目的，是发生在广州的番禺县选举讼案。该县选出了凌达材、凌鸿年、张正时三人为县长候选人，一位居住旧仓巷梯云里的选民，向广州地方审判厅提起诉讼，指出这三人有严重舞弊情节。诉讼状称：凌鸿年、凌达材均为"帝制余孽"，张正时劣迹斑斑，"将四司所存太平街阜源银号一万八千元，冒替选民缴纳免工费，串同选举监督梁树熊包办全邑选政，预定县长总务财政三人，由两凌一张分任，所有议员由其分配。其选举投票开票管理监督各员，概由凌张指派。即调查员之委任状，该监督亦大书揭布，由凌所长转交，足以表明其为凌达材等买通之证"，还有种种舞弊情事，诉讼书一一罗列。①

这一案件，在街头巷尾，成为市民茶余饭后的谈资，中外报纸争相报道，咸视为司法能否维护选举公平公正的试金石，甚至惊动了省政务厅、高等审判厅、地方审判厅层层机构。时任政务厅长古应芬，态度坚决，主张推翻番禺县选举结果，并加控凌鸿年等人有抽食鸦片等罪。魏邦平令出法随，全副武装的警察，闯入惠爱路的番禺学宫，搜查烟土。番禺绅董也在学宫张贴长红，声明取消此次选举结果，另行择日重选。

在审判厅受理的十几件舞弊案中，最可笑的还是番禺县，两次选出的县长、县议员，都因被揭发舞弊，引起诉讼，审判厅判决选举无效。在民国以来大大小小的选举中，亦属罕见，表明民众的参政经验，仍然欠缺，竟让政客、劣绅一而再、再而三地舞弊；但同时也表明，法律在起着作用，所以才能一而再、再而三地狙击舞弊者。选举若逐步纳入法律的轨道，有望良性发育。

6 月，孙中山任命陈炯明为援桂军总司令，开始第二次粤桂战争。陈炯明是极不愿意打这一仗的，宁愿埋头经营广东"模范省"，但 6 月 13 日，广西陆荣廷下达攻粤令，桂军步步进逼。粤军不得已起兵，挟回粤驱桂的余勇，士气高昂，威无复加，五象八桂，传檄而定。8 月初，陈炯明进驻南宁。

① 《番禺县之选举诉讼》。载香港《华字日报》1921 年 8 月 11 日。

11 月，陈炯明在凯歌声中，返回广州，立即召集全省民选新县长到广州，举办县长地方自治讨论会，讨论地方应兴应革之事。陈炯明发表讲话说："本省为提倡自治，及重视县长之职起见，是以实行由人民选举县长，由省长择优委任。但选举县长其得人，能比纯任官厅专委为胜乎？抑否乎？则以此次初行选举为试验。若试验结果善，则选举制可冀自然推行；若试验结果恶，则选举制不免于推翻，故此次之选举制能否永久实行，其责任纯放在各位身上。"①

县长、县议员选举完成后，省自治走到了最关键一步：制定省宪法。先是在 6 月 10 日完成《广东省自治根本法》的起草，作为省宪法的初稿。12 月 19 日，省议会正式通过《广东省宪法草案》，全文共 135 条，分为 15 章。其中，每年省预算不能超过十分之三用在军事上，而最少要有十分之二为教育经费，以支持全省强制性的六年小学教育；规定县长、县议员由公民直接选举；规定公民有劳动权，凡有能力而失业者，得享受之，如公立平民工厂及职工介绍所之类是；规定公民有要求特别保护劳工之权，因工人、雇主发生利害冲突时，多属工人失败，故应特为保护。凡此都是广东省宪草案中的亮点。

不过，省宪草案虽然获得通过，却始终未正式颁布实施，当时政治形势，参伍错综，危机四伏。孙中山驻节桂林，北伐在即，而陈炯明坚持联省自治主张，不肯配合北伐。对孙、陈关系，舆论咸悲观研判："若双方坚持，将必有决裂之一日矣。"②

除县长选举，讼案纷呈外，市参事会的选举，同样成为重大的法律案件。在原来的市政设计中，为体现民治精神，设立参事会，代替市议会的功能。但只闻楼梯响，不见人下来。因为宣传教育不足，民众对这个机构并无认识，对 20 个民选候选人，也不了解。原定 1921 年 6 月 1 日投票，但直至 4 月 20 日停止登记投票日，只有 2.6 万人登记，占合资格选民不过十分之一。

选举之后，被指弊案丛生，有些甚至非常离谱，其中有个候选人竟然得了

---

① 陈炯明：《对广东新县长的训词》。载《陈炯明集》下卷，第 704 页。中山大学出版社 1998 年版。

② 《陈炯明赞成联省自治之经过情形》。载香港《华字日报》1921 年 9 月 2 日。

3万张票，引起舆论哗然，坊间哄笑。^①万众瞩目的民主试验，再度蒙上阴影。《申报》尖锐批评："当市参事员开始选举时，一般市民，均莫明真相，且乏选举兴味，乃举此重要之选举权而放弃之，而选举委员会，又不自为政，委其权于各区，付其责于事务员，以为倘有弊端发生，可以分谤也。各区长乘此机会，乃与事务员联络，运动包办，无所不为。"

弊案曝光后，古应芬与孙科，都主张推翻结果重选，以正视听，挽回市民信心。高等审判厅判决："6月1日当选之市参事员，应宣告无效，经费归被告人负担。"《申报》记者百感交集："当举办之初，粤人均抱有绝大之希望，以为直接民治，此其始基，且可以觇国民之程度，乃未几而十名之参事员呱呱堕地矣，始试啼声，知非英物，于是而选举诉讼发生矣，而判决无效矣，此代表市民之参事员，忽而产生，忽而夭折，变幻无常，有类儿戏，此真可笑可哭之事也。"^②

重选的日子，定在9月1日。由于殷鉴不远，选举委员会加强了防弊措施。报纸说："查此次市选举委员会对于防弊办法，颇为严密，所有选举区原有选民名册，一律先期加给封条封好，而各该区监察选举人员亦于8月31号晚始行委出，以期缜密。大约此次选举但有四五百票可获选。"^③

首次普选试验，虽然有种种失误，但也展现了一些值得期待之处，一些妇女团体号召女性去投票，并要求在参事会中，有一席之地。历史学者说："广州市妇女对政治的兴趣，可以追溯到胡汉民担任都督的时候，他允许妇女参加省议会议员的竞选，陈炯明也鼓励妇女参加政治。"^④反映了女性意识的觉醒。

参事会至1922年1月13日才正式成立，主席钟荣光，副主席霍芝庭，俨然扮演起广州市历史上第一个代议机关的角色。可惜，由于缺乏完备的制度，大家对参政议政，虽有心而不知如何措手。参事会成立数月，竟一次会也没开过。1923年，钟荣光辞去主席一职，这个先天不足的参事会，被束之高阁，

---

① 赖泽涵：《孙科与广州市政建设》。载（中国台湾）《传记文学》第33卷，第4期。1978年10月。

② 《广州之市选举潮》。载《申报》1921年6月24日。

③ 《市选举之慎重》。载香港《华字日报》1921年9月2日。

④ 赖泽涵：《孙科与广州市政建设》。载（中国台湾）《传记文学》第33卷，第4期。1978年10月。

1924 年基本处于冬眠状态。1925 年，广州市市政委员会成立，参事会便无疾而终了。

政府与议会中人，不少都有留学欧美的经历，一肚子洋墨水，西方的法学教材、法律条文、制度设计，背得滚瓜烂熟，要照本宣科，搬字过纸，并非难事，但如何在这片有两千年皇权专制的土地上，建构坚实可靠的本土法律体系，让法治精神真正生根发芽，长成擎天大树，才是第一难事。

市政厅成立后，制定与颁布了《广州市暂行条例》《广州市市选举条例》《广州市民产保护条例》《广州市临时检疫规则》《广州市清理全市濠涌章程》《广州市保护人行道树木规则》《广州市建筑骑楼简章》等一系列条例、规则、章程，从如何整顿市容卫生，到如何保护人行道绿化，从规范政府行为，到规范民间生活，应有尽有。然而，政治文明的衡量标准，并不是看政府公布了多少法律条文，而是看市民有没有参与制定这些法律，法律制定后有没有得到充分的尊重与公正执行。1921 年的《广州市改良铺底顶手习惯条例》制定过程，便充分反映了官民博弈的重要性与复杂性。

在拆城筑路的工程中，涉及大量房屋拆迁问题，最难解决的是铺底权纠纷，市政公所时代，曾打算取消铺底，但遭到商界强烈反对，悬而未决。市政厅成立后，孙科 3 月邀请总商会、粤商研究社开会，讨论铺底权问题，打算通过立例，彻底解决。市政厅和高审厅认为，铺底权妨碍政府收入，因为业主不得随意加租，必定影响政府契税收入；铺底权没有限制店家顶手转让，损害了业主的利益；铺底费用开支是虚耗资本，若废除可减轻商家负担；一旦店家倒闭，即使没收铺底，也弥补不了业主损失。如此等等，列了一堆理由，其实最主要还是第一条。政府指铺底顶手是造成产权不清、一田两主的"恶习惯"，必须废止。但商人们却不以为然，他们认为，由于铺底权的存在，业主不得随意收铺，不得随意加租，这是维系商业稳定的重要支柱，广州没有出现香港那样的"炒铺"现象，正是铺底权在起作用。如果政府坚持要消灭铺底，就没什么好谈的了。

双方一直拖到 5 月才正式开会。在会上，高审厅把《广州市改良铺底顶手习惯条例》摆到桌面，希望商界接受。商界愤然拒绝，政府未与商界讨论，自行拟定条例，根本就是漠视民意，造成事实，逼商界咽下去，所以坚决不予承认。尤其令商人反感的，是政府规定要征收铺底顶手登记费，铺客要领取财政局发的执照，才算合法，执照费用是铺底顶手费的 4%。这笔钱，一半入省库，一半归市政厅作行政经费。① 但交了钱不等于保住铺底，最终目标，还是要消灭铺底。商人认为损失太大，对商业影响过巨。

会后，各行商、各街坊纷纷聚会，研究反对办法。粤商维持公安会致函市政厅和省长公署，表明商界立场。全市商店公推代表，赴省长公署，请求撤销条例。但省长公署认为条例还在讨论之中，可以修改，但拒绝撤销。

商人组织起"铺底研究会"和"维持铺底集议总所"等团体，代表商民发声。香港《华字日报》，以《讨论铺底顶手办法》《反对改良铺底讨论会舆论》《总商会否认与议铺底条例》《各街商店筹议维持铺底续闻》《维持铺底会之进行》《广州市全体铺客大集议》《商人否认铺底权为恶习惯》等系列报道，全程追踪抗争过程。

当时陈炯明率军援桂，总商会派出代表，水陆兼程，到南宁与陈炯明见面，表达意见。陈炯明劝大家少安毋躁，"如有不服，尽可研究妥善，总要主客两不偏枯。但无论如何，必要予核准，方可执行。吾商民不必惊惶。"他又说，"孙市长人极和平，必有转圜。"② 但商人认为陈炯明态度含糊，有官官相护的意思，因此十分不满，呼吁全体罢市，这场风波越闹越大，几不可收拾。

在强大民意的压力下，市政厅和高审厅最终表示让步，修改了条例，1921年 12 月公布了新版的《广州市清理铺底顶手办法》，删除了消灭铺底的条文，只要商人缴纳了铺底登记费，政府即承认铺底权的合法性。铺底研究会随即召开商界大会讨论，两百多人到会，众说纷纭，各抒己见。讨论结果，除了几处小修改外，大体上接受了新办法。长达九个月的博弈，得到一个双方都能接受的结果。

政府与民间的争拗，大都是围绕着一个"钱"字，政府为解决财政困难，绞尽脑汁，推出的种种政策，无不是为了开源。而民间的反抗，往往也是为

① 《总商会否认与议铺底条例》。载香港《华字日报》1921 年 10 月 4 日。
② 陈炯明：《在南宁与广州总商会代表的谈话》。载《陈炯明集》下卷，第 692 页。中山大学出版社 1998 年版。

了保护自身权益免受侵害，并非专与政府为敌。双方都有自己的目标或利益诉求，在一定的规则之下，提出对自己最为有利或最为合理的方案，经过反复讨论磨合，找到双方利益的平衡点：商人保住了铺底权，政府保住了财政收入。

为了在市民中培养法律意识，增加法律的透明度，1922 年高审厅创办了《司法日刊》，编辑部设在第七甫，由地审厅厅长、庭长、推事担任编辑，刊登司法公文、论载、主文、批语、判词、告白、杂录等。所有登记和买卖的法律行为，一律要在该刊告白，才被认为是合法证据。市民的不动产登记和铺底登记，也必须在该刊登载告白，在其他报纸刊登无效。这一规定，引起报界反弹，因为这类广告，是报纸的重要收入之一，市报界公会向省长公署指控高审厅垄断广告生意，与民争利。几经协调，最后同意市民在报纸刊登广告，亦一样具有法律效力。

这类官民博弈事件，在 20 世纪 20 年代的广州，层出不穷，文明社会，理应如此，没有反倒是不正常了。1921 年的广州，有 151 家律师楼，[①] 律师们整天奔走在地检厅、地审厅和各大报馆之间，忙个不停，他们的社会影响力，随着社会活跃度，与日俱增。公司、商店有事都请律师，甚至连政府机关也聘请律师。《民刑诉状汇编》一类图书，在报纸上大卖广告："凡法官、律师、法政学生及诉讼当事人，固当奉为金科玉律，即属公民亦每人手一编，增进法律之知识，以养成法治国国民之资格。"[②]

---

① 慈航编《广州指南》卷七，第 3～4 页。上海新华书局 1919 年版。
② 《广告》。载《广州民国日报》1923 年 8 月 1 日。

陈独秀的教育改革

在城市近代化转型中，教育的意义，举足轻重，尤其是平民教育的推广，决定着城市社会道德与文明的发展水平。从数量上看，1921 年的广州，虽有 145 所国民学校，属于市立的有 45 所；72 所高等小学，属于市立的有 17 所；此外有市立的乙种实业学校一所，甲种实业学校一所，师范学校一所。[1] 另外还有各种旧式私立学校、教会教育机构、专科学校、职业训练所等。但这个数量，对一个 70 万人的城市来说，并不足够。现存的学校中，因为经费缺乏，不少三天打鱼、两天晒网的。1921 年 1 月，《申报》刊登了一则令人心酸的消息："（广州）公立学校之教员，因已六七个月未获薪俸，议罢课索要。"[2]

陈炯明在漳州时就指出："国家根本在夫国民，国民良否视乎教育。"[3] 回粤之初，便发布了一系列关于教育的命令，包括《保护学校布告》，禁止军队占用学校；《饬广东高等师范学校实行男女同校令》，实行男女同校，受同等教育；批准学生赴外国考察教育；为女子职业学校发起募捐；饬广东省公路处筹划西南大学校址；等等。

在 1920 年 11 月 20 日的广东学界欢迎会上，陈炯明说："现在粤省教育未称完善，仅属于一种机械的教育。然吾国教育，原师日本，而日本转宗德国。德之与日，皆为君主政体，与我中华民国，极不适用。"他回顾在晚清的广东教育，张之洞是一名代表人物，"张系官僚派，以帝制眼光为施教育的方略，其结果安有不成为机械教育。"他认为教育改革必须全体参与不可，呼吁学生"须具有自己改造自己的观念，万不宜任人改革，自享其成。凡应改革之事，

---

① 黄炎培：《一岁之广州市》，第 65 页。商务印书馆 1922 年版。
② 《广东之学商界》。载《申报》1921 年 1 月 29 日。
③ 陈炯明：《召集教育会议通令》。载《陈炯明集》上卷，第 446 页。中山大学出版社 1998 年版。

自己深为悟会，断不能任人为隔靴搔痒之改革也"。他承诺"或聘法、美大教育家与国内贤豪来广东，从根本上讨论研究"，以收实效。①

聘请法国、美国大教育家，一时未易实现，而在国内贤豪中，陈炯明邀请新文化运动旗手陈独秀，出任广东省教育委员会委员长，主持全省教育。同时获邀的还有戴季陶、吴敬恒二人，但他们都没有接受。陈独秀对漳州时期的陈炯明，颇有好感，于是提出三项要求，只要陈炯明答应，他便接受邀请：一、教育独立，不受行政干涉；二、以广东全省收入十分之一拨充教育经费；三、行政措施与教育所提倡之学说作同一之趋势。陈炯明一概照准。②1920 年 12 月 25 日，陈独秀便带着三尺书囊，从上海来到了广州。

陈炯明与日本记者谈话时表示，教育将采取自治主义，"除已准备西南大学之成立外，又筹设各种专门学校，改革中学制度。广西派时代一年之教育费不过七八万元，予于明年之预算中，已定教育费为三百五十万元"。③他想做的事情很多，包括推行义务教育，扩充师范教育，实行男女平等教育，推行平民教育，办一所真正的大学等。

但理想与现实间，往往有一道飞不过去的鸿沟。

1921 年 2 月 14 日，省政府公布陈独秀主持起草的《全省教育委员会组织法》，实行以合议制的委员会代替旧制的省教育厅。3 月 8 日，教育委员会正式成立，政务委员 8 人，4 人由省长委任，4 人由全省大学校长、各专门学校、师范学校校长及大学教授互选产生。另有若干名事务委员。委员长由全体委员互选产生。委员及委员长均任期一年，可以连任，委员长必须兼任大学校长。第一任委员长由省长聘请陈独秀担任（兼大学预科校长），以后按组织法选举产生。负责编定全省教育制度，检查全省教育成绩及监督进行，掌管教育经费及办理预算决算，任免省立教育机关的人员。

陈独秀寄寓太平沙，经常到高第街素波巷，与同志聚会，讨论问题。1921年 3 月，广州共产主义小组在素波巷正式建立，陈独秀任书记，不久由谭平山

---

① 陈炯明：《在广东学界欢迎会上的讲话》。载《陈炯明集》上卷，第 514～516 页。中山大学出版社 1998 年版。

② 引自朱洪：《陈独秀风雨人生》，第 109 页。湖北人民出版社 2004 年版。

③ 陈炯明：《与日本大阪〈朝日新闻〉驻粤记者太田氏的谈话》。载《陈炯明集》下卷，第 581 页。中山大学出版社 1998 年版。

继任，成员很快发展到有陈独秀、谭平山、陈公博、谭植棠、阮啸仙、刘尔
崧、周其鉴、杨匏安、张普铭等九人。陈独秀到广州后，风动全国的《新青
年》杂志，在上海被法租界查封，亦于1921年迁到广州城内大新旁边的昌兴
街，由陈独秀编辑的《新青年》八卷六号，当年4月1日在昌兴街出版，发表
了陈独秀的文章《新教育是什么》。

除《新青年》之外，由陈公博、谭平山、谭植棠等人主编的《广东群
报》，是陈独秀发表言论的主要阵地。从1月至7月，他在《广东群报》《新
青年》《民国日报》《曙光》杂志上，笔酣墨饱，连写数十篇文章，与安那其
主义者、研究系展开辩论。

陈独秀以一外来人身份，掌控了全省教育经费，引起本地教育界不少人
的妒忌。反对的声音，渐渐由弱转强，社会上出现攻击陈独秀的传单，《共和
报》刊登讽刺陈独秀的小说。3月3日，香港《华字日报》一篇文章称："据
某专门家、教育家所谈，粤人之伦理观念，实较强于各省，故办教育者，必须
道德纯洁，始足起一般社会之信仰。其次则为实学。今之谈新文化者，必以实
学为根底。若无实学，则最易沦于思想破产，而为智识阶级所轻视。今粤省改
良教育，应从此点入手云。"[1] 暗示陈独秀道德不够纯洁，缺乏实学根底，不
受广东教育界欢迎。

上海广肇公所发表讨陈檄文，大张挞伐："上海各报记载广东教育行政
委员陈独秀四处演说，主张百善以淫为首，万恶以孝为先。陈独秀身为教育行
政委员，敢倡此等邪说，留毒社会，贻害青年，非率人类为禽兽不止。诸公
爱乡念切，谅不坐视。务望主持公论，驱逐枭獍，勿使尔迹吾粤，不胜盼切之
至。"[2] 省议会也有一些议员，酝酿驱逐陈独秀出境的提案。

陈炯明力排众议，对陈独秀百般维护，一方面追查传单，要求《共和报》
停版，一方面亲自复电给上海广肇公所，公开辟谣："陈独秀先生当代教育大
家，道德高尚。现在改良粤省教育，倚畀方殷。沪报所载，系属谣传，请勿轻
信为盼。"[3]

---

① 《粤省教育之根本改革谈》。载香港《华字日报》1921年3月3日。
② 《旅沪粤侨电逐陈独秀》。载香港《华字日报》1921年3月17日。
③ 《陈炯明复广肇公所电》。载香港《华字日报》1921年3月18日。

在一次宴会上，陈炯明当众问陈独秀："外间说你组织什么'讨父团'，真有此事吗？"陈独秀回答："我的儿子有资格组织这一团体，我连参加的资格也没有，因为我自幼便是一个没有父亲的孩子。"①3月18日，陈独秀在《广东群报》上发表文章，愤然辟谣："我在广州各校的演说，众耳共听；各处的演说辞，回回都登在报上，众目共见；有无该报所谓禽兽学说……我们虽然不主张为人父母翁姑的专拿孝的名义来无理压迫子女儿媳底正当行为，却不曾反对子女儿媳孝敬父母翁姑，更不说孝是万恶之首，要去仇他……至于'百善淫为先'这句话，我想除了极不堪的政客，做淫小说的新闻记者，和姬妾众多的大腹贾以外，没有人肯主张罢！"②

5月，陈独秀以广东省教育经费延拨及省署屡次干涉教育事务等原因，提出辞呈。陈炯明亲自找他谈话，详细解释经费延拨的原因，并表示自己兴学的决心，声明无论经费如何困难，对于已批准的预算案，一定拨交。承诺省署于10日内，筹80万元以为开办编译局、宣讲所及第一师范之用，过两个月后，再陆续拨交20万元，作为筹备西南大学的经费。于是，陈独秀又留了下来。

这是一个不寻常的夏天。4月，非常国会在广州开会，选举孙中山为非常大总统。全国舆论，闹得沸沸扬扬。与此同时，陈独秀的教育改革，也在喧哗声中，稳步推进。他以省教育政务委员会名义，在高第街素波巷，创办"广东省立宣讲员养成所"。学校分专门班和普通班，专门班招收相当于中学毕业程度的学员，开设一般高等学校的课程，有哲学、教育学、伦理学、外国语等，一年毕业；普通班程度稍低，半年毕业。宣讲员养成所被列为广州中上七校之一。这所学校公开的办学目的，是培养通俗讲演、开启民智的宣讲人员，实际上是中共党组织在广东培养理论、宣传干部的学校。后来又创办"注音字母教导团"，讲解注音字母兼授马克思主义原理，主要吸收中小学教师来学习。宣讲员养成所先后由陈独秀、陈公博主持，由谭植棠任教导主任，谭平山、杨章甫、谭天度、邓瑞仁等人任教员。共产主义运动，渐有风来树摇之势。

当时陈炯明军次南宁，在他的后方，反对陈独秀的声音，喧嚣不已，但再

---

① 陈独秀：《实庵自传》。载《宇宙风》第51期。1937年11月11日。
② 陈独秀：《辟谣——告政学会诸人》。载《广东群报》1921年3月18日。

无人为陈独秀辩护了。身陷攻击旋涡的陈独秀，于9月引病请辞。陈炯明从广西驰电挽留，劝陈独秀："仍望以教育为重，当风独立，我做我事，不萌退志为要。至于一切障碍，我当能为委员会扫除之。"① 但陈独秀去意已决，以医治胃病为由，告了长假。陈炯明派人赶回广州挽留，而陈独秀已登上北归的轮船矣。

陈独秀在广州时间虽短，但为广东现代教育的转型，开了一个头。教育行政委员会、教育研究会、学务委员会等各种相关机构，相继成立；青年学生在开明老师鼓励下，举办演讲会、音乐会、游艺会、运动会、展览会；政府资助设立编译局、图书馆、阅报社；开办形形色色的劝学所、补习所、国文教授研究会、塾师参观会、贫民教养院、工人夜校等；并向私立学校派出监察员，以指导改良，确保教育质量。

官方在广州做过一项社会调查，当时全省人口总数约3100万，每年达到学龄的儿童，约有300多万，而失学者，竟在十分之九以上。② 广州的情况稍好，但在57328名学龄儿童中，也有31077人没有入学读书，③ 这个比例还是相当高的。尤其是教材陈旧，教育方法落后，教育人才缺乏，大部分旧式私立学校，还停留在私塾的水平。教育成为近代化转型的瓶颈之一。因此，实行强制性的义务教育，成为当务之急。

义务教育的计划，从1921年4月开始酝酿，教育局颁布《广州市施行义务教育暂行规程》，第一条即宣称："本规程以强迫学龄儿童之父母或其保护者履行其使学龄儿童就学之义务，俾儿童得共享生存发展上机会均等之权利为宗旨。"义务教育分三期进行。施行范围，以警察区域划分为12学区，1922年1月为第一期，在第三学区中，增设70个班，收容该区失学儿童；4月为第二期，在第一、二、四、十一区，增设113个班；9月为第三期，在其余各区，增设459个班。三期合计增设国民学校742个班，每个班42名学生，可把全

---

① 陈炯明：《复陈独秀电》。载《陈炯明集》下卷，第675页。中山大学出版社1998年版。

② 引自陈定炎：《陈竞存（炯明）先生年谱》。载"陈炯明研究中心"网站（已关闭）。

③ 黄炎培：《一岁之广州市》，第65页。商务印书馆1922年版。

部失学儿童都收进来。①

在一系列教育改革中，有一项创举，在中国教育史上，留下重要一笔。那就是采用了"六三三制"学制，即小学六年，初级中学三年，高级中学三年。这种学制，一直沿用至今，被实践证明具有很高的科学性。

学校课程，也进行了重大改革。以执信学校小学为例，课程包括修身（道德要旨、民国法制大意）、国文、算术、工艺、图书、唱歌、体操、理科（动植矿物大要、普通理化现象）、历史、地理、英文、国语等 12 个科目。国语从第四学年开始，英文则从第五学年开始。初中的三年课程，包括修身（处世待人之道，对国家、社会、家庭、自己、人类的责任，伦学大要，中西礼仪）、国文、数学、英文、历史、地理、理科、家政（女生）或手工（男生）、美术、音乐、体操等 11 个科目。高中的课程分为大学预科，家政科，师范科三种。大学预科三年的课程包括哲学（伦理学概要、心理学概要、哲学概要、社会学概要）、国文、数学（代数、平面几何、立体几何、三角、初级分析几何）、英文、历史、经济、法制（世界近代史、现代政治问题、经济学概要、法学通论）、博物理化（生物、物理、化学）、体操、德文或法文等十一个科目。

为推动男女受教育机会平等，广东教育委员会响应女界联合会呼吁，呈书陈炯明，主张大力发展女子教育："此后各校招生时，男女均可投考，同时各校均得延聘女子为职教员。女生满五十人以上，自愿入校寄宿者，得另设女生宿舍，准其入校寄宿。女生宿舍须用女舍监，并另定女生宿舍管理规则。"②

1922 年秋，政府在省教育会议事堂，开办市民大学，"以讲习日新之学术为宗旨，并留意人格之陶冶，以期市民德智兼进，无所偏废"。③ 这又是闻所未闻的新鲜事物。虽然不是正规大学，更像一个演讲台，每个"学期"约七周，邀请社会名流演讲，主题涵盖社会科学、法律、人文、医学、自然科学、工业、农业等各个领域。通常在晚上举行，方便人们利用工余时间来听讲。大学还设立评议会，负责审议学科设置、学科课程、学生管理、学生赏罚等事

① 黄炎培：《一岁之广州市》，第 65 页。商务印书馆 1922 年版。
② 《广东实行男女同校》。载《民国日报》1921 年 4 月 24 日。
③ 黄炎培：《一岁之广州市》，第 79 页。商务印书馆 1922 年版。

情，有规有矩，恭敬庄严，绝不是一个自由散漫的讲坛。

由于演讲者都是名重一时的人物，包括胡汉民、汪精卫、马君武、孙科等，反应非常热烈，涌来报名的人，踏破门槛。教育当局欢喜之余，又十分为难，只好进行"入校考试"，最后从数以千计的报名者中，录取约 800 名市民。本来还计划为妇女推出育婴、家教、妇女卫生等内容，可惜实在筹措不到资金，只好搁置。

教育改革最大的困难，人才缺乏是其一，经费缺乏又是其一。最令人唏嘘的例子，是广东高等师范学校。校长金曾澄，字湘帆，祖籍浙江绍兴，出生于广州高第街一个盐商家庭，曾留学日本广岛高等师范学校。辛亥革命爆发后，金曾澄在广东都督府任参事，管理全省教育行政事务。1912 年，两广优级师范学堂改办为广东高等师范学校，金曾澄出任校长。1915 年转任番禺县立师范学校校长。1917 年二度出任广东高等师范学校校长。

这次重返广东高师，却让他遭遇平生最大难题。1922 年，学校由于经费短缺，不仅拖欠老师薪水，连学生伙食也要断供，师生惶惶不可终日。金曾澄无计可施，被迫把自家房产抵押给银号，贷款支付教员欠薪和学生的伙食费，学校的日常开支，也是他自掏腰包解决，这样维持了将近一年，才使学校渡过难关。

教育界有志之士，往往心怀宏图愿景，却难为无米之炊。省立第一甲种工业学校，附设于广东工艺局，因经费严重短缺，以致各种教育设备，多未完备，理化器械更为缺乏，学生实习时，只能因陋就简，做做样子，教学质量自然无法保证。这事被省教育委员会上报到陈炯明处，认为对学生学业，大有妨碍，建议取消工艺局，所有工场和经费，拨归入工业学校，以资整顿。陈炯明立即照准，饬学校校长接收清楚，并由省教育委员会"督饬认真整顿，以期渐臻完善"。[①] 如果不是山穷水尽，何至于要牺牲工艺局，来挽救一所学校？

陈炯明对陈独秀全力支持。但以全省收入十分之一拨充教育经费的承诺，始终无法兑现。省财政收入，基本用于军事，尤其为应付援桂战争，罗掘俱

---

① 陈炯明：《准广东全省教育委员会呈请将工艺局归并工业学校令》。载《陈炯明集》下卷，第 610 页。中山大学出版社 1998 年版。

穷。市财政收入，大部分用于警察。1921 年的市财政预算是 1969996 元，公安局占了 1245024 元，教育局与其他四局分沾余沥，仅得 54 万余元。[①] 用于市立小学，补助私立学校又不够；用于通俗演讲，市民大学又短绌；筹办图书馆要钱，筹建劳工学校要钱，巡回教授要钱，巡回文库要钱，教育局本身的行政办公也要钱。十个坛子九个盖，怎么也盖不过来。

当一些人向陈炯明祝贺援桂胜利时，他黯然感叹："计出兵至今，耗费已达四百余万，尚未结束，究未知何日了止。劳军苦民，心实负疚，加以库帑空乏，亦不得不开抽杂税，重苦吾民。诸君何贺耶！"[②]

[①] 黄炎培：《一岁之广州市》，第 28～30 页。商务印书馆 1922 年版。

[②] 陈炯明：《与某军官谈话》。载《陈炯明集》下卷，第 669 页。中山大学出版社 1998 年版。

工人的声音响彻广州城

1919 年的广州街头，阳光普照，沿街搭起许多建筑的棚架，一幢幢高耸云端的楼房，正在兴建之中；汽车、人力车仔，在马路穿梭奔驰；百货公司的门前，花团锦簇的男女，来来往往，荡漾着欢声笑语。这时，一个青年在人群中徜徉，他睁着好奇的双眼，东张西望，不过，他并不是在看高楼与汽车，也不是欣赏满街的锦衣绣袄，而是盯着来往行人的双脚，盯着他们脚上的袜子。

青年的名字叫李宇峰，东莞云山乡人，宣统二年（1910 年）就来到广州，在均安银号做杂工，从给老板斟茶递水、扫地抹桌开始做起，五年后升为帮柜。很多人会以此满足，但李宇峰在广州见识广了，总想干出一番事业。他的父亲在安南做百货店生意，赚了一点钱，他想用这些钱开一家工厂，专门生产袜子。

李宇峰是做过市场调查的，1912 年至 1918 年间，广州每年要进口 10 万打洋袜子。[1] 这块肥肉，早被国内商人盯上了。宣统三年（1911 年），亚通机器织布厂在广州投产，拥有日本丰田电动织布机 100 台，这是广东第一家使用现代机器织布的工厂。1912 年，振兴、亚兴、华兴等多家针织厂，相继开业，加入竞争。1915 年，广州汗衫内衣总产值达 28.88 万银圆，居全国首位；袜子总产值，亦达 27.02 万银圆，居全国第二位。1918 年，广州有 1000 多家织布厂，手织机 3 万多台。[2] 坊间竹枝词是这么写的："土布人家有梭织，女工岁月讵蹉跎。年来一事犹堪慰，丝袜通行国货多。"作者注释："丝袜本始西洋，粤

---

① 引自黄碧琴：《近代外贸与广州民族资本工业的发展》。载广州社科院编《近代广州外贸研究》，第 232 页。科学普及出版社广州分社 1987 年版。
② 《广州市志》第 5 卷，上册，第 329、334 页。广州出版社 1998 年版。

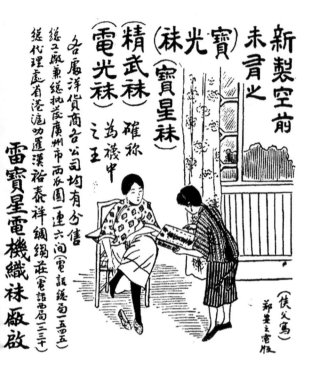

当年的袜子广告

人多喜丝袜。近日省垣袜厂纷起，半是女工。女子职业有当焉。"①

　　袜子市场虽大，竞争也激烈，尤其 1919 年以后，提倡国货，加入这个行业的人，越来越多，李宇峰就是其中之一。初生牛犊不畏虎，凭着一腔热情，李宇峰在广州长寿西路永华坊创办"李裕兴织造厂"，以"黑妹"为注册商标，专做织袜。由于注重花色品种和质量，黑妹牌线仔袜销路畅旺。扩筑马路后，工厂迁到华贵路，生意再上一层楼。

　　1919 年是国产机织袜子的反攻年，夺回了大部分市场份额，这年的进口洋袜子，跌去七成，只剩下 3 万打。②在林林总总的国产男女棉线袜、羊毛袜、人造丝袜和真丝袜中，就有李宇峰的"黑妹"牌袜子。

　　李宇峰的经营手法，并不是包揽袜子生产的全流程，而是专注于织袜，染整交给别的厂加工，最后自己包装销售。广州的染整业，从同治十年（1871年）的万昌隆染坊发展起来，到辛亥革命前夕，已有近百家染坊，500 多名工人。1919 年，泰盛布厂购买了电动卷染机，从德国引进了八筒大型轧光机、双幅码布机、烘干机、拉毛机等设备，成为全省最先使用机械染色的染厂和华南地区最大的染整厂。1923 年，泰盛染布厂投产全国首创的"阴丹士林布"，随后又生产出"加乌斜布"，用士林染料打底、硫化元青套面，其特点是越洗越

① 胡子晋：《广州竹枝词》。载雷梦水等编《中华竹枝词》第 4 册，第 2916 页。北京古籍出版社 1997 年版。
② 引自黄碧琴：《近代外贸与广州民族资本工业的发展》。载广州社科院编《近代广州外贸研究》，第 232 页。科学普及出版社广州分社 1987 年版。

漂亮，被市民称为"落水娇"。①

　　李宇峰的经历，就像一滴小水珠，折射出时代的洪波。像他这样，光着双脚从农村走到了大城市，从店员变成老板的故事，在广州多不胜数。他们被工商业的利润吸引而来，坚信在城市创造的财富，要比在农村高得多，他们宁愿卖掉祖宗的田地，也要买机器。李宇峰后来就是把家里的田卖掉，来扩充他的工厂的。在一个正急剧转型的时代，没有什么比"卖爷田，买机器"更具象征意义的了。

　　在诗书路上有一条铁炉巷。清初平南王、靖南王占据广州后，在城里设了两个专门铸造兵器的铁局，一个在六榕路铁局巷，另一个就在铁炉巷。有一个从关东随军南下的铁匠庞秉权，工艺纯熟高明，打造的刀枪兵器，锋利无比，刀室鞘柄铸有鎏银团鹤纹，玲珑浮凸，精妙绝伦，是收藏家眼中的珍品。史书没有记载，这个北方铁匠在广州有没有收徒弟，但两百多年后，在他那个早已消失的打铁工厂四周，仍聚集着无数能工巧匠，形成了广州的五金行业中心。

　　清末民初，大量洋铁、洋钉、洋针等金属制品涌入中国，对中国传统制造业形成巨大冲击。以铁钉而言，传统的铁钉是方形的，但自从圆形洋钉进口后，方钉的市场被抢夺一空。迫使广州的五金制造业急谋对策。城墙拆除后，开辟了大德路，沿街兴建骑楼，被政府列为丙等骑楼街，几年时间，这里就变成了一条商铺林立的五金铁器专业街，铅铜铁制品业户就有长泰、和兴、全兴隆、源发、海长春、正利以及八达螺丝厂、泗元剪铁店、广利拉丝店、生隆铁工厂等十几家，大部分是前店后厂，生产和销售锁、滚珠、轴承、弹簧、钉、锯条等五金制品；焊铁焊锡，焊铜煲锑煲；收购废钢铁、废有色金属。

　　四乡农民都来采购镰刀、锄头、犁耙等农具；市内上千家牙雕、玉雕、木雕和金银首饰店的工匠，也在这里挑选雕刻工具；酒楼、茶楼、大小食肆的锅铲盆勺，都可以在大德路采购齐全；市民日常生活中用的五金制品、厨房铁制器皿，应有尽有。

────────────

① 《广州市志》第5卷，上册，第352页。广州出版社1998年版。

1921 年，长安金属制品厂在大德路开业。铁器作坊逐渐改用进口优质钢材，从学习国外工艺技术，模仿洋货做起，生产洋钉（圆铁钉）、洋镐（十字镐）、番铲（钢铲）、扳手、钳子等，除了在本地市场销售外，还销往东南亚各国。

在人们的记忆中，广州自古以来就是一座商业城市，工业几乎不值一提，有的也只是一些前店后厂的家庭作坊。但事实上，自清末自强运动以后，广州开始办工厂，从最初官营的黄埔船坞、广州机器局、广东缫丝局、广东钱局、广东矿务局、石井兵工厂、士敏土厂，到后来各种民营工厂，包括造船、船舶维修、机器制造、轧延、铸造、纺织、印刷、橡胶、粮食加工、制糖、卷烟、制革等，散布在从河北到河南，从黄埔到芳村各处。

光绪三十二年（1906 年）前后，广州地区约有三四十间机器厂，八间铸造厂。位于芳村大涌口的"协同和机器厂"，是辛亥革命那一年，由陈拔廷、陈沛霖和何渭文三人，筹集三万银圆创办而成，以开办米机起家，只有一台 17 英寸 60 匹马力的煤气机，碾米用的扑磨与横磨一套。1915 年，仿制 4 缸 44.3 千瓦两冲程热球式柴油机成功，奠定了协同和在广州机器制造业的地位。后来，它逐步发展出柴油机、碾米机、水泵、油泵、榨油设备、压缩机、煤气机等，成为华南最大的机器制造厂之一。

1914 年，南洋归侨凌建南自筹资金试轧铜片获得成功，开始使用机器压延加工有色金属，并于 1920 年创办大生铜厂股份有限公司，生产铜片和铜制品。

1915 年，广州商人邓凤墀和新加坡华侨陈玉波，在广州创办了"广东兄弟创制树胶公司"。这是广州最早的橡胶企业，也是中国第一家橡胶厂，最初以生产胶牙托和胶底鞋为主。由于有丰厚的利润，更多人迅速加入，到 1924 年，全市已有"冯强""祖光""怡怡"等 23 家橡胶厂。[①]

广州的制药业，一向发达。广东华侨众多，广药行销四海，凡有华人的地方，就有广药。创建于明万历二十八年（1600 年）的陈李济药厂，一开始就建在大南门己未牌坊脚，四百余年没有搬迁，一直忠实守护着广州城。坊间有一种说法，"北有同仁堂，南有陈李济"，其实"南陈"的历史，比"北同"还要长 69 年。陈李济生产膏、丹、丸、散、茶、油、酒、锭八大系列的药剂，

---

① 《广州市志》第 5 卷，下册，第 239、563 页。广州出版社 1998 年版。

其中琥珀抱龙丸、追风苏合丸、全鹿滋肾丸、附子理中丸，用蜡包裹，人称"广丸"，名满杏林。相传大清同治皇帝患风寒腹痛吐泻，也是吃了陈李济的药丸，霍然而愈，因此敕赐"杏和堂"三字，以示表彰。

在桨栏街、宝华路、杉木栏和十三行一带，密集的药铺，门连户接，连绵不绝，梁财信、敬修堂、保滋堂、集兰堂、王老吉、马百良、唐拾义、橘香斋、李众胜、潘高寿、鹿芝林、元生堂、兆民安、大金堂、广生堂、宝华堂、天好堂等招牌，让人目不暇接。它们大都是医药合一，前店后厂，铺面出售熟药，郎中坐堂问诊，店后设工厂炮制药材和制作中成药。大凡丸、散、膏、丹、酒、水、茶、油，无不齐备。

随着西医的兴起，1918 年，几位雄心勃勃的华侨，在一德路创办安亚制药厂，生产环球牌西药，包括酊剂、片剂和注射针剂等，要填补国产西药的空白。可惜机器、技术不及外国，质量没有进口西药稳定，包装也不如别人精美，最后不得不放弃生产，转为代理西药。

西医越普及，医用棉花、绷带、敷料等各种卫生材料，需求量也越大。从日本东京工业大学留学归来的陆顺天，痛感早期的卫生材料都是从日本和欧洲进口，决心改变这种状况。1923 年 9 月 23 日，他创办的新民敷料厂，在光塔路仙邻巷开工。这是华南地区第一家敷料生产企业。工厂规模很小，设备简陋，只有弹棉机、脱脂锅（实际就是敞口大铁锅）、脱水机各一台。工人把棉花弹松，放在铁锅里蒸煮脱脂，捞起来再脱水，然后拿到太阳底下晒干。华南地区第一个敷料品牌——"光塔牌"医用棉花，就这样诞生了。最初月产量只有 150～250 公斤，供给私人诊所和店铺。一个庞大的医疗用品生产行业，就从这轻如鸿毛的药用棉花起步了。

工业的发展，给这座商业之城，带来了新的面貌与气质。五四运动后，平民大觉醒，工人开始登上历史舞台。工人这个概念，十分宽广，所有靠薪资养家糊口的，都属工人，无论他是码头苦力，还是商铺店员，无论他来自航运、邮政、电报电话、电力、铁路、自来水、金融、医院行业，还是来自茶楼、酒家、商店、戏院，或是个体手工业者，七十二行，无所不包，以前他们被称为"西家"，现在有了一个新的名字，叫作"工人阶级"。

1921 年，广州已建立了工人合助社、广东总工会、广州市工团总会等数十个工团组织，加上未立案的，不下 130 多个。^①从它们的名称，可知工人队伍之庞大。这些工团组织有：代运盐行工会、广东晒莨工会、机器互团俱乐部、机器研艺俱乐部、白铁工会、广东土墨工会、洋务油漆工会、报界公会、派报总工会、广州辗谷工会、广州丸散工会、广东打包工会、机纺业信工会、杉木开料贯抖工会、广州女伶互助研究社、八和会馆、广州铁路车务同业公会、广东花梨酸枝工业联合总会、木料镜妆广义工会、广州酒业工会、洋服同研工会、彩瓷工会、木箱联合工会、粉面茶馆工会、广州市金木行工会、广东铸制铜器坭模工会、广州制造铜盘工会、电力工会、洗衣工会、广州车衣工会、广州土布同业公会、广州书籍西家行、广州土木建筑工会、白铁工会、机纺昭信工会、广州铜铁工会、料香工会、广州钟表工会等。

无论前清朝廷，还是民国政府，对各种民间组织参与政治，争取权益，一般都能宽容对待。陈独秀主持广东教育委员会期间，创办了机器工人夜校，从识字开始，逐步开启民智。一份由共产党主办的工人小报《劳动声》，也在广州创刊。陈炯明很支持工人夜校，在财政极度困难之下，仍拨巨款赞助成立广东机器总会。

俄国革命的成功，对世界工人运动，是一个巨大的刺激。1918 年以后，芬兰、奥地利、德国、匈牙利，相继爆发工人革命。德国各个城市，出现了模仿苏联的工人士兵委员会，甚至建立了巴维里亚苏维埃组织；土耳其爆发民族革命；意大利工人在"社会主义万岁"的口号下，接管了一些工厂；自称代表工人阶级的英国工党，在选举中异军突起，1924 年成立了第一个工党内阁。这股左翼浪潮，迅速波及亚洲。1918 年日本的"米荒运动"和 1919 年朝鲜的"高丽暴动"，是其在远东的折射投影。

直到五四运动之前，中国的工人运动都是零星的、分散的，无论从规模还是性质上看，均乏善可陈；工人组织也大都停留在行会的古老形式上，几乎还没有现代意义的工会组织。孙中山领导下的护法军政府，指导工人运动，以八大原则为奋斗目标：一、扶植工会组织；二、规定工时标准；三、提议增加工

① 黄炎培：《一岁之广州市》，第 53～59 页。商务印书馆 1922 年版。

资；四、倡导工人福利；五、培植工人教育；六、培养政治认识；七、确认劳资合作；八、协助罢工运动。[①]1921 年 5 月，孙中山就任非常大总统，在总工会的演讲中，热情洋溢地说："余愿为你们工人的总统！"令工人热血沸腾，把这句话做成牌匾，悬挂在总工会会堂，以资纪念。

　　然而，中国共产党的工运领袖邓中夏认为，这种以加工资、谋福利为目的的工人运动，还处于幼稚阶段，他在《中国职工运动简史》一书中指出："首先说到孙中山领导下的工人团体，简直不能算作工会。"充其量只属于"行会工会的'欧化'"而已。比如机器工会，不过是"广州办理市政的资本家，利用他们从南洋群岛招来的技术工人组织成的，为的是好和其他的资本家抢生意"；又比如"华侨工业联合会和手工业者组织的广东总工会，都还不是阶级的工会"。[②]

　　尽管还不是"阶级的工会"，但在工会领导下，工潮却此起彼伏。政府支持各个行业组织工会社团，让工人有集体谈判权，但这样做是有代价的，那就是劳资纠纷增多，解决难度加大，耗费大量社会公共资源，降低了政府的行政效率。公平与效率，往往是一道艰难的选择题，考验政府的政治智慧。

　　1920 年 4 月，香港机器工人发生大罢工，得到广东机器工人的积极支持。广州市政厅特别助理马超俊追述："广东机器工人，为援助返穗工人，特设总务、财政、交际、纠察、情报、翻译等处，分司其事，秩序井然。"[③]这种秩序井然，是以广州商界、工界、慈善界以及广大市民，付出巨量的人力物力为后援，香港机器工人与资方展开谈判，才能够矢志不摇，立场坚定，卒由港府华民政务司出面调停，将工人工资增加 3.25 成，坚持了 25 天的罢工，胜利结束。

　　受到香港机器工人罢工的鼓舞，1921 年 5 月下旬，广州机器工人也向资方提出缩短工作时间和增加工资的要求，被资方拒绝。长期以来，广州机器工人每天工作时间，长达十几个小时，而工钱却只有二三角洋钱。机器工人三番请愿，均不得要领，于是酝酿实行总罢工。在工人的请愿书中说："窃维近日社

---

① 《马超俊先生访问记录》，第 40 页。（中国台湾）"中央研究院"近代史研究所口述历史丛书第 37 辑。

② 邓中夏：《中国职工运动简史》，第 10～11 页。人民出版社 1953 年版。

③ 《马超俊先生访问记录》，第 42 页。（中国台湾）"中央研究院"近代史研究所口述历史丛书第 37 辑。

会主义倡行，平民政策实现，敝工人感受世界最新空气，觉祖孙父子积数十年所受资本家之刻酷待遇，极为不平，亟应改革。"①可见此次罢工，实为平民运动勃兴的结果。

劳资双方都向省长求助。陈炯明希望在出师援桂之前，先妥善解决工潮问题。5月30日下午，陈炯明邀请11名资方代表和16名工人代表，到公署协商解决办法。陈炯明首先发言："顷闻机器工人因要求增加工值和减少作工时间事，拟实行罢工。现当时局不靖，广西军阀陈炳焜等方大举谋我，各路局、各工厂，均与时局极有关系。若一日罢工，则交通阻塞，接济艰难，必为桂贼所乘，于粤省大局实非常危险。"今日省长请双方到场，目的是"务使双方各得其平，而罢工风潮，不至出现"。

劳资双方各自陈述立场。陈炯明提出初步意见，请大家讨论：一、工资未满五毫者加四，五毫至一元者加三，一元至二元者加二，二元以上者加一。二、规定每日食费二毫，作工时间九时。三、各路局及商办作工时刻，原定八时者照旧。四、国庆日及休假日停工，仍给工资八折。五、休假日作工工资以一日半算。②

资方代表初时只同意将工作时间减到每天10小时，工资一律照原价加一，星期天照常上班，无例假休息。陈炯明再建议，例假日可以减去武昌起义纪念日，与双十国庆合并，另外再减去万国和平日和五月节共三天。但星期天要让工人休息，工资八折计算。

资方表示要回去商量后才能决定，但一拖再拖，不作明确答复，并扬言工作时间不能再减，以致再次激起工人愤怒情绪，随即召开大会，认为八小时工作制是国际劳动同盟所定，省长也已同意，必须力争到底。6月5日，一万多名机器工人宣布罢工。粤汉、广九、广三铁路的机工一致响应。

6月8日，陈炯明第二次邀请劳资双方到公署谈判。资方派了五名代表，劳方仍然是16名代表。双方激烈争吵，互不让步。陈炯明再次提出调解办法：一、作工时刻定为九时。原定八时者仍旧。二、每年例假日定为八日，照给

---

① 《省长请机器工人谈话》。载香港《华字日报》1921年6月2日。
② 陈炯明：《与广州各机器厂东西家代表的谈话》。载《陈炯明集》下卷，第620～621页。中山大学出版社1998年版。

工资。星期日休息，不给工资。如开工，则以双工计。三、工价拟定五毫以下者加四，五毫以上至一元者加三，一元以上至二元者加二，二元以上者一律加一。各公用机构，如铁路、电力公司、自来水局、造币厂、士敏土厂等，一律遵守以上办法。

大家对第一条都无异议，但资方主张另订工作细则，才能照办。劳方代表则说，他们还要向同业报告。第二、第三条，双方都有不同意见，但最基本的九小时工作制，已达成共识，其他例假日问题，可从长计议。工人同意在 6 月 13 日复工。一场偌大风潮，和平解决。陈炯明随即下令，如再有人"鼓吹煽惑罢工及耸动工人为法外之行动者"，一律拘捕惩办，决不姑宽。①

在文明社会，各个阶层都有代表自身利益方发言的权利，都有参与制定公共政策的机会，劳资关系，不是你死我活的零和博弈，经过谈判协调，互相作出妥协，是有可能达至双赢的。从这次劳资纠纷可见，机器工会并没有被资本家操纵，在代表工人争取权益方面，还是敢于站出来发声，最终也达成了双方都接受的结果。

不久香港海员工人发生大罢工，十几万罢工工人回到广州，陈炯明热情欢迎他们。同意工人在广州设立办事处，作为罢工总指挥部，且拨出 10 万元给工人做罢工经费。在广东政府的调停之下，香港海员罢工大获胜利。

省港大罢工

---

① 陈炯明：《禁止罢工布告》。载《陈炯明集》下卷，第 631 页。中山大学出版社 1998 年版。

8月，中国劳动组合书记部南方分部在广州成立，谭平山、冯菊坡先后兼任南方分部主任。分部的主要工作，是在工人中开展宣传教育，改组旧工会，建立新工会，领导工人运动，以及受中国劳动组合书记部委托，负责第一次全国劳动大会在广州召开的筹备工作。9月，南方分部在广州玉华坊玉华中约设立"爱群通讯社"，并出版了《星期报》。10月，发动109个工会，通电拥护中国劳动组合书记部提出的《劳动法大纲》，响应劳动立法运动，吁请政府立即颁布执行。

1922年5月1日，为庆祝劳动节，广州所有工人团体，一律放假，举行舞龙舞狮大巡行。第一次全国劳动大会在广州召开，来自12个城市、100多个工会、27万会员的162名代表，为了四大目的，相聚于广州：一、纪念五一劳动节；二、融合并联络全国劳动界感情；三、讨论改良生活的问题；四、讨论各代表提案。邓中夏描述大会开幕前的盛况："5月1日，劳动大会全体代表偕同广州市工人群众数万人举行示威大游行，领头的一面大旗便是'中国劳动组合书记部'。巡行到第一公园，开大会，群众极为热烈。"[①]

在大会代表提出的议案中，除了减少工作时间，提高工资一类经济要求外，还包括劳动者的教育问题，劳动者的参政问题，劳动者的国家观念问题，劳动者的宗教信仰问题等。[②]在政治力量的介入与推动下，工人运动不再局限于单纯的经济诉求，而出现强烈的政治诉求。"劳动阶级胜利万岁""全世界无产阶级联合起来"的怒吼声，响彻天宇。

---

① 邓中夏：《中国职工运动简史》，第68页。人民出版社1953年版。
② 《工团对全国劳动大会提案》。载香港《华字日报》1922年5月3日。

政商博弈之后的商人短暂退场

广州社会阶层，以商人势力，最为源远流长，其通过商会、行会、善堂一类组织，凝聚人心，引领风向，是一股较为成熟的社会力量，在方兴未艾的平民运动中，展示其独特的地位与价值。五四运动以后，南北分裂，祸乱交兴，出于对现状的不满，联省自治的浪潮，席卷湖南、浙江、广东、四川、贵州等省。商人有较高文化程度，也有经济实力，对自治的诉求，也较其他阶层更强烈，"官之卫民，不如民之自卫"，成为一时流行的口号。

早在民国初年，由丝业巨商岑伯著、出口洋庄商人陈廉伯，联同郭仙舟、卢辅臣等商人，发起组织"粤商维持公安会"，由陈廉伯赞助 500 元开办费，在下九甫的锦纶堂正式办公，以商团名义，协助军政府维持省城秩序。公安会与商团，实则一套人马、两个名称，公安会是商团的核心领导机关。"二次革命"后，袁世凯对民间商团采取的是限制或取缔措施。这是商团受到来自政府的第一次严厉打压。但广州的绅商，没有屈服于政治压迫，与各省商团处于土崩瓦解的状态相反，广东商团依然顽强发展。

1919 年夏天，广东商团换届，陈廉伯当选商团长。陈廉伯，字朴庵，广东南海人，曾就读于香港皇仁书院，毕业后子承父业，担任广州昌栈丝庄经理，不久又当上英国汇丰银行广州分行买办，并发起创办广东保险公司。他较商团前任更富进取心，上任之初，即雄心勃勃地宣称，要把广东商团，变成"集商界优秀分子于一堂，而谋武装和平之助力"的有力团体。[①] 他的公室悬挂了一幅华盛顿的照片，俨然以美式民主为标矩。

为此，陈廉伯对商团进行了大改组，办起了商团体育会、商团俱乐部、商业学校，出版了《粤省商团月报》，挑选体魄灵健、文理通顺者，组建起商团

---

① 《团长宣言书》。载《粤省商团月报》第 1 期。1919 年 9 月。

陈廉伯公馆

模范队，进行严格军事训练，包括战术学、步兵操典、弹击、野外勤务、军制学、地形学、战史、战时国际公法、算术等学科项目，也包括基本演习、统剑术、军刀术、射击、体操、土工作业等术科项目。为了鼓舞士气，商团还成立军乐队，陈廉伯称："盖云中钟鼓，帐下琵琶，军乐足以壮军容，犹之音乐足以助文心耳。"[1]

商团在商户中建立起联防救火的系统，组织救火大队，训练消防队员，深入大街小巷、商场辐辏之地，宣传防火知识，参加救火行动。陈廉伯要求："务使消防事业于省河南北，星罗棋布。先事既可防维，临事自堪奏效，此消防队之推广不宜或缓者也。"[2]在大街上，可以见到荷枪实弹的商团队员，协助警察站岗，维持社会秩序，保护商场的安全；提倡国货，关心公益。各项事业，红红火火，备受各界好评。不断有新的店铺商号加入，只要把商团牌子钉在门口，连小偷也不敢光顾。

商团内部有一套民主程序，正、副团长由职员大会选举，成立评议会，其职权包括议决总团预决算、订立规章制度、纠举不称职的职员和破坏规约的团友等，建立会议事件的回避制度，议案表决制度。评会议议决的事项，交由团长执

---

① 《团长宣言书》。载《粤省商团月报》第 1 期。1919 年 9 月。
② 同上。

行，商团团长仅有执行之权。不难看出，商团已逐步发展为具有政治色彩的商人组织，在那个军阀混战的年代，独树一帜，仿佛是培训"民治社会"的学校。

一位商团成员回忆：

商人加入商团，名义上是协助警察维持治安，实际上是信不过警察，也信不过防军，"官之卫民，不如民之自卫"，是当时普遍存在的心理。早在辛亥革命后，由于治安不好，商民大量持枪自卫，而且枪支从来都不向官府登记，而是由商团签发枪照，对此政府不仅同意，甚至还予以特别优待。

商人的自卫组织后来声势加大了，1921年以后要求加入商团的人数越来越多，原有的枪支不够用，请求政府给照购入新械。与此同时，广州附近各处如佛山、顺德、九江、乐从以至江门各地与广州组织联团，也要求发枪。联团间架了专线电话，互相派队巡逻，乡与乡间，设有擂鼓，互通声气，虽也是维持治安，但俨然成为广州武装的性质了。[①]

商界本来一直是革命政府的支持者，但如今双方的感情，却日渐疏远，甚至敌对起来了。原因是频繁的战争，让商界的负担，已到了承受极限。1920年的政府开支为3600万元，军费占了1600万元，商界已叫苦连天了。粤军回粤后，商人对"粤人治粤"抱有美好期望，没想到援桂战争爆发，北伐又将开始，军费不减反升，1921年的政府开支为4100万元，军费为2300万元，超过了总开支的五成。财政厅报告写道："以北伐、援桂两役并兴，正税已绌，又禁绝烟赌，无大宗巨款以为挹注，遂致师不宿饱，祸起萧墙，一发莫收，变难复抑，可慨也已。"[②]

受到政治拖累最严重的，是广东中国银行的纸币，从1920年底开始，断崖式下跌。陈炯明本着"粤人治粤"的宗旨，只支持广东省银行的纸币，中国银行纸币，是中央银行货币，要维持也是中央银行的事，与广东无关。陈炯明直截了当表示："广东现为自主时期，本不应有此银行在粤，似无维持之必

---

① 《工商界老人回忆商团事变》。载《广州文史》第7辑，第66页。广东人民出版社1962年版。

② 广东省财政厅编《广东省财政纪实》第1编，第47页。（中国台湾）文海出版社印行。

要。"① 各征收机关，也一概拒绝商界以中行纸币缴纳的税捐。政府态度冷淡，加剧了商界对中行纸币的不信任，一方面哀哀吁求，请政府支持中行纸币，救商民于厄境，一方面却不断抛售中行纸币，形成了恶性循环，致使中行纸币跌跌不休。

北洋政府也对广东省银行进行打压。1921 年初，北洋政府财政部以广东铸造币成色不足为由，禁止粤币在各省流通，导致广东纸币，也一路狂跌。陈炯明归咎于军费过巨，他向商界解释："当余由漳州返粤在省时，纸币并未低折，但自去省后，廖仲恺任财政厅时，发行纸币一千万，余当竭力阻止，后以援桂出发南宁，中山辄以私人名义，将省行存库之数百万揭取，为北伐军饷之用，加以援桂之后，耗费军饷数百万，因此省库亏空颇巨。"② 据记者披露，这次战争造成军政费用积欠至千余万元，其中军费欠 800 万元，内务费欠 220 万元，司法费欠 20 余万元，教育费、海军费、议会经费各欠十余万元。③

援桂之后，孙中山希望马上发起北伐战争，直捣长江流域，统一中国。但陈炯明声称，他再也筹不到军费了，"民亦劳止，汔可小康"，不宜立即发起新的战争，而应实行裁军减饷，与民休息。对这种小富即安心态，孙中山十分鄙视，无论陈炯明是否支持，他的北伐意志，自始至终，异常坚定。南北报纸，纷纷以《孙陈发生恶感之确证》《孙陈意见之乖离》《孙文大唱北伐同党不附和》《孙陈大闹意见之骇闻》《疑云疑雨之粤局》等为题，大肆渲染广东局势的极凶险之象。

孙中山指出，陈炯明和他的"陈家军"，才是造成财政困境的元凶。他愤怒斥责："他们制造了许多纠纷，反对省银行钞票流通。虽然惠州和潮州的税收长期被他们扣压，但我仍如平时一样给各部队发饷；与此同时，他们有预谋地把从市场收来的当地银行钞票全部抛出，造成钞票逐日贬值。而且他们反复

① 陈炯明：《关于广东之中行纸币问题的谈话》。载《陈炯明集》上卷，第 525 页。中山大学出版社 1998 年版。
② 陈炯明：《在粤官商集议维持纸币会上的讲话》。载《陈炯明集》下卷，第 926 页。中山大学出版社 1998 年版。
③ 《国内专电·香港电》。载《申报》1922 年 1 月 5 日。

地向财厅要求专款，并强迫省行支付发行的钞票。"①

孙中山与陈炯明之间，一度建立起来的合作关系，彻底破裂。孙中山罢免陈炯明本兼各职。陈炯明愤然离开广州。1922 年 6 月 16 日，发生震惊中外的粤军兵变，驱逐孙中山，史称"六一六"事变。孙中山脱险登上军舰，指挥海军炮击广州，以示不屈不挠之精神。一时间地动山摇，火光四起。广州近代化进程的一段激情岁月，亦在隆隆炮声中，急遽地落下大幕，灯暗转场。

从孙、陈二人的政治理想来看，孙中山屡有支持自治的表示，而陈炯明也不绝对反对北伐，区别只在于：孙中山要先统一，后自治；而陈炯明要先自治，后统一。有历史学者认为，孙、陈关系破裂，主因是北伐，而北伐的筹饷，是触发决裂的重要根源。② 更有历史学者指出："北伐军饷所牵动的各项经济政治因素，都间接地影响了商人的政治动向。"③

商人夹在风高浪急的政治斗争缝隙里，不知所措，昨天还好好的一个广州，今日竟成虎狼之窟、阿鼻地狱。繁华街市，到处是颓垣败瓦，到处张贴着"本店被抢劫一空""暂停营业"的字条，到处是沙包砖石垒起的街垒，军人横行，耀武扬威。孙中山在军舰上饮食起居，发号施令，对抗粤军，一直坚持到 8 月，才离开广州，转赴上海。

经此一役，广州市内百业萧条，无辜市民，叫天不应，叫地不灵，报纸发出《市民无一不在恐惧之中》的哀叹："吾等人民则固日望其和平解决，然劫数或不可逃，奈何奈何！"④ 唯有在痛苦中苟延残喘。

1923 年 1 月，号称服从孙中山的滇桂联军，在滇军首领杨希闵与桂军首领刘震寰率领下，打着驱逐陈炯明的旗号，杀入广州，抢夺地盘。无心恋战的粤军，匆匆退往东江地区。陈炯明鼓吹数年的"粤人治粤"主张，至此完全破产。

① 《孙中山与陈炯明》。载《孙中山研究》第 1 册，第 401～402 页。广东人民出版社 1986 年版。
② 林能士：《从北伐经费问题试论陈炯明事变之原因》，载中国台湾大学编：《史学：传承与变迁学术研究讨论会论文集》，第 15 页。（中国台湾）中国台湾大学历史系 1998 年版。
③ 胡其瑞：《动荡与稳定的抉择》。载王美怡主编：《近代广州研究》第 1 辑，第 27 页。广东人民出版社 2013 年版。
④ 《市民无一不在恐惧之中》。载香港《华字日报》1922 年 7 月 5 日。

一夜之间，一百多支光怪陆离的讨贼军，像蝗虫大军一样，密布广州，为争夺兵工厂、造币厂、越秀山等地，大打出手。广州总商会、粤商维持公安会，在致军政当局的报告中，痛陈商民惨况："各店商居民，扶老携幼，含泪奔避，载道流离，省城数年来兵燹，未有受如此之惨。"①

滇桂联军进驻广州后，第一件事，就是重开赌业。曾被扫荡一空的番摊赌馆、地摊牛牌，忽如千树万树梨花开。据《申报》记者观察："东关，东门外之东皋、川龙口、东市街等处，合共开设地摊，约数十台，闹赌与博者，日夜不绝。南关，最热闹者为天字码头，该码头棚内摆设地摊牛牌等赌博约有五十余台，任人赴博，并无人守卫。自永汉路见之，只见该码头万头攒动，伏地围博，有如趁市。"西关亦不遑多让，黄沙车站、西濠口、西关戏院、长寿路、陈塘、荔枝湾等处，"均有开设番摊或地摊或设馆，均有人守卫，博者亦众"；北关的小北天官里口、马王庙内，"昨已开设番摊，门首高悬大光灯，白布门帘，至小北门外一带，刻亦陆续开设"；在河南堑口、海幢寺后，都有赌馆。②当年禁赌新政，今日荡然无存，真令广州市民欲哭无泪。

孙中山在上海委任胡汉民为广东省省长，许崇智为粤军总司令，魏邦平为广州卫戍司令。2月21日，孙中山经香港回到广州，设立"陆海军大元帅大本营"，复任大元帅。2月26日，孙科第二次出任广州市市长一职。但他面对的，已完全不是第一任期时的广州了，几十万滇军、桂军、粤军、豫军，还有各路赣军、陕军、攻鄂军、建国军、海军、空军、军校之类的建制，各自画地为牢，坐地瓜分，开烟赌、设娼寮、铸毫银，截税抽饷，无所不为，胡汉民指挥不动他们，孙中山也指挥不动他们。

孙科现在的头等大事，不再是修马路、浚沟渠，而是如何为大本营筹款。他自称每天都在忙着找钱，孙中山下令要求筹军饷或经费若干，平均每日必需三五万元毫洋，每月则要百数十万元之巨。③

然而，由于军队私铸劣质镍币，毫洋硬币的成色，最高只有八成，低至

---

① 《广惠两属人民之恐慌》。载《申报》1923 年 1 月 29 日。
② 同上。
③ 孙科：《广州市政忆述》。载《孙哲生先生文集》第 1 册，第 53 页。（中国台湾）中国国民党中央委员会党史委员会 1990 年印行。

二三成的也有，拖累政府发行的双毫银币，也几乎无法流通，甚至连造币厂也无人敢出头承办。陈炯明时期，市财政收入，主要来自税契、旗产、马路公地（骑楼、畸零地、人行道工料及逾期罚款）、车捐、艇牌捐、花筵捐、戏院捐、影画戏捐、大沙头公地、花捐附加清濠费、瞽姬牌照费、茶楼酒馆牌照费等。如今又加征商业牌照税、都市土地税、屠羊捐、鲜鱼捐、民产保证费、土丝坐厘、业佃保证费、电灯附加军费、粪捐等新税，以致商界哀叹："天下未闻尿有税，广州唯有屁无捐。"

为了解决军费问题，市政府想尽办法，包括征收一个月的住客租，预借三个月的房捐警费等。但实际上，住客大多是低收入的贫困户，根本交不出钱。预收银业行 1924 年、1925 年的厘金，虽有百余万元，亦属杯水车薪。百般无奈之下，唯有对市产进行大拍卖。

所谓市产，乃指市政厅管理的各种旗产、庙产、骑楼地、畸零地、码头、海坦等。在市财政局下，设有多个特务股，专门办理拍卖市产。比如庙宇庙尝特务股，专办庙宇庙尝收归市有，1923 年 12 月底，已收变庙宇庙尝 2800 起；濠涌特务股，专办清理全市濠涌，1923 年下半年，共发濠涌执照 120 件；还有废街特务股、寺庵特务股、旗产特务股、骑楼特务股等，[①] 每天的日常工作，就是拍卖！拍卖！！拍卖！！！农林试验场、大佛寺、黄沙西鱼栏官滩、米埠填地、马棚岗、公安局北面空地、东较场等，都列入了拍卖名单。

在海珠中路，有一座妙吉祥室，满族人称它为"观音楼"，相传供奉着乾隆皇帝赐给驻粤八旗的木雕鎏金观音坐像。满族先民信奉萨满教，入关后逐渐被佛教取代，拜观音成了满族的民间信仰之一，家家供奉观音像。咸丰年间（1851 ～ 1861 年），观音楼改为"万善禅院"，一直是满族人的家庙。到光绪年间（1875 ～ 1908 年），禅院日渐凋零，只好改聘和尚管理，主持香火，对外开放。

1924 年，妙吉祥室作为八旗公产，作价白银 1406.37 元，向政府优先领回。但在政府清理庙宇时，主持万善禅院的和尚，以非法手段，伪作买卖，冒领新契，把禅院变成私产。满族民众于 1929 年诉诸法律，经历年余，最后由

---

① 《广州市财政事项报告》。载《广州市市政报告汇刊（民国十二年）》，第 27 ～ 33 页。

广东法院三审终结，将观音楼产权判回广州满族集体所有。但直到 1931 年 4 月，才完成收回观音楼产权的手续。

在无节制的拍卖狂潮中，这类化公为私、中饱私囊的事情，层出不穷，纠纷往往经年无法解决，引起市民强烈不满。程天固在回忆录中，痛心承认，变卖公产致令人人自危，商业窒息，经济萎缩，几至不可收拾。省长徐绍桢、市长孙科，大受舆论抨击，声名狼藉，不得不引退。所有市府各局之信誉，皆大受影响，自是市民提起市府，有恨之入骨者。[①]孙科对广州的近代化转型，本来贡献良多，不幸被拍卖公产所累，令闻尽丧，历史学者亦不禁为他感到惋惜："由于变卖市产，孙科也受到不少攻击，认为他中饱自富，使孙科在现代史上成为是是非非的人物。"[②]

可以想象，缺乏严格的程序与监督，拍卖市产过程，各种官吏贪污、贿赂丑闻，必然层出不穷，引起社会强烈反感。孙科还想把南海、番禺县署卖掉，但因为反对呼声太高，无人敢出头承买。广东民间纷纷发表通电，痛切陈词，指年来兵连祸结，殆无虚日，万民怨嗟，倒悬待救，何堪再经抽剥采渔。

其中一份通电，列举了种种苛政：一、收没全省寺观庵堂庙宇会馆乡约公所，强行变卖；二、嗾令党徒诬报人民私产为官产，迫令缴价，违则勒迁拍卖，动辄一案，数千家人民流离失所，苦泣于道；三、强卖瞽目老人育婴三院，使残废无依，流为饿莩；四、创设筵席鲜鱼品茗三鸟靴鞋火柴，乃至冥糯棺木横水渡坟墓苦力等苛细杂捐，名目繁多，至为百余种，百行失业，相继罢市；五、预征各行厘金至（民国）十九年，地丁钱粮至（民国）十七年，勒派军费已四五次，民不堪命；六、广州勒收租捐至四五次，各属有至九次者，贫民滞纳，动辄拘捕，有被迫自尽者；七、变卖坟场，暴露白骨，附郭一隅至数万户。[③]

孙中山何尝不知，"近年兵燹侵寻，盗贼蹂躏，江河梗阻，商农交窘，十

---

① 《程天固回忆录》上卷，第 146 页。（中国台湾）龙文出版社 1993 年版。
② 赖泽涵：《孙科与广州市政建设》。载（中国台湾）《传记文学》第 33 卷，第 4 期。1978 年 10 月。
③ 《孙文去矣》。载香港《华字日报》1924 年 11 月 15 日。

室十空"，①商民万分痛苦，但军队无饷，一旦失控，商民将更加痛苦。其实，这些军队，从来没有真正受控过，孙中山1924年3月14日颁发命令："近闻各军人员有假托长官命令，在河面到处设立机关，征收往来船只各种捐费，巧立名目，借端苛索，非法扰民，莫此为甚。"他勒令三天内，这些机关要一律撤销，"如敢违犯，军法从事"。②

众所周知，军队哪里是"假托长官命令"？他们奉的是如假包换的长官命令。在上述禁令颁布一个月后，军队设立机关，勒收行商费用的报告，依然接二连三飞到孙中山的案头，而他除了无奈地重复"严令禁止""军法从事"的命令，也没有其他办法。长官不点头，别说三天撤销，三百年也撤销不了，军法从事也是一纸具文。历史学者慨叹："这次孙中山建立的是一个充满矛盾的政权。中山的理论和国民党的纲领，使这个政府成为当日中国最进步的一个；但这个政权的重要支柱——军队，以及它所实行的经济政策特别是税收政策，却不能不令商人痛恨。"③

为了应急，财政当局大量发行纸币，"以纸医穷"，人们形容是"吸食井水，愈掘愈深"，等到想爬出来时，已身在十八层地狱，无路可走了。商民"人人执一变形纸币，六折、七折、三折、四折，折到眼干眼湿"。④1924年2月，适逢旧历年关之期，各军催饷，急如星火。政府迫于无奈，命令广州善堂以善产为担保，发行50万元"广州市善后短期手票"，⑤聊以卒岁。商民称为"军用手票"，其实就是毫无保证的纸币，往往换不回与面额同值的商品，如同废纸一般。商民忍无可忍，一呼百应，相约拒用滇军、豫军的手票，善堂召开紧急会议，议决请政府收回手票。但大本营不仅不收回，而且以摊派方式发行，下令凡有"低折手票"者，一律军法从事。

----

① 《大元帅训令第97号》。载《陆海军大元帅大本营公报选编》，第379页。中国社会科学出版社1981年版。
② 《大元帅训令第99号》。载《陆海军大元帅大本营公报选编》，第382页。中国社会科学出版社1981年版。
③ 邱捷：《广州商团与商团事变——从商人团体角度的再探讨》。载《历史研究》2002年第2期。
④ 《孙政府改行纸币之政策大披露》。载香港《华字日报》1924年6月19日。
⑤ 《大元帅训令第104号》。载《陆海军大元帅大本营公报选编》，第336页。中国社会科学出版社1981年版。

　　另一项引起官商矛盾的政策，是 1923 年 11 月，市政厅以保护民产名义，成立"民产保护局"，在南堤中国银行办公。官方宣称，凡在民产保护局办过手续的民产，任何机关不得再将其拍卖。听起来冠冕堂皇，其实市政厅只是为了收取那笔保证金，手续十分马虎，只要交上一份契据照片，附上申请书，缴纳 3% 的保证金，即可通过。业主为了保住产业，大多数都愿意交钱，哪怕西挪东凑。不料冒出了许多假业主，趁机谎报、妄报，居然屡屡得手，引起的产权纠纷，层见叠出。商民痛责市政厅把关不严，只顾收钱，把一项良政，变成渔蠹虐政。

　　种种迹象表明，政商关系，进入极高危的"台风季节"。政府不断加征各种杂税，鱼税引起鱼场罢市；饭馆税又引起全市大小饭馆闭门停业；海关经纪人工会被罚款 10 万元港币，工会认为政府非法罚款，实际上是抽取军饷之用，码头装货工人一律罢工。仅 3 月至 10 月间，广州便发生了制鞋商人因开征"胶鞋捐"而罢市；广东银业公会因开征"银市买卖捐"，所属各银号罢市；广州总商会因大幅提高地方税、厘金而请愿；各药行商人因开征"药品特种捐"而罢市；内河船商公会因开征"加二军费"而总罢航；广州和顺德两地丝商因厘税承商勾结军人，欺压商人而罢市；烟酒商人因开征附加税而罢市；糖面业商人因开征"销场捐"而罢市；广东驳载工会因军队开征"横水渡捐"而所有客轮停航。

　　就在这满城风雨之际，没完没了的铺底问题，又被翻了出来。市政厅以改良马路为由，要求马路两旁商家，依铺底价值，缴费二成，作为改良马路费。同时要求承租店铺者，需一并承顶铺面，否则政府有权召第三者来承投。商人纷纷喊冤叫屈，认为此例一开，现在的商家无力承担，势必遭到第三者承投，失去店铺。受波及的店铺，不下万家。商人组成"铺底维持会"反抗，罢市呼声，滚滚而来。市政厅被迫再作让步，取消统一马路铺业权。风波虽然暂告一段落，但还有珠宝玉石捐、仪仗捐、省河筵席捐、粪溺出口捐、船民自治联防经费等，都已蓄势待发。

　　1924 年夏季，全省商团人数，号称 10 万之众，且拥有一支人数众多、武器精良的商团军，外与英国关系暧昧，内对陈炯明同情，引起政府严重不安。

两千年前孔夫子所说"水则载舟，水则覆舟"的谶语，在当政者耳中，警钟长鸣。8月，大本营采取行动，扣押了商团所购的军械，商团以这批军械已办执照、属于合法为由，要求政府无条件发还，交涉无果，成了压垮骆驼的最后一根稻草。

从8月20日起，西关闸口每天晚上关闭，断绝交通。21日，联防总部迁往佛山，摆出抗争到底的架势，并下令全省实行总罢市。由佛山首先发难，所有商店一律上板关门。25日，广州加入罢市行列，全省138个埠响应罢市。大本营亦十分强硬，下令通缉陈廉伯，没收他的产业。

在大本营看来，商团在政治上，一向守中立，"从前龙济光到广州来称王，商团守中立；陆荣廷、莫荣新到广州来专制，商团守中立；陈炯明持革命的假招牌来广州造反，商团守中立；这次滇军仗义讨贼，到广州来打陈炯明，商团也守中立"，[1] 并不参与政治。现在忽然转变态度，辄以罢市要挟，与政府作对，显见在英国支持下，自以为羽翼丰满，有推翻现政府、另立商人政府的阴谋。于是，以铁腕镇压，及早消除肘腋之患，便成了不二选项。孙中山判断，英国并不会直接干预，而苏联支援南方革命政府的一批军火，及时运到，更坚定了孙中山的决心。

10月15日，在民团统率长李福林指挥下，各路军队，在工团配合下，攻入西关，沿街纵火。西关的民居，多属砖木结构楼房，瞬间火烧连营。天亮时，八面威风的商团军，已瓦解星散。大火从10月15日，直烧到17日才熄灭。几百年繁华西关，共计大小街道约30多条被焚，1000多商户被洗劫，损失约5000万港元以上；死伤人数约2000人，大部分是非官非商的无辜市民。[2] 以上仅为官方公布数字，实际损失，恐远远不止此数。

历史学者梳理事态演变的因果链条：1924年5月至8月，广州接连发生了包含渡船业、当押业、糕饼业、糖业以及广州全市的大罢业事件；5月是因统一马路业权；8月则是因为扣械问题；10月便是"商团事件"了。[3] 就这样，

① 孙中山：《在广州商团及警察联欢会的演说》。载《孙中山全集》第9卷，第62页。中华书局1986年版。

② 《茫茫浩劫中之广州见闻》。载香港《华字日报》1924年10月20日。

③ 胡其瑞：《动荡与稳定的抉择》。载王美怡主编《近代广州研究》第1辑，第41页。广东人民出版社2013年版。

双方都错失了所有和解机会，一步步踏入深渊。这是近代史上，政商博弈、互不妥协、最终双输的经典案例。政府形象严重受损，财政依旧困难；而商人元气大伤，退到舞台的边缘。从十三行时代开始，积二百余年之资本，在社会上形成呼风唤雨、点石成金的号召力与领导力，一朝丧尽。

　　广州市的近代化进程，在经受如此惨烈的挫折之后，还能重上正轨吗？未来的路，应该怎么走？

第三篇

繁荣年代

珠江码头

第七章 革命与建设

孙中山的《国民政府建国大纲》
将广州定位为世界商业大港与华南制造业中心。

孙中山逝世后
广州起义遭到血腥镇压。建设南方大港的设想，就此搁置。

《广州政府施政计划书》
标志着广州向近代城市的转型，迈出了历史性一步。

广州城
一条腿已迈入现代化的门槛，另一条腿却还深陷在古老的农耕时代。

公民教育
刻不容缓。

充满着大悲大喜的 20 世纪 20 年代
已成为历史。

打造南方大港的战略构想

孙中山与陈炯明的决裂，成为他改组国民党的重要原因。在国际上，他得到苏联的支持；在国内，得到中国共产党的支持。国共合作，开启了国民革命新时代。

1924 年在孙中山主持下，国民党召开第一次全国代表大会，通过了孙中山手拟的《国民政府建国大纲》，民生部分，是这么写的："政府当与人民协力，共谋农业之发展，以足民食；共谋织造之发展，以裕民衣；建筑大计划之各式屋舍，以乐民居；修治道路、运河，以利民行。"[①]

听起来，好像回到了男耕女织的小农时代，但比照 1917 ～ 1918 年间，孙中山所撰写的《建国方略》一书，则不难感受到，其理想气度之雄远，用"改天换地"形容，亦不为过。在"实业计划"中，孙中山提出建设三个世界级的大商港：一个是渤海湾的"北方大港"；一个是杭州湾的"东方大港"；一个是把广州建成"南方大港"。

具体的设计是——

新建之广州市，应跨有黄埔与佛山，而界之以车歪炮台及沙面水路。此水以东一段地方，应发展之以为商业地段；其西一段，则以为工厂地段。此工厂一区，又应开小运河以与花地及佛山水道通连，则每一工厂均可得有廉价运送之便利也。在商业地段，应副之以应潮高下之码头，与现代设备及仓库，而筑一堤岸。自第一门洲起，沿新水路北边及河南岛西边，与沙面堤岸联为一起。又另自花地上游起筑一堤岸，沿花地岛东边，至大尾乃转向西南，沿新水路左岸筑之。其现在省城与河南岛中间之水道，所谓省河者，应行填塞。自河南头填起，直至黄埔岛，以供市街之用。从利益问题论之，开发广州以为一世界

---

① 《组织国民政府之必要提案》。载荣孟源主编《中国国民党历次代表大会及中央全会资料》上册，第 34 页。光明日报出版社 1984 年版。

商港，实为此国际共同发展计划内三大港中最有利润之企业。所以然者，广州占商业中枢之首要地位，又握有利之条件，恰称为中国南方制造中心，更加以此部地方之要求新式住宅地甚大也。此河汉内之殷富商民与华人在外国经商致富暮年退隐者，无不切盼归乡，度其馀年；但坐缺乏新式之便宜与享乐之故，彼等不免踌躇，仍留外国。然则建一新市街于广州，加以新式设备，专供住居之用，必能获非常之利矣。广州城附近之地，今日每亩约值二百元，如使划定以为将来广州市用之地，即应用前此所述方法收用之，则划定街道加以改良之后，地价立可升高至原价之十倍至五十倍矣。[①]

在孙中山的构想中，广州的定位，是世界商业大港与华南制造业中心。城市东部（包括河南一带）为商业区，西部（包括芳村一带）为工业区。如果付诸实施，广州历史形成的格局，将彻底改变，打造出一个全新的广州。

为了把黄埔港与市区连成一体，孙中山建议，把穿过市区的珠江前航道（俗称"省河"），完全填平，把河北、河南连成一片。这是想常人之不敢想，蓝图的勾画，雄伟壮丽，但以当时政府的财力来看，为了筹措军费，连粪捐都开征了，东征、北伐，相继而至，政府何有余力可贾。

1925 年 3 月 12 日，孙中山在北京逝世，未能亲见实业计划之大成，只留下了"革命尚未成功，同志仍须努力"的遗言。

在孙中山逝世三个月后，全国形势发生急剧变化。为支援上海"五卅"运动，香港海员、电车和印刷行业在 1925 年 6 月 19 日率先发起罢工，各行各业，群起响应。仅 15 天内，就有 25 万人加入罢工行列。十几万罢工工人乘坐火车、轮船，从前山、江门、三水河口，返回省城广州。7 月 1 日，国民政府在广州成立；7 月 3 日省港罢工委员会成立，这场长达一年零四个月的罢工，史称"省港大罢工"。

广州成了全国革命中心。数以万计罢工工人云集于此，向世界展示他们的力量。然而，对一座城市而言，突然涌入数万没有经济来源的工人，无论衣食住行，都会产生巨大压力。凭借着工、商、慈善各界鼎力赞助，罢工工人得

---

① 孙中山：《建国方略》。载《孙中山全集》第 6 卷，第 308 页。中华书局 1985 年版。

以在广州安顿下来。但这种赞助，很难长期坚持，因为需要巨量的金钱支持。在广州与香港贸易完全中断的情况下，商界也日感艰难。一位商人在茶楼里抱怨："你看风潮这般厉害，我积存的货物，不知何时才能出脱。万一风潮再扩大，我的生意恐不免要弄糟了。"[①] 道出了商人内心的忧虑。

　　1925 年 7 月 9 日，省港罢工工人领袖联合向国民政府提出请求，为失业者安排适当工作。当时国民政府正在进行肃清东路与南路的战争，需要大量民工，这给罢工工人提供了工作机会。1925 年 10 月 4 日，省港罢工委员会发告招募东征运输队；11 月 3 日招募南征运输队；1926 年 6 月又招募北伐运输队。但僧多粥少，还有大批工人轳釜待炊。

　　罢工委员会与政府协商，组织他们参加广州市政建设，也是办法之一。于是，政府提出了开辟黄埔商埠的计划。1925 年 7 月 21 日，广东省政府批准了罢工工人关于在广州与黄埔之间修筑一条公路的提议，财政厅为该项工程拨款 5 万元为开办费。建设部长孙科训令公路局进行测量。

　　7 月 25 日，省港罢工工人举行第四次代表大会，通过成立筑路委员会的决议，正式宣布修筑广州至黄埔的公路。7 月 28 日，财政部部长廖仲恺与内政部长古应芬，与省港罢工委员会召开联席会议，专门讨论如何为罢工工人谋取工作机会的问题，组织他们修路，是一个优先选项。从近期目标来看，解决罢工工人就业问题，从长远目标来看，开辟黄埔商港，可取代香港的贸易港口地位。

　　8 月 12 日，廖仲恺主持举行了筑路开工典礼。16 日正式开工。但四天之后，8 月 20 日，廖仲恺在广州遇刺身亡。诡异的时事变幻，预兆着未来凶多吉少。但工人对此并无多少了解，他们只是相信，把公路修好，就是对孙中山、廖仲恺的最好纪念。3000 多名罢工工人，编成 18 支施工队，胸前别着"打倒帝国主义 罢工工友"的襟章，荷锄挑担，浩浩荡荡，自愿参加了筑路工程。这条公路东起东山口，西与百子路相接，东达黄埔港，途经杨箕、冼村、石牌、车陂、东圃、鱼珠，全长约 20 公里，宽 6 米，砂石路面。

　　开路的工作，没有任何机械，全凭工人胼手胝足，餐风露宿，一尺一尺往前推进。记者 9 月从工地发回报道："自开工以来，仅三十余日，而成绩已大

① 《茶室里的一席谈》。载《广州民国日报》1925 年 7 月 2 日。

有可观，除第一及第二段已收工外，其余各段亦已筑得大半，大约完竣之期，亦当不远。"唯一的困难，是沿途太多河涌，架桥的工作量甚大，"现查中山一路，须筑桥者共有七处，统共约三百余尺之多。"工程处告诉记者，如果用坤甸木做材料，每尺成本为320元左右，仅中山一路的桥梁，就要7万余元。[①]政府面临经费的难题，而工人则面临另一个考验，入冬以后，御寒衣物严重不足，许多人感染风寒病倒。但在政府与工人的共同努力下，全市各界倾力支持，重重障碍，卒被逐一克服。

　　经过九个月流血流汗的奋斗，全路分两期筑成开通，命名为"中山公路"。省港罢工委员会顾问邓中夏说："修筑中山公路。罢工委员会的眼光，不仅敏锐，而且远到。认为打倒香港的根本办法，即为黄埔开埠。孙大元帅在时，再三注意及此。故提议修筑从广州至黄埔之马路，凡长七十五里，定名为中山公路，兼以纪念国父也。"[②]

中山公路

　　中山公路成为开发建设黄埔港的先声。1925年11月29日，"中华各界开辟黄埔商埠促进会"成立。国民政府在1926年2月成立黄埔开港计划委员会，

---

① 《中山路之筑桥问题》。载《广州民国日报》1925年9月21日。
② 邓中夏：《一年来省港罢工的经过》。载《省港大罢工资料》，第59页。广东人民出版社1980年版。

孙科任主席，伍朝枢、陈公博、宋子文为委员，设立计划工程处，对黄埔港建设进行全面规划。先后拟订了五个选址方案：《广州黄埔（北帝沙、狗仔沙）开港初步计划》《开辟黄埔（新洲）计划》《开辟沙路商埠计划》《开辟虎门大虎商埠计划》和《开辟黄埔（狮子山）商埠速成计划》（又称鱼珠计划），经过反复讨论酝酿，最后选定鱼珠计划，港址定在今黄埔老港区与鱼珠之间狮子山前的珠江北岸。[①]

振奋人心的规划，让人回想起 1919 年的拆城筑路，这次规模更大，范围更广，目标也更宏大，这座有两千年海洋贸易历史的城市，仿佛再次听到了大海的召唤。然而，这时全国革命形势，也正风起云涌。国共合作，开展工人运动、农民运动。大家高呼着"打倒列强，打倒军阀"的口号，走出工厂，走出学校，走出西关大屋和东山洋楼，走上街头，投入到革命的滚滚洪流中。北伐战争在 1926 年 7 月打响，"饮马长江，澄清中原"，激励无数热血青年，投笔从戎，奔赴前线。

北伐战争打到上海以后，国民党发起清党运动，国共合作破裂。历史的遽然转向，再次碾碎无数人的玫瑰梦想。1927 年 12 月，中国共产党在广州领导工人、农民和士兵举行反抗国民党的武装起义，宣告成立苏维埃政府——广州公社。但国民党军队旋即反扑，重夺广州，并对起义者进行大规模搜捕与屠杀。

一幕近代史上罕见的大悲剧，夹着隆冬的凄风苦雨，在广州街头，流血上演。指挥围剿广州公社的第四军军长张发奎回忆，在几天的战事中，广州有 30 多条繁华街道、逾万余栋房屋被焚毁，市民死伤 1.5 万余人。"我亲眼见到遍地死尸，尤其是在河南对面的天字码头地区，尸体沿马路一直堵到龙眼洞，堆满死尸的手推车兜兜转转才能穿过街道，我们收埋了两千多具尸体，其中有些死者是普通的广州市民。"[②]

当时代的惊涛骇浪袭来之时，市民的正常生活，尚且不能保障，建设南方大港的计划，更如南柯一梦，无从谈起了。

---

① 罗伟忠：《曲折的道路 辉煌的历程》。载《黄埔老企业·黄埔文史》第 12 辑，第 12 页。广州市黄埔区政协、文史资料委员会 2006 年编印。

② 张发奎：《蒋介石与我》，第 159 页。文化艺术出版社 2008 年版。

自民国以来，广州真正能够在比较稳定的局势下发展建设的，迄今为止，也就是如下几段时间：1912 年 4 月陈炯明解决民军以后，至 1913 年 4 月"二次革命"爆发前这一年时间；1916 年 10 月至 1920 年秋，桂系统治广东的三年时间；1920 年秋粤军回师广州以后，至 1922 年"六一六"事变前，不到两年时间，合计也就是断断续续的六年时间。每次动乱发生，城市与民众，都付出了沉重代价。

1928 年初，局势似乎渐趋稳定。2 月，中央政治会议广州分会认为，"民生憔悴，颠连痛苦，亟应乘时绥辑，与民休息"，[①] 决定成立建设委员会，实施训政建设各项计划。7 月，国民政府颁布《特别市组织法》和《普通市组织法》，人口超过 100 万的城市为特别市。广州的人口已逾百万，经国民政府国务会议批准，广州改为特别市，直隶国民政府。

这座疮痍满目的城市，正在缓慢恢复。如何抚平它的伤痕，让它再现光辉？这一重任落在广州市政委员会委员长林云陔的身上。林云陔，广东信宜人，原名公竞，字毅为。曾入读两广方言馆，并加入同盟会。辛亥革命后，任高州都督。后受孙中山派遣往美国留学，入纽约圣乔治大学研究院，攻读法律、政治，获硕士学位。

1918 年，林云陔回国，在《建设》杂志当编辑，把孙中山手订英文《国际发展中国实业计划大纲》译成中文。林云陔为人沉默寡言，勤谨职守，深得孙中山信任。1920 年随孙中山到广州，在大元帅府当秘书兼土地登记局局长。1922 年任大本营度支处处长兼广西银行行长。1923 年 2 月，孙科复任广州市市长前，短暂代理过市长一职，旋改任广东高等审判厅厅长、高等检察院检察长。1927 年，林云陔正式出掌市篆。

1928 年 7 月，林云陔的秘书张镜辉，在《广州市政日报》上，发表《城市设计委员会概述》一文，以欧美城市规划为范例，主张仿效美国，成立"城市规划委员会"，主导旧城改造，以达到整体城市规划的效果。城市会由市长或市政委员会委任 5 ～ 15 人组成，不领薪俸，负责提供规划方案。[②] 这篇文章，

---

① 《建设委员会组织近讯》。载《广州民国日报》1928 年 2 月 1 日。
② 《广州市政日报》1928 年 7 月 3 日。

广州市政府

代表了林云陔的想法。1928 年 10 月 19 日，林云陔向广东省第四届委员会提交《城市设计委员会（城市会）组织章程》，希望及早确定广州建设计划，以实现孙中山倡建南方大港的宏愿。

城市会的宗旨，一言概括，就是为了"改良发展新旧市区，建设本市为世界商港"。重点在于：一、改良内河道，开拓市内马路计划；二、建筑市内园囿及其他公共娱乐场所计划；三、电气、煤气及其他公用事业之设置计划；四、交通事业之设置计划；五、订定市内新建筑之高度，及计划伟大建筑物之各种图式；六、规划市内学校区、商业区、工业区、住宅区之位置，及其面积，并其中应有之设备；七、订定市内应有之美术设备，及林树之栽植；八、订定市内市外重要之交通路线；九、规划市内码头之位置，及其建筑之各种图式；十、关于全市之公安、交通、卫生、教育、土地、财政等事项。[①]

委员会成员包括：程天固（主席委员）、苏彭年、何启礼、张镜辉、潘绍宪、司徒优、李奉藻、李泰初、胡栋朝等。程天固是孙科当市长时的工务局局长，对广州的建设，本来就有一套想法。1927 年，国内政治环境变化，他曾留洋出国，到欧美各国游历，认真观摩他国的城市建设，更坚定了改造广州的信心。1929 年初，程天固主持下的城市会，提出了建筑码头、开浚珠江航道、修建跨江铁桥、建设广州市内港等一系列大型基建的规划议案，为 20 世纪 30 年代即将到来的市政建设高潮，做了充分预热。

为了适应新发展需要，1929 年，黄埔开港计划委员会宣告结束，成员解

① 《广州市城市设计委员会组织章程》。载《广东省政府周报》第 58 期，1928 年。

散，另外成立广东治河委员会，由古应芬（委员长）、胡汉民、陈铭枢、孙科、陈济棠、林直勉、吴铁城、陈策、杨西岩、林云陔等人组成。黄埔港的建设，由这个委员会领导，规划的实际操盘手是程天固。

广州是一个千年通商大港，在全国经济中，占有独特位置。以1928年为例，入口货价总值达104076644元，出口货价总值达82189247元；每年进出口的外国轮船，有750多万吨；不算小轮船，每日进出口的远洋轮船就有2万吨。"以如此出入口船只之多，除极少数外，大都无码头可泊，无货仓贮货，以致停泊无定所。"正值目前中国与各国谈判废除不平等条约，报纸呼吁："吾人更应乘此发展航业，收回海权，则建设广州码头货仓，以为开辟广州内港之先声，实为当务之急矣。"①

西堤省港码头（现西堤码头）

按照程天固的设想，内港供4000吨以下的海洋轮船停泊，在洲头咀填河14500华井，修筑六座码头和四座仓库；②把西堤的港澳轮船码头，移到黄沙新码头；长堤的大小码头，改为专供各乡轮渡和内河轮船使用。黄埔港建为

长堤

———————————

① 方规：《广州建设内港之先声》。载《广州民国日报》1929年7月11日。
② 同上。

可容纳 4000 吨以上轮船的外港。内外两港，相辅相行，相依为利。

　　黄埔开港的规划，始于 1925 年，但直到十年后的 1935 年，还停留在讨论"首期工程计划"的阶段，继续无奈地许诺："一俟筹有的款，即可兴工。"[①]倒是内港计划，取得了令人鼓舞的进展。在 1929 年 1 月 30 日的市政府行政会议上，程天固的洲头咀建设方案，顺利获得通过。

　　内港计划，还有更深一层用意，就是从粤海关收回广州河道的管辖权。当年修筑长堤，英国人掌控的粤海关，制定了《省河商船泊界新章》，通过干预船只湾泊和长堤勘界，实际掌握了省河的管辖权。程天固认为极不合理，为保主权，必须收回。为了配合洲头咀港的建设，在工务局内，加设港务局，以行使河道港口管辖权。从行政架构上看，局内设局，似有重叠，但为了对外行文的权威，自有其必要性。

　　为了配合内港建设，从 1928 年开始，政府投入大量资源，用于改良河南地区的交通和生活设施。新筑的马路，从过海电船码头开始，经玄坛庙前街、南岸大街、洪德大街，至福隆通津尾龙珠里，长约 7161 米，宽约 18 米，准许建回 3.6 米的骑楼，[②]并规划在河南兴建自来水厂、河南公园。

1927 年扩建的小北路

①《黄埔辟港首期施工计划》。载《广州民国日报》1935 年 3 月 28 日。
②《市府开筑河南马路》。载《广州民国日报》1928 年 5 月 1 日。

广州的新建马路越秀南路（1924年）

　　码头港口，自古以来，就是广州人追逐财富梦想的起点。从广州有那么多"海傍""海心""海珠""海头""海幢""海月""海滨"的地名，可以看出，广州人对大海有一种特殊的感情。码头建设的消息，让人兴奋雀跃，报纸也热切地跟踪报道。

　　据工务局方案，咀头洲建设，由香港华益公司投得，第一步是浚深河床，第二步是由北向南，修筑1200多米长、33米宽的堤岸，再开通一条与堤岸平行的大马路（今洪德路），以四条马路相连，类似"目"字形。在堤岸与大马路之间，分为九大段，用于兴建仓库、商店。记者的预测，兴奋莫名："将来内港完成，海舶直达，其繁盛或可决其过于今日之西堤，若珠江铁桥竣工，粤港两路接轨，黄埔外港成立，河南一岛，或为水陆交通之要冲，其繁盛更未可限量。"①

　　作为建设内港计划的一部分，程天固一直希望重新规划长堤，包括码头、道路、建筑和商业定位，但当时工务局的重点，并不在长堤，仍在兴筑市区马

① 《河南内港工程计划》。载《广州民国日报》1930年7月31日。

路。长堤唯一令人瞩目的工程，就是开辟海珠公园。

自从第一公园建成后，政府开始规划第二公园，最早的选址是东较场，但东较场作为公共体育场，已深入人心，光绪三十一年（1905年）广东省第一次运动大会（省运会）、宣统元年（1909年）第三次省运会、1917年第六次省运会、1919年第七次省运会，都在东较场举行；军队经常在这里进行军事操练和阅兵，民众也利用这个地方集会；北伐、东征，都在这里开誓师大会；孙中山逝世后，广州各界30万人在东较场举行追悼大会，因此具有纪念意义。1928年，政府曾计划把东较场改建为赛马场，也没能成事。

既然东较场不建公园了，那么原来作为第三公园的海珠公园，便顺理成章，成了第二公园，选址在海珠岛。这时第一公园已改名为"中央公园"，第二公园亦也不再以数字排列，而定名为"海珠公园"。

海珠岛是广州三石之一，位于长堤对开江面上，《羊城古钞》上记载："在越王台南，广袤数十丈，东、西二江水环之，虽巨浸稽天不能没，语云：南海有沉水之香，亦有浮水之石，谓此也。"[①] 相传广东第一位探花李昴英幼时曾在岛上读书，所以岛上有一座忠简祠，纪念这位南宋名臣。

工务局呈请把长堤的海珠码头，拨归海珠公园所有，方便将来公园落成，游客来往交通。但这时岛上还驻扎着军队，政府请他们移驻别处，腾一个地方给他们，不满意，不肯迁移，又换一个地方，好不容易，才把他们请走。1925年10月，工务局接管海珠岛。11月24日，在工务局开投承建公园工程。

由于第一公园家喻户晓，没到过第一公园的，简直无颜自称广州人，所以对第二公园，人们充满了美好的想象。1926年7月4日，海珠公园举行开放典礼。公园内有各种亭台楼阁，参差错落；榕树与木棉树，郁郁葱葱。原置于永汉路拱北楼的元代大型计时器"铜壶滴漏"，被移到园中展览。又修葺岛上的忠简祠，祠中立李昴英像。在公园与长堤之间，架设木桥相连。

---

① （清）仇巨川：《羊城古钞》，第117页。广东人民出版社1993年版。

海珠公园

　　然而，市民对海珠公园的反响，却远不及第一公园热烈。因为它基本上是利用原有建筑，加以修葺，没有多少新建筑、新设施，所以也没有多少新惊喜，甚至有临时拼凑的感觉。事实上，在政府的长堤规划中，要炸掉海珠岛一事，早就哄传坊间了。

海珠岛坐落江心，每逢大潮，江流奔腾汹涌，受阻而骤分左右，湍激回旋，给来往船只造成危险。孙中山曾计划把整条前航道填平，但孙科第一次出任广州市市长时，只提出把海珠岛与北岸之间的狭长水道填平，比他父亲的计划，缩水了一大半。督办广东治河事宜处曾聘请外国工程师，作出规划建议，填筑的区域，从五仙门外中法韬美医院（今广州医科大学附属第一医院）至西堤博济医院（今孙逸仙纪念医院）之间，以海珠岛为基础，修筑连接南北两岸的大桥。

这个规划，未及实施，广州发生"六一六"事变，所有建设项目，不得不偃旗息鼓。迫至 1923 年，局势稍稳，市政厅在 10 月公布《广州市填河增筑堤岸计划及领筑堤地竞投章程》。预计填筑完成时，除街道应占面积外，还可得 1843 华井的净地，准备将全部地段，招人领筑，订定底价后，在工务局当众开投，价高者得。[①] 但当时市政厅正在疯狂拍卖市产，官商关系极度紧张，工务局望穿秋水，竟无人愿意参与竞投，最后以流拍惨淡收场。

海珠公园，就是在这样的背景下诞生的，其临时性质，显而易见。果然，公园开门迎客才两年，工务局在 1928 年又重提填筑海珠计划，一旦实施，海珠公园的使命，便告终结。为了筹措填筑工程资金，财政局宣布发行六厘公债 200 万元，乐观估计，工程完成后，除偿还公债外，可盈利 200 余万元，政府利用这笔盈余，修筑两座过江大桥，并整理河南沿岸马路，绰绰有余。

鉴于工程浩大和上次流拍的教训，工务局把新筑地从仁济路口堤岸边，向东分为 30 段招投，每段 2130 尺长，并十分精确地预算工料费为 112.2102 万元零 3 角，[②] 政府做事如此认真，总可以引起商人的兴趣了吧？不料理想很美妙，现实却很残酷。工务局两次招投填筑工程，都因应者寥寥，无法举行。六厘公债销售，也几乎无人问津，各机关使尽吃奶之力，直到 1931 年 1 月 1 日，才销出 31 余万元，成绩令人泄气，不得不宣布停售。[③]

填筑海珠，原地踏步，工务局已大失颜面，而修筑过江大桥之议，在城市会推动下，成为公众新的关注点，对工务局形成更大压力。1929 年一开年，城

① 《填筑海珠大计划之进行》。载《广州民国日报》1923 年 10 月 1 日。
② 《海珠新堤第一段工程开始规划兴工》。载《广州民国日报》1929 年 1 月 15 日。
③ 《海珠公债停止发行》。载《广州民国日报》1931 年 1 月 26 日。

市会提出规划，与工务局会商，拟定开浚珠江和修建大桥的办法。4月4日，市政厅向社会公开征集建桥图则，甲等两名，奖金1000元；乙等两名，奖金600元；丙等三名，奖金300元。[①] 工务局悲观认为，修筑跨江大桥，简直是痴人说梦，钱从哪里来？但程天固是行动派，车子不动，永远不知它能走多远，资金不足，可以边建边筹，边筹边建。

在这一点上，林云陔与程天固，志同道合，有意对办事不力的工务局，厉行整顿。1929年2月，城市会向广东省建设讨论会呈交一份《整顿市工务局意见书》。恰好这时在第十甫筑路工程中，工务局主事官员被揭发贪污，舆论大哗，工务局局长左元华引咎辞职。4月22日，程天固在林云陔的支持下，重掌工务局。上任伊始，实行一系列改革措施，包括改组各课，裁汰冗员，聘用欧美大学毕业的工程、建筑人才等。在第一次局务会议上，他直截了当地说："本局系技术机关，用人以技能为主，绝不任用私人。"[②]

10月，城市会公布结果，共征得三份铁桥设计图，以美国慎昌洋行报价最低，投得工程。10月12日，市政厅与慎昌洋行订立建筑省河铁桥合约，由美国马克敦公司承建，造价为1032000两（以大洋计），定期21个月完工。建筑地点，北岸在珠江河道最窄处的维新路口，直达河南厂前街。[③]

12月6日，报章上赫然刊登工务局的布告：

为布告事。照得广州市区，迩来商务日盛，人口激增，马路建筑，力求展拓，惟省河南北，尚无桥梁，举凡市民之往来，商贾之贩运，日夕所恃以横渡彼岸者，惟有电船小艇，渡头相唤，恐后争先，攘往熙来，殊形挤拥，故年中舟楫或因风雨潮流之倾翻，或因江轮海舶之冲击，从而溺毙人命者，不可胜数。若遇风狂潦涨，甚至渡岸无船，欲厉揭而难能，徒临江而兴叹。凡此困难情状，悉为市民所急欲补救者。且广州规定市区范围，系经先总理所手定，前部展拓至黄埔为界，备作南方大港。以大势测之，此事实现，为期不远。今我广州市马路纵横阁翠飞，皆人民自筑，不假外力，已为全国市区之模范。若

① 《征集图则建筑珠江桥之奖额》。载《广州民国日报》1929年4月4日。
② 《新工务局长就职后之第一次局务会议》。载《广州民国日报》1929年4月24日。
③ 《工务事项》。载《广州市政府三年来施政报告书》，广州市政府1935年编印。

有铁桥跨江，连贯两岸，南通黄埔，北接粤路，运输北部之货，广纳异邦之财，则商务宏展，气象万千，将与伦敦斗其雄伟，凌纽约而上之，岂徒区区利涉而已哉。今市政府有见及此，爰议决建筑横渡珠江大铁桥，桥之北端在维新马路，桥之南端在河南堤岸。关于工程计划种种事宜，经市政府苦心筹划，始克就绪，现已与慎昌洋行马克敦公司订立合约，限期二十一个月完工，现定于十二月一日开始动工。[①]

每处茶楼、酒家、戏院、车站、码头，街头巷尾，人们都在热烈谈论这事，比听瞽姬唱南音的兴致还要高。坊间相传，早在乾隆年间福康安当两广总督时，就提出过在珠江上架设竹桥、连接两岸的设想；光绪二十八年（1902年）、三十二年（1906年），都有人提议修筑过江大桥，甚至成立了河桥有限公司；民国初年，陈炯明当都督时，也提出过修筑珠江大桥的计划，但都没有成事。现在，这个一百四十年的梦想，有望开花结果了。

---

① 《珠江铁桥工务局布告已兴工》。载《广州民国日报》1929 年 12 月 6 日。

面向现代城市转型的市政改良

　　沧海横流的年代，南征北战，东征西讨，人们的耳膜，终日回荡着隆隆的枪炮声。万里江山，无有一城无甲兵。生活的主题，离不开"血与火"。城市建设，多开几条马路，多盖几幢楼房，无非为下一次战乱，提供破坏的目标，做来有什么用？谁会在意？

　　但还是有人会在意的。1925 年 6 月，广州市政府发表《勖市民》一文，向全体市民，激情喊话：

　　革命政府夙昔所抱之福利国民方策，得以实施无阻，市政府亦本所订计划，奋进程功，将使珠江岸口，顿现一璀璨庄严世界。这实市政府之期许，而欲与我市民拼力赴之者也。①

　　这是一个真实的期许。尽管政治的全局形势，怒潮澎湃，但局部的小建设，并未停止。中山公路开工典礼三个月后，广州市区最大的市政工程，十三行的六街重建，亦告竣工。六街指十三行地区同兴、靖远、荣阳、永安、同文、同德六条南北向街道。这里房屋密集，道路狭窄，历史上是繁荣的商业区，也是火灾高发区，多次被大火吞噬。市政厅成立之初，曾计划把六街改造成马路，但因为财政拮据，迟迟无法开工。

　　1921 年，六街大火，烧毁店铺 200 多间；1922 年，六街再次失火，焚毁店铺 152 间。市政厅决定加快改造步伐，1923 年 8 月，工务局提出《开辟六街之计划及办法》，工程费用，由沿街铺户主客按比例共同负担；征收的费用由总商会保管，政府浆水不沾，只充当规划与监督的角色；筑路工程，招商投承。②

---

① 载《广州市市政公报》第 185 号。1925 年 6 月编印。
② 《开辟六街之计划及办法》。载《广州民国日报》1923 年 8 月 9 日。

　　政府不碰工程经费，在一定程度上，增强了商界的信心，双方很快达成了共识。工程在 1924 年 4 月 15 日开投，由荣兴公司投得；4 月 21 日，荣兴公司制定《建筑六街道路章程》，工务局要求沿街商铺，尽快交割，以便清拆。一周期限过后，有的商家还未完全撤离，大队消防队员已带着铁锤、挠钩进场，强行拆卸了。一时沙尘飞滚，墙倒梁折，仿佛重现当年强拆西瓜园的景象。

　　六街重建，其实不止六街，包括晋源横街西头、六街通津、源昌西街、十三行、正兴街、正兴大街、西堤二马路一带，都纳入重建范围。最为惊心动魄的是，工程其间，经历了"商团事件"，西关一带是重灾区，但工程没有中止。

　　最先完工的是靖远路。记者到现场观看后，为之惊叹："堂哉煌哉之马路，涌现眼前，殊令经此者咸有今昔之叹。"旧屋清拆后，建起了一排排洋楼，其他各街也已搭起棚架，砌屋的砌屋，铺路的铺路，处处热气腾腾。记者预言："工程完成时，该处想必更形繁盛，西关空气，料亦为之一变。"[1] 重阳过后，六街告竣验收，1925 年 11 月 14 日下午，举行隆重的开路礼。孙科和时任工务局局长的林逸民，与一众街坊及各界团体代表，在十三行茶楼设宴欢聚，然后集体参观新建成的马路。

20 世纪 30 年代的十三行

　　六街重建完成后，十七甫、十八甫、兴隆街、上九甫和下九甫马路，也在筑路工人的号子声中，陆续铺开。1926 年 11 月 20 日，在西关举行盛大的西关十街马路开放典礼。孙科夫人陈淑英、林逸民，与几百名街坊代表，出席了典礼。所有马路口都搭起牌楼，上缀以生花横额，下面摆满生花盆景，花团锦簇，相映耀目。林逸民在致辞时说，从前兴建马路，是由政府出款，如今市库短绌，"故十街马路，是由人民出资，交由商会保管，兴筑计划，由政府拟定，政府与人民通力合作，康庄大

---

① 《辟西关六街马路之调查》。载《民国广州日报》1924 年 7 月 15 日。

道，瞬告功成"。① 下午1时，乐队演
奏起欢快的曲调，孙夫人剪断横在路
口的红绿绸带，马路正式开放。

　　与此同时，越秀北路、法政路、
吉祥北路、小北路，以及从沙基通往
黄沙铁路总站的马路，都在兴筑之中；
长堤、永汉路、西堤二马路、人旗二
马路、越秀南等，改为水泥路面；太
平路、一德路、泰康路、万福路一带，
被电车碾坏的马路，也陆续修复。如
意坊筑堤，开辟宝岗，修筑东山的沟
渠，归德门关帝庙、卖麻街太岁庙、
第十甫洪圣庙、会仙街龙王庙改建为
市场，开辟三育路、东郊六岗马路，
在燕塘兴筑飞机场等工程，都进入了
规划阶段。

　　在欢天喜地的锣鼓和乐韵背后，
人们发现，政商两界，悄然发生着一
些有趣变化。1925年7月，市政厅改
组为委员会制，加入了农会、工会、
商会、教育会、现代职业团体和自由
职业者的代表为委员；总商会也进行
了改组，由与政府关系良好的商人出
任会长，并筹备成立以中小商人为主
的商民协会。这个商民协会，完全听
命于政府，在其主张中，明确宣示：

四牌楼

四牌楼马路拓建时的情景

"无党（国民党）令，一事不可行，一言不可发，一言一动，以党令为转移，

------

① 《西关十街马路开放典礼纪盛》。载《民国广州日报》1926年11月22日。

对于党下一切运动，无不热烈参加，无不努力奋斗。"① 这一切表明，商团事变后紧张的政商关系，开始逐渐解冻。

1928 年，广州无风无雨，一个新的建设时期，似乎到来了。人们都急于生活回复正轨，希望政府与民休息。2 月 6 日，元宵节当天，报纸刊登了林云陔的"整顿市政办法"，作为对市民期盼的回应。在回顾过往市政建设成绩不彰时，林云陔归咎于"本委员长掌理市篆，于兹已历三次，回溯前此二次，均因茌事为时极暂，计划设备，未竟即行，市民福利，无由实现"。市政之实施，以政局稳定为大前提，才能从容谋划，大施拳脚。

林云陔对未来提出了初步设想，准备聘请专家，对被战火摧毁的市区，作出详细的重建规划，包括如何修建公园、马路，如何改良城市水渠，如何整理金融；以及实行市民义务教育，提高市民智识水平；训练警察、整顿警务；整顿自来水、电力、电话、车辆等公用事业，逐步实现公营，以维护民众利益；等等。② 务求适合文化社会情况，符合审美原理。俟规划方案推出之日，将交全体市民检阅。

1929 年 8 月 1 日，市政委员会撤销，改行市长制，林云陔任市长。经过半年酝酿，《广州政府施政计划书》终于火热出炉，要旨凡九项：

一、广州市的定位是中国南部商业中心，粤汉铁路及滇、桂、黔各省公路完成后，更为全国重镇。为此，城市规划要与之适应，工业区设在广州西部，以便由粤汉、广三铁路运输；商业区设在市区南部和河南，水陆交通，均较方便；住宅区移至市区东部，在竹丝冈一带兴建模范住宅区。

二、确定全市马路通盘规划，开辟 61 条马路，分三期办理，限三年完成，第一期 21 条，全长 90090 尺；第二期 21 条，全长 72340 尺；第三期 19 条，全长 79330 尺。开辟东南西北各方向的郊外公路 35 条，全长 559560 尺，分三期兴筑，限六年完成。

三、兴建全市市场、游泳场、石牌赛马场、仲恺公园、平民宫、平民村

① 寿石：《发刊词》。载《商民月刊》1925 年第 10 期。
② 《林云陔整顿市政计划》。载《广州民国日报》1928 年 2 月 6 日、7 日。

舍、公共坟场；改良全市厕所；建设市府合署。

四、改善公用事业，整理自来水；改良电灯；改装自动电话；扩充无线电播音台；整理长途汽车和本市汽车。

五、改进卫生，增设精神病院、麻风病院；改建传染病院。

六、推广教育，增设学校；整顿平民学校；增设职业补习学校；兴建公共运动场；筹设平民戏院、中山图书馆、美术馆。

七、改划警区；扩充警队；增加消防设备；增加水上警察的警舰；增加交通岗。

八、整理土地，改善土地登记手续；完成测量市区范围；整理土地税、土地移转增价税；整理官有空地。

九、筹措财政，划分省市税，现省政府征收市区内一些税项，如屠牛捐、牛皮捐、筵席捐、香捐、纸宝捐、油烛及庙堂杂货店捐、省河牛皮加二捐等，应划归市政府征收；在新开辟的马路上，按序招商增加长途汽车线路，以益库收；整理房警捐；整理洁净费；整理市立银行；等等。[①]

这是广州市近代第一份较为全面、完整的城市规划方案，标志着广州向近代城市的转型迈出了历史性一步。

1930 年，在程天固主持下，工务局编订了《广州市工务之实施计划》，把城市会的一系列议案和林云陔的"施政计划书"，进一步具体化。"实施计划"的时限，为 1929 年 6 月起，至 1932 年 6 月止，其要点大致有：东北白云山一带，划为林场、游场，及消暑寓所建设之用；正西之羊牯及增埗附近一带，作经营公共实业（各工厂）及平民住居（供工人住宿）之区域；东面除东山、马棚、竹丝、松冈、上下坟头等冈，已辟为住宅区域外，拟保留以备市区展拓；西南之石围塘、花地、大尾等岛，作工业区；正南之河南岛，建设商港、商业、政治、住居等区域。[②]

从孙科主政时的改造计划，到城市会的系列议案，再到林云陔的"施政计划书"，再到工务局的"实施计划"，其思路是前后呼应、一以贯之的，特

---

① 《本市市政府之施政计划》。载《广州民国日报》1929 年 8 月 10 日～ 14 日。
② 《广州市工务之实施计划》。广州市工务局 1930 年编印。

点就是强调城市的土地分区使用原则，根据广州历史形成的格局、土地利用条件、土地利用现状、未来开发利用方向途径的不同条件，对土地进行区域划分，赋予不同区域不同的功能角色。这是19世纪后期在世界城市建设中，形成的一种实践理论。对孙科、林云陔、程天固这些曾游历欧美，关注城建的人来说，不会陌生。

担任过孙中山秘书的林云陔，把实现孙中山的南方大港梦想，作为孜孜以求的目标。他曾经宣称："现代之文明，实都市进化之文明也；都市建设不进化，由社会一切事务之进化，亦势将中止，可断言也。'市政'之实施，即推进都市建设之唯一发动力也；由此推论，则市政之实施，亦推进社会一切事物之进化的唯一发动力也。"① 现在，他要把这部发动机，全力开动起来。

每条马路、街道的重建，都意味着沿路房屋，须全部推倒重建。哪里该建商店？哪里该建住宅？建筑风格如何设计？尺度如何把握？怎样才能兼顾美化环境与照顾贫民阶层的生活？怎样才能既拓宽了马路，又不损害原居民的利益？提供哪些地方给儿童做游戏？人们买菜方便吗？病了去求医方便吗？凡此种种，既与城市未来格局有关，也与城市传统文脉有关，一座城市的文化底蕴，便从这些细节之处，尽显出来。这是一项比拓宽马路更复杂、更细腻的工程，堪比艺术创作。

美丽的城市，不仅可以远远欣赏，亦应经得起近处细细观察。人们开始注意到城市的细节了。比如路灯，应该如何设置？多远距离一盏？每一盏的光照范围应多大？小街小巷与大马路的路灯有何区别？经过反复测试，得出以0.06米烛光为街道任何一处最低光量限度的结论，主要商业街道，至少要有0.75米的烛光。甚至考虑到路面材料颜色深浅，对光亮度要求的不同，深色地面亮度要大一点，浅色则可少一点。②

公用局以永汉路为示范，对路灯作了"美术化"设计。在永汉南路没有建骑楼的地段，安装有设计感、视觉漂亮的路灯，灯柱是水泥做的，电灯装在柱顶，相隔55米一盏，马路两边的路灯位置错开，以便照亮全街，电线埋在地

---

① 林云陔：《广州工务之实施计划·序》。载《广州工务之实施计划》。广州市工务局1930年编印。
② 《市政工程·街道之灯光》。载《广州市市政公报》第166号。1925年编印。

底，避免损坏。西关的路灯，则采取悬挂式，即马路两旁立柱，路灯悬挂在路中间，这种方式，在上海、香港多见。

人们考虑的问题还包括，哪些街道要用水冲洗？哪些街道只要洒水就够了，不可随便清扫？哪些街道既要洒水又要清扫？原来清洗马路也是一门学问，比如平滑的路面，可以用水直接冲刷，但砂石路面，则只能洒水，不能冲洗，否则就会造成路面黏结物被水冲去而松动；碎石路面，只宜随时剔除路面所积的泥土和杂物，偶然用扫帚扫一下，扫得太多也不行，会造成路面损坏。

一座城市应该有多少个市场？如何分布？太少了，居民买菜不方便；太多了，商人无钱可赚。以前广州只有禺山、南益两个市场，远远不够，造成很多小贩沿街摆卖，影响公共卫生，也有损城市形象。市政府在未来将兴建窦富巷、四牌楼、观莲市、大北直、仓边市、状元桥、大东门、前鉴街、仓前街、东鬼基、宜民市、新桥市、青紫坊、宝华坊、洪圣庙、恩宁市、梯云下街、三角市、北帝庙、河南太平坊、堑口市、漱珠市、宝和市、洪德三巷，共 24 个市场，政府出资收用土地，招商建筑，缴饷承办，若干年后，政府以成数给价收回。

政府从 1923 年开始，鼓励市民兴建骑楼，其间充满着各种矛盾博弈。骑楼最初是作为拓宽马路以后，给居民一种居住面积的补偿，政府也可以趁机征收地价，开拓财源，不失为两全其美的方案。但对业主来说，建骑楼要用钢筋水泥，成本较高，加上缴纳地价、牌照费、测绘费、人行路工料费、特征费、骑楼利益费等，负担太重。有的业主不肯领回骑楼地，或领回后不建骑楼，或有人冒名承领，各种伎俩，不一而足。为了鼓励业主兴建骑楼，财政局在 1923 年规定，由领回被割地骑楼，免征地价，承领者五折征收。1925 年 5 月，宣布地价减收五折的规定，再延长一个月。7 月又放出风声，撤销原定准建骑楼马路须有 24.3 米宽度的规定，永汉南路、西堤二马路，已抢先照此办理。[①]

第一个出来反对的，不是沿街铺屋的业主，而是工务局，反对的理由是：永汉南路、西堤二马路等处的行人路，仅 2～3 米宽，已十分有限，再建骑楼，只会徒增障碍，阻碍交通，绝不能与惠福路、维新路等有 4.6 米宽行人路的马路相提并论，工务局强调："职局拟定凡公辟之行人路宽度，满 15 英尺

---

① 《拟修订领骑楼地简章》。载《广州民国日报》1925 年 7 月 29 日。

（4.6米），或与职局原日辟路计划无抵触者，方准建筑骑楼。"①

　　财政局从增加收入考虑，希望多建骑楼，而工务局从市容美观考虑，希望多种树木，少建骑楼。大家位置不同，立场便各异。工务局局长林逸民在政务会议上指出："查本市内马路各人行路，原宜广植树木，吸收炭气，遮蔽阳光，不唯足增美观，实与市民卫生有莫大之关系。此外更有该路具有特种原因，不能建筑骑楼者，唯杨刘踞粤时代，日以筹济饷需为务，遂不加区别，即不应建筑骑楼之人行路，亦多列为骑楼地，招人承领，殊非都市马路所宜。现本市已经过军政时期，从前妨碍市政不良办法，自应力求改善，以臻完美。"②

　　林逸民讲得不无道理，但政府优先考虑的，还是财政，只要有人愿意出钱领回或承领建筑，无不照准。于是，骑楼越建越多，遍布一德路、惠爱路、永汉路、文明路、泰康路、大德路、大南路、太平南路等处。由于有遮阳挡雨的功用，又可以利用人行路上的空间，逐渐被市民接受，成为广州民居的主要样式之一。

骑楼街

---

① 《工务局限制建筑骑楼之意见》。载《广州民国日报》1925年9月10日。
② 《市厅令审查马路建楼种树案》。载《广州民国日报》1927年5月16日。"杨刘踞粤"，指1922年底占据广州的滇系军阀杨希闵与桂系军阀刘震寰。

惠爱路（1924年）

　　与此同时，在工务局的努力下，一些不适合建骑楼的马路，则在路旁树植树木，成为林荫路，惠福路是政府建绿化街的试点。按开辟马路时的规划，惠福路沿街植树，不建骑楼。后来，维新路（北段）、法政路、越秀北路、应元路等马路，都按绿化路的标准去做。

　　骑楼是私人住宅，建筑风格不拘一体，百花齐放，有仿哥特式的，有南洋式的，有复古主义的，有现代主义的；装饰风格有巴洛克的，也有洛可可的。西方建筑的常见元素，在骑楼几乎都可以找到。骑楼屋顶，有坡形瓦面和平顶天台两种，有些加建个小巧玲珑的小亭、尖塔之类的装饰附件。山花造型多姿多彩，既有卷曲花纹等西方特色，也有中国传统的卷草图案、瓜果图案和传统吉祥图案等。楼身的外墙装饰，亦各有千秋，或做成中国传统牌坊形状的，或挑出拱形雨篷，或飘出一个小阳台。

　　中西混合风格的建筑，一度在广州非常普遍。建筑师几乎都有共同的特点：既有深厚的中国传统文化基础，也有丰富的国外留学经历。在他们设计的作品中，中式的红墙琉璃瓦，重檐歇山顶，与西式的有罗马柱、爱奥尼式柱、券窗、券廊等并存，两者结合得非常和谐，不仅没有突兀感，而且相得益彰，显示出设计师非凡的造诣。从中央公园、黄花岗七十二烈士墓、中山大学电气机械工程系馆、中山大学法学院，到越秀山仲元图书馆、中山图书馆、十九路军淞沪抗日阵亡将士陵园等，莫不体现这一特点，中西"混搭"，别具风味，代表了一个特定时代的文化心态与价值取向。

走在长长的骑楼街，从一间店铺走进另一间店铺，从容地逛街购物，任外面风驰雨骤，口中哼着"骑楼骑你头，翻风落雨永无忧"的顺口溜，倒也是很惬意的事情。

卫生、便利、美观——面向文明生活的公民教育

广州市为世界都市之一，平原亘数十里，珠江如带绕其前，白云山横障于东，天然美境，优于英伦及日本之东京，居民活泼，进取精神，甲于全国……粤汉路有继续开通消息，虎门近处，可容五万吨之大商港伟斯湾，曾经发现，苟有远大眼光，与宏规毅力，积极进行建设，广州可为全国第一大都市。①

翻开 1928 年的报纸，一段激动人心的文字，赫然映入眼帘，令广州人倍感荣耀。但一个现代大都市，不仅需要港口、铁路和高楼大厦，还需要文明的生活。

在广州逛街，并不总是惬意的，离开了繁华的大马路，在高楼背后的阴影之中，在横街窄巷里，也许就是另一番景象了。成堆的垃圾，恶臭的厕所，乱窜的老鼠，呛人的煤烟，甚至还能在街角看见死婴，让人怎么也惬意不起来。大多数人都讨厌肮脏的环境，却又不愿从自己做起，革除不讲卫生的陋习。林云陔因而慨叹：“吾国习俗，向以家族为单位，故往往户限以外，秽物山积，视之晏如；公共场所，任意污损，恬不为怪。虽曰缺乏公共道德，而卫生常识之不足，未始非其主要之原因。”②

教育市民养成卫生习惯，清洁城市环境，一向是市政府花气力最大，成绩却最小的工作之一。政局混乱是原因之一，经费与人手不足也是原因之一。1924 年 10 月上任的卫生局局长伍榜，遇上商团事变，市面萧条，百业停滞，卫生局“收入停滞，无米为炊”，有些局员欠薪数月，清秽夫役亦消极怠工，市民颇有怨声。局长只好向职员承诺，“俟收入稍丰，继续清发。幸各长员深明大义，忍痛须臾。晓谕清秽夫役，唇焦舌敝，始允开工。”

---

① 《建设声中之广州市建设计划提案》。载《广州民国日报》1928 年 4 月 10 日。
② 《林云陔整顿市政计划》。载《广州民国日报》1928 年 2 月 7 日。

清秽夫与垃圾车

据卫生局的统计，1924 年，清运垃圾 114 万多担；在市内放置鼠箱，收集死鼠；聚殓死婴，葬于荒郊；疏浚沟渠，避免淤塞；淋洒马路，避免灰尘；改良厕所，保持清洁；茶楼酒家，不准水缸与尿桶相邻；娼寮妓馆，严加管理；收治精神病人、麻风病人；免费接种牛痘；等等。在检查中，卫生局竟发现市场上有人往猪肉中注水，又有人专门收购坟场旧棺木，制作家具出售，种种奸商渔利恶行，抓也抓不完，罚也罚不过来。5 月，广州又爆发小规模鼠疫，当局有经验得多了，"立即派员查验，董洗疫屋，隔离病人，检查舟车，藉杜传染。有疫地点，断绝交通。不旋踵而鼠疫灭绝。"[①]

为了推广卫生教育，政府不时举办卫生演讲，出版卫生书籍；在《市政公报》上教人们如何在马路上洒水，如何扫雪（尽管广州基本无雪），如何注意家居卫生。有一篇题为《都市和家屋的卫生设施》的文章写道："居住最要紧的，就是把畅快温和的人工的气候接济，我们尤不得不防风雨寒暑尘芥煤烟的害处。居住卫生的改良，第一应当用法令规定建筑方法，防止居住者的过度密栖；并且要设立居住监督长，以督促法令的实施；再由各种慈善机构帮助改良人民的居住。"[②]

---

① 伍榜：《广州市卫生局十三年进行概况》。载《广州市市政公报》第 165 号。1925 年 1 月编印。

② 载《广州市市政公报》第 176 号。1925 年 3 月编印。

现代文明城市的民居，应该是怎样的呢？市政府在 1927 年的《市政公报》中，列举基本要求："市民的住宅以预防灾患为第一条件，以卫生及安适为第二条件。因第一条件的关系，材料务求坚牢，桩脚务深入地底，竹木等易燃之物不宜露出表面，风火墙要加高。因第二条件的关系，空气光线要充足，方向要朝南，屋内各种装置要极完备（如厨房、厕所、火炉等）。至住宅区的位置以市郊为宜，求其清静而不至偏僻，又有马路直通市中的；附近有葱郁的树林尤为适合。住宅区须附设菜市、钟楼、公园、游戏场等，又须有相当的小学校、幼稚园，以容纳该区的学龄儿童。"①

然而，1927 年是一个烈焰狂飙的时代，是流血牺牲的时代，大谈"光线要充足，方向要朝南"的基本居住要求，好像过于脱离现实，在说另一个世界的事情。

地方政府不厌其烦，反复呼吁市民，在公共场所遵守道德规则：

一、勿吸卷烟。稠人广众之中，空气已属不洁，倘再恣意吸烟，贻害公众卫生，益非鲜浅。二、勿许淫妓出入。其地既为公共之游息场，则其价值之高尚可知，岂容一约不洁之女子，招蜂惹蝶，淫荡其间耶？三、勿弃碎屑于地。游人恶习，每喜吃杂食，瓜子果壳，任意弃地，非唯于观瞻上极不雅致，且易招引蚊蝇，酿成疾病。四、不可争夺座位。公共场所常见互争座位之事，各不相让，甚至冲突用武，不独自寻烦恼，抑亦无谓极矣。五、不可损坏公物。如公园之中，一草一木，皆足以点缀风景，若游客徒逞私欲，随意攀折花枝，将何以悦后者之目耶？六、不可高声怪叫。游人中好奇者，每于观剧闭幕，或发生趣事之时，高声怪叫，震耳欲聋，虽自鸣得意，然人格已丧，可不戒哉。②

政府耳提面命，劝导市民，然而效果如何？以清运垃圾为例，卫生局雇用了大批清秽夫，每天肩挑车推，不停搬运垃圾，但垃圾却好像越搬越多，市民随手丢弃在街头巷尾，这种恶习，千年不改。1925 年 7 月间，报纸列出了一堆垃圾黑点：榨粉街有四堆垃圾，堆放一月，已发痢症；榨粉北横街口有一大堆垃圾，由来已久，臭气熏蒸；大塘街扁担巷口有四大堆垃圾，数月未清，臭气

① 《模范住宅区》。载广州市政府编《市政公报》第 256 号。1927 年 5 月 10 日。
② 《公共场所应守之规则》。载《广州市市政公报》第 181 号。1925 年 5 月编印。

熏蒸；仙羊街有四堆垃圾，半月多未清，奇臭不堪；四牌楼一带，有二十余堆垃圾，十余日未清，蚊蝇满天地；沙基广埠西街，有垃圾无数，向来如此，行不容足；逢源正街有五大堆垃圾，向来无人清理，全街臭气；等等。[①]酷暑时节，垃圾一日不清，便恶臭冲天，如毒雾弥漫。

每年春夏之交，卫生局都要举行灭蚊灭蝇运动。1928年12月27日，市政府组织了一次全市性的大扫除运动，包括举办展览，大巡行，宣传演讲和清扫街道。由政府官员带头，清扫全市的大马路，警区雇人清扫内街和巷子；所有铺位、茶楼、酒楼、戏院，都要自行清洁，每间公共厕所的墙壁，都要刷白灰水；墙壁六尺以下都要喷杀虫水。大扫除当天，警察要入屋检查，达不到要求者要受处罚。为了做表率，林云陔亲自上街扫地。

在1928年4月的报纸上说："每年春间，卫生局向有灭鼠运动之举。"在过去一个月中，广州收集到2.4万只死鼠。[②]10月，卫生局公布《广州市传染病预防条例施行细则》。1929年春天，市政府举办灭鼠灭蚊灭蝇运动大会，以期推广卫生知识，唤起市民卫生观念。但到了1930年4月，报纸在检视卫生推广成绩时，发现"（濠涌街渠）淤积日甚，平时泥泞载道，秽臭熏蒸，污水停积，蚊虫遍地"[③]的情形，并无改善。年年推行的卫生运动，即一时有效，很快也被新的垃圾所淹没。

在老城区、西关、河南，有不少横街窄巷，房屋破陋，拥挤不堪，路面坑坑洼洼，居民没有能力更新街道，政府的注意力也不在此。这些街巷长期处于破落状态，没有改善希望，就像城市脸庞上一块难以愈合的溃疡，大马路越光鲜，越映衬出这里的衰败。

由于新开大马路的路面，往往比内街高，导致雨水往内街灌，雨季处处积水。政府曾经尝试购买煤油，每星期一次，灌入各沟渠和积水处，以灭杀孑孓；并要求所有消防的太平缸，都要加入煤油，还要及早填塞濠涌，以消灭"蚊蝇的殖民地"。街上到处都可以闻到浓浓的煤油味。但一场大雨过后，煤

① 《请卫生局留意》。载《广州民国日报》1925年7月15日。
② 《前月死鼠》。载《广州民国日报》1928年4月3日。
③ 《改建全市渠道濠涌办法》。载《广州民国日报》1930年4月23日。

油被冲得一干二净，孑孓又开始滋生了。市民受鼠、蚊、蝇困扰的日子，还是无有止期。

公共厕所的情况，也好不了多少。从光绪年间，就开始大张旗鼓地改良，每一届政府履新时，都把治理厕所，列为卫生重要事项；述职时，都把厕所的整治改良，列为骄人政绩之一。在1925年的《市政公报》上，详细描画了一个文明都市的厕所，应该是怎样的，从设置暖炉，供应冷热水，到墙壁的颜色宜浅淡，增加光线，每个便位宜装弹簧门，阻隔视线；哪里该有排水槽，哪里该铺洋瓷，都说到了，连弹簧门要有插销这种细节，都考虑到了。① 十分详尽，合情合理，但事实上，直到1929年，广州公共厕所的状况，仍然是："建筑极简陋，设备不完，污秽不堪，甚至溺粪流出厕门附近，街道数丈外，犹闻臭气。"② 甚至到了1932年，报纸还有如此报道："本市各街公厕，建筑简陋，污秽不堪，路上行人，莫不掩鼻而过，此种形状，于城市观瞻，固极不雅，而于公共卫生，尤多妨碍。"③

广州很多人家都饲养"三鸟"（鸡鸭鹅），白天往街上一放，到处乱走，随地拉屎。报纸批评："内街清洁成绩，尚未大著，而各内街不独路面芜秽，且常有鸡鹅鸭放走路上，粪溺随地遗留，各段长警视若无睹。"④ 放养禽畜，是农村固有习惯，广州号称千年商都，竟然也是如此，实在不可思议。

市民往河涌倾倒垃圾，更是千百年来的老大难问题。河涌干净，本来对附近居民健康都有益，理应受到欢迎，自我约束，并非难事，但历朝历代，即使有地方绅商管理，警察监督执罚，仍然屡禁不止，人们宁愿牺牲自己的健康，也要图个方便，把成吨成吨的垃圾，往家门口的河涌倾倒。

广州市警察局1929年4月10日的一份布告，反映了河涌的恶劣状况："乃近查本市附近濠涌之商店住户，时有将垃圾及废烂果菜死畜等物，任意倒落濠中，以致日久秽物淤积，臭气熏蒸，蚊蝇丛集，最易发生疬疫，妨碍公众

---

① 《市政工程·公共便所》。载《广州市市政公报》第181号。1925年5月编印。
② 《市府筹建公共场所》。载《广州民国日报》1929年10月24日。
③ 《建筑中央公园男女水厕》。载《广州民国日报》1932年6月8日。
④ 《清道》。载《广州民国日报》1930年4月12日。

卫生。"① 不止河涌，连长堤这种属于城市颜面的地方，民众一样任意丢弃垃圾。1931 年 3 月，公安局在长堤各码头、店铺，张贴六字布告："照得长堤岸边，严禁垃圾倒倾，如敢故意违犯，定必拘罚严惩。"② 但布告的警吓作用，微乎其微，禁而不止。政府办事不力，处理无方，固难辞其咎，但市民陋习不改，亦是重要原因之一。

广州的城市面貌，从大处看，越来越漂亮，马路宽敞，高楼林立，车水马龙。一条腿已迈入现代化的门槛了，但另一条腿，却还深陷在古老的农耕时代，拔不出来。这种文化的矛盾冲突，将长久困扰这座城市。公民教育，是刻不容缓的任务。

如何培养市民的文明习惯呢？除了不停地出布告、立法规，不断巡查执罚，政府还可以做什么呢？

从城市硬件而言，一座让人生活舒适的现代城市，应兼顾卫生、便利、美观三方面，卫生方面，住宅之卫生、增进健康之游戏场、增进休养之公园；便利方面，街道、车道（如马车、汽车、电车之类）和停车场；美观方面，林荫公路、良好风景之公园、古迹、博物院及美术雕刻点缀品、庙宇和公共建筑。这些都是不可或缺的。

在城市设计时，要充分考虑到：街市空气之调和的问题，如多植树木、开辟公园之类；充分的交通便利的问题，包括街衢之计划，广狭、铺砌、洗扫之类；保存天然美景的问题；取缔不当广告及其他有碍目光物品的问题，如纸烟广告及骗人医药广告之类；关于码头、桥梁等事之改革的问题；奖励美术装饰的问题；关于住宅与市场配置的问题。

为了保持城市的美观，必须取缔有伤本地雅观之事物，如仁丹、纸烟广告及在名胜地方乱涂诗画、雕刻姓名之类；爱护本地公共产业，如公园及其他建筑物之类；禁止乱弃纸屑及废物于街旁或空地；力禁践踏或采取花草，伤害树木；经营人工修饰及保存天然景致。林云陔的思路，与孙科当初提出的交通、

---

① 《公安局严禁倒垃圾在濠涌》。载《广州民国日报》1929 年 4 月 10 日。
② 《长堤沿岸禁倾弃垃圾》。载《广州民国日报》1931 年 3 月 4 日。

卫生、娱乐三大功能，一脉相承。

从城市软件而言，除了一般性的公民教育外，尤应注重学生的教育。培养学生对学校之校舍、校园的计划与审美观念；组织校舍大扫除运动；教学生报告城乡不美观、不便利与不卫生之事实而评论之；教学生拟定改良计划；率领全体学生洁净校内及校外街道与空地的垃圾；指导学生设计本校及临近地方应种植的花草树木，并在植树节率领学生去种植；指导学生担任修理及保护校内及临近地方的花草树木。①

薄物细故，都关系着文明进步。市政当局苦口婆心，谆谆劝导人们，应该如何爱护一座城市。尽管1928年前后，大半个中国，仍在战尘之中，这些所谓公民教育，给人的印象，仿佛不食人间烟火。但身为城市建设者，当做的事情，还是要去做，虽然不能一时见功，寄望天长日久，滴水穿石。

---

① 《新城乡之计划》。载《广州市市政公报》第162号。1925年编印。

移风易俗，殊非易事

1929 年初，国民政府发起的"废止中医案"，为一场大规模破旧立新运动，敲起了开场锣鼓。政府宣称中医阴阳五行理论，全属凭空杜撰；中医脉法出于谶纬之学，自欺欺人；中医无法预防疫疠；所有中医典籍，都是封建时代的遗物，缺乏科学依据，形同迷信，理应立即废止中医药，独尊西医。全国包括广州在内的中医界，齐声抗议。广东中医成立了广东中医药联合会，由广州中药公会、广州中医公会、广州医学卫生社、中医药专校起草宣言，联合发表宣言及通电，呼吁政府撤销"废止中医案"。这场抗争运动，席卷大江南北，持续将近一年，逼得政府最终让步。

这是一个信号，提醒政府，挑战传统文化，不能光凭一纸命令。但政府反而觉得，这是广州人的旧文化、旧习俗，太过根深蒂固所致，愈发增强了要把旧文化从人们生活中连根拔起的决心。

广州人特别热衷拜神。一年四季，水醮、火醮、平安醮、祈雨醮，醮坛不绝；佛诞、神诞、观音诞，无日无诞。崇祀的对象，从玉皇大帝、观世音菩萨、如来佛祖、弥勒佛、城隍爷、金花娘娘、天后娘娘、急脚先锋、田公元帅、司命帝君、三界之神，到关圣帝君、南海神、冼夫人、康公主帅、黄大仙、三山国王、太上老君、吕祖、天官、太阴娘、伯公、药王、床脚婆、孔子、盘古、龙神伯公、千里眼、顺风耳等，多如恒河沙数。甚至连一块形状奇怪的巨石、一株被白蚁蛀空的古树，都可能被赋予神灵色彩，接受香花供奉，日夕朝拜。每一个民间节日，从上巳、清明，到七夕、重阳，几乎都与消灾求福有关，都有一套繁琐的拜神祓禳仪式。老人们总是教诲后生："宁可食少餐，拜神唔可以悭（不能省）。"坊间有一首竹枝词，讥讽广东人这种迷信习俗："粤人好鬼信非常，拜庙求神日日忙。大树土堆与顽石，也教消受一枝香。"①

　　走进广州人的家庭，几乎每家每户都有神厅、神龛，到处摆放着"门从积德大""门官土地福德正神""东厨司命定福灶君""井泉地脉龙神"之类的牌位。若问广州人，门官神有什么作用？他们都说可以阻挡污秽之物，甚至神秘兮兮地说，如果屋内有人上吊而死，门官香炉下面就会有一个小小发圈，这是"吊颈鬼"入屋找替身，放在那里的。门官有灵，就会通知屋主，把圈子取走，"吊颈鬼"找不到替身，家里就不会再有人上吊了。如果追问：你真的相信这些？他们大抵回答：宁可信其有，不可信其无。

　　在一些没文化的人家，小孩子如果有病痛，不去看医生，长辈手执一本旧历书，拍打着小孩的胸前背后，嘴里念念有词："飞来犯，飞来犯，飞沙走石犯；急犯，慢犯，虚空过往犯，檐前檐后犯，东方犯，南方犯，西方犯，北方犯，牛头马脚犯……此方夫人在此，唔系你都系你，就起就好，唔到明朝早，就起就犯，唔到一时间，好！好！好！"拍完之后，把旧历书放到"五方五土龙神前后地主贵人"的地主牌位旁，直到病好才取回。

　　这类"毫无科学根据"的传说和习俗，五花八门，荒诞不经，令提倡新文化的知识阶级，嗤笑不已，也令那些受过西方文化熏陶的官员，火冒三丈。他们认为，一切旧礼仪、旧风俗、旧习惯、旧事物，都是文明的敌人；一切他们认为违反科学的东西、不合文明标准的东西，都应该在一夜之间，扫地无余。

　　有人发表讽刺小文，描写一群戴传统卜帽的男人，在先进文明潮流面前，喊着"打倒一切戴西洋帽的腐化分子""戴帽而不戴中国卜帽者是反革命"的可笑口号。社会局向市民宣传，妇女束胸、穿耳、缠足，都是旧时代陋习，亟应革除。然而报纸有一篇文章，煞有介事地向女人提出："怎样才能减轻丈夫的负担？这是我们最要讨论的问题。"作者提出三个办法：一是不学时髦，二是不贪美食，三是能省则省。②听起来，仿佛"朱子家训""昔时贤文"之类的陈年旧货，又从箱底翻了出来。

---

① 引自叶春生：《岭南俗文学简史》，第219页。广东高等教育出版社1996年版。
② 远公：《女子结婚后应该知道的美德》。载《广州民国日报》1929年9月23日。

当局认为不仅束胸、穿耳、戴卜帽是守旧的象征，旧历（农历、夏历）更是。中国已经实行公历，为什么还要保留旧历？

《广州民国日报》的一篇文章写道："明明是中华民国十八年的二月了，而十八年以来的中华民国的国民依然在那个'旧'字里去寻生活，这是一件滑稽的事，另一方面却是最可痛心的事！"文章分析，废除旧历的阻力在哪里？"我们知道阻碍废除旧历的力量，是以农民为主体的。农民智识程度不能跟着世界科学文化一样的进步，只是世世相袭的旧历节气。中国社会除了少数通商大埠渐渐变成工业化以外，其他大部分社会的消费，还是以农业为基础的，因此农村文化的落后，便直接影响到全社会的活动。"文章更鞭辟入里地指出："可是最使我们很痛心的，就是都市文明的矛盾，它一方面比较容易接受外来的文化，同时又富有保守的特性。这个矛盾的结果，就是决定其进化的程度。"①

于是，一波废除旧历的声浪，平地而起，充天塞地。公历被尊为"国历"，夏历被贬为"废历"，1月1日是国历元旦，5月1日是国历劳动节；人日是废历正月初七，端午节是废历五月初五，七夕是废历七月初七。这些农业社会的节日，都是妨碍社会进步、妨碍文化发展的，对国民经济也是严重障碍，报纸痛斥："中国人每年因迷信而消耗之金钱虽无统计，但料必非少数。即以广东而论，销售冥镪爆竹之数或更多于政府之教育建设经费，亦未可知。以有用之金钱，作无益之耗费，无怪中国民贫财尽也。"②

旧历与迷信，只是新旧文明冲突的表征，并非根本症结所在，但文章作者看到了城市工业文明被浩乎无际的农业文明所包围的窘境。旧俗不除，新文化就无法立足。于是，在1929年7月，由国民党广州市党部发起，成立风俗改革委员会（风改会），开展一场为时半年的狂飙式移风易俗运动。

在风改会成立大会上，风改会主席蒲良柱指出，广东不良风俗的五大祸害：一是阻碍社会进步，因不良风俗有保守性，代表旧势力，哪里的乡村风俗不良，社会必定落后；二是妨碍文化发展，如迷信神佛、上帝等偶像，而反对

---

① 陆舒农：《废除旧历运动》。载《广州民国日报》1929年2月5日。
② 《风俗改革会今日开成立大会》。载《广州民国日报》1929年7月11日。

科学真理；三是影响国民经济，如婚姻丧葬的无谓浪费，动辄千数百元，而就冥镪一项计，全省收入冥镪捐四十余万元，耗费之大，不言而喻；四是妨碍政治建设；五是扰乱社会安宁。[①]

这是由党务系统领导的运动，以"改良风俗，破除迷信"为宗旨，下定决心，雷厉风行，誓要打赢这一仗。风改会成立后遇上的第一个废历节庆，就是七夕乞巧节，必须集中火力，猛烈打击，确保首战报捷，才能一改社会视听。

广州旧俗，七月初七前后，各家妇女陈设瓜果，设案焚香燃烛，祭拜织女，举办各种"乞巧会"（又称"七娘会""拜七姐会"），从摆巧、赛巧、拜仙禾、拜神菜，到迎仙、拜仙、散杂、烧冥衣，整套仪式，一连数天，繁复冗长。有的地方还会请人唱戏，富裕人家请戏班演大戏，普通人家则请瞽姬唱南音、木鱼书助兴，俗称唱"七娘戏"，或"七夕衬戏"。

从8月1日开始，风改会在《广州民国日报》上开辟"风俗改革"半月刊专栏，蒲良柱亲撰"创刊词"，斩钉截铁，把取缔七夕列为第一目标："固然现在我们对于应该马上取缔的不良风俗，如七夕烧衣拜仙，事实上已经实行了！"[②] 同一期上，发表一首文情并茂的粤曲唱词，俨然劝世贤文，其中唱道："都说道，织女会牛郎应该纪念；一年中，逢一度就要敬奉心虔；两日间，极侈穷奢务求冠冕；计不尽，无谓消耗多少金钱；任你是，三步不出闺门个的娇娃贵眷，到此日，也随流俗在此斗丽争妍。老人家，不问是非反加赞美；无赖子，联群结队猎艳垂涎；见多少，品足评头互相舌战；更有的，乘机摸窃故意喧阗。这件事，图高兴反成扰乱；劝世人，须觉悟，不可再学从前。"[③]

风改会与公安局共同行动，禁止妇女七夕拜仙，禁止商店出售七夕用品。派人巡查市内商店，一旦发现出售七夕用品，立即上前阻止。许多卖冥镪纸品的商家，纷纷向政府求情，他们今年已经备好了货，政府遽下禁令，不让销售，血本无归，损失太过巨大，可否明年再实行禁售。但这是政府移风易俗第一炮，岂容退让。

鼓动情绪、制造舆论十分重要。大街小巷，贴满了标语："打破七夕拜

---

① 《市民风俗改革会成立志盛》。载《广州民国日报》1929年7月12日。
② 蒲良柱：《写在刊头》。载《广州民国日报》1929年8月1日。
③ 冯公平：《七夕陋习》。载《广州民国日报》1929年8月1日。

仙陋习！""七夕拜仙是怪诞的举动！""七夕会牛女是无稽的诳语！""禁止七夕拜仙烧衣！""谁敢烧衣拜仙即拿送公安局究办！""禁止七夕拜仙烧衣是改革风俗的起点！"风改会发表《禁止七夕拜仙烧衣告市民书》，严词警告："兄弟姊妹们：今年'烧衣''拜仙'的时间又快到了，这种陋习，愿你们自动地起来破除，并愿商店自动的停卖烧衣拜仙用品，否则公安局已有布告在先，如敢故违，本会只好拿送公安局严厉究办，请千万不要轻于尝试呀！"①

风改会不仅仅停留在口头，也落实到行动上，组织社会团体代表调查队，精神抖擞，在街头巡查执法。在仓边街天官里，遇上几个妇人，摆设香案果品，烧炮焚香，准备拜仙，工作人员一声呵斥，上前擒获，扭送公安局。几个妇女一路上哭哭啼啼，请求宽恕，风改会正要拿她们做一个反面教材，以儆效尤，哪里肯轻易放过。据记者报道，被风改会调查队和警察抓获的烧衣拜仙妇女，有50多人。②

大新公司天台正在排演七夕的传统剧目《天河会》，被风改会查知，风改会立即致函戏剧审查会："本次破除本市遗传千数百年之七夕拜仙，及烧衣陋习，为敝会实际工作之初步，故不顾一切，会同政府严厉执行。"风改会认为，城内外大新公司天台，竟敢顶风作案，在七夕排演怪诞无稽的《天河会》，"诱人迷信，防（妨）害社会文化及风俗改革"，自应严加取缔，禁止排演。③

民间习俗，传承千年，往往与趋吉避凶有关，心理需求强大，要一朝扫除，殊非易事，民间的反应，并不热烈。一些市民对禁令充耳不闻，你说你的，我做我的，照样过节。8月11日七夕当天，记者遍访广州各区，从他们的报道，可以知道风改会的工作成效如何：

"是晚十一甫及十二甫之三凤、美丽、丹凤、金玉、泰生各粉庄，妇女之往购粉者，络绎不绝，门限为穿，各粉庄大有应接不暇之势。""市内花王，

---

① 载《广州民国日报》1929 年 8 月 7 日。

② 《风俗改革会调查队拘捕大帮迷信妇女》。载《广州民国日报》1929 年 8 月 9 日。

③ 《风改会致函戏剧审查会禁止排演〈天河会〉》。载《广州民国日报》1929 年 8 月 9 日。

以此日为发财机会，尽力搜罗各种生花发售，凡花俗卉，亦细大不捐，陈列于观音大巷等处，高声眩售，一般迎仙妇女趋之若鹜。""十一甫、十八甫、高第街，各洋货店，及纸料纸扎店，均预制仙桥，暨巧小器具售卖，投机小贩，更于马路中之横巷口陈列，以待光顾。妇女之往购者，摩肩擦背，马路上妇女之手挽肩托此种仙桥纸扎物品者，触目皆是。"西关富户的妇女迎仙活动，更是热闹，"靓装艳服，集合一堂，以迎仙子者，情形亦与往年无异"。记者用"举市若狂"来形容。①

风改会虽然不遗余力，声嘶力竭，不过言者谆谆，听者藐藐。凭着布告、标语和警察权力，采用"一刀切"方式，来改变一项千年的民间习俗，欲速不达。第一炮没有打响，风改会并不泄气，继续加大力度，向一切他们认为不良的习俗开火。

每天夜幕降临，在中央公园、西濠口、天字码头、十八甫等繁华地段，便聚集着一群群的市民，聆听名人演讲，主题都是破除迷信。善后公署政务处秘书区芳浦、市党部宣传部长林翼中、市政府秘书长陆幼刚、戏剧家欧阳予倩、工务局长程天固等社会名流，也在中央公园的播音台发表演讲，宣传迷信之害，号召民众尽早破除。

风改会致函公安局，要求取缔市内挂牌营业的卜筮星相，禁止商店发售刊载旧历及吉凶节日、传播迷信的通书。②政府还鼓励举报，惠爱路城内大新公司天台游艺场，大观女剧社上演《大观园里散天香》一剧，被人举报有"宣传神权，导人迷信"之嫌，由教育局下令全剧禁演。中国影剧院里上映电影《马振华投江记》，亦因被举报有"提倡自杀及诲淫"之嫌，禁止放映。新中华戏班上演的《天堂地狱水晶宫》，被指剧中原有各种床上淫亵表演，虽奉令删除，但情节仍属怪诞不合情理，一并禁演。

9月17日，风改会召开"广州各界破除迷信运动大会"。由省市党部、总指挥部、省市政府、风改会、总商会、总工会、工联会、妇女协会、女权会、

①《改革风俗声中举市若狂之妇女拜仙运动》。载《广州民国日报》1929年8月12日。
②《风改会致函公安局取缔筮卜星相》。载《广州民国日报》1929年8月2日。

改良戏剧会、戏剧研究所、社会局等15个团体，组成主席团。按照惯例，大会制作张贴一系列标语："破除一切宗教及社会迷信！""取缔卜筮星相僧尼巫觋！""铲除淫祠寺观菩萨偶像！""破除迷信运动成功万岁！"

有70多间学校的学生，以及总商会、市商会、妇女协会、总工会等团体，5000多人到会。大会期间，民众不断高呼口号："各界民众联合起来！""破除一切迷信！""发扬科学真理！""取缔卜筮星相！""取缔堪舆巫觋！""取缔师姑和尚！""全国民众思想解放万岁！"声势浩大，场面壮观。

大会通过七项提案：一、建议省市政府没收寺观庙产，以办教育及慈善事业案；二、建议省市政府，递年加增香烛冥镪捐，实行寓禁于征案；三、建议省市政府废除一切神像木偶及其他类似木偶之迷信物品案；四、建议省市政府，通令各教会学校，不得在校宣传宗教及压迫学生奉教，并禁止书店贩卖迷信书籍案；五、建议省市政府实行限令卜筮、星相、巫觋、堪舆，依期改业案；六、建议省市政府，实行查禁市内一切签语神方案；七、请市政府多设平民工厂，收容因破除迷信而失业的流民。①

报纸的破除迷信特刊

---

① 《今日举行破除迷信运动大会》。载《广州民国日报》1929年9月17日。

政府限令，全市所有卜筮星相，在 1930 年 1 月 1 日停业。被列为"陋习"的，还有敲更和乞丐等。以前时钟不普及，需要敲更报时，如今到处都是时钟，街坊雇用更夫，只是浪费金钱，如果取消敲更，市民每年可减轻负担十万金。乞丐也是社会顽疾，所谓天字码头花子、流花桥花子、大东门花子、过往花子等，无不是地痞流氓，借市民婚丧等事，成群结队，登门勒索。还有传统的婚礼仪仗，繁文缛节，贻笑外人，统统要严厉取缔。甚至在公园里一些奇装异服、举止招摇、言语荒谬、笑话百出的外地人，"不啻若宣传迷信"者，亦属有碍社会观瞻，应由社会局查明，驱逐出境。

风改会四面出击，火力全开，不怕矫枉过正，也不怕战线太长，只求立竿见影。城隍庙被接管了，城隍像拆掉搬走，庙宇改为国货市场；以修马路为由，六榕寺面积削掉了一半，改建为净慧公园；海幢寺也被改建为河南公园。中秋节晚上，中央公园准备举办交际跳舞大会，被公安局指不合时宜，"迹近招摇"，下令禁止。大队警察、宪兵，乘坐装甲车在市内巡逻，气氛森严，令市民团圆赏月的心情荡然无存。

风改会急于求成的心情，可以理解，但把攻击范围，扩大到所有宗教，而不仅限于针对传统陋习，则闹得神憎鬼厌。风改会不仅打击佛教、道教，1929 年圣诞节当天，风改会发出《为反基督教告同胞书》，声色凌厉，告诫市民："基督教是'杀人不见血'的毒物，是帝国主义御用的工具，是中国人民的大敌。"① 国民党广州特别市党部专门印制"反对基督教标语"，在市内广泛张贴。但不少政府官员，都有留学西方经历，本身就是基督徒。风改会激怒的，不只是烧香拜神的守旧人士，连西装革履的新派人物，也反感起来。

移风易俗，变成了大轰大嗡的政治运动，让人联想起四百年前，提学副使魏校在广州掀起的那场毁淫祠、办社学的风暴。动机相似，手法雷同，连喊出的口号也差不多，而效果也半斤八两。政府只顾禁止，没有为人安排出路，大批神婆、算命佬、风水佬、尼姑、和尚、道士，没有其他谋生技能，做工无力，经商无资，遽然失业，流落街头，饥寒交迫，情形颇为凄凉。他们不断向政府请愿，社会舆论也啧有烦言。

① 载《广州民国日报》1929 年 12 月 25 日。

政府承诺，把年轻的卜筮星相佬送入贫民教养院，学习技能；盲眼的、有残疾的，发给临时执业证，继续从事旧业。但广州有多少贫民教养院？1926年7月，政府在德宣路成立一所贫民教养院，原名叫"栖留所"，地方十分狭窄。1928年11月，把普济养老院（较场东、东川路）、市立瞽目院及市立盲人学校（均在北横街）划归贫教院，专收无依贫民，教授制作葵骨、草鞋、藤织、车衣之类技能，销售产品以补充经费。1929年在石牌再开一家，但设施不全，连桌椅板凳都缺。据1930年4月统计，全市贫教院收容了2933人，[①]已属人满为患，现在平白多出大量卜筮星相失业者，哪里容纳得下？想当然开出的空头支票，兑现不了，只好又改为准许50岁以上的老弱无依者，重操旧业。

一场惊天动地的改良风俗运动，历时半年，便再而衰，三而竭了。

时间在茫茫大夜中流逝。海关大钟楼的时钟，每天依时响起；春花秋月，四时更替，不因人间沧桑而改变。1929年12月31日，电影院和往常一样，放映着"诙谐爱情趣剧"《舞娘妙计》和"描写下流社会浪漫杰作"《贼巢彩凤》；商店发售新一年的月份牌，按照移风易俗要求，月份牌上，不得"阴阳合历"，即不准印有旧历，市民只要用15个空的芬芳牌香烟包，就可以免费换取一份；人们发现，

贫民教养院

① 《贫教院收容人数》。载《广州民国日报》1930年4月16日。

贺年用品的广告上，福禄寿三星不再出现了，却奇怪地出现了"杀人不见血"的圣诞老人画像；街头开始悬旗张灯，大小灯笼写着"庆祝元旦"和"讨逆胜利"等字样，在风中轻轻摇摆。在 20 世纪 20 年代的最后一夜，一场喜气洋洋的"除夕元旦交际舞会"，在国民花园举行，管弦乐队演奏着欢快的乐曲，一对对红男绿女，在璀璨的灯光下，翩翩起舞。

1930 年元旦，星期三。广州苏醒得比平日早。大部分商店门口，都贴着"新历元旦休息一天"的纸条，挂起了旗帜和彩色灯笼；行驶在马路上的公共汽车，车头插着旗帜，车身挂满了彩色绉纸，就像一辆前进的花车；马路两旁的高楼大厦，拉起了一条条万国旗，从楼顶一直垂到地面；惠爱路与永汉路的交会处，竖立了一个巨大的牌坊，悬挂着"元旦是中华民国成立纪念日""撤废领事裁判权，以扑灭帝国主义者在华之侵略势力"的标语横幅。天高气爽，五彩缤纷，惠爱路、永汉路、长堤、十八甫，隆隆的鞭炮声响个不停，人们涌到大街上，庆祝新的一年到来。

充满着大悲大喜、交织着希望与失望的 20 世纪 20 年代，已成为历史；20 世纪 30 年代，还有很长的路要走，对广州来说，这将是怎样的一个年代呢？

第八章　陈济棠时代的广州新面貌

20 世纪 30 年代
一个被称作广东经济发展的"黄金时代"，灯亮幕启。

中山纪念碑和中山纪念堂
奠基典礼，预示着广州新一波的建设高潮，
隆隆奔来。

海珠桥
以其穷工极巧和粗犷坚挺呈现出最经典的工业时代特征。

模范村和平民宫
先后落成，前者马路铺上了沥青，筑成了排
水大渠；后者床位供不应求。

这个时代
充满了新旧交替的矛盾，某些方面，变化排山倒海而来；
某些方面，又好像几百年一成不变。

《广州民国日报》
提出世纪之问："中国目前为什么没有伟大
的作品出现？"

宏伟工程遍布广州

20世纪30年代第一天，报纸的头版，和昨天一样，充斥着令人不安的标题："六八路讨逆军直捣逆巢""六路军前锋现已抵扬翔""晋军讨逆连日调度甚忙"。尽管对广州人来说，这些仿佛是在别人家的遥远战争，与自己无关，但它仍警告着人们：战火纷飞的年代，并没有随着昨天而去。国民党虽已完成了对全国的统一，但新的内部分裂，又在发酵酝酿，逐鹿中原之战，方兴未艾。

这时，一位戎装匹马的人物，开始现身于历史的聚光灯下，他的名字叫陈济棠。

陈济棠，字伯南，广东防城（今属广西）人。光绪三十二年（1906年）毕业于广东陆军小学，次年加入同盟会，参加反清革命。1916年加入护国军，从连长、营长干起，后转入粤军。1922年参加讨伐陈炯明之役，在第四军担任旅长兼西江督办公署参谋长。这次历险之后，他果然官运亨通，被提升为第四军第十一师师长，1928年升任第四军军长，次年任第八路军总指挥，其后又将第八路军扩编为第一集团军，他担任总司令。1930年，他率领第八路军在广西作战，许多人以为，他只是一个能征善战的军人，却没有人意识到，他会成为广东历史上的"陈炯明第二"，甚至连他自己也没有想过，在20世纪30年代的广州建设中，可以扮演何种角色。

20世纪30年代，是广州迈向近代化的关键时期，为了更清楚地认识这段历史，有必要对其大背景，作一鸟瞰式的扫描。1930年爆发"中原大战"，国民党内部四分五裂。1931年春天，因对约法意见分歧，蒋介石软禁国民党元老胡汉民，在党内掀起轩然大波。4月30日，古应芬、萧佛成、邓泽如、林森四位中央监委，联署"弹劾蒋介石提案"，以通电形式，在广州发出，历数蒋介石违法乱纪、窃夺军权、潜植羽翼、操纵金融等多项罪状。陈济棠率先通电响应，宣布反对南京中央政府，宁粤对立，骤然触发。

1931 年 4 月以后，陈济棠真正掌握了广东的政权、军权、财权，俨然称雄一方的"南天王"。但他既不直接卷入各路军阀的中原逐鹿，也不参加蒋介石围剿共产党的战争，和当年的陈炯明一样，只想埋头经营广东，追求"从事各项建设，发展经济，致使社会安定，物价平稳，民生富裕"，[①] 他要向历史证明，只要有合适的环境，广东能创造怎样的奇迹。

一个被称作广东经济发展的"黄金时代"，灯亮幕启，奏响序曲。

很多研究者，都把广东省 20 世纪 30 年代的建设成就，归功于陈济棠的领导，大体上是对的，但如果就广州一地而言，这一波建设高潮，其实来得比全省都要早，与陈济棠也没有太多的关系。

时间还要回到 1925 年那个乍暖还寒的春天。孙中山 3 月 12 日去世的消息，在全国迅速传开，各地都举行了不同形式的悼念活动。3 月 31 日的《广州民国日报》，刊登了一则消息：广东准备向海内外募集 50 万元，在广州兴建一座孙中山纪念堂及图书馆。[②] 时距孙中山在北京去世，过去才刚刚 19 天。

几乎没有人意识到，中山纪念堂的兴建，将成为未来十年广州气象万千的城市建设的起程炮。纪念堂选址，最初在城西的西瓜园原商团操场，50 万元的投资，可以想象，纪念堂的规模不会很大。本以为区区之数，咄嗟立办，不料集资并不顺利，主事者费尽唇舌，多次催缴，到 1925 年 5 月，仅募得粤币 27 万元，不得不宣告结束捐款。[③]

募捐的碰壁与"商团事件"使政商关系极度紧张，不无关系。纪念堂的建筑，暂时未克实现，国民党中央党部把观音山（越秀山）改名为"中山公园"，也算是一个惠而不费的纪念形式。但这个名称，并不流行，人们仍然称它为"越秀公园"，即使在官方文件中，亦不通用，不久便湮灭无闻了。

1926 年 1 月 4 日，国民党二全大会提出动议，在越秀山上竖立一座"总理遗嘱纪念碑"，获得通过后，改称"中国国民党总理孙先生纪念碑"。1 月 6

---

① 《陈济棠自传稿》，第 50 页。
② 《募建孙中山纪念堂开会纪》。载《广州民国日报》1925 年 3 月 31 日。
③ 《公安局结束纪念堂捐款》。载《广州民国日报》1925 年 5 月 30 日。

日，国民政府向社会公开悬赏征求纪念碑图案。2月9日公布了获奖者是杨锡宗，他是中央公园的设计者。

与此同时，纪念堂工程，也有了突破性的进展。对最初选址西瓜园，人们普遍批评不合适，那个地方与孙中山无甚交集，不如改为越秀山麓（原非常大总统府）为好。这块地在清代曾做抚标箭道，后改作督练公所。桂系统治广州时期，改做督军署。1921年，孙中山在广州就任非常大总统，总统府就设于此。"六一六"事变时，他从这里撤上军舰，极具历史纪念意义。

至于用地问题，可用旧商团总所地段交换。这个提议，得到国民政府"建筑孙总理纪念堂委员会"的赞同，于是地点改为越秀山麓。1926年3月23日，报纸刊登《悬赏征求建筑孙中山先生纪念堂及纪念碑图案》。纪念碑的设计，本来已经确定，但第一次征求建筑图案时，纪念堂还没有定下来，现在要与纪念堂建筑相结合，重新作"前堂后碑"的考虑。

中山纪念碑

经过半年多的征稿与反复讨论、评比，9月1日，公布评判结果：南京中山陵设计者吕彦直的样式，艳压群芳，获第一名；杨锡宗获第二名；范文照获第三名。这时北伐战争已经打响，紧接着，国共分裂，张黄事变，广州起义，一系列事件接踵而至，使得纪念碑和纪念堂的建筑工程，迟迟未能开始。直至1928年3月，纪念碑才破土动工。但因为缺乏机械工具，花岗岩石要从香港运到越秀山上，全凭人力，进展颇为缓慢。

1929年1月15日，一个北风呼号的星期二，离大寒还有五天，但冬天似乎已经过去了，有一些东西，正从冬眠中苏醒。在德宣路北端，搭起了一座高台，台上高悬着孙中山遗像，台上台下，冠盖云集，几乎所有在广州的高官都到场了。中午12时30分，举行中山纪念碑和中山纪念堂奠基立石典礼。这是一个历史性时刻，预示着广州新一波的建设高潮，已从海平线上，隆隆奔来。

　　纪念碑与纪念堂，是第一项标志性工程。奠基典礼之后，各项土木工程，便环环紧扣，有序地开展起来了。主体建筑工程由上海馥记营造厂承包，还有多家建筑商，分别参与纪念碑和纪念堂配套设施项目，费用"自1927年7月起，截至1931年12月底，'国、省两库及财政部加拨此项建筑费'，共3065000元，另由各团体捐款300970元，总共3365970元"。[1] 这个投资规模，比原来设想的50万元，相差霄壤。可惜工程开始不久，吕彦直便因病辞世，年仅35岁，未能看到自己的心血结晶，坐落在蓝天白云之下。

　　经过一年多苦战，1929年12月，纪念碑竣工。1931年10月，中山纪念堂主体建筑，亦告完竣。包括门楼、纪念堂及东西附楼，坐北朝南，占地共6万平方米。建筑面积1.2万平方米（含东西两座附楼、后台休息室及地下化妆室），钢架和钢筋混凝土结构。前后左右四个重檐歇山顶拱托着中央的八角形亭式顶盖。从堂体地面至八角亭宝顶最高点为57米。红柱黄墙，衬以宝蓝色琉璃瓦盖，堂皇富丽。在正面重檐歇山顶的中央，高悬一块蓝底红边的漆金大匾，上有孙中山手书"天下为公"四个大字，苍劲雄浑。

初建成的中山纪念堂

---

[1] 引自卢洁峰：《广州中山纪念堂钩沉》，第67页。广东人民出版社2003年版。

堂内观众大厅，分上下两层，共 4729 个座位，顶呈圆盖形，是用玻璃镶嵌的一个大吊顶，厅内无一柱，不会阻碍视线，堪称建筑艺术中的杰作。堂内四周饰以彩绘图案，透着一种东方文化的风采神韵。舞台后墙镶嵌着孙中山浮雕头像和《总理遗嘱》刻石，端庄大气。舆论称赞："中山纪念堂纪念碑，工程宏伟，堂皇壮丽，可称亚洲唯一之建筑物。"[①]

孙中山生前好友、日本人梅屋庄吉在 1932 年出钱铸造的四尊孙中山像，分别赠给南京中央军官学校、广州黄埔军校旧址、中山大学和澳门国父纪念馆。1954 年，广州市政府把中山大学那尊孙中山像移到中山纪念堂安放。但因为该像太小，与环境不甚协调，1956 年市政府决定在 11 月 12 日孙中山诞辰九十周年时，把这尊像又从中山纪念堂移到中山大学康乐园新校园内。另外由广州人民美术社雕塑组创作新的孙中山像（作者尹积昌、詹行宪、廖加复）。1958 年新的孙中山像完成创作，安放在堂前的基座上。

1931 年的国货展览会

小寒过后，冬天就到尾声了。1931 年 1 月 10 日，广州首次国货展览会在西瓜园开幕，被誉"国货第一展"。展览会设立了"食用原料""制造原料""毛皮革类""纺织用品""家庭日用品"等 14 个国货陈列区，还在展览会安排了大量游艺节目，包括武术表演、热门粤曲、英文戏剧、提琴独奏等。展览会至 1 月 31 日闭幕，吸引近 36.37 万人次购票入场参观购物。[②]

广州人觉得，进入 20 世纪 30 年代以后，好像每天都有重大的活动举行，不是展览会，就是工程奠基典礼、工厂开工典礼、马路开通仪式，此起彼伏的敲锣打鼓，燃放鞭炮，带动着生活的节奏。走在街上，处处张灯结彩，一串串五颜六色的万国旗，点缀着蔚蓝的天空。官员们忙着从一个工地，赶到另一个工地去剪彩。

---

① 《中山纪念堂今晨开幕》。载《广州民国日报》1931 年 10 月 10 日。
② 《国货展览会昨日闭幕》。载《广州民国日报》1931 年 2 月 1 日。

1930 年 7 月 10 日下午，在长堤维新路口，立起了一座巨大的牌坊，鲜花环绕的牌匾，写着"珠江铁桥新奠基典礼"。林云陔、程天固和各工程师、各机关团体几千人，出席了奠基仪式。主席台前，一块高约五尺，阔约尺余的石碑，刻着"中华民国十九年七月十日珠江铁桥奠基广州特别市政府林云陔程天固立石"。会场乐声大作，响彻云霄。

林云陔在致辞时说："广州市为中国南部交通最便之都市，陆路于粤汉铁路，直通汉口，□达北部；海路当东西洋往来之要冲。不但为中国重要商埠，实世界重要商港，盖循粤汉铁路而北，可通西比（伯）利亚以达欧洲；由珠江放洋，可西达欧洲，东至日美。孙总理实业计划中有将广州建为世界商港之规划，诚以在广州地理上位置，极为重要。"[1]

万众期待的珠江铁桥，终于破土动工了。程天固一直筹划的重整长堤计划，也付诸实行。1931 年 4 月，工务局委托海珠大桥承建商美国马克敦公司，进行炸平海珠石，填筑长堤工程。炸掉海珠石后，把这一段凹进去的岸堤拉直，开辟马路（今沿江西路）。填得土地的价值，用来支付炸石筑堤与建筑海珠桥的工程费用。

在 5 月 29 日的爆破中，发生了一宗意外，有一根引线没有炸响，处理过程中，炸药爆炸，炸死了一名叫徐就的工人。舆论批评马克敦公司的疏忽，公司回应：他们每次爆炸前一小时、半小时，都会鸣锣示警，以便附近的行人和江上船艇避开，这次处理未爆炸药，也曾事先唱令工人走避。调查报告写道："该工人徐就，因走避不及，致被石块从背后打落，受伤毙命，系因执务不慎所致，与寻常疏忽伤人不同，业由该公司优给棺殓费了结在案。"[2]

海珠石炸平后，北侧水道填平，被称为"新填地"，因为还没有盖房子，所以经常成为学生举行集会的场地。规模最大一次，是 1936 年 1 月 9 日，广州全市大中学校师生，总计一万多人，在新填地广场集会，声援北平"一二·九"学生运动，宣布成立"广州市学生抗日救国联合会"。

因兴建海珠桥而死的徐就，名字普通得不能再普通了，几乎从来没有被人

---

① 《珠江桥昨举行奠基礼》。载《广州民国日报》1930 年 7 月 11 日。
② 广州市政府编《市政公布》第 405 期。1931 年 10 月。

记起过，这也难怪，在洪水般的城市建设中，他不过是一粒微尘细沙，转眼就消失得无影无踪了。

1933 年 2 月 15 日，清晨 7 时，太阳已经升起，城市逐渐光亮起来。广州市已经进入了春天，处处人山人海，欢声笑语。广州今天将举行四个典礼，爱热闹的广州人，早就空巷而出，准备逐一围观四个典礼。上午 9 时是市政府成立 12 周年纪念典礼，在越秀山举行；10 时是市展览会开幕，在同一地点；下午 1 时是海珠桥开桥典礼；3 时是河南分电厂新装 2000 启罗华特电机、河北总电厂新装 6000 启罗华特电机的开机典礼。

上午 9 时，越秀山沸腾了。记者描述市展览会内外的盛况，"是时莲塘路、应元路、镇海路至会场东便城楼门前之车辆，已挤得水泄不通，来宾观礼者如潮涌至，招待员一时忙个不停。"[①] 展览会内容，分市政、工商、农业、教育、美术、古物、民俗、摄影、武备、革命纪念品十大部分。还附设各种赛会、游艺会，让市民在参观之余，得享游目骋怀的乐趣。展览会 3 月 16 日才闭幕，时间长达一月，参观者可用"倾城而出"形容，平均每天 2.5 万人次。其规模之大，内容之丰富，参观人数之多，在广州历史上，都是空前的。

海珠桥的开通，是城市生活的一件大事。这座跨江大桥，从乾隆年间就开始讨论，承载着多少代人的梦想，从破土动工至今，也历时近三年，总算大工告竣。大桥为三孔钢桁架结构，桥长 452.9 米，分三段，两边为引桥，主桥跨江部分为 182.9 米，桥宽为 20.2 米。南北两孔各长 67 米，为固定式弓形钢桥。桥上车道宽 12 米，中孔长 49 米，分为两截，由电力控制起降开合，大轮船拖

海珠桥

① 《市政府昨举行四典礼》。载《广州民国日报》1933 年 2 月 16 日。

着长长的黑烟，从桥下通过。每次启闭，仅需时 5 分钟。① 桥额"海珠桥"三字，为胡汉民所题。桥上建有一亭，名为珠江亭，亭柱有一副楹联："群贤毕至，少长咸集；清风徐来，水波不兴。"

从最初人们想搭一座竹桥，到现在建起了一座巨大坚固的铁桥，本身就是一个隐喻，历史已从"小桥流水人家"的乡村田头，步入了"看我们机器轰鸣，看我们浓烟滚滚"的工业时代。大桥外形庄严显赫，以穷工极巧的机械构造，粗犷坚挺的钢铁力量，呈现出最经典的工业时代特征。

刘纪文市长主持开桥典礼，在震耳欲聋的鞭炮声和鼓乐声中，他接过马克敦公司特制的金质剪刀，为大桥剪彩。接下来的场面，让人感动不已，回味无穷：获邀首批步过大桥的，不是什么达官贵人，而是 14 位耆年长老。走在最前面的，是生于道光十四年（1834 年）的百岁老人黄伟，身穿浅鼻烟色长衫，策杖缓步上桥，其他老人跟随其后。浩浩江水，从老人们的脚底奔流而过，波光粼粼闪烁，远处片片帆影，见证着广州的百年变迁。抵达南岸后，由福特公司的汽车接载他们，沿南华路绕行一周，然后送回各人家中。

由于建筑大桥与填筑新堤，同时进行，将填新堤的地价收入用于建桥，解

海珠桥开通典礼

---

① 《海珠桥今午行开桥典礼》。载《广州民国日报》1933 年 2 月 15 日。

决了大部分经费。大桥还没建好，从 1932 年 8 月开始，财政局便公开招商，承租海珠桥北段坡底铺位。铁桥竣工后，除付清建筑费用，政府还有数十万元的盈余。[①] 如此浩繁的大工程，居然还有盈余，实在是前所未闻的奇迹。一位观察者对广州的成就，赞不绝口："综观国内诸大商埠，有铁桥之能跨两岸者，惟广州耳。说者谓我国市政之发达，首推广州，良有以也。"[②]

1930 年 4 月 17 日，工务局里正在召开技士会议，由程天固主持，十几位官员与技士，满满坐了一个房间。这是一次分配任务的会议，把一些计划内的工程，分配给各位技士去做规划和预算。有人领到了三圣大街至多宝路马路工程，有人领到了宜民市至西村马路工程，有人领到了中央公园模范水厕工程。最后一项是"建筑市府合署首期工程提前建筑"，交由技士林克明负责。

林克明毕业于法国里昂建筑工程学院，这是巴黎高等美术学院的分院。1926 年冬，林克明回国，在汕头市工务科负责道路工程及城市规划方案。1928年到广州，1929 年在省立工业专门学校兼职教授。正值广州市进行大规模的城市建设，林克明的设计理念与学识深为林云陔、程天固赞赏，聘为工务局技士，参与了中山纪念堂建设工程，是中山图书馆、广州市政府合署办公楼、国立中山大学法学院教学楼、农学院化学馆、理学院物理系教学楼、理学院教学楼、理学院化学工程系教学楼、广州市平民宫等一系列重要建筑的主要设计者。

政府合署办公，早在孙科首任广州市市长时，已提出规划。选址最初考虑过原法国领事署（今南越王宫博物馆处），但后来觉得该地块狭长，面积不足以建筑办公大楼，若再征收附近民居扩建，则政府财务负担过重，加上该地位于旧城东隅，道路不够畅达，不宜用作全市行政中心选址。

河南的万松园、得胜冈，中央公园前方的九曜坊，都曾在考虑范围内，但最后决定，为配合孙中山纪念碑、中山纪念堂和海珠桥的建设，把越秀山一

---

① 《程天固回忆录》上卷，第 168 页。（中国台湾）龙文出版社 1993 年版。
② 游客：《本市之新建筑》。载《广州市政日报》1931 年 1 月 29 日。

中山纪念堂—中央公园—维新路（今广州起义路）—海珠桥规划为广州的新中轴线，与中山路等东西向马路构成纵横网状，全市交通集中于此，提纲挈领，发号施令，市政府合署大楼，当建在中山纪念堂正前方，中央公园的后部。

从 1929 年 10 月至 1930 年 10 月，广州市行政议会作出关于筹建市府合署办公楼的决议，拟定《广州市政府合署征求图案条例》，向社会征集市府合署办公楼建筑设计方案，要求方案必须切合实用、适合经济能力和具有美观性；采用中国传统宫殿式，能保存固有艺术，参以现代需要，创成新中国式之建筑，东方文化之精神。

最后经评审委员会评定，以林克明、唐锡畴合作设计为优，定为实施方案。林、唐方案的大楼外观形象，为中国传统的宫殿式，与中山纪念堂建筑相呼应。外观三层，内分五层，坐北朝南，钢筋混凝土框架结构，建筑面积 1.3 万平方米。前座总面阔 88 米。考虑到中山纪念堂高度为 57 米，为了烘托纪念堂，符合中国建筑北高南低的传统习惯，合署楼高度定为 33.3 米。屋顶铺黄色琉璃瓦绿屋脊，重檐歇山顶，饰吻兽造型，同样是为了有别于中山纪念堂的蓝色屋顶。门廊施红色圆形巨柱，侧翼巨柱形成柱廊。两端角楼五层，四角重檐攒尖顶，如跂斯翼；飞檐翘角，如鸟斯革。屋顶檐下的斗栱与额枋用钢筋混凝土浇筑，水磨石上饰有彩画。侧翼东西两楼五层，重檐十字脊顶。余为两坡顶，红圆柱廊，内分四层。整座建筑基座以花岗岩砌成。

大楼在功能上按土地、公安、工务、财政、社会、教育六个局合署办公来设计。根据民族传统形式图样及合署的精神，采用合座式结构。大楼内六个局可分可合，南立面中央主楼的五楼为市长办公室，四楼为会议室，三楼为各局长和秘书等办公室，二楼为六局办公室，基座部分为首层。各自有独立门户，内部有纵横通道，便于相互沟通。

大楼前是花岗石砌的高台，分三层。正门前月台总阔约 34 米，深约 8 米。月台仿须弥座形式，饰莲瓣图案，三面设石阶。水洗石米带寻杖的栏杆，望柱头雕云纹松鹤，垂带栏杆的尽头设抱鼓石。主台阶前立有一对石狮，是清代康熙年间（1662～1722 年）广东巡抚部院门前的旧物。百尺高楼，雄伟端庄，极富有民族气派。

市政府合署楼

　　大楼原定分三期进行建设，第一期工程为正面前座及两旁的前部，也就是今天见到的建筑，1931年7月1日奠基，1934年10月竣工。刘纪文市长题写"广州市政府"五字。后因政局动荡、资金不足等，第二、第三期工程被搁置。

　　在20世纪30年代，大批海外华人建筑师，受到感召，萌生出为家乡献技的冲动，纷纷束装归国，创作了许多经典传世之作。他们使得广东的建筑艺术，在全国长期保持着崇高地位，引领一个时代的潮流。他们当中有杨锡宗、郑校之、林克明、陈荣枝、范文照、黄玉瑜、关以舟等。这些名字，在岭南近代建筑史上，光彩夺目，令人肃然起敬。

　　中山纪念堂、海珠桥、市府合署楼，堪称广州在20世纪30年代，由政府主导的三大建筑工程，足以让这批建筑师名垂青史；由民间资本兴建的宏伟建筑，更多不胜数了，如永汉路中华书局、南华楼（今新亚酒店）、嘉南堂东楼（今新华酒店）和西楼等，大多出自他们之手。1930年，工务局颁发了《广州市建筑工程师登记章程》；1932年颁布《广州市修正取缔建筑章程》《广州市建筑工程师及工程取缔章程》《广州市保障业主工程师及承建人规程》《广州市建筑工程师及工程员试验规则》等一系列的规章制度，为建筑行业的健康发展，提供保障；据统计，20世纪30年代以前，广州有600多家建筑店，1930

年增加到 800 多家，来自广东四乡八镇，乃至天津、烟台的泥瓦匠、木匠、搭棚三行工人，不下 10 万，在无数个工地上，热火朝天地忙碌着。[1]

　　广州真的大变样了。许多人几年没来，再来便几乎认不出来；一些自以为是老江湖的人，竟然也会在广州迷路。据 1931 年 10 月一个有趣的统计，一年来有 2266 人在广州迷路，其中有 123 个男人和 174 个女人，因为上街买个东西就迷路了。[2] 广州人听了，会把肚子都笑疼的，在笑声之中，也不无自豪。

---

① 《本市建筑之今昔观》。载《广州市政日报》1930 年 10 月 18 日。
② 《本市迷路男女之统计》。载《广州民国日报》1931 年 10 月 10 日。

模范村与平民宫——花园城市的广州实践

改善居住，在历届政府的施政计划中，都占有显著一章。孙中山主张"居者有其屋"，在未能完全实现时，至少要"居者有廉租"。1928 年以后，政府公布了《辟芳村为工业区》《发展广州市东南区域及整治河道案》《发展市区及填筑河道案》《筹建广州市模范住宅区章程》《展拓市民住宅区计划》等规划草案。政府的住屋计划，可分为两大部分，一部分是建设模范住宅区，即所谓"富人的房子"；另一部分是平民宫、平民村和劳工宿舍，即所谓"穷人的房子"。

建设模范住宅区的设想，可以追溯到 1898 年，英国建筑学家霍华德（E. Howard）的"花园城市"（或称"田园城市"）理论，他曾出版了《明天的花园城市》专著，主张城市建设要科学规划，突出园林绿化。这个理论，风靡世界。20 世纪初，继美国华盛顿城市规划及城市美化运动之后，"花园城市"概念，也在中国大行其道。

孙中山在《实业计划》中，描绘未来的广州，也是基于对花园城市的想象，他写道：

广州附近景物，特为美丽动人，若以建一花园都市，加以悦目之林圃，真可谓理想之位置也。广州城之地势，恰似南京，而其伟观与美景，抑又过之。夫自然之原素有三：深水、高山与广大之平地也。此所以利便其为工商业中心，又以供给美景以娱居人也。珠江北岸美丽之陵谷，可以经营之以为理想的避寒地，而高岭之巅又可利用之以为避暑地也。①

1921 年，孙科把花园城市的设想具体化，计划在东山的松冈、竹丝冈、马棚冈一带，建设模范住宅区。但 1922 年遇上"六一六"事变，计划夭折了；

---

① 孙中山：《建国方略》。载《孙中山全集》第 6 卷，第 308 页。中华书局 1985年版。

1927 年，北伐战争一路向北，广州成了大后方，计划又复活了，政府开始筹建东山水厂和水塔，为模范区铺路；但不久国共分裂，祸乱交兴，计划又胎死腹中了；到 1928 年初，局势稍稳，林云陔出任市长，计划又复活了。尽管时事多变，计划往往流于画饼，但形势稍好，就有人继续画下去，把这个饼，一点一点变成现实。

《筹建广州市模范住宅区章程》公布后，市政府便开始积极圈地。财政、土地、工务三局的工作人员，把"模范住宅区"木牌，一块块沿着规划范围竖立起来。东山口以南、北至区庄、东沙马路（今先烈路），西至执信路、马棚冈、公医院，东至水均冈，都划入范围之内了。

沉寂一年的东山水厂和水塔工程，忽然热闹起来，工程人员重新勘察测量，绘具图则，2 月 25 日动工兴筑。在杨箕乡龙潭村修筑水坝，把白云山、沙河涌的来水，截潴停蓄，作为水源。水厂在 1929 年落成，日夜开机供水，日供水量初为 270 立方米；至 1932 年，增加至 1490 立方米。[1]

原属警察四区二分署东山地区，改为模范区，1928 年 9 月开始进行户口调查，清理道路杂物；10 月，百子路、大东路从花砂路改为铺沥青，公医院和邝磐石医院前，道路施工人员，每天都汲汲营营，搞得尘土飞扬。模范住宅区及周边的村民，接到政府通知，有 10 万座坟墓，被要求迁移。[2] 这回给市民的感觉，真的要大兴土木了。

根据规划，整个模范住宅区，总面积为 40.8 万平方米，其中 57% 为住宅用地，4% 为公共建筑用地，39% 为道路用地。全区规划新辟、扩宽道路 11 条，长约 6080 米，按其宽度划分为五个级别，大道为 30 ～ 40 米，干道为 25 ～ 30 米，一等街为 20 ～ 25 米，二等街为 15 ～ 20 米，三等街为 10 ～ 15 米。工程分 6 期进行，区内设置公共建筑的项目有：小学、幼儿园、礼堂及图书馆、儿童游乐场、网球场、公园、公共厕所、公共电话所、消防分所、派出所、水塔及水机房、市场、电灯等 13 项。全区住宅用地划分为 5 个地段，规

---

[1] 《最近广州市政之实施及其今后的计划》，载《中央政治会议广州分会月报》第 10 期，1928 年 9 月 30 日；广州市政府编《市政公报》第 404 期、405 期，1932 年 9 月。

[2] 《程天固回忆录》上卷，第 169 ～ 170 页。（中国台湾）龙文出版社 1993 年版。

划兴建住宅 514 幢，层数不超过 3 层，按其面积大小分为四等，其中甲等 63 幢，乙等 262 幢，丙等 130 幢，丁等 59 幢。[①]

　　1928 年 5 月 23 日，市政府张贴公告，称马棚冈为模范住宅区第一期工程，要求区内所有人，于限定时间内，把土地契证缴交土地局核验。但率先开工的，却是猫儿冈、大水牛冈、松冈一带，大部分用地原属寺右村，北至东山安老院（今梅花村省委幼儿园），南至广九铁路（今中山一路南侧），东至自来水塔（今水均大街南段），西至仲恺公园（今署前路）。在整个模范区建成前，暂时称为"模范村"。

　　为了加快建设步伐，1929 年，林云陔在市政会议上提出《筹建模范住宅区修正草案》，要求区内业主迅速将契照及面积报告市政府，倘业主逾期不报，作官产论。凡区内地段一经查及测量后，由市政府发给《土地所有权凭证》，业主持证得享模范区一切权利。同时组织估价委员会，将区内各地段于未建筑前，估定其公平地价。估价委员会委员由业主代表一人，财政局代表一人，工务局代表一人，土地局代表一人，总商会代表一人组成。估价委员会所采用的估价标准，须得市政府同意。全区规划及土地分配在必要时由市政府决定。马路开始兴筑后，沿线业主必须在半年内动工建房。倘业主不能自建，经市政府批准后，自可招别人建筑。倘逾期不建，市政府可照估价委员会所订的地价收用。凡政府照估价委员会所订地价收用的土地，若后来地价高涨，获利部分政府将用于区内的一切公益事业。该草案获得第 184 次市政会议通过。

　　模范区的建设，紧锣密鼓地开展起来了。水均冈的水塔建起来了，东山水厂新的沉淀池也建起来了，自来水质量和供水量都有所提高。市政府要求尽快为模范村铺设自来水管。自来水管理委员会觉得，模范村居民还不多，铺设水管，并非急务，可以放后一步。但立遭市政会议否决，指出模范村铺设沥青路面工程，迫在眉睫，水管应从速安装，以免将来再将路面掘开。[②]

　　为了躬先表率，林云陔在大水牛冈侧购寺右村土地一幅，自建住宅，成为入住模范村的第一位住户。工务局的建筑师们，分别设计了十几种洋楼式样，

---

① 广州市工务局编制《筹建广州市模范住宅区章程》，1928 年；《市政府筹建市模范住宅区章程》，载《广州民国日报》1928 年 5 月 22、23 日。
② 广州市政府编《市政公报》第 342 号。1930 年 1 月 15 日。

供人参考。1930 年 2 月 23 日，公布了三幢楼房的建筑图则，一幢为美国式的，一幢为德国式的，一幢为法国式的，作为模范村新式建筑的样式，吸引市民兴趣。其他工程，诸如拓宽旧马路，开辟新马路，通电、通水、通车、通电话，敷设地下排水管道，也全面铺开。

为了提高模范村的知名度，林云陔写信给国民党元老古应芬，介绍模范村的建设情形，还亲自做担保，向广州市市立银行贷款，邀请古应芬在模范村盖房子。古应芬亦欣然应允，聘请工务局第一课课长兼技正陈荣枝做设计，在林云陔公馆不远处，修建了一幢宅邸，分为前后两座，均两层高，前座是居所，后座辟为书库。后院种植从南京移来的十株梅花，新筑邸宅亦命名为“梅庐”。这是模范村与梅花结缘之始。

1930 年，模范村迎来了一位赫赫有名的“村民”，陈济棠请工务局技正罗明燏为他设计，在模范村修建一座公馆，位于林云陔公馆的西面，分为主楼、后楼、东楼和西楼，以天桥连接。清水红砖，雄伟的圆柱、高大的窗口，气势不凡，四周种满了郁郁葱葱的龙眼树、鸡蛋花树和凤凰树。

陈济棠落户模范村后，广东几乎所有高官显宦，都争相在村里盖房子。正如公用局长李仲振对记者所说：“观于东郊外竹丝马棚两冈，从前何莫非万茔丛葬之处，但一经辟作模范住宅区后，地价突涨，倍徙曩昔，益以交通利便，人自趋之。”①

先后入住的有国民党元老古应芬，萧佛成，陈济棠的哥哥、第一集团军总司令部总务处长陈维周，广东省政府委员及国民党广东省党部执行委员陆匡文，广州市政府秘书长兼土地局局长陆幼刚，国民党中央执行委员、广东省政府委员、民政厅厅长林翼中，广东省政府财政厅厅长兼财政部广东财政特派员区芳浦，第一集团军第一军军长余汉谋，第一集团军第三军军长李扬敬，第八路军总指挥部参谋长缪培南，第六十二师师长香翰屏，第一集团军副参谋长杜益谦，广东空军第一大队长黄光锐等大批军政要员。以村中纵向的西马路为界，西面是陈济棠和陈维周、区芳浦、李扬敬、林时清等亲信的住宅区，东面

———————
① 《李仲振谈建筑黄埔电车之利益》。载《广州民国日报》1932 年 6 月 6 日。

是以古应芬、林云陔、萧佛成为代表的国民党元老派的住宅区。

当20世纪30年代第一个秋天来临之际，模范村已初具规模，马路铺上了沥青，排水大渠亦已筑成。东边是一个美丽的花园，各种花卉，红红绿绿，在阳光下蓬勃生长；旁边是一个球场，年轻人打球时的叫喊声，不时与广九铁路的火车轰鸣相呼应，冲破黄昏的静谧；球场东南方还有一个大操场，再往东是市立第八十八小学校，紧挨着中山公路。模范村西南角（今育才中学）是广九铁路的苗场。西北角（今广东省气象局）有一所临时疗病院。西边、北边、东边还保留着不少菜地，有些高官雇用寺右村的村民，为他们种菜。警察局在村内设有派出所，派驻20名警察，加上各高官显宦都配有警卫人员，因此治安良好。

陈济棠成了模范村的"村长"，在这里会见官员，处理公务，发号施令。广东、广州的许多重要建设规划，都在模范村商议、决定，俨然成了权力的中心。

1931年6月，林云陔离开了市政府，荣膺省政府主席兼财政厅厅长。在他的市长任内，诸如兴建海珠桥、市府合署楼、中山纪念堂、越秀山仲元图书馆、文德路中山图书馆、平民宫、越秀山水塔、修复越秀山镇海楼、开辟和修整城区马路等重大工程，相继启动或完成，写下了绚烂的一章，如今，接力棒交到了程天固手中。6月8日，程天固接任广州市市长兼工务局长，他在《二十年度之广州市市政实施大纲》中，盛赞林云陔任内的建树，"不特成效大著，且各项工程之完成，均能依期实现，如愿以偿"。[1] 他将继续把建设蓝图，贯彻落实，以奏肤功。

程天固甫上任即提出《繁荣广州经济计划》（又称《中心建设计划》），推行"三化二发"政纲，即电力化、水利化、交通化和发展黄埔港口、发展琼崖（海南）资源；致力于改良警政，革新税制。他得到林云陔主持的省政府和财政厅大力支持。

可惜东风不与周郎便，程天固才当了不到一年市长，便由于各种人事原因，不得不辞职，改任广东省建设厅厅长（只干了三个月，便挂冠而去），由刘纪文接任广州市市长。刘纪文，原名兆镕，字兆铭，祖籍广东顺德，生于东

---

[1] 《二十年度之广州市市政实施大纲》。载《新广州》第1卷第1期，1932年9月。

莞。1912 年冬，赴日本留学，入东京志成学校。1914 年夏毕业，随孙中山回国，在上海创立中华革命党事务所，任事务总管兼财政司理。1917 年，护法军兴，刘纪文随孙中山南下广州，任军政府财政部佥事、代理总长，兼任广东省金库监理、广州市审计处长。

1913 年至 1923 年期间，刘纪文常随侍孙中山左右，协助司政理财，深得信任。后受广东省政府之派，赴欧洲考察经济，入伦敦经济研究学院学习两年，再入剑桥大学学习一年，毕业后赴美国考察市政建设。这段经历，对他日后主持城市建设，极有助益。

刘纪文当上市长后，也搬进了模范村。公馆建在林云陔公馆的南面，隔街相对，由工务局技士林克明设计，公馆分前后两座（南座、北座），最特别之处是有一个防空洞。刘纪文与古应芬之女儿订婚，但古女未过门即病逝，刘纪文仍以翁婿之礼待古应芬，通家之好，往来不绝。1932 年古应芬逝世一周年纪念时，刘纪文题词仍尊称其为"勤勤岳丈"。

刘纪文对梅花情有独钟。他在南京市市长任内时，曾大力改造玄武湖，使之成为向市民开放的公园，从河南省、山东省购买大批梅花、牡丹，在公园内广为种植。1929 年南京中山陵修竣，四周亦栽种了大片梅花，被称为梅花山。

1931 年"九一八"事变后，日本入侵东三省。国难当头，各方呼吁宁粤双方相忍为国，团结抗日。宁粤双方在上海举行和平谈判。古应芬原为粤方代表之一，但因牙疾没有参加。10 月 28 日在广州逝世。1932 年 5 月 19 日在广州市政府第七次市政会议上，新上任的市长刘纪文提议，把模范村改名为梅花村，寓纪念古应芬之意，获得会议通过。自此有梅花村之名。

梅花村环境优美，被视为"高尚住宅区"，当然不是人人都住得起，许多人甚至连简陋的工人宿舍也没资格住，因为他们连一份固定工作也没有。广州街头大量流浪者、露宿者，从农村进城谋生的，无亲无靠，只能在建筑地盘、车站、码头打零工，更多是无家可归，以乞讨、拾荒维生的老弱病残。他们该怎么办？

在兴建模范住宅区的同时，平民宫与平民村舍，也在规划之中，供城市的贫民、疍民（水上居民）居住。在 1928 年的市政建设提案中提及："查市内贫苦工人多露宿，或群栖破户者，苟不设法救济，有碍健康，实耗社会生产力，应在近郊或市内空地，设立简易住宿所，收容贫苦无栖者。"①

　　既然是为贫民服务，选址自然应靠贫民生活区，但这些地方，往往地狭人稠，早就过度密集了。政府曾计划在工业区西村兴建，但因为地价太高，只好作罢。又考虑在河南芳草街东便闸口外，收购农田，兴建平民村。与乡民的谈判，进展也不顺利。

　　早在两年前，市政府设立社会局，专责办理各项社会事务，首任局长伍伯良在就职典礼上，便无奈地说，社会局只能根据经费的多少，安排优先事项，"大约先将慈善机构如贫教院、孤儿院等，加以整理，期臻完善，并继续将平民宫、职业介绍所等积极进行，俾其早日成立，嘉惠贫民。"②言辞吞吞吐吐，缺钱的窘态，暴露无遗。

　　程天固对穷人的恶劣居住环境，颇有感触，曾痛心指出："其地方之暗湿，空气之积浊，比比皆是。妇孺居处之健康，几摧残殆尽矣。"③当时广州有多少富人、多少穷人呢？据程天固说："惟统计本市人口，富有者仅占百分之二十以上，而贫苦者占有百分之七十以上，故有自置屋居住者只少数，贫苦而租屋居住者甚多。"④房屋租金，贫苦者负担不起，只能流落街头。因此，兴建平民宫、平民宿舍，刻不容缓，但钱从何来？

　　有一天，程天固去拜会陈济棠，陈济棠告诉他："现在有一笔关于缉获私烟的罚款，约共数万元，想把这笔款拿来办一件有益社会的事业。"程天固一听大喜，建议用来兴建平民宫，陈济棠十分赞许，当即拍板，匠作工费不足之数，由市政府补足。⑤陈济棠大笔一挥，把大南路旧军事厅闲置楼宇，划给市政府，用作建平民宫。

　　有了这笔意外之财，市政府顿时神来气旺，制定公布《建筑平民宿舍原则》。至此，千呼万唤的平民宫，总算靴子落地。未来的设计，宫内要多设床

---

① 《建设声中之广州市建设计划提案》。载《广州民国日报》1928 年 4 月 10 日。
② 《伍伯良今日就社会局长职》。载《广州民国日报》1929 年 9 月 11 日。
③ 《二十年度之广州市市政实施大纲》。载《新广州》第 1 卷第 1 期，1932 年 9 月。
④ 《平民宫昨日开幕情形》。载《广州民国日报》1931 年 12 月 16 日。
⑤ 《平民宫昨日开幕情形》。载《广州民国日报》1931 年 12 月 16 日。

铺，以广收容；要有最新式的厕所、浴室、最廉价的餐室；附设图书馆、阅报室和夜校，俾工余修业；还要有适当的娱乐、运动器具和场所。如果寄寓宫内的平民是失业者，由平民宫管理员根据其技能，介绍职业，或送往贫教院习艺；宫内寄宿费，按日收取最低租金。[1]

　　1930 年 5 月 15 日，平民宫举行奠基典礼，林云陔代表市政府讲话，他说："平民宫之意义，即普通平民住宿所，因为古时宫室，系为帝皇所居，今日平民宫，系供一般普通人民之无能力批屋住，或无钱住客栈者居住，尤其是一般贫苦工人，使之能不费钱而得住宿，同时亦为训练普通人民之自治精神。"[2] 基石上刻着"中华民国十九年五月十五日为平民宫奠基 陈济棠林云陔"。基石后埋藏了一本孙中山的《三民主义》。

　　1931 年 8 月平民宫落成。占地约 1600 平方米，分为前后两座，前座四层，后座三层。12 月 15 日，市长程天固为平民宫揭幕。他当场宣布，计划再建筑几百所平民住宅。希望富有者能共襄盛举，完成这桩美事，让贫苦者有屋住，则本市社会秩序，自然安宁。唯暂时未找到合适的地方。

平民宫

---

① 《陈总指挥拨款建筑平民宫》。载《广州民国日报》1929 年 9 月 16 日。
② 《平民宫昨日奠基盛况》。载《广州民国日报》1930 年 5 月 16 日。

平民宫宿舍

平民宫内，共设有宿舍八间，第一至第八宿舍，共有床位268张。其中第三、第四两宿舍为甲种，合共有床位76张，每半月征收租金2元；第一、第二两宿舍为乙种，合共有床位120张，每半月征收租金1元；第五、第六、第七、第八四宿舍为丙种，合共有床位72张，每日征收租金2毫。水电不再另收费。

所有宿舍都备有小铁床、伞帐、珠被、棉花枕头等，每月涤洗一次。在两床之间，放置书桌，以备书写，亦用于放置轻便物品。另于宿舍外，特设一储藏室，以备住客储藏贵重物件，以免遗失。另派事务员一人，管理各宿舍之洁净安宁。另两宿舍设管事一人，专理住客迁出迁入及代理储蓄等事项。每宿舍设什役一名，以为洁净宿舍、冲茶泡水，及住客购买物品之用。宫内有阅书报室、公共食堂、公共浴室、音乐室、活动室、平民结婚礼堂等，还有日夜男女学校。①

平民宫大受平民欢迎，纷纷前来投住，床位供不应求。于是，在大南路平民宫外，又附设第一平民宿舍于三眼井、第二平民宿舍于东较场，宿费十分低廉，方便附近平民申请入住。各界反应热烈，工会盛赞其"努力建设，惠及平民"。

市政府乘着势头，又筹划兴建劳工安集所，建筑费用，市政府出一部分，

---

① 《尽善尽美之平民宫》。载《广州民国日报》1929年12月18日。

社会募捐一部分。地点分布全市各地，包括海珠桥南便桥脚的劳工安宅所；珠江铁桥北便桥脚的劳工安集所；利用德政南路八旗会馆旧址，兴建第一号、第二号劳工住宅，并附设有民众教育、训练及举行婚礼的礼堂；河南同庆路义居里，亦建有第一号、第二号劳工住宅；黄沙兆福新街附近，有一所劳工住宅。总共可容纳两千多平民。[①]

陈济棠在总结广州市政建设的成绩时说："各市场设冷藏库，并拆迁木屋，于沙河一带建平民住宅近十万户，市容为之一新。全省各县均已设立平民医院、救济院、养老院、育幼院、习艺所等。以经费不足，并曾捐募得数百万元，以资补助。"[②]

---

① 引自萬禾：《民国广州的民生工程》。载广州市政协门户网站·广州文史（http://www.gzzxws.gov.cn/gxsl/gzwb/201301/t20130114_30264.htm）。
② 《陈济棠自传稿》，第44页。（中国台湾）传记文学出版社1974年版。

迈向工业化的初级阶段

从 1929 年开始，美国进入大萧条时期，世界经济受其拖累，步入衰退的寒冬。中国国内政治、经济空气，都极度压抑，外有日本侵略，内有中原大战、宁粤对立，民间抗日呼声，也日益奔腾高涨。内忧外侮，没兴一齐来，令政府的施政，倍感困难。表面上，广州恢复与南京国民政府的合作，设立国民政府西南政务委员会，所辖范围为广东、广西、云南、贵州、福建五省，实际上，还是一个与南京对抗的半独立局面。

20 世纪 30 年代过去还不到三年，广州市市长已经换了三个，林去程来，程去刘来。好在这三个人，都有真才实学，而且目标一致。1932 年 8 月，广州市政府公布刘纪文市长任上的《广州市城市设计概要草案》，程天固在任时起草，由新市长公布施行。全文分 14 个部分：一、弁言；二、面积人口；三、界线；四、道路系统；五、林荫道及公园地点之规划；六、市郊公路之交通；七、路面设计；八、铁路与车站；九、公用事业地点之选择；十、航空站地点；十一、学校地点；十二、港口；十三、分区大要；十四、附渠道大要。

弁言指出："本市兴办市政，由来已久，惟尚未及将市区以内之市政设施，作一统筹之计划，往往仅切中一时之需要，而造成局部之发展。循至近日，市内人口，日见增加，交通愈形挤拥，又因道路线未及全部确定之故，以致市内发达繁荣之部，偏重一隅，是以地价日益增大，生活愈见艰苦。今为急谋挽救计，亟宜将全市区域以内，作成一整个之计划，庶可将一切道路路线，确定齐全，分区计划，按步实施。"

广州市的面积为 254.07 平方公里，其中种植地与农田占 43%，屋舍村庄占 9%，山地占 20%，起伏地占 15%，河流占 11%，沼泽占 20%。广州市权宜区域：东界从瘦狗岭以东、牛面冈以南起，龙船冈以西，沿猎德涌，横过广九铁路，至石牌村以西，冼村以东，直到海心沙；南界从赤冈涌、赤冈塔以南，天成冈东南，桂田村以北，客村以南，鹭江村以北，至松冈及沙冈之北，沿岭南大学以南，至打银岭以北，月冈之北，板桂冈之南，沿河涌至小港村、瑶头村、荷包冈、庄头村、沙园村，沿路至南石头，渡河至大王炮台之北，入造船厂北便涌口，穿过禾田，经白鹤洞之南，黄冈之北，转向北走；西界从坑村之东，沿路至沙涌村、招村之南，汾水村之东，再至西滘、茶滘，聚龙社村之东，穿过广三铁路，经五眼桥，至郭村之东，牛牯河之西，沿河道至新涌口转向东行；北界从牛牯沙之北，泮塘之南，沿涌道至罗冲围、增埗、牛角围，再沿涌至田心村，横过粤汉铁路，至螺冈之东北，瑶台村之西，经王圣堂、牛头冈、三眠灶、凤凰冈、翻龙冈、小西竺，从西得胜、东得胜、下塘村，沿路至横枝冈、百足冈、西坑，再沿路入沙河市，复至牛面冈西南角止。

拟定区域：北以白云山为界；西以增埗、对河两岛为界；西南部以贝底水、石围塘为界；南部以河南、黄埔为界；东部以东圃墟、车陂涌北上，至水土冈为界。

"设计概要草案"的主要内容有：把全市地域划分为工业、住宅、商业、混合四个功能区。其中工业区分布在临江一带，如西村、石围塘东南部、牛角围、牛牯沙、罗冲围等处；原有的商业区在旧城区内，保持住宅、商业混合的传统形态；新开辟的商业区设在黄沙铁路以东，河南西北部，东山以东，省政府合署地点以西一带；住宅区分为两种，一是风景优美的住宅区，分布在河南中、北部，东山以东一带以及车陂涌东部、白云山至飞鹅岭之东南麓等处；二是工人住宅区，主要分布在与工业区毗邻的地方，如市西泮塘及芳村、茶滘等地。[①]

政府今天出一个规划，明天出一个方案，大有"春来遍是桃花水"之感。但广东有那么多钱投入吗？当年陈炯明、孙科搞建设，也是被财政的困难，缚住手脚，以致英雄无颜色。

1932年5月，区芳浦被任命为广东省财政厅厅长，开始整顿千疮百孔的广东财政，为地方建设提供可靠的资金保障。区芳浦是教书匠出身，又有军人的身份，最终却以财政专家著名，故时人戏称"不文不武区芳浦"。

区芳浦推出一系列强硬的财政政策：禁绝政府财政人员买空卖空操纵货

---

① 《广州市城市设计概要草案》。载广州市政府编《市政公报》第402期。1932年。

币，封存巨额纸币，缩小流通额，筹备多量现金以资兑现，在税收时规定缴纳纸币，维持纸币的信用，在十日之间平复纸币价格，熄灭了市面的挤兑风潮；统一全省财政，简化税收机关，全省赌税捐、鸦片烟捐花捐等捐税，采取公开招商投标的办法，出价高的商人中标，承办税捐。承办商除交中标定额给财政厅局外，还要交 10% 给当地驻军作公积金，而驻军则负责保护捐税商正常收税，从而打破了军政长官和地方势力的勾结；令缉私处于交通要地设检查所，统一检查，改变原来税收机关对商人的重复征税，便利商人，活跃了商品流通；清理各机关积欠，偿还各承商借饷等，迅速扭转了财政状况。

初步稳定大局后，区芳浦厉行整肃财政机关，严定财政制度；整理税捐，包括改田赋为征收地税、整理沙田、开征营业税，对备受社会诟病的烟税赌捐，则采取"寓禁于征"；实行改革币制等。广州米糠业同业公会主席因为反对洋米税条例，区芳浦下令将其拘捕。种种铁腕措施，雷厉风行，立竿见影，在他上任不到一年，1932 年的广东省财政收支，已从上一年的赤字，变成盈余，在他任职的五年间（1932～1936 年），广东平均每年课税收入 8960 万元，经费支出 8320 万元。[1]为广东发展各种事业，打下基础。

有钱好办事。1933 年元旦，省政府公布《广东省三年施政计划大纲》，洋洋大观，由"整理"和"建设"两大部分组成。整理部分又分为"吏治整理"和"财政整理"。吏治包括甄别、考选、训练和任用公务人员；实行考绩及人民弹劾制度；筹备人民直选县、市长等。财政则包括整理税捐，增加收入；紧缩军政各费，减少开支；巩固省银行基金、整理货币、改良币制；推选营业税，取消苛细杂捐；整理沙田；制定收支预算，重新分配政费；尽量增加教育建设经费；省及地方财政完全公开；改善税制，实行保护税率；发展省营企业，筹抵赌饷、烟税，实行禁赌禁烟；已清丈的土地改征地税等。

建设部分也分为"乡村建设""城市建设"和"交通建设"。乡村首要之务是肃清土匪，编练地方团队；实行地方自治，训练人民行使公民权利；测量土地，调查人口，编登户籍；试行二五减租；改良农业、渔业、蚕业；兴修水利；发展省营矿业，推行农村合作事业等。城市则实行地方自治，设立省营工

---

① 秦庆钧：《广东省的财政情况》。载《南天岁月》，第 279 页。广东人民出版社 1987 年版。

厂；奖励人民投资，创办大型发电厂；推广市民合作事业；办理工人保险；广建平民宿舍和平民宫；增设学校（尤其是职业学校），发展社会教育，建立公民教育馆；设立平民医院、养老院、育幼院、残废平民教养院、规复义仓等。交通则铺设省县乡道；整理水道；发展航运和民用航空；完成长途电话通信；筹筑江（江内）钦（钦县）及广梅铁路，扩筑广三铁路至柳州等。①

根据这个计划，广东将建立规模浩大的省营工业体系，兴建包括制糖厂、制纸厂、氮肥厂、棉纱厂、渔船制造厂、钢铁厂和水电厂在内的 24 间大型工厂。人们在看到这个施政计划时，内心或不免冒出疑问：广州真能走上工业化的道路？

1932 年的一篇文章分析，工业化面临三大困难，一是国内政治动荡，外国资本不敢进来；二是工业人才奇缺；三是交通设施落后："资本的乏缺，人才的不足，交通的不方便，和由此而起的市场的狭小，煤和工业区域的相隔遥远，在在都使我们感觉到要求立刻工业化实在是有所难能。"作者忧虑，工业化导致人口大量涌入城市，农村劳动人口减少，粮食生产随之减少，工业化本身并不产生食物，那么，用什么来养活激增的人口呢？②

但陈济棠有自己的计算，广州毗邻香港，是引入外资的重要渠道；广东华侨众多，不愁没有资本与人才；交通建设，在施政计划中，有专门章节论述，只要稳扎稳打，善始善终，理想必可实现。1933 年初，在海珠桥开通典礼和市展览会上，引人注目的"港澳华侨回国参观团"，在太古洋行副买办和大律师莫应溎率领下，带着资本，浩浩荡荡，前来考察投资环境，洽谈投资项目。他们刚走，香港记者团又来访问。他们谈论最多的，就是广州的工业区建设。

西村增埗村，以前是鱼米之乡，村民以耕渔为业。增埗原作"罾埗"，意思就是"晒罾（用木棍或竹竿做支架的方形渔网）的埗头"，曾经是一派渔浦水乡风光，在清代文人的笔下："四面环水……黄槐绿柳，娇花好鸟，和风酝酿，坐舟中自生幽绪。"③ 但如今已是烟囱林立，烟雾笼罩，机声隆隆，油污遍地。

---

① 《广东省三年施政计划》。载《广州民国日报》1933 年 1 月 1 日。
② 频凡：《移民? 工业化? 生育节制? 》。载《广州民国日报》1932 年 2 月 2、3 日。
③ 引自黄佛颐：《广州城坊志》，第 341 页。暨南大学出版社 1994 年版。

施工中的五仙门发电厂

西村士敏土厂

最早办起来的工厂是士敏土厂，合并了岑春煊创办的河南士敏土厂，引进荷兰设备，日产"五羊牌"水泥220吨，但广州正在进行大规模建设，水泥供不应求，在1933年、1936年，两次进行扩建，引进丹麦先进的湿制法机器，使日产提高到660吨。1932年兴建西村硫酸厂，引进美国设备，日产浓硫酸15吨。1934年兴建电解化工厂，设备也购自美国，生产烧碱、漂白粉和盐酸。1934年兴建发电厂，发电设备是从德国西门子公司购买的，包括两台1.50万千瓦汽轮机、两台发电机和两台70吨/时的锅炉，三年后安装及试机完毕，发电供西关一带用户。同年省营广东饮料厂也在增埗投产，主要设备从捷克购进，生产汽水和啤酒。1936年又兴建肥田料厂，部分厂房已建成，安装机器了，可惜后来被日本飞机炸毁。

工厂一家挨着一家，附近村民下田，也会被烟尘呛得透不过气来。有一件事情，足以说明工业给环境带来的变化。士敏土厂生产水泥，长年粉尘漫天，从工厂附近走过，头发都会变成花白，广州人戏称为"西村的雪"。这本来已够可怕了，有一天，人们透过灰蒙蒙的粉尘，竟看见天空黄烟滚滚，遮天蔽日，空气中充满浓烈的臭鸡蛋味，就像末日来临的景象。他们大为惊骇，以为发生什么灾难，赶紧打电话向旁边的电解厂询问，原来是电解厂操作不当，烟囱喷出大股二氧化硫，周围树木的叶子，一碰到这股黄烟，立即凋萎焦黄。

另一个工业区在河南。1933 年，广东省营制纸厂在南石头兴建，建设费高达 800 万元，是当时在全国规模最大、设备最先进的纸厂。机器大多从瑞典、捷克等国引进，设计能力分别是机浆 30 吨 / 日、煮浆 20 吨 / 日、抄纸（新闻纸）50 吨 / 日，发电 5000 千瓦时。1936 年安装机器，1938 年以国产马尾松为主要原料，试产新闻纸百余吨成功。

1933 年在芳草围筹建省营广东纺织厂，1935 年建成投产，全厂分丝织部、制丝部、绢丝麻纱部、毛纺织部、棉纺织部。有纺纱锭 2 万锭，织布机 120 台，设备先进，大多从英美进口，耗资达毫银 634 万元。由于广东进出口畅旺，该厂产品货如轮转，尤其是丝织部的哔叽，全部用粤丝制成，市场趋之若鹜。①

日榨蔗能力 1000 吨的番禺市头糖厂、日榨蔗能力 500 吨新造糖厂，也在 1934 年，先后建成。一位参加兴办广东糖业的专家回忆说："1933 年 8 月至 1936 年 1 月间，广东先后建成六个新式蔗糖工厂，每日榨糖能力共七千公吨，每日产糖能力七百公吨，酒精一万五千多公升，固定资产总值 500 万美元，相当于当时广东通用毫银 1500 万元，这是中国第一批现代化的甘蔗糖厂。"②

当时，进口的洋糖，不及土糖吃香。糖厂的厂房还没盖好，市面已经有这些工厂的产品出售了。实则是军队用缉私船把洋糖从香港运进来，换上"五羊牌广东糖厂出品"的新包装，冒充国货，推出市场。大量走私糖，潮水般涌入，东西两路海面，在茫茫的蓝色波涛间，每天运载私糖的桄船，由海军舰只和缉私船护航，舳舻相接，乘风破浪。后来军队嫌改换包装太麻烦，干脆在原装麻袋刷上"五羊牌"几个字了事。人们把这些走私糖谑称为"无烟糖"，因为工厂的烟囱还没盖起来呢。

蔗糖是一个财源滚滚的行业，政府不肯放手，商人也垂涎三尺。1934 年 6 月，省政府成立"国货推销处"，统一调剂全省食糖供销及监管承销糖商，

① 《广州市志》第 5 卷，第 8 ～ 10 页。广州出版社 1998 年版。
② 冼子恩：《办糖厂经过及其真相》。载《南天岁月》，第 245 页。广东人民出版社 1987 年版。

称为"糖业统制"。蔗糖的产制，由政府垄断，销售则由香港糖商总会会长莫应溎联合省港十大糖商，向政府承包营运。从1933年开始，省政府颁布一系列关于糖业的规定：《广东省民营糖厂取缔暂行规程》《广东糖业营业处指导及监督民营糖厂施行细则》《民营糖厂登记规则》《广东民营糖厂产品检验规则》《糖业营运取缔暂行规则》和《营运商代理推销省营糖规则》等。对民营糖厂，加以严格的限制，立下诸如"民营糖厂资本额不得超过毫银50万元，每日出产糖量不得超过3吨"之类的非市场规定，[①] 就是为了确保利润的大头，掌握在政府手上。

与清末民初兴起的那一波工业相比，政府计划、主导管控的色彩，更加强烈了，规模稍大的工厂，都是公营的，几乎没民间资本插足的空间，当年指点江山、一呼百应的七十二行商，如今只能从政府计划经济的指缝中，乞求余沥。"商团事件"虽已十年，政府与商界，表面也已化戾气为祥和，但内在的鸿沟，仍深不见底。陈济棠对商界，始终抱有极大的不信任感，所有大型工业，都要收入政府囊中，这也"统制"，那也"统制"。

陈济棠出身军人，"港澳华侨回国参观团"在广州，和他们举行投资座谈的，不是本地的工商界，而是一班佩剑锵锵的军人。精糖、士敏土、钨矿砂、卷烟，都被列为政府专营，理由是它们"以财政收入为目的"；煤矿、铁矿、钢铁厂、铁路、化学肥田料厂、农具制造厂、酒精厂、硫酸磷酸盐酸硝酸等厂、苛性钠、苏打粉、漂白粉、氯气厂、精盐厂、纸厂，这些也属于公营工商业，民间不得经营，理由是它们可以"助长社会生产力，而人民无力举办"；还有一种是"以便利人民为目的，兼有独占性的"，如电话、电灯、自来水、电车、公路长途汽车，亦属政府专营，但经特许后，民间也可以部分经营。[②]

陈济棠在回忆录中，不无自负地写道：

广州地区之工业建设实施成效亦极卓著，如第一工业区之西村，建有肥

---

① 冼子恩：《办糖厂经过及其真象》。载《南天岁月》，第256页。广东人民出版社1987年版。

② 《省政研会通过本省工业建设实施计划》。载《广州民国日报》1934年11月19日。

田料厂（并可制毒气）、硝酸厂、苏打厂、水泥厂、酒精厂。第二工业区之河南，建有纺织、麻织、丝织、绒织、毛织等厂，产品除供给本省需要外，大部分销南洋各地。第三工业区之芳村（南石头），建有大规模造纸厂，每日可出产五十吨，足供长江以南各省之用。此外分在各地设有糖厂六个（新造、市头、揭阳、顺德、东莞、惠阳），产量既大，品质亦优，挽回利益不少。[①]

1936 年，广州工业已初具规模，工业企业（不包括手工业）有 3218 户，从业人员 7.84 万人，总产值 3.43 亿元。行业涵盖电力、金属加工（包括机器修造）、化学加工、建筑材料、玻璃、橡胶、木材加工、火柴、纺织、缝纫、皮革、油脂肥皂、化妆品、食品、印刷、自来水和其他工业等，全盛时产品的最高月产销量曾达到：铸造 700 多吨、电池 720 万只、铁钉 200 多吨、硫酸 15 吨、烧碱（液体）240 吨、肥皂 1200 多吨、玻璃 300 吨、胶鞋 120 万双、罐头 1.50 万箱、卷烟 1.60 万箱、电机织布 6 万多匹、毛巾 10 万多打、蚊帐布 2.50 万匹。行销华南地区和华北、西南各大城市；在华侨较多的马来西亚、菲律宾、缅甸、泰国、印度尼西亚、越南等地，亦占有一定的市场。[②]

在省营工业取得长足进步的同时，民营企业也有一定的发展。根据广东省银行经济研究室对抗战前广东主要民营新式工业的统计，稍有规模的民营工厂有 347 家（统计数据多是 1936 年的，个别行业是 1935 年或 1937 年的）。这一统计并不完整，遗漏了一些重要行业，比如机器工业。按广州市立银行经济调查室于 1937 年对广州市民营新式工业的调查统计，稍具规模的有 22 家，而省银行的统计仅列 21 家。又如资本额的统计，由于 58 家缫丝厂以及部分榨油厂、煤油厂、皮革厂资本额不详，未能统计在内。另据 1947 年出版的《广东工业》一书统计，陈济棠时期，有民营新式工厂 350 余家，资本额约为 1500 万元，如将其他小厂计算在内，战前广东全省民营工厂有 2000 多家，"这一结论似不无道理"。[③]

[①] 《陈济棠自传稿》，第 45 页。（中国台湾）传记文学出版社 1974 年版。南石头属河南，并非芳村。

[②] 《广州市志》第 5 卷，第 9 页。广州出版社 1998 年版。

[③] 引自黄菊艳：《陈济棠治粤时期广东经济结构的变化》。载《广东史志》2003 年第 2 期。

在所有工业中，省营工业是龙头，总资产达到 5000 万元，[①] 占有绝对的优势。尽管社会对省营工业，有诸多批评，说它没有预算，没有计划，依赖统制，与民争利，压迫农民等，但省营工业是陈济棠的财政支柱，社会再怎么批评，他都决不会放松，只会把统制范围，越扩越大，越统越严。

航空工业也是陈济棠工业计划中的重要部分。陈济棠对空军有狂热的偏好，主政广东时期，不惜投以重金，购进六架英制驱逐机、四架轻轰炸机、六架美制战斗机、七架轻轰炸机。把东山修机厂改造成生产飞机的工厂，不久在韶关又开了一间飞机制造厂。陈济棠征用大批民工修筑机场，先后有大沙头机场、南石头水上机场、二沙头水上机场、石牌机场、天河机场和白云机场，甚至远在从化也有一个机场。设立机械人员养成所、空中摄影所，在汕头、海口、韶关、南雄、梅县、从化、英德、太平、唐家湾等地设立航空站。招聘美、英、澳籍航空顾问，开办空军军官训练班，传授侦察、驱逐、轰炸各种技术。

石牌机场在今天的华南师范大学内，于 1933 年建成，由西南欧亚航空公司管理使用。天河机场则于 1928 年动工修筑，1931 年建成投入使用，又名"瘦狗岭机场"。地点就在今天的体育中心处，有南北向主跑道与东西向副跑道各一条，主跑道有 60 米宽，1400 米长。天河城当年是附属机场的一个飞机库。

广州是中国航空业的摇篮。早在光绪二十年（1894 年）就由广东人谢缵泰设计出中国第一艘飞船；1911 年，冯如在广州从事研制飞机，殉难之后，继起者源源而来。1915 年，孙中山在日本成立中华革命党飞行学校，由华侨捐助购买飞机，回国参加讨伐袁世凯的护国战争。1921 年，孙中山返回广州后，在大沙头设立飞行训练基地，不久又成立飞机制造厂，由杨仙逸任厂长，成功造出了几架"洛市文式飞机"。陈济棠把大沙头的飞机制造厂迁到新河浦。直到1938 年广州被日本侵占之前，这间规模不大的工厂，居然装配和生产了各类型飞机 60 多架。

在抗战前最后的和平日子里，不仅广州的空军有了大发展，民航也开辟了

---

① 《省营工业发展状况》。载《广州民国日报》1936 年 8 月 4 日。

广梧、广邕等航线。1936 年 11 月，广州至越南河内的空中航线开通，这是中国民航史上第一条国际航线，而第一架穿越国境的民航班机，就是从石牌机场起飞的。今天广州东部，燕塘至体育中心，乃至二沙岛、大沙头这一片开阔地带，曾经天高任翱翔，是所有立志征服蓝天的勇者所神往的地方。

广东在 20 世纪 30 年代的工业化，与过往的自己做纵向比较，取得了骄人的进步，但如果与世界工业国作横向比较，技术、工艺、材料、水平能力各个方面，都处在十分粗糙的初级阶段，差距非常明显。无论是研究基础、产业化基础，还是应用基础，几乎都是空白，谈论工业化还太早，只能说办了一些工厂，离"化"还有很远距离。

高耸入云的烟囱，滚滚的浓烟，污浊的空气，肮脏的河水，在工业刚刚兴起时，往往被当成"现代化"符号，是一个前进时代特有的呈现方式，让人感到自豪。但也有人讨厌烟囱，有一个灯泡广告，就把劣质灯泡，比喻成烟囱，广告画面是一支喷吐浓烟的烟囱，漆黑的背景上，配有一段文字："灯泡耗电，犹煤灰未燃飞出。"一幅由广州艺术家李桦创作的《母子图》木刻版画，一位母亲肩上托着一个婴儿，背景也有一支高高的烟囱，冒着浓浓的黑烟。画面让人深感压抑，似乎这孩子的父亲，正在那烟囱下面，辛苦劳作。收工以后，这一家人，能否住进劳工宿舍？

这个时代充满了新旧交替的矛盾，某些方面，变化排山倒海而来；某些方面，又好像几百年一成不变。翻开每天报纸，《电液电容器之实验》《食品的化学》《无机飞机》《谈谈氢》《有声电影原理概要》《无线电常识问答》之类的科普文章，与"皮肤花柳病所，老手针射，绝无痛苦""臭狐水、生毛水、拔毛水""淋浊新药四零四"的广告，争抢版面，混在一起，就像一盘热烘烘的大杂烩，把读者弄得头昏脑胀，甚至不知所措。

受到时代气氛的渲染，《广州民国日报》发表署名罗兰的文章，提出了一个大问题："中国目前为什么没有伟大的作品出现？"让作者感到焦灼的是："中国目前，无疑地正临着一个空前最伟大的时代了，在欧洲本得要以几个世纪才能走完的历史的路程，中国却可以飞跃突进，越级发展，在近半个世纪间统统经历过，于是我们的作家大都有赶不上时代之感。"[1] 结果引起了一场什么才是"伟大作品"的争论。

　　然而，很少人去认真思考，中国真的已经走完欧洲几个世纪的路程了吗？除了铁路、飞机、汽车、工厂，欧洲的工业化，在精神层面、社会层面，还给世界带来了什么？中国真的已经拥有欧洲几个世纪才挣到的一切了？

---

[1] 罗兰：《中国目前为什么没有伟大的作品出现》。载《广州民国日报》1934 年 6 月 12 日。

开发河南区受挫——城乡文明的拉锯战

根据孙中山实业计划的蓝图，市政府早就希望把河南区纳入市区范围，重点开发。"河南"是指广州珠江前航道以南，后航道以北，包括官洲岛、丫髻沙岛在内的一个大岛，东西最长处约 17 公里，南北最宽处约 6 公里，总面积 90.45 平方公里。河南人曾以种茶叶，种素馨花、茉莉花为业，庄头一带，花田一望无际，花开时遍野皆香。前人有竹枝词吟咏："负郭山村近水家，平田十亩间桑麻。绿荫深处人耕获，不学扬州但种花。"①如今，茶如碧海，花如雪原的美景，早已消失，处处禾田菜圃，与珠江三角洲的寻常乡村，无甚差别。

历史上，河南属番禺县管辖，广州成为行政市以后，市区界线并不明确，广州市认为河南属广州，番禺县认为属番禺，大家各执一词，长期争论不休。桂系统治时期，河南是"土皇帝"李福林的天下，设立乡局，重建绅权，变成针插不进、水泼不入的小王国，桂系也没奈何，只能敬而远之。即便在陈炯明、孙科时期，政令过了珠江，也要看乡绅脸色，否则就是废纸一张。

程天固在 1930 年制订的《广州市工务之实施计划》中，对河南作了全面规划，在省河南北架设铁桥相连，建设棋盘式道路网络，由洲头咀内港至黄埔外港各大道为经，以联络省河南北的干路为纬，划分出工业区、商业区、轻工业区和市行政中心，把市府合署及党部、博物馆、美术馆、图书馆等公共建筑，都迁至万松园、得胜冈一带，干道两旁为商业区，其余地段属住宅区，以此激活整个河南区的建设。

1928 年到 1930 年秋天，政府陆续制订《规划河南市区外路线》《开拓河南市区计划》等建设方案。广州、香港、上海的报纸，舆论也在逐渐升温，各

① 胡鹤：《羊城竹枝词》。载雷梦水等编《中华竹枝词》第 4 册，第 2927 页。北京古籍出版社 1997 年版。

种报道，频频见报：《广州市开辟内港》《河南内港工程计划》《开辟广州内港之筹款办法》《借款筑内港之官商条件》《洲头咀内港工程近讯》等。河南的大开发，似乎箭在弦上。

省政府为了表示大力支持，兴致勃勃宣布：省府合署也迁到河南，与市府合署为邻。不料，遭到河南乡民的强烈反对。七十二乡举行联席会议，声言"誓死反对"。番禺县坚称，1928 年，河南七十二乡便归入番禺县第三区，设立河南全区办事公所，下设乡公所，自组警卫队，实行自治。乡绅们担心，河南一旦成为省市行政中心，各种政府机关、公营机构、军事单位，大量涌入，到处征地建楼，祖宗传下来的田地，必将化为乌有，无数乡民都要失业。他们强硬扬言，如果政府的答复，"不获要领时，则举行大请愿"。[①]

绅权坐大，治权便处处受阻。省府的合署计划，被迫尴尬地草草收回，市府的合署计划，也只得匆匆另觅地方。政府批准的一些项目，在河南征地，每每受到乡民武装阻止，演变成乡民与建筑工人、乡村警卫队与警察的冲突，县政府、乡公所为乡民撑腰，令纠纷变得更加错综复杂，难以解拆。

国民政府 1930 年 6 月公布《省市县勘界条例》，规定原有的省市县行政区域，如果确属旧界不清，因而发生冲突，可以重新勘划，竖立界标，绘具区域界详图，送内政部备案。广州市政府抓住这个机会，根据《市组织法》，施行市区闾邻，设立户口编配委员会，拟将附郭包括南海县的三元里、瑶台、罗冲、南岸、增埗及番禺县的天河、冼村、猎德涌、石牌、黄埔、新洲等 57 个乡，划入广州市区。而且马不停蹄，从当年 12 月开始，为市区竖立界标，共竖立了水陆界石 46 方，北以白云山为界，西以增埗、对河两岛为界，西南以贝底水、石围塘为界，南以河南黄埔为界，东以东圃、棠下、车陂涌北上至水土冈为界。

这次市区划界立碑，暴露出广州市底气不足，对河南腹地，仍然可望而不可即。

1933 年，岭南大学教授、社会学家伍锐麟，带着几位学生和工作人员，到

---

① 《河南芳草等乡之联席会议》。载香港《华字日报》1931 年 3 月 31 日。

河南凤凰村做社会调查。这条村子就在岭南大学旁边，离省河不远。全村不过两百户人家，七百多人，两百亩田地，平均每户不到一亩。村民的收入，不外乎农产、佣工、手工，加上一些杂七杂八的来源，属于"一个生活程度低下的贫苦社会"。

农村本应以田获为主，但凤凰村"农产收入的数目竟退居第三位，而佣工及其他（包含小买卖、商业、烟赌、租项等）两项的收入反居其上"。伍锐麟认为，这是农村破产的征符，农民只能把地卖掉（部分卖给邻村，部分卖给岭大），然后到广州市区打工或做点小生意。村里的田地日渐萎缩，人口越来越少，生活也越来越穷困。这种情形，恰恰为乡绅提供了拒绝城市化的理由。

在这样一个贫穷的小村子里，居然有两套行政体制并存。一套是乡公所，管着人口调查办事处、警卫队、凤岭小学和天后庙，对内主理村内一切公共事业，对外是负责代表全村。乡长下面有里长，每里由住户选出正副里长，行政经费主要来自田租、屋租、烟赌馆规钱。另一套是代表市政府的河南农村改进表证区（原名"河南农村改进会"），管着民众学校、妇女职业教育合作社、幼稚园、民众治疗所、通俗演讲所和民众俱乐部，经费由政府拨给，但经常严重不足。[①] 这个机构，平时给乡民看看病，宣传一下卫生知识，搞搞演剧活动，还有点作用，但遇到乡中重要的事情，根本插不上话。

市区勘界，不仅牵涉到广州市与番禺县的利益，也牵涉到市政府与省政府的利益，关系盘根错节，不同的利益方，各怀心事，明争暗斗。

在强大的河南乡绅势力面前，市政府基本束手无策。传统上，河南以汇津桥、利济桥、云桂桥为界，三桥以北的近河地带，俗称"桥外"，三桥以南称"桥内"，广袤之地，仍是乡局、祠堂和天后庙的天下。河南凭着一河相隔，俨然筑起一道篱笆，自成一体。市政府期待，海珠桥的修筑，可以攻破这道篱笆。只要大桥一通，马路一修，汽车畅行无阻，两岸居民来往、商业流通，更加方便。城市化的脚步，谁也阻挡不了。

市政府的策略是，先开发近河区域，逐步浸透，逐步扩张，以先进的城市建设和商业利益，影响当地，慢慢扭转人心。1929 年，也就是海珠桥动工前

① 伍锐麟 黄恩怜：《旧凤凰村调查报告》。载《民国广州疍民、人力车夫和村落》，第 222 ～ 247 页。广东人民出版社 2010 年版。

一年，工务局公布修马路计划，河南由凤安桥起，经白蚬壳至南石头为一线，长约一万零八百尺；由太平坊新马路起，经士敏土厂至新凤凰又为一线，长约九千一百尺。[①] 两条线路，都是沿着江边走。1932 年 6 月，公用局宣布开通两条河南的客运汽车线路，一条从洪德路尾近河处，经南华路，到士敏土厂；另一条从洪德路尾，经合众大街（今已不存，在凤安花园附近），到白蚬桥（白蚬壳码头附近）。1932 年规划中的河南水厂，也将设在白蚬壳冈。不难看出，大部分市政建设，都是小心翼翼地分布在沿江范围。

市政府规划全市的公园，河南有海幢公园、小港公园、南石头公园、漱珠公园、七星公园、大塘公园、沥滘公园。但也只有近河的海幢公园，是利用原来的海幢寺改建，地皮、园林、建筑都是现成的，比较顺利，其他多属纸上谈兵。

1931 年 2 月，土地局开始为郊外土地办理登记，计划一年内，完成东南西北四郊。河南的登记临时办事处，设在小港关帝庙，后改迁瑶头。这也是一场与番禺县争夺辖权之战。市土地局向省政府声称，市郊土地由南海、番禺两县办理税契，事权不一，造成混乱错误，妨碍土地整理，应由广州市统一代办，获得省财政厅同意。广州市政府便得以大模厮样，向河南腹地派驻机构。

土地登记，居民最初反应冷淡，前往办理者，寥寥无几。土地局在报纸刊登布告威胁："嗣后凡经本局派员测量完竣各区域，照章应即举行强迫登记，以杜延缓。"[②] 强迫登记的期限为 30 天。经过反复宣传和催促，登记的居民，逐渐踊跃起来，反映出不少人的真实情绪，其实是乐意归入市区的，只不过在乡村的无形压力下，不敢出头，左观右望而已。住得离省河越近的人，生活上对城市依赖越大，对城市的认同感也越强。

在各种有形与无形的阻力之下，1931 年，围绕着岭南大学的征地案，河南四十一约、七十二乡发生了一场反抗运动。岭南大学前身为格致书院，由美国基督教长老会于光绪十四年（1888 年）在广州创办。光绪三十年（1904 年）迁往河南康乐乡，因为建校和迁坟等事，当时与康乐乡，已矛盾丛生。20 世纪

---

① 《工务局开辟郊外马路之全盘计划》。载《广州民国日报》1929 年 8 月 6 日。
② 《郊外地段须遵章登记》。载《广州民国日报》1931 年 2 月 7 日。

20 年代广州大革命高潮中，岭南大学的工人、学生，罢工、罢课，1927 年 4 月学校宣布停办。一批校友倡议接办学校，同年 7 月经广东政府批准，学校收归中国人自办，并改名为私立岭南大学。

1931 年春，岭南大学准备收购附近一些土地，开办农事试验场。却不料一石激起千层浪，河南下渡二十八乡，紧急邀集全区七十二乡，连日召开联席会议，几千名代表，在大绅名流的鼓动下，群情激昂，议决成立"河南七十二乡田园庐墓维持会"，快邮代电，通告全国：下渡二十八乡，"以农为活，若一旦将田园庐墓收用，数十乡农人，必完全失业"，因此一致誓死力争，反对岭南大学征用民地。[①] 这次风潮，实际涉及的土地面积不大，但动静闹得很大，示威意味甚浓。

在这类城乡纷争中，城市所凭借的，往往只有行政权力，而乡村则有绅权与神权在背后支撑，可以广泛动员民众，令政府难以招架。

1932 年 2 月，番禺县划入广州市区的 53 个乡，联合向省政府请愿，请暂缓归市区管辖。理由是：一是捐税问题，归县管只需缴纳钱粮税亩，归市管须缴纳各种税捐；二是治安问题，归县管依赖乡警卫队和县兵防匪，归市管设置警察，警力少则达不到防卫之效，警力多则增加人民负担；三是城市奢靡之风，对乡村有严重不良影响。

省政府出面调停，提出一个"和稀泥"方案：在市区行政区域内，所有已设置公安局的地段，全归市辖；市郊各乡未设公安分局的，暂时仍归县辖。这与划市区前，没有多大分别。清末以降，广州警察的管辖范围，大致上，就是只限于桥外，市政府权力再大，对桥内亦唯有望洋兴叹。

所谓"市辖"，是一个模糊概念，权限并不清晰。比如开辟马路、建筑房屋等市政建设项目，规划权归谁？审批权归谁？市政府与番禺县争论不休，最后省政府又出面解释："县城府欲在市区郊外开辟马路时，须呈请省政府核定；市区内土地已经登记，由市政府收地税后，应豁免其钱粮；某一区域市政府如认为达到市政实施时期，应指定范围，呈请省政府令公安局设置警察，并

---

① 《河南乡民反对岭大收用民地》。载香港《华字日报》1931 年 3 月 3 日。《岭大收用民地之乡人呼吁》。载香港《华字日报》1931 年 3 月 7 日。

将该区由市府接管"。① 俨然以市县之争的仲裁者自居，但广州市与番禺县，都表示不服，争论还将继续。

　　1932 年，海珠桥开通前一年，市政府宣布即将兴筑黄沙大桥，从如意坊连接石围塘，长约一千八百尺，并开始钻探河床，随时动工。政府通过媒体表示："河南一隅，因珠江一水之隔，文化与建设，均属落后，如欲破除隔膜，使市区两岸之建设等量发展，则沿江大铁桥之兴筑，实属不容搁置。"② 再次表明"开拓河南新市区"的愿景。

　　河南本地人，并非铁板一块，对到底是市辖好，还是县辖好，其实意见纷纭。在 1932 年 5 月 8 日召开的河南全区各乡大会上，便有 42 个乡的代表，表示愿意划归市辖。东山模范村的成功，对一些乡绅，确有触动作用。他们意识到，河南划入市区，地价必定上涨，等于坐拥一只会下金蛋的鹅；如果仍归番禺县，无非继续种禾、种菜、挖鱼塘，金蛋不变现，就是一块烂石头。这种利益选择题，傻子都会做。

　　他们开始犹豫了，觉得归入广州市，可能获利更丰。但站在番禺县政府的立场，绝不愿意；站在下层乡民的立场，土地增值，受益也不大，自耕农有几分薄田，就算卖个好价钱，能吃多久？吃完了又能做些什么？如果是佃农，地价与他们就更不相干了，收地无异于失业。加上城市治安不好、生活奢华的风气，对淳朴乡风的污染，早就受人诟病。城市化以后，消费水准更高，生活也必更加困难。

　　双方相持不下，最终酿成一场公开冲突的大风潮。1932 年 6 月初，市参议会已经选举完成，但河南的南洲三十六乡，究竟是属市区，还是属番禺县，仍然是"妾身未明"，如堕烟海。该地区的居民请市政府给个说法。刘纪文市长称：这个地区的自治既然举办，自应隶属市区范围。③

　　但番禺县政府不买账。6 月 5 日，经广州市政府批准的"南洲自治区"筹备委员会，在瑶头双洲书院召开大会，选举市参事及区委员，番禺县政府竟派

① 《划分县市区域权限》。载《广东省政府公报》第 236 期。1933 年 9 月 30 日。
② 《黄沙大桥不日建筑》。载《广州民国日报》1932 年 6 月 7 日。
③ 《市郊自治区隶属本市》。载《广州民国日报》1932 年 6 月 3 日。

出大队县兵，直闯会场，拘押了几名自治区委员，瑶头三十余乡的警卫队，也被县兵缴械和集中囚禁。舆论为之哗然。刘纪文市长上呈省政府，请求饬令番禺县迅速将县兵撤退，恢复自治员兵自由。南洲自治区的当选市参事，也奔走呼号，与番禺县交涉，但县政府不仅不肯让步，而且继续加码，宣布接管七十二乡的警卫队，鹭江、敦和、大塘各乡，一律由县兵驻守，实行戒严。南洲自治区的委员，相继愤然辞职。

　　省政府在 6 月 9 日作出裁决："该区划归市区办理自治，乃□□所谓民意，实不过少数人操纵，且该区向无市管，着即依照旧案办理，自治事务仍由番禺县办理。"① 这时的省主席，正是当年定下河南发展规划的林云陔，如今在乡村势力面前，也不得不退避三舍。至此，广州市开发河南的各项宏图大计，基本可以打烊了。呼之欲出的黄沙大桥，又成画饼，直到 1967 年，才在河北六二三路与河南洪德路之间，建起了人民桥，比最初的规划，足足迟了 35 年。

　　一般人也许认为，这是广州市与番禺县争权夺利，但背后反映的，其实是传统农业与现代工商业之争，是乡村与城市之争，是绅权与治权之争，也是两种治理模式的对抗；更深层次，则是两种文明的拉锯战。但至少在 20 世纪 30 年代河南地区的这场城乡之战中，广州市败下阵来。

---

① 《河南县市划界潮四志》。载香港《华字日报》1932 年 6 月 10 日。

第九章　文明的迷局

广州的酒楼与茶楼并驾齐驱
茶楼三教九流、鱼龙混杂，而酒楼适合达官贵要、公职人员。

"食在广州"
是广州人的口头禅，也是广州人的生活方式
和人生艺术。

迎新而不弃旧
似乎是这座城市的特点。

在实现工业化方面
陈济棠的成绩单比陈炯明亮丽得多。

但在政治民主化和思想文化方面
陈济棠则从陈炯明已到达的位置上，大幅倒退。

1937 年
抗日战争全面爆发。

在漫天的浓烟之中
广州走向近代化的脚步，也戛然而止。

茶馆、酒楼、影院、电台——市民的新生活

"思往事，记惺忪，看灯人异，去年容。可恨莺儿，频唤梦，情丝轻袅，断魂风。"当小明星（邓曼薇）唱起南音《痴云》时，烟雾弥漫的茶楼里，顿时安静下来了，茶客们跟着节拍摇头晃脑，长嗟短叹。"……愁倍重，音问凭谁送，唯将离愁别绪，谱入丝桐。"一曲既终，大家才好像从梦中醒来，茶楼里又恢复了嗡嗡的喧嘈。

广州的茶楼，早期叫茶居，因为竞争激烈，大家都想"以大取胜"，于是茶居规模愈做愈大，从一层平房变成两三层的高楼，茶居也变成了茶楼，楼下卖平民的廉价食物，楼上是有钱人的雅座，广州人常说"有钱楼上楼，冇钱地下踎"。许多名噪一时的红伶，都在惠如楼唱过曲。徐柳仙的《断肠碑》《再折长亭柳》，小明星的《痴云》《长恨歌》《秋坟》，让听众回味无穷。

据 1921 年的统计，广州有 380 家茶楼；到 1928 年，增加至 416 家。[①] 这个数字，有点夸大，也许把所有茶室、茶楼、二厘馆，统统算进去了，广州人对这些是分得很清的。1934 年的报纸披露，全市有 75 家茶楼，1370 多工人；茶室兼营粉面茶点的，有 260 多家，3000 多工人。[②]20 世纪 30 年代，由于城市大规模建设，人口急剧增加，消费水平提高，加上拓宽马路，兴建高楼，茶楼的数量，应该比 20 年纪 20 年代更多。

惠爱中路的惠如楼，西门口的祥珍楼，光复路的调珍楼，龙津路的荣华楼，十三行的大元楼，南华路的成珠楼，永汉路的涎香、吉祥茶楼，维新路的巧心茶楼，第十甫的莲香楼，十七甫的添男茶楼，一德路的源源楼、沧

---

① 引自黄柏莉：《近代广州的公园、茶楼与市民生活（1900-1938）》。载王美怡主编《近代广州研究》第 2 辑，第 160 页。广东人民出版社 2014 年版。
② 《在不景气弥漫之下广州之茶楼茶室》。载《广州民国日报》1934 年 12 月 5 日。

海楼、一德楼，芳村的大同、新世界、枕江、醉观、长江、金山等，数之不
尽。茶客们都有"脚头瘾"（指习惯性地光顾一个地方），每家茶楼都有自己
的忠实拥趸，一说起惠如楼的脯鱼干蒸烧卖、笋尖鲜虾饺、榄仁萨其马，成
珠楼的鸡仔饼，半瓯茶室的蟹黄灌汤包、糯米鸡，大家无不眉飞色舞，如数
家珍。

　　和其他行业一样，民国时期，广州的茶楼业，也有自己的行业公会——协
福堂，设在桨栏路。各茶楼东家经常在协福堂聚会，交流市场信息，解决同业
纷争，凡与政府交涉的事情，也都在协福堂商量应付办法。还有广东全省茶居
职业工会，据1936年的统计，有二千名会员。[①]

　　酒楼与茶楼并驾齐驱。在一般人心目中，二者档次，稍有区别。茶楼比
较适合社会下层人士，三教九流、鱼龙混杂；而酒楼似乎更现代、更时髦，达
官贵要、公职人员、律师之类的西装革履人士，交际应酬，喜欢上酒楼。长
堤的绮霞、新世界、金轮、一景楼，吉祥路的一品升，小北的北园、红棉，
永汉路的云芳、咏觞园，下九甫的新丛馨，东山的东方，南堤二马路的南园，
陈塘的流觞、瑶天，十一甫的陶陶居，漱珠桥的荔园等，数量上，足可与茶楼
比肩。

　　大三元酒家创办于1919年，位于长堤，雄踞江介，风帆上下，景色蔚为
壮观。菜式之中，以红烧大裙翅，最为闻名，选用上等裙翅作原料，经过精
心烹制，汤清味鲜，香滑不腻口，每一根翅都是软硬适中，被奉为粤菜中的
上品。但大三元最让人津津乐道的，还不是它的大裙翅，而是在广州所有酒家
中，它是第一家安装电梯的，以"有机可乘"为广告词，招徕顾客。在许多人
印象里，与电灯、电报、电话、汽车一样，电梯象征着先进科学与工业文明。
凭着这种印象，大三元已令人刮目相看。

　　惠爱西路（今中山六路）的西园酒家，创办于1921年，号称广州四大园
林酒家（其他三家为：文园、南园、谟觞）之一。西园有一道斋菜"鼎湖上
素"，据说为了与六榕寺的斋菜馆竞争，暗中用鸡和猪肉熬制上汤烹调，不
少食客品尝后，都上了当，叹为素菜一绝。后来陈济棠也慕名请西园厨师制作

---

① 《本省工会会员人数调查》。载《广州民国日报》1936年10月29日。

这道素菜，但要把所有材料呈上，逐一检查，不能有半点荤腥。这可把厨师难住了，不敢不做，又不知怎么做，无奈之下，只好偷偷用毛巾吸取浓肉汤，晒干后带去，烹制时偷偷用水浸出毛巾内的肉汁调味。这一招瞒天过海，侥幸得逞，用不干不净、不新不鲜的"荤素菜"，把陈济棠骗得赞不绝口。这类市井轶闻，在各个茶楼、酒家里，食客们唾沫横飞，百说不厌。

西园酒家还有一段画坛雅事，为人所津津乐道。20 世纪 20 年代初，广州有一批著名画家，每个星期天都会在六榕寺举行卖画活动，即席挥毫，小中堂每幅 5 元，扇面每张 2.5 元，买者可自由选购。卖完画，画家们就到西园酒家聚会，切磋画艺，合作写画。广州的画商们嗅到了商机，纷纷往西园聚拢，或向画家订购画作，或聘请画工坐店，专职绘制山水、花鸟鱼虫的书画作品，用来制作扇面。久而久之，六榕路、稻谷仓、百灵路一带，形成了远近闻名的工艺画生产和销售市场。产品题材广泛，不拘一格，千式百样，大至 70 厘米半径的大扇面，也有得出售，不少附庸风雅之士，都跑来购买装饰居室。

1923 年，这批画家中的黄般若、潘致中、赵浩公、卢振寰、姚粟若、罗艮斋等人，组成"癸亥合作社"，以"发扬吾国之国光"，复兴传统国画为宗旨。1926 年扩展为"国画研究会"，被视为画坛中的传统派。20 世纪 20 年代至 30 年代是他们盛行于世的时期，广东各地设有不少分会，会员多达几百人，几乎囊括了岭南地区最著名的画人，是当时华南地区最大的美术团体，与"岭南三杰"高剑父、高奇峰、陈树人等人所开创画派，各有千秋，影响广东画坛几十年。

广州饮食界有句名言，酒楼百年不算短，十年成老号。广州酒家就是最好的诠释。1921 年开辟马路时，上下九附近的文昌庙和洪圣庙被拆除。1935 年，在光复南路经营英记茶庄的陈星海，买下这块空地，兴建西南酒家，重金礼聘"南国厨王"钟权担任正印大厨，他的拿手好菜"西南文昌鸡"，食客一闻之下，口水便汩汩自舌底出。

抗战前夕，日军空袭广州，西南酒家被毁，陈星海在废墟上重建楼宇，再开酒家，易名为"广州大酒家"，并邀请名厨梁瑞掌勺，后来更请到在巴拿马国际烹饪比赛大会上获得金牌的"世界厨王"梁贤加盟。两大厨神，烹饪手法，变化无穷，炒、煎、焗、炆、炸、煲、炖、扣，花样百出，样样精美，把粤菜的"清、鲜、嫩、滑、爽、香"演绎得出神入化，一如锦簇花团，各自争妍斗艳，展现另类风华。当年的军政要员、商界大亨，都喜欢上广州大酒家，第四路军总司令兼广东绥靖公署主任余汉谋，为酒家题写"食在广州"牌匾，淞沪会战英雄、十九路军军长蔡廷锴题写"饮和食德"。

广州街头的平民美食，最常见的就是粥、粉、面。及第粥、艇仔粥、皮蛋瘦肉粥、猪红粥、鱼片粥、白粥等，都是必不可少的。生滚粥是用经长时间熬煮的粥做底，把新鲜材料如牛肉、鲩鱼片、猪肝等，放到已调味的粥底之中，煮至仅熟，保持材料鲜嫩之余，也让味道渗进绵滑的粥里，带来无比满足的美味。

粉则有河粉、米粉、濑粉等。干炒牛河是最常见的一种河粉做法。河粉跟酱油及牛肉片以大火快炒而成，几乎在每一家粥粉面店、茶餐厅、茶楼都可以吃得到。布拉肠粉也是广州特有的做法，把米浆浇在多层蒸格或棉布上，撒上肉末、鱼片、虾仁，叉烧或鸡蛋等馅料，蒸熟后卷成长条，切段装碟，浇上肠粉豉油汁，即可食用。布拉肠粉外观晶莹剔透，入口清香爽滑。还有蒸猪肠粉、鱼丸粉、牛丸粉、牛腩粉、烧鹅濑粉、星洲炒米粉、过桥米线等，也备受欢迎。

面的品种有砚水面、虾子面、竹升面等，做法五花八门，有云吞面、鱼蛋面、牛腩面、炸酱捞面、豉油炒面、蚝油炒面等。广州的云吞面，与北方馄饨不一样，云吞必有虾，无虾不成云吞，传统的馅料比例是七分鲜虾三分肉。面则用手打竹升面，既富于弹性又有嚼劲。

广州的西餐馆，兴起于清末，到20世纪30年代，一片繁荣。财厅前的太平馆、永汉路的哥伦布餐厅、长堤的大中华西餐，都是大名鼎鼎的西餐馆。沙面的弹丸之地，汇聚了东桥、玫瑰、经济、域多利等多家西餐厅，出入多是沙面的洋人和洋行买办、职员。

广州人骄傲地把"食在广州"经常挂在嘴边，对于他们来说，食不仅为满足口腹之欲、营养之需，更是一种地方文化，一种生活方式，一种人生艺术。

广州人的娱乐，主要有新旧两大类，旧者是传统粤剧，新者是电影。它们的广告，在报纸上占据了相当大的版面。1934年，广州有太平、海珠、乐善、

电影广告

河南、宝华五大戏院，还有大新、先施、安华公司的天台游艺场，既可演粤剧、京剧，也可以放电影。电影院则遍布全市，中国、模范、明珠、西堤、民乐、中山、中华、永汉、明星、南关、新国民、一新、金星、新华等，环境舒适，设备先进，有些还安装了冷气。

美国好莱坞电影和国产电影，互争雄长，进口电影稍占上风。每天两场，日场和夜场，场场爆满。日场是"绝顶香艳，极度缠绵，非常浪漫，十分风流"的美国巨片《我不负卿》；夜场是"无限的旖旎风流，无限的温馨香艳，无限的沉痛辛酸，无限的哀怨伤戚"的国产名作《似水流年》；马嘉士歌舞团的《巴黎春艳》歌舞表演才谢幕，巴利皇宫舞女班的"迷魄妖舞"表演又登场；报纸上的电影广告，琳琅满目，从"全部粤语对白、粤曲歌唱，香艳片王，薛觉先、唐雪卿合演的《红玫瑰》"，到"空前谐趣，空前香艳，空前风骚，空前冶荡，当裤也要看的《私生活》"，营造了一个光怪陆离的想象空间，让人想入非非。

1936 年的广州街头，左上角可见大幅电影广告

　　从电影广告，大致可领略到市井的审美趣味，"香艳""风流""肉感"之类的词，出现频率极高。但与此同时，在东北沦陷、上海抗战、热河抗战的时代背景下，战争影片，也开始盛行，如《敌忾同仇》《西线风云》《玉帛干戈》《民族英雄》等，颇受欢迎。全国的空气，虽然极为肃杀，但广州的电影业，却百花纷开，一派畸形繁荣。

电影广告

　　长堤是与永汉路、惠爱路、十七八甫齐名的吃喝玩乐购物一条街。食府、戏院林立，又有豪华的百货公司，广州人喜欢"食嘢食味道，睇戏睇全套"，在长堤，味可以遍尝百种，戏可以睇完一套又一套，既有锣鼓大戏看，也有好莱坞电影看。

　　光绪二十八年（1902 年），同庆戏院在长堤开业，是广州最早的粤剧戏院，有五六百个座位，后改名为海珠大戏院。1926 年，海珠大戏院进行了大改造，扩建至三层观众席，2005 个座位，一跃而成为广州戏院之冠。

　　广州人对粤剧情有独钟。早期的粤剧是没有女艺人演出的，无论是花旦或是小生，都由男艺人扮演，后来女艺人也登上了舞台。夜夜衣香鬓影，大锣大鼓。《关汉卿》《顺治与董鄂妃》《帝女花》《胡不归》《情僧偷到潇湘馆》《搜书院》《苦凤莺怜》《刁蛮公主憨驸马》等经典剧目，好戏不厌百回看，成为海珠大戏院的隽永记忆。

20 世纪 30 年代，情况开始逆转，电影渐渐抢走了粤剧的观众。在离海珠大戏院不远的地方，有一家 1920 年开业的明珠电影院（即羊城电影院），起初以放默片闻名，后来成为放映彩色电影的先驱。戏曲与电影，呈现此消彼长的势头。1933 年广州本地的营业额总收入，电影比粤剧高 160％，打破了过去粤剧收入比电影收入多的优势。①

稍有名气的粤剧艺人，纷纷转行去拍电影。一生主演过五百多出戏的"万能泰斗"薛觉先，是最早涉足电影的粤剧名伶之一，主演过粤剧时装影片《白金龙》《璇宫艳史》等。在《良心》《裂痕》《摩登泪》等电影演员表中，也可以看到重量级粤剧名伶白玉堂、谢醒侬、叶弗弱的名字。1936 年，粤剧八和剧员工会，有 2745 名会员，②位居大工会之列，对粤剧艺人而言，脚踏两条船，走亦伶亦星之路，不失为挽救行业的办法。

在接受新事物方面，广州总是一马当先。1926 年，粤乐名宿、有"大喉领袖"之称的钱广仁，应大中华唱片公司之邀，从香港到了上海。薛觉先劝他：与其加入大中华唱片公司，不如自立门户，闯一片自己的天下。钱广仁接受了薛觉先的建议，独资创办新月唱片公司，以"倡国货，兴粤曲、粤乐"为宗旨，在他的号召下，何柳堂、何与年、何少霞及吕文成、尹自重、黎宝铭、陈绍等一批粤乐名师，都云集到新月唱片公司旗下，一时人才济济，星光熠熠。

从 1930 年 4 月，广州放映第一部有声电影，到 1934 年，广州电影院上映的，几乎全是有声电影了。进步之快，超乎人们的想象。粤剧、粤乐，在全国灌录唱片最早，走上电影银幕最早；但在保守旧事物方面，广州也有其固执的一面。迎新而不弃旧，似乎是这座城市的特点，总是一只脚踏进了明天，另一只脚还留在昨天。广州话里，保存了最多的古汉语语法、词汇；广州人一直顽固地把电影院叫作"戏院"，而不是影画院或电影院。

随着文化的开放，年轻人的审美趣味，越来越受好莱坞电影的影响。1934 年的一篇文章嘲笑说："去年是'国货年'，今年又是'妇女国货年'，在这重重叠叠的'国货年'中，许多略有洋气的东西，都似要被打倒了。然而同

① 罗铭恩 罗丽：《南国红豆》，第 73 页。广东教育出版社 2009 年版。
② 《本省工会会员人数调查》。载《广州民国日报》1936 年 10 月 29 日。

时，却也有些如假包换的洋货，不特不被叫打倒，而且反而受到特别的欢迎，例如那些美国式的肉腿、酥胸、野人、猛兽……的电影，就是其一。"①

为了适应时代潮流的变化，粤剧艺人也不断摸索新路，从灯光、布景、配乐，到戏服、唱腔、剧目，都努力进行改革。他们排演时装新戏，在粤剧中大量引入外来乐器及各地民族音乐、各类歌曲和西洋音乐的旋律，试图带给观众新的听觉惊喜。一代名伶马师曾在戏班中首设西乐部，引入大提琴、萨克斯、小提琴等西洋乐器；薛觉先演出《白金龙》时，采用电吉他伴奏。在借鉴本地民间说唱和各种小曲的同时，还利用广东音乐填词演唱，使粤剧的曲调大为丰富。

但这似乎没有改变粤剧下滑的大趋势。在年轻人眼里，粤剧题材过于陈旧，表演过于老套，兴趣欠乏。而粤剧艺人改行从影，又进一步加深了粤剧的式微。1935 年 3 月，广州报纸惊呼："年来本省戏班业崩溃，如水就下，一蹶不可复振。"大部分省港班，都因为没戏可演而散伙，登记失业的演员就有1400 多名。他们为求两餐，或纠集三五人，吹箫于市，行唱街头；或改行做小贩；甚至沦为小偷、乞丐。记者询问戏班中人原因，"不外'右（无）钱无人睇'，人不敷支所致，非尽关剧本取材不合现代潮流也"。②

其实，粤剧是农业时代的产物，电影是工业时代的产物。粤剧适合农村的神诞建醮、节日庆典，在空旷之处，搭棚演出。戏班入了戏院，就全然不同了，演出环境一变，全都要跟着变。在封闭空间内，不能像广场那样大锣大鼓吵翻天，观众的耳朵受不了，如何调整自己的嗓音，对艺人也是个考验。戏院买票入场，每场的观众是固定的，与农村观众是流动的不同，因此每场演出的时间要严格控制。无论是剧本、音乐、美工，还是表演程式、演剧风格等，电影与粤剧，都是难以兼容的，演员要横跨两种不同的艺术门类，并非易事。"剧本取材不合现代潮流"，只是原因之一。

电台也在这股极尽视听之娱的潮流中，乘势而起。1927 年，林云陔提议筹办广州无线电播音台，经市政委员会会议通过，着手筹建。1929 年 5 月 6 日，投资两万多美元的广州第一家广播电台——广州市播音台，正式开始播音，呼

---

① 友薇：《国货年谈电影》。载《广州民国日报》1934 年 6 月 26 日。
② 《戏班业整个崩溃》。载《广州民国日报》1935 年 3 月 12 日。

号为 CMB，发射功率 500 瓦，台址设在中央公园西侧靠连新路的一间小平房里，内设播音室及发射机房等，由市公用局派一位技士管理。

林云陔在播音台揭幕礼上说，市政府设立无线电播音台，有几个作用，一是为了引起市民兴趣及研究科学等，并可用于教育，传播知识，开启民智；二是供党部和团体演讲，宣传主张；三是让娱乐进入家庭；四是传播新闻、天气情况和商业行情。[①]

揭幕礼上所有嘉宾演讲和音乐，都由播音台在公园内播放，声音清晰洪亮，仿佛从天而降，公园内聚集了上万市民，离主席台最远的人，也能听得一清二楚，大家无不对这神奇的科学设备，啧啧称奇。播音台还订购了多台放音机，安装在净慧公园、海幢公园、越秀公园、东山公园等公共场所，播放音乐，以娱市民。每周五晚上，由市教育局派人到台演讲常识，令市民游园兴趣大增。

1928 年成立的广州市播音台

在 1929 年的移风易俗运动中，播音台也发挥了很大的宣传作用。后来又多了一个广东无线电专门学校播音台，以播放音乐、戏曲等娱乐节目为主。除了名人演讲之外，电台还经常邀请音乐团到电台现场演奏，进行直播。有时为了配合音乐节目，还会编印乐谱，到街上分派给民众。

试看 1935 年 7 月 10 日，两个播音台的节目清单，市府播音台尚有粤语、国语新闻和金融行情等节目，但主要是播放歌曲和戏曲唱片。白天是王人美唱《毛毛雨》，白驹荣、月儿唱粤曲《过犹不及》，姜云侠唱粤曲《一日鸟归巢》，西洋音乐唱片，则有路地华里乐队、檀香山吉他演奏音乐；晚上是叶弗弱、伍秋侬唱粤曲《东方朔偷桃》，粤式音乐《乐升平》《走马》《旱天雷》《到春来》，廖了了、罗慕兰唱粤曲《妻良夜语》等。

电专播音台，新闻节目更少，只有下午 1 时 30 分开播时，有短短的"新

---

① 《中央公园播音台开幕纪盛》。载《广州民国日报》1929 年 5 月 7 日。

闻择读"。直到晚上 10 时停播，几乎全部是戏曲、音乐、讲古，如歌星黎明晖唱《卖花词》，琼仙影荷唱《天女散花》，白驹荣、肖丽章唱《东坡梦朝云》，廖梦觉唱《情场梦觉》，老何讲《三国演义》，等等。①

自从播音台开播后，激起了市民对听广播和唱片的兴趣，纷纷购买收音机、留声机。市面上的留声机、无线电收音机，都是外国产品，每部要一百几十元，属于昂贵的消费品，但高昂的价格阻挡不了市民的热情，报纸形容："近数年来本市留声机器唱片颇极一时之盛，但自播音台成立，而家家户户，安设收音机者，亦不可胜数。"据海关公布，从 1934 年 1 月至 8 月，留声机与收音机的入口数量，便多达 170 多万元。②

省立民众教育馆特别设立了戏剧研究所和国乐研究会，欢迎市民参加，只要粗通乐理，懂得使用一种乐器的人，每月交 1 元，就可入会，学习演奏韶乐、礼乐，也可以学习唱歌、戏曲等。有多少市民参加，已无从考证，但政府试图保存传统艺术的努力，则不应抹杀。至于收效如何，似乎乏善可陈。

当时的政府开展移风易俗运动以来，年年宣传废除"废历新年"。1931 年 2 月，离旧历新年还有半个月，市公安局、市社会局、市宣传部，便联合发出通知：一、禁止缮买及张贴挥春；二、废历新年各界不得休业；三、报纸不得刊登废历新年的贺年广告及庆祝文字；四、禁止贩卖废历通书日历；五、废历新年期间禁止舞狮舞龙巡游；六、废历新年期间（除星期六外），禁止戏院通宵演戏；七、马路两旁禁止摆卖年宵生花花灯；八、废历新年前后三天，各屠场不得延长屠宰牲畜时间。"如有故违，即严予处罚"。③

规定不可谓不严厉，连春联也禁，市民却置若罔闻，家家户户照样贴春联、门神，备鸡备鸭，拜过灶王拜祖先，热热闹闹，准备过大年。虽然政府的通知，声色俱厉，但压不住人们过年的热情。平民百姓祖祖辈辈都过年，这是共叙天伦之乐的好日子，事关一年的家宅运气兴衰，天王老子也不能不让人过年。所以人们一样逛花市，一样办年货。

─────────────

① 《今日播音秩序》。载《广州民国日报》1935 年 7 月 10 日。
② 《留声机与收音机》。载《广州民国日报》1934 年 10 月 2 日。
③ 《三机关商决取缔废历新年习尚》。载《广州民国日报》1931 年 2 月 6 日。

　　1932 年的新年，正值十九路军在上海抗战，广州市民的心情，被上海战况所牵引，各界忙着捐款援助十九路军，或驰电慰勉，或组织义勇军、救护队，共赴国难。过年的气氛，比往年冷淡了许多，年宵市场虽然照开，但销售年花、生果、腊味的永汉路、十八甫、桨栏街一带，不再有人潮汹涌的情景，年宵货品甚至出现滞销。①

绸缎庄

　　到 1933 年的旧历新年前夕，北方似乎没有新的噩耗，欢天喜地过年气氛，又卷土重来。据记者在市面观察，"马路人群，比前大增，拖男带女，纷纷购置年果及度岁物品，惠爱西路一带之鸡鸭行及各市场菜栏，无不人声喧阗，争先恐后，其状况虽无往岁之盛，亦有应接不暇之观"。走遍长寿路、上下九、十七八甫、桨栏街、永汉路、高第路、第十甫、龙津路、兴隆路、一德路、东山庙前西、龟冈、河南南华路、大基头马路，所有卖年货的商店，包括饼果店、古玩店、字画店，"生意异常畅旺"。西关、十三行、拱日路一带的银号，"均无不布置焕然一新"。②各处鞭炮声声，喜气洋洋。

　　永汉路禺山市场、桨栏街、兴隆路和花地，都摆起传统的花市。花市是一项历史悠久的迎春活动。清代文人描述："每届年暮，广州城内双门底，卖吊

① 《元宵物品滞销》。载《广州民国日报》1932 年 2 月 5 日。
② 《仍有可纪之废历岁除》。载《广州民国日报》1933 年 1 月 26 日。

钟花与水仙花成市，如云如霞，大家小户，售供座几，以娱岁华。"有一首《岁暮杂诗》咏道："双门花市走幢幢，满插箩筐大树秾。道是鼎湖山上采，一苞九个倒悬钟。"① 花市的时间，通常由旧历腊月廿八至除夕夜，人如潮，花如海，万众欢腾，以喜悦的心情，迎接春天的再次来临。随着大年初一子时到来，鞭炮声在全城爆响，一年一度的迎春花市亦告结束。

1935 年的旧历新年前夕，记者巡视街头，看见的情景是："市上摆卖年宵者比前大增，且多租备汽灯，备开夜市。"经营神红爆竹纸料腊味各业，都热闹非常，货如轮转。早几年那些禁令，早被人抛到九霄云外了。他跑到居民密集的街道观察，看见"住户丛集之区域，日来颇为哄闹，妇女辈之煮制糕堆，各家之换贴春联，小贩之叫卖年货，点缀成异样风光，虽无如所谓民丰物阜时期之盛况，然旧俗未除，亦足见其一斑也"。②

由此看来，市民的传统习俗，固不可破。记者有感于"国难当前，市民尚耽逸乐"，不禁叹息："市民狃于旧习，亟当此政府推行国历，经济极不景气之际，犹行之如故，言之殊可慨叹。"③

政府不断号召破除迷信，动用各种力量，打击卜筮神棍，普及医学知识。1934 年，广州已开办了 20 多家有一定规模的普通医院，有公立的，有私立

熙熙攘攘的广州街头

---

① 引自黄佛颐：《广州城坊志》，第 113 页。暨南大学出版社 1994 年版。
② 《除夕前广州市况》。载《广州民国日报》1935 年 2 月 2 日。
③ 《仍有可纪之废历岁除》。载《广州民国日报》1933 年 1 月 26 日。

的，还有市立的，甚至有党立的、军立的，既有中国人办的，也有外国人办的。翻开报纸，满版都是医生、医院、药店与药物的广告。人们患病，已习惯于到医院诊治，用各种仪器检查，该服药的服药，该开刀的开刀，市政府在《广州指南》里自豪宣称："现世界医学，已离玄想说理时期，而入科学实验时代。"①

然而，不用到很遥远的穷乡僻壤，只要走出老城区，走上三五公里，就会看到另一番景象。1937年，岭南大学的学生，在河南下渡村做社会调查时，吃惊地发现，村民的科学知识，不仅未能跟上近几十年的科学进步，且与一千年前相比，也没有太多变化。调查报告写道："（村民）遇到疾病，只知祈神求药，甚少延医诊治。至病危失常态时，则说鬼神附身，便请南巫先生与茅山师傅入屋捉鬼。由他们念符咒、打锣鼓、吹冥笛，魔鬼便被符咒所缚。幸而病愈，则说符咒有灵，不幸病死，则说寿命该终。"② 很难想象，20世纪已过了三分之一，在距离市政府，仅一河之隔的地方，竟有如此落后愚昧的现象存在。

由此可见，尽管政府倾尽全力，但缺乏有效的现代传播媒介，科学的声音，连城市的近郊也未能到达，更遑论带领乡村完成现代化了。1934年轰动一时的电影《渔光曲》里，有一首脍炙人口的插曲："迎面吹过来大海风，潮水升，浪花涌，渔船儿飘飘各西东……"当人们哼唱着这首曲子时，城里人与乡下人的感受是不一样的，但内心都有一丝淡淡的凄惶，船儿要漂向哪里？

---

① 广州市政府编《广州指南》，第324页。广州市政府1934年版。
② 伍锐麟 区间奇：《广州市河南岛下渡村七十六家调查》。载《民国广州蛋民、人力车夫和村落》，第427页。广东人民出版社2010年版。

陈济棠的全面复旧时代

从文化上去观察，20世纪30年代，一方面延续着移风易俗运动的余绪，继续不遗余力地破旧立新，提倡新生活，提倡科学，对传统风俗习惯，务求扫地俱尽；另一方面又要求人民重新尊孔读经，回到礼义廉耻的旧文化中去。

陈济棠作为一位军人，读私塾出身，自称"十四岁，听讲各种经书。十六岁，应考义课会（此为地方父老奖励读书青年而设者），忝列第三，颇以才名闻于乡井"，[①] 然后入防城两等小学堂就读，再转往警察讲习所，从此弃文从武。防城当年地处海壖，资讯闭塞，文化十分落后，陈济棠在两等小学堂，能够吸收多少新知识，不问可知。当他掌握了一方政权，可以按照自己的想法，推动社会变革时，他唯一的思想资源，就是童年时读过的"各种经书"，舍此一途，别无去处。

很多历史学者，从建设广东的角度，把陈炯明与陈济棠相提并论，称为"广东二陈"，其实二人区别很大。陈炯明是师范学堂和法政学堂毕业生，办过报纸，做过议员，对自由、民主、宪政、自治、公民一类新名词、新观念，有比较真切的了解，并努力践行之，尽管最后只留下一个烂摊子，但究其原因，错综复杂，实在是形势比人强，非战之罪。这一点，陈济棠相差甚远，他对近现代的思想潮流，缺乏了解，满脑子只有忠孝仁爱、礼义廉耻。以忠臣烈士，显名国朝；淑妇贞女，表迹家间；阐崇化业，广植清风。

陈济棠在政务委员会上提出尊孔案，恢复祀孔，全省学校恢复读经，并聘请国内知名的国学大家，重新整理国学，编订典籍，考据六经，刊定传记。省教育厅先意承旨，要求全省小学，一年级起要粗明经义，高小至初中分四年读完"四书"，高中以上读"五经"，而读《孝经》则从小学至高中一以

---

① 《陈济棠自传稿》，第3页。（中国台湾）传记文学出版社1974年版。

贯之。凡已采用《国文》课本的学校，一律加插"活页文选"的古文，作为补充教材。在《新公民课本》的稿本中，第一课就是"陈总司令爱我，我爱陈总司令"。[①]

陈济棠从第一集团军各级政治部中，抽调政工人员，由陈维周出面，组织以实践道德改造人心、阐扬国粹学术为宗旨的"明德社"，在其章程中，痛斥当今社会百病丛生，"在生活方面，咸醉心欧美之物质文明，忘却本国之经济状况，虽一命微官、中赀估客，其居住亦必高楼大厦，其衣食亦必文绣膏粱，纵欲任情，挥霍无度，一种社会畸形之病态，已如十色五光，无奇不有。而试阅南北大都市报纸，则手足相残之事，室家仳离之伤，甚至弑亲乱伦，伤天害理，昔人所动魄惊心，视为将届世界末日者，今亦耳闻目见，百出不穷，而闻焉见焉者，方且漠然无所动于中，如此现象，虽曰人类社会，其去禽兽也几稀矣"。[②]

明德社出版杂志，宣扬"为政以德，德治天下"的理念；编写历代贤臣、名宦行状的《官人模范录》，倡行明德修身，要求政府官员终日惕厉，不忘官箴，"尚中庸，去偏激，使到阶级融和；重实行，轻哲理，使到文化统一；喜和平，厌侵略，使到平等博爱"。又创办学海书院，照搬当年张之洞的一套办学制度，以研究周易、礼制、道德经、孔子、孟子、宋明理学、曾国藩为课程，以期造德器之养成。[③]

当年新文化运动的健将，时任国立北平图书馆委员会委员长胡适，经香港到广州访问。1935年1月6日，他在香港华侨教育会发表演讲时，对广东的复古运动，公开提出批评，指现在广东很多人反对用语体文，主张用古文，而且还提倡读经书。广东是革命的策源地，为什么如此守旧？胡适的演讲传到广州，有一些急于对陈济棠表达忠诚的人，对胡适很不高兴了。

1月9日，胡适在广州甫下船，就有人警告他："以勿演讲为妙，党部方面空气不佳，发生纠纷，反为不妙。"胡适与陈济棠进行了一次面谈。陈济棠

---

① 秦钧：《提倡读经》。载《南天岁月》，第338页。广东人民出版社1987年版。

② 《陈维周等发起组织明德社》。载《广州民国日报》1934年10月1日。

③ 章董朋　陈世　温翀远：《明德社与学海书院》。载《南天岁月》，第334～337页。广东人民出版社1987年版。

直截了当地说："读经是我主张的，祀孔是我主张的，拜关、岳也是我主张的。我有我的理由。"他说："生产建设可以尽量用外国机器、外国科学，甚至于不妨用外国工程师。但'做人'必须有'本'，这个'本'必须要到本国古文化里去寻求。"

胡适说："依我的看法，伯南先生（陈济棠）的主张和我的主张只有一点不同。我们都要那个'本'，所不同的是：伯南先生要的是'二本'，我要的是'一本'。生产建设须要科学，做人须要读经祀孔，这是'二本'之学。我个人的看法是：生产要用科学知识，做人也要用科学知识，这是'一本'之学。"

陈济棠说："你们都是忘本！难道我们五千年的老祖宗都不知道做人吗？"胡适回答："五千年的老祖宗，当然也有知道做人的。但就绝大多数的老祖宗说来，他们在许多方面实在够不上做我们'做人'的榜样。举一类很浅的例子来说罢。女人裹小足，裹到骨头折断，这是全世界的野蛮民族都没有的惨酷风俗。然而我们的老祖宗居然行了一千多年。大圣大贤、两位程夫子没有抗议过，朱夫子也没有抗议过，王阳明、文文山也没有抗议过。这难道是做人的好榜样？"

陈济棠声称：现存中国的教育，"都是亡国的教育"；现在中国人学的科学，都是皮毛，都没有"本"，所以都学不到人家的科学精神，都不能创造。胡适觉得他实在不了解中国这二十年中的科学工作，于是告诉他："现在中国的科学家，也有很能做有价值的贡献的了，并且这些第一流的科学家又都有很高明的道德。"他列举了几位科学家的名字，但陈济棠都没听说过。

胡适与陈济棠的对话，无法沟通。后来胡适到黄花岗七十二烈士墓参观，写了一首粤语打油诗："黄花岗上自由神，手揸火把照乜人？咪话火把唔够猛，睇佢吓倒大将军。"[①] 如果把"自由神"视作西方文化的精神符号，"大将军"是指陈济棠，那么，这首诗的含义，不言自明。

陈济棠没有被自由神火炬吓倒，相反，更激起他"兴灭继绝"的决心。军

---

① 胡适：《南游杂忆》。载欧阳哲生主编《胡适文集》第5卷，第617～619页，第646页。北京大学出版社1998年版。

校深造班招收学生，入学考试题，除了考一般法律常识外，还要考"敬亲不敢慢人义""孔子谓见贤思齐，见不贤自内省，思贤反省之义""齐宣王以羊易羊，孟子谓为仁术，试述之义""百姓不足，君孰与足义"之类的经学试题。①这是培养政治精英的必修课。

陈济棠要把古老的祀孔子、祀关羽、祀岳飞典礼，全部恢复过来。1934年10月，政府拨出专款，全面修葺原广府学宫的孔庙，1935年3月竣工。省主席林云陔撰写《修广州孔庙记》，记述修庙缘由："今者政治粗定，有识者咸谓欲振起民德，则先圣先师之祀不宜旷废。于是广东省首复祀孔之礼，由省库拨款修复广州孔子庙，并令各县就原有学宫修复，每岁春秋长官率属致祭，以昭崇敬焉。"②

传统上祀孔的日子，都是在旧历二月和八月第一个丁日，祀关羽、岳飞，则在春分、秋分后第一个戊日举行。如今旧历已废，应改在什么时候举行，传统与现实，才能两全其美？这引起了人们的争论。孔庙修葺工程完成后，孔教研究社向西南政务会议建议，以每年国历3月、9月上旬丁戊日，或春分、秋分后第一个丁戊日，为祀孔子和祀关羽、岳飞之日。政务会议交给民政厅核议，民政厅认为，孔教研究社提出的两个日子，均属正当，因为二十四节气，是最准确的阳历，与废除旧历政策，并无冲突。定在3月、9月上旬第一个丁戊日也可以，只是现在3月上旬第一个丁日（3月2日）已过，所以应定在春分、秋分后第一个丁戊日。

把二十四节气，说成"最准确的阳历"，已有牵强附会之感，就算勉强接受，但国历没有丁戊日的记载，如何自圆其说？西南政务会议专门开会研究，引用各种考证诂释，查《周礼》"春入学舍菜合舞"，注舍菜释奠先师也，春始以其学士入学宫而学之；又根据《月令》"仲春之月上丁命乐正习舞释菜"，《礼记注疏》考证其必用丁者，取丁壮成就之义。清代学人齐召南按：仲春上丁释奠无疏，据此文则亦取学者道艺成就之义。经过一轮艰深晦涩的考据，最后政务会议认定：祀孔与丁日，并无特别关系，为废除旧历计，应以春

<hr>

① 《政深班第二期昨举行入学试》。载《广州民国日报》1935年3月10日。
② 《林云陔撰修广州孔庙记》。载《广州民国日报》1935年3月20日。

分、秋分当日祀孔，翌日祀关、岳。

　　这场争论，反映出废除旧历与尊崇传统，是存在矛盾的。旧历所载的传统节日，几乎都与大自然有关——春节赏花，清明踏青，端午戏水，七夕乞巧，中秋望月，重阳登山——体现在以农立国的传统文化中，人与自然的关系十分密切，天地化育，生生不息，万物皆有德性，充满人文价值，与人德相通，所以《乐记》说："春作夏长，仁也。秋敛冬藏，义也。"旧历告诉人们，何时守岁、何时踏青、何时赏月、何时观星、何时戏水、何时赏菊，都是对自然的一种感恩表示，与传统儒学精神，一脉相承，因此很难做到一方面废除旧历，另一方面又要回归传统，这是一个悖论。

　　1935 年 3 月 21 日，正值旧历春分。广东省政府在文明路广府学宫孔庙，举行了隆重的祀孔典礼。横门入口处，高悬两只写着"释奠典礼"的大灯笼；二门高悬两只写着"肃容"的大灯笼；大成门和大成殿，也分别高悬写着"大成门""大成殿"的大灯笼各两只。大成殿内，至圣先师神位一座，四配四位，十二哲十二位，东庑先贤神位四十座，先儒神位三十八座；西庑先贤神位三十九座，先儒神位三十七座；崇正祠正座神位五座；东西配、东西庑神位各五座；共一百八十九座。所有道路都打扫得干干净净，气氛庄严肃穆。

　　林云陔担任正献官，省府各机关长官分任分献官。省府所属各机关荐任以上职员，省市党部执监委员，省参议会正副议长，市府各局长，高等法院、地方法院庭长以上人员，均为陪祀官。清晨 4 时许，天色熹微，所有参加典礼的人，已齐集广府学宫，一律穿中式传统礼服。司帛、司馔、司爵、赞礼人员，由民政厅、教育厅派出几十名职员担任。

　　5 时开始行礼。省立民教馆国乐研究班奏乐。大成殿前，燃起两支火炬，迎神的严鼓响起，第一通，第二通，第三通。在乐声中，所有人遥望大殿，翘首三拜，行礼如仪。林云陔宣读先师祭文："维中华民国廿四年三月廿一日，广东省政府主席致祭于至圣先师孔子曰：惟先师德隆千圣，道冠百王，揭日月以常川，自生民所未有，属文教昌明之会，正礼和乐节之时，辟雍钟鼓，咸荐于馨香，泮水膠庠，益致严之俎豆，兹当季春，祇率彝享，肃展微忱，聿将祀典，以复圣颜子，宗圣曾子，述圣子思子，亚圣孟子配，尚飨。"[①] 最后火化祭文，音乐再次奏响。所有人员鞠躬行礼，随严鼓送神。

祀孔典礼结束后，广州天气骤变，气温急降，寒气袭人。报纸这样描写："狂风时作，虎虎之声，挟暴雨而至，大有飓风将至之象。"树木、电线杆被吹倒不少，房屋玻璃门窗被打碎也很多，珠江上掀起大浪，所有小船都不敢开行。[②] 相信天人感应的人，纷纷猜测，天呈异象，与祀孔有没有关系？这是祥瑞还是凶兆？

3月22日，雨过天晴。在越秀山脚杧果树街关帝庙，举行春祀关岳典礼。陈济棠以军人身份，亲自参加，担任正献官。庙门口悬挂着"春祀典礼"的生花门额，左右是一副楹联："两间正气""万古精忠"。值此国难当头之时，拜祭关岳，别具深意，鼓励军人要学习关壮缪、岳武穆，"受任于败军之际，奉命于危难之间"，以不要钱、不怕死的精神，保护中华文化慧命，而无愧于读圣贤之书。

著名教育家许崇清，时任广东省政府委员，因为不肯为陈济棠力荐的《孝经新诂》一书站台，受到处分。他事后回忆："陈济棠及其追随者叫嚷'读经'的时候，一般有识之士都不赞同，响应的人寥若晨星。"[③] 其实不尽然，上有所好，下必甚焉。由于陈济棠提倡读经，坊间的各种古版图书，顿时身价百倍。省政府秘书处一位职员，听说某居民家，有一批古籍出售，便去看看。一本乾嘉年间的拓本《孝经》，竟开价港币3000元。他吓了一大跳，但售主微微笑着说："如果把这本孝经送呈陈老总（陈济棠），最低限度可能赏给你一个县长的职位呢！"[④]

陈济棠担任董事长的仁爱善堂，举行博物展览会，把陈济棠的字，与明代张贯诗画册、杨龙友山水轴、恽道生没骨山水轴、黄石斋诗卷、王觉生行草轴

① 《今晨举行祀孔典礼》。载《广州民国日报》1935年3月21日。
② 《昨日满城风雨》。载《广州民国日报》1935年3月22日。
③ 许崇清：《我审查〈孝经新诂〉经过》。载《南天岁月》，第343页。广东人民出版社1987年版。
④ 秦钧：《提倡读经》。载《南天岁月》，第338页。广东人民出版社1987年版。

等字画，一起陈列，而且“中以陈总司令之墨宝最为名贵，咸出高价争购”。陈济棠的一幅“积善之家必有余兴”的字，从100元起拍，最后以1000元成交。“厚德载福，和气致祥”一联，卖到2000元。[①]可一窥当时的社会风气。

1935年6月，陈济棠在一次总理纪念周上，发表讲话，谈到为什么要进行“精神建设”时，他说：“本省的建设工作，无论政治上经济上，都已按照三年计划去办，在表面上，似已有相当的进步。但究其实际，精神上的建设，依然还有缺憾。”他指出：“窃以为今日而欲复兴民族，必当从恢复固有道德始，如欲恢复固有道德，必当从改造心理入手，乃有办法。而一切在职之文武官吏，尤当培养德性，使多数的干部人员而效之，人人能克己奉公，苦心戮力，持以恒心，庶可以推动社会，改良政治，以造成良好之风气。盖惟在精神上建设有效，其他经济建设、政治建设、文化建设，乃有基础可言，否则一切建设，皆如无本之木，其不能发荣滋长，以可断言了。”[②]

显然，陈济棠认为，“德”足以治天下，然而，精神建设、道德重建，除了举行祀孔、祀关岳典礼，派宣讲孔经团到中央公园，给那些休憩中的赤膊劳工，讲一讲“季氏将伐颛臾”外，还能做些什么呢？广东省政治研究会提出，要限制男女同场游泳，于是从1935年春开始，广州游泳场都用木板分隔开来了。新国民戏院聘请男伶白驹荣和女伶关影怜同台演戏，被公安局以“有伤风化”为由，禁止演出。甚至连歌舞团，亦不准男女同台献艺，公安局声称：“嗣后如发觉市内各游乐场所有男女同场歌舞情事，即予拘究。”[③]

4月，陈济棠以杜绝公务员奢侈浪费为由，向广东省政治研究会提议，禁止公务员穿洋服，似乎成为精神建设的一项。此议一出，下面立即层层加码。6月，政治研究会向省政府提交了“规定服装服用标准”，不仅对公务员着装提出要求，而推广至全民。

8月1日，公安局根据政治研究会的议案，制定“日常服装暂行标准”，日

---

① 《仁爱博展会中之陈总司令墨宝》。载《广州民国日报》1935年3月1日。《仁爱博展会今日最后一天》。载《广州民国日报》1935年3月4日。

② 《纪念周中陈总司令报告培养德性努力建设》。载《广州民国日报》1935年6月11日。

③ 《严禁男女歌舞》。载《广州民国日报》1934年10月1日。

常服装必须用国产布料，自不待言。而样式则具体规定：甲，长衫长度不得拖至脚踝，最短必须过膝；乙，短衫长度至短必须及臀，但妇女穿裙者得变通之；丙，袖长不得长过指，最短必须过肘；丁，妇女裙裤之长度不得拖至脚踝，至短必须过膝；戊，妇女服用长衫者须穿过膝之内裤。另外，不得穿睡衣、戴睡帽上街；凡露胸者不得出入公共场所和搭乘公共汽车；非运动时不得穿运动短裤和背心上街；学生在求学时不得穿反领西装或露胸洋服。规定的范围，已超越服装，比如规定妇女头发以短发为主，留长发的不得随意披散；等等。①

　　公安局决定从该年 9 月 1 日起，强制禁止女子穿奇装异服，禁止各缝衣店缝制此类衣服；并举办"日常服装样式展览"，把各种符合要求的男女长短衫、裙裤、内裤，以及学生服装，一一展示，供市民观摩遵守。

　　到 9 月 1 日，公安局果然派出五组宣传队，每组由一名督察率领，风风火火，分头到各服装店，宣传服装标准，搜查奇装异服；各段警也接到通知，一旦发现穿着奇装异服的妇女，立即拘往公安局惩戒，除了接受训斥之外，还要在衣服上盖一个印章，以示羞辱。省中小学训育会决定，禁止男女学生穿着华丽装饰及舶来品服装。

　　一时间，广州城内风声鹤唳，人心惶惶。妇女们害怕被拘，争相把旗袍裁短，用裁下的布驳长袖子，本来好好一件衣服，反而变成了真正的"奇装异服"。记者在街上发现，"所谓截长补短之情形，触目皆是，令见者可怜亦复可笑。"②更有一些无赖之徒，组织所谓"摩登破坏团"，专门在街上刁难穿着时装的妇女。被压迫了几千年的妇女，好不容易才有一点自由，又再成为"世风日下"的替罪羊。

　　1936 年 5 月，市妇女会向省政府婉辞提出：改善妇女服装，虽属"挽救颓风之要举"，但规定袖长必须过肘，对妇女工作，带来许多不便，而且新加长的布料花样，很难与原衣相符，如果要做新衣，又未免浪费，请政府予以变通。③省政府"从善如流"，呈请西南政务会议核准，对服装标准，作了六项修订：一、长衫以踝骨为度；二、短衫距膝五寸，但着裙得变通之；三、冬日

---

① 《公安局劝市民奉行日常服装标准》。载《广州民国日报》1935 年 8 月 1 日。
② 《公安局查禁"摩登破坏团"》。载《广州民国日报》1935 年 9 月 5 日。
③ 《妇女会呈省府改善妇女服装标准》。载《广州民国日报》1936 年 5 月 2 日。

袖长齐腕，余时以不露肘为准；
四、薄衫必用衬衣；五、短衫则
裤必过膝；六、腰身宽窄，要有
回旋余地，不得借曲线美之说，
隐然露体。[1] 这些修订后的规定，
仍然荒谬绝伦，显示当局的复旧
决心，坚定不移。5 月 12 日，
市妇女会等五个妇女团体，联合
呈请当局停止执行取缔违反服装
标准。

　　北方战火纷飞，在这个寇深
国危的关头，民族文化之存亡绝
续，悬于一线，广东当局却斤斤
计较于袖长过肘一寸还是及肘，
难怪舆论批评是转移视线。所谓
道德重建，建到这个份上，已几
近胡闹。

1936 年的广州街头

　　《明德周刊》在 1935 年发表一篇文章，解释尊孔理由："孔子对内，则
主张爱民；对外，则主张御侮。其攘夷复仇之大义，实足为吾人今日应引为启
发勖勉者也。盖内诸夏而外夷狄，为中国向来民族精神之所存。所谓内诸夏，
即自保吾国而不许外人稍有干涉侵略者也。能内其国，方可谓之爱国。春秋之
笔，则非特贬夷狄而已，即本属炎黄之胄，而有夷狄之行者，亦夷狄之。其非
我族类者，尤在屏绝之列。"[2]

　　这种攘夷爱国论调，是陈济棠的精神建设目标之一。他终生在张之洞的
"中学为体，西学为用"的框框中打转，对西方技术可以接受，但对外国文
化，则天然厌恶；对喜欢外国文化的中国人，尤抱严重疑虑。20 世纪 30 年代

① 《检查违反标准服装第二日》。载《广州民国日报》1936 年 5 月 7 日。
② 陈继新：《辟罪孔》。载《广州民国日报》1935 年 6 月 3 日。

初，百业待兴，需要大量人才，陈济棠向省政府建议，选送公费留学生赴海外留学，这一建议在 1934 年正式通过，当年选送了 10 位留学生。但时隔一年，陈济棠的态度，便发生大转变，认为年纪轻轻就出国，出国后"一味崇拜外国"，难免染上"夷狄之行"，对炎黄子孙是一种毒害。决定"广东以后非大学毕业，办事有年者，绝不送往外洋"。①

1935 年有 48 名公费出国者报名者，均要先经考试，第一场就考"党义"，这个通不过，其他都免谈。考完党义，再考本国史地、国文，再考物理、化学等，最后才考外语。参加考试的有 38 人，最后各科合格的，只有 5 人。②

在陈济棠看来，党义不熟悉，国文根基不扎实，出国也学不好，无非多个假洋鬼子而已，何必浪费金钱。很明显，多办了几家工厂，多开了几条公路，多卖了几吨白糖，对主政者的心理，已产生了半碗水晃荡的效应，觉得自己已足够强大，可以傲睨世界了。

① 引自李艳丽：《陈济棠主粤时期的冲突教育理念》。载《卷宗》2019 年第 18 期。
② 《考取留学公费生 考委会昨开会》。载《广州民国日报》1935 年 6 月 13 日。

近代化之暗夜降临

1936 年 5 月 12 日，胡汉民在广州逝世。这是一个历史转折点。6 月 1 日，国民党中央执行委员会西南执行部、国民政府西南政务委员会举行联席会议，议决呈请中央领导抗日。6 月 4 日，陈济棠、李宗仁、白崇禧等 36 人，电中央党部、国民政府和国民党中央执行委员会西南执行部、国民政府西南政务委员会，提出北上抗日，并通电全国，号召武装袍泽一致抗战。是为震动时局的"两广事变"。

这场事变，打着抗日旗号，实则是反蒋内战，因此得不到舆论和军队支持。广东军空本来是陈济棠的"镇山之宝"，却最先与南京政府达成秘密协议。6 月 16 日，七架空军飞机，分别由从化机场和天河机场起飞，以练习为名，直飞南昌，投奔南京政府去了。

20 世纪 30 年代初的广东空军飞机

七机北投，仿佛堰塞湖开了口子，接下来的事态，便一泻而下了，空军几乎全体北投，陆军也开始倒戈。7月17日那天，一位军官跑到空军司令部，想打探情况，但他发现那里冷冷清清，人们早就作鸟兽散了。同僚劝他也去取一架飞机，先飞香港避一避。他说不想走。同僚说："现在是风水尾了，还是走吧！"①

"风水尾"三个字，生动地道出了风雨飘摇的局面，不仅是陈济棠个人命运的风水尾，也是广东"黄金时代"的风水尾。空军几乎全体投奔南京，中央明令罢免陈济棠本兼各职。7月18日，陈济棠宣布下野，带着"楼观甫成人已去，旌旗未卷头先白"的遗憾与晦气，放洋出国，结束了他统治广东的历史。

"两广事变"从发动到失败，短短50多天。一生经历无数战阵的陈济棠，头脑发热，在错误的时间、错误的地点，做出了错误的选择，结果一子错满盘皆落索。

现在，可以对"广东二陈"的成败，做一个比较从容的评判了。他们都是在事业如日中天之际，忽然从十万尺高空坠落。有趣的是，二陈之败，都与北伐有关。陈炯明败在拒绝北伐，陈济棠败在主动北伐。历史证明，当他们心无旁骛，埋头建设时，五岭之阳，"春也万物熙熙焉"；一旦卷入了中原政治，无论是被动还是主动，他们苦心经营的小天地，便立时"败鳞残甲满天飞"。这似乎成了某种"宿命"，不仅二陈如是，从赵佗算起，两千年以来，莫不如是。

如果从更广阔的视角去观察，会有更多的发现与感悟。广州作为通商时间最长的城市，近代化转型，在全国起步最早；城市商人的力量，一度最为雄厚；市民社会的基础，也形成得最早。从十三行到陈炯明时期，在广州的城市建设中，商人发挥着巨大的作用，各种建设工程，政府的首要工作，就是争取商人支持，只要得到商人支持，便进展顺利，否则就举步维艰，甚至半途而废。商人在政府的决策中，扮演着重要角色，不少政府官员，都与工商界渊源深厚。

---

① 丁纪徐：《我与广东空军》。载《南天岁月》，第180页。广东人民出版社1987年版。

　　不过，"商团事件"以后，一切发生逆转。革命铁拳，雷霆痛击，广州商人被彻底边缘化，就像泄了气的皮球，大部分社会话语权，丧失殆尽。以前工商业者进入政府决策层，是一种常见的流向。曾经担任孙中山政府内政部次长，后来又当过广东省财政厅长的杨西岩，就是一位香港富商；电车公司负责人伍学煜、伍藉磐，都是侨商，回国后在政府任职，前者当过广东省盐运使，后者当过军政府司法部的司长，然后又转去办企业；在广州市政建设中，居功至伟的广州市工务局长、广州市市长的程天固，也是办企业出身的。工商业者对政府决策，有相当大的影响力。但20世纪30年代以后，此调不复可弹，省立企业的掌舵者，多是政府委派的技术官僚，代表政府管理企业；负责制订施政计划的，也是陈济棠身边的一群军人。

　　陈济棠是不相信自由市场的，他有很强的计划经济冲动，在自传中，这样阐述自己的理念："目的在增加国家资本，一方面建设国家经济，同时建设国民经济，以合作经济为基础，以国家经济之力量，发展国民经济，沿社会主义途径以达实现民生主义之计划经济。"他所说的"国民经济"，即"民营经济"。他承认，很多人对此不赞成，认为是与民争利，但他坚持认为，"供应调节民生之需求，少量重要必需品之统制，乃属不可避免者。"[①]

　　陈济棠的幸运之处，在于适逢20世纪30年代，中原大战、国共战争，以及日本入侵等多种内外因素交织，为广东造就了五年相对稳定的和平日子，让他能够运用政府权力，集中资源，大办工业。这种体制，在短期内，可以爆发出新星般的耀眼光彩。他的不幸之处，在于历史没有给他更多的时间，证明他可以做到什么程度。但从另一个角度看，这也是他的幸运，因为不必用时间去考验，这种新星爆发式的官营企业，能维持多久。

　　陈济棠希望像管军队一样，把整个社会都管起来。在政治领域，社会没有多少参与的空间，尽管广州有各种商业同业公会、工业工会、农业公会、教育会、自治会、学生会、妇女会、同学会等，表面上看，仍保持着有限的多元，但它们的功能，基本就是联络感情，与旧行会差不多。政府有一套"民众训练方案"，可供操作，规定"党部对于人民团体，不受指导即予以处分时，须呈

────────────

① 《陈济棠自传稿》，第47页。（中国台湾）传记文学出版社1974年版。

准上级党部，以命令行之"。① 也就是说，一切人民团体，都必须服从党部监督、指导，若越雷池半步，即有可能面临不可抗拒的处分。

在经济领域，一切大型经济项目，都由政府主导，产品生产和销售由政府统制，不存在市场自由竞争。以糖业统制为例，政府制定发展规划，指定全省10 个营运商，成立联合办事处，代政府推销糖类，价格由政府制定，营运商不得擅自加减，只能提取 3.5% 的佣金为收益。整个行业，受政府的"广东省国货推销处糖业部"严密监管，糖类产品要有糖业部的批准，才能出厂；所有糖商都要向糖业部申请登记，领取糖业营运许可证，方准经营；销售到省外，要有出省证，才准报关出口；省内糖商所贮存的糖，须向糖业部申请登记；糖业营运商的销糖登记账簿，糖业部可随时检查；营运商下面的零售商，只要销售5 斤以上，就要有办货单，无发货单者作私糖论。② 诸如此类的规定，周详细密。推及其他行业的统制，亦大同小异，显示陈济棠要建立的，是以政府为中心的经济体系。

陈济棠下台还不到一个月，《广州民国日报》便发表社论指出："在这里我们首先要牢记总理是不愿中国变成近代欧美式的资本主义的国家的，所以建国大纲有'企业有独占性质者，由国家经营管理之'的规定。这就是说要用国家的力量去经营大企业，所获的利益归社会公有，同时不阻止人民经营小企业。那么，'官夺民利'的问题就要发生了。"社论尖锐质问："我们所要究问的不是官夺民利与否，而是国营企业所得的利益是否归诸于民。假使国营或省营事业，是徒然利用政治势力以增加私人财富，这不但毫无意义，而且是政治上绝大的污点。"社论最后的结论是："不是人民要去争取应该公营的企业来经营，而是人民要去监督公营企业而使其利益涓滴归公。"③ 但如何监督？并无有效办法。事实上，在陈济棠的制度设计中，是政府监督人民，而不是人民监督政府。

陈济棠不仅对经济统制，对思想、文化、舆论，都要统制。在文化领域，政府主张读经，就必须人人读经，小学课本也要加入经籍内容，不容置疑。反

---

① 《党部处分民众团体办法》。载《广州民国日报》1935 年 6 月 1 日。
② 《糖业统制今日起实施》。载《广州民国日报》1934 年 6 月 1 日。
③ 《略谈生产建设》。载《广州民国日报》1936 年 8 月 1 日。

对读经，就是反对中华五千年文化，就是汉奸卖国贼。胡适在广州只是表达了一下反对读经的意见，他还没离开广东，便有人大呼"不要让胡适跑了"，可效法孔子之诛少正卯："请即电令截回，迳付执宪，庶几乱臣贼子，稍知警悚矣。"[①]最可悲与可鄙的是，呼吁者竟是学界中人。

陈济棠设立层层新闻检查机构，从西南出版物审查委员会、第一集团军总部，到市公安局、社会局，都会派员检查报纸。一个小小的检查员，就可以随意枪毙某篇稿子。不仅所有涉及政治、军事的稿件，只能由政府指定发布的，才能刊登，甚至连杀人盗窃、自杀、离婚之类的社会新闻，也不准报道，因为有损太平盛世的形象。编辑们诉苦："受害最甚者尤为检查员核准发刊之稿，讵登载后上级认为不合，即凭个人之好恶，不依据出版法而对报社遽下严重之处分者不知凡几。"在这种空气笼罩下，寒蝉效应，鸦雀无声。

政府充当文化的裁判者，审查图书、报纸、电影、戏剧，决定市民哪些可以看，哪些不能看。比如朱其华的《中国近代社会史解剖》、田原的《政治学》、施伏量的《社会问题之基础知识》、邓初民的《政治科学大纲》、李达的《现代社会学》、鲁迅翻译的苏联童话《竖琴》和丁玲的《母亲》、巴金的《雨》等，就是不能看的，因为它们是"反动书刊"。[②]没有政治色彩的书籍，也不能随便看。"历史小说，则谓播封建之余毒；神话小说，则谓导社会于迷信；言情小说，则又谓于风化有妨。欲加之罪，则啼笑皆非，西厢诲淫，水浒诲盗，恣意诋諆，不复知有中国文学价值。"最后只剩下"沉默的大众"，埋头享受经济繁荣的红利，则天下清静。

陈济棠一下台，久受压制的新闻界，如死因获大赦，立即冲破禁忌。《广州民国日报》发表宣言，历数陈济棠治下"六七年来饱受钳制之痛苦"，猛烈抨击："在陈济棠宰制下，依草附木末秩微职之检查员，对于报界，威福自擅尚且如此，其他凭城藉社之狐群鼠党，张牙舞爪，欲吸尽全粤人民之膏血，又宁待言。所以有假公济私的所谓三年施政计划，苛税大兴，穷抽极剥，社会稍大生利事业，一切收归公营，夺民生计，致失业者流离载道，犹复强迫报纸登

① 胡适：《南游杂忆》。载欧阳哲生主编《胡适文集》第5卷，第621、625页。北京大学出版社1998年版。
② 《反动刊物六种》。载《广州民国日报》1934年6月28日。

载公牍铺张之词，口碑载道之语，明知虎皮蒙马，鱼目混珠，阅者当识弦外之
余音，而编者已不免作恶人之工具。"①

在生活领域，市民的衣食住行、吃喝玩乐，政府都要管起来，穿什么衣
服要管，袖子多长、下摆几寸要管，剪什么发型要管，在家里烧香拜神要管，
上酒楼吃饭点几个菜要管，过年写个挥春要管，甚至看个旧历、查个黄道吉日
也要管。而种种的"管"，都没有法律依据，全凭政府一纸命令，公安局便杀
气腾腾，上街管起来了。如果以近代法治标准衡量，无疑是不合格，但陈济棠
的目的，就是统一社会的价值观念和行为准则，建立一个繁荣、富足而驯服的
社会。

广州近代化转型，路漫漫其修远兮。在实现工业化方面，陈济棠所拥有的
时间，比陈炯明要长，成绩单也亮丽得多；但在政治民主化方面，陈济棠则从
陈炯明已到达的位置上，大幅倒退；思想文化方面，更足足倒退了一个朝代。

眼界的宽度、思想的深度，决定了一个人能走多远。

陈济棠下台，一个时代，亦即将落幕。

1936 年 12 月，中央银行广州分行、中央信托局广州分局同时开业，办理
定期及活期信托存款、信托投资、公务员储蓄、军人储蓄、团体储蓄、政府机
关购料、公共团体购料、火险、水险、兵盗险、汽车险、寿险等业务，标志着
中央已一举突破了陈济棠时期，广东金融的独立王国。

《广州民国日报》刚刚痛骂完陈济棠压制新闻，一转眼，报社已被国民党
中央宣传部接管，更名为《中山日报》，接受更严格的监管。国民经济建设运
动委员会成立广州分会，机构还没正式开张，调查员已马不停蹄，分头奔赴各
区，调查当地的经济状况。新任省主席黄慕松，原蒙藏委员会委员长，虽是广
东人，但仕途与广东从无交集，履新伊始，便组织班子，在全国经济委员会指
导下，制订新的"三年施政计划"。新任广州市市长曾养甫，原国家经济建设
委员会委员，到广州后，兼任黄埔开埠督办，由中央派出测量大队和测量船，
进入黄埔勘测，显示中央对工程进度的不满，要直接干预了。粤汉铁路黄埔支

① 《广州新闻界昨发表宣言》。载《广州民国日报》1936 年 8 月 1 日。

线由西村瑶头至沙河段，亦由铁道部的工程师进场，规划兴筑。

　　对于未来的方向，1937 年的元旦，市政府在新年之始，向全体市民展示建设蓝图。市政方面，把新填地开辟为银行区，全市的银行都集中一隅；统一管理全市的交通；整顿全市的自来水，把水管延长到各郊区；兴建无轨电车，通至白云山和黄埔；继续开发内港；多开辟草地和种树，供儿童游乐；建设东较场为体育场，提倡市民运动等。政治方面，整理各社团；实施工厂检查，保护工人安全和改善待遇；提倡国货；办理工商业登记；审编历书和通俗图书；禁绝及取缔迷信；实行保甲，选举甲长，训练保甲人员等。经济方面，筹办无轨电车；改良市内和郊区马路；建筑桥梁；电话机扩容；审核电费；敷设和改装自来水街管；完成和增建市内的公共建筑物；等等。[①]

　　市政、经济的建设，无非把刘纪文的《城市设计概要》，重新包装一番，殊无新意，最终也流于空谈居多，但最令人注目的，是实行保甲一项。

　　早在 1930 年 5 月，国民政府颁布《市组织法》，把市分为行政院辖市与省辖市两种，规定除首都为院辖市外，人口在百万以上者，或在政治上、经济上有特殊情形者，亦为院辖市；广州市虽符合院辖市条件，但因为是省会城市，遂定为省辖市。市以下为区，区内编制为保甲，十户至三十户为甲，十甲至三十甲为保，十保至三十保为区。由于当时广州在陈济棠管治下，对南京中央政府处于半独立状态，并未马上实行保甲制。1934 年，国民党中央政治会议第 432 次会议议决，由行政院通令各省市切实办理地方保甲。行政院于同年 12 月通知各省，普遍实行保甲制度。但广州敷衍应付，并不真正实行。

　　陈济棠下台后，南京政府大队人马进驻广州，蒋介石亲赴广州视察，当面要求新任市长曾养甫，尽快规划广州的保甲制。市政府不敢怠慢，立即成立保甲编查处，拟定各项保甲章则、编排保甲门牌番号。广州有 110 多万人，20 多万户，门牌十几万，即以一个门牌为编组单位，也需要编成一万多甲、一千多保。广州的大街小巷，纵横交错，建筑也不规范，如何划分每甲每保的边界，是极其复杂的事情。按照实施办法，编区、编保和编甲的顺序，大致上是由南

---

① 《广州市政府今年之施政计划》。载《中山日报》1937 年 1 月 2 日。

而北，由东而西，十个门牌为一甲，十甲为一保，全市编为 10 个区。[①]

人们常常诟病陈济棠文化复旧，其实，南京政府在政治制度上，也想退回到两千九百年前的西周王朝。保甲编查处宣称：保甲是我国政治一件极有价值的发明，其组织民众、推进政治的效用，比外国的地方自治制度，实有过之而无不及。我国二千年来，历代均有施行，其名号规制，虽各不一致，但都是奠定下层政治的基础。其中规划最完密、成绩最惊人的，莫过于成周的六乡六遂制，管子治齐之伍轨连卒制，北宋王安石之三级保甲制，都可收拨乱反治、救衰拯弱的大效。

保甲制的本质，是把家族观念，融入政治制度之中。为了给保甲制涂上一些现代色彩，保甲编查处解释：保甲制的好处，不只在禁奸诘盗，而尤在组织民众。禁奸诘盗只是保甲的消极作用，而组织民众、训练民众，才是保甲的重大目的。因为保甲规制是以一家一人为组织单位，无论多少民众，都可以十家为甲，十甲为保的方法，编联起来。比如广州市百余万民众，即可以万余之甲、千余之保，使其团为一体。因此，今日民众想实行自治，实行自卫，再进一步想接受政权，运用宪法，势非先办保甲不可。[②]

保甲编查处提出一系列口号，在全市广泛宣传："保甲制度就是团结街坊的制度""保甲长是全民动员的领导者""我们要铲除阻挠推行保甲的汉奸""我们要复兴国家、挽救危亡，就要拥护我们最接近的领导保甲长""我们拥护保甲制度，即是拥护国家"。[③] 把保甲制与抗日救国挂上钩，所有批评的声音都被堵住了，谁反对保甲制，谁就是汉奸卖国贼。

南京政府一再强调，保甲不仅是为了治安，也是为了组织和训练民众；不是要管制人民，而是要团结人民。"管制"与"团结"，文字游戏而已，实际上，政府的内在动机，就是为了管制人民。1938 年 5 月，曾养甫在对广州市区乡长的讲话中坦承："因本市之警察仅有五千名，在平时之维持治安固属绰有余裕，然欲在非常时期组织民众、训练民众，使官民合作，在积极方面，增加

---

① 《本市保甲最近编成十区》。载《广州民国日报》1936 年 12 月 3 日。
② 《本市保甲番号月内编竣》。载《广州民国日报》1936 年 11 月 26 日。
③ 《市保甲编查处宣传标语》。载《中山日报》1937 年 8 月 16 日。

抗战之力量，则非推行保甲制度，别无其他办法。"[1]一言道破，保甲的意义，在于辅助警察，维持非常时期的治安。保甲长不仅肩负治安警察之责，而且扮演政治警察的角色。

这种陈旧僵化的政治制度，能够把城市带入 20 世纪的文明时代吗？

浩浩历史长河，1937 年进入了急转弯的河道，惊涛拍岸，水沸山裂，抗日战争全面爆发了。这是近现代的广州最后一个和平的年头。这年夏天，爱群大酒店在长堤建成开业，为和平时代的终结，写下最后的结束语。

爱群大酒店的设计师是陈荣枝与李炳垣。陈荣枝，1926 年毕业于美国密歇根大学建筑科，在美国的建筑师事务所实习了几年后，于 1929 年重返祖国，受聘为广州市工务局的建筑师。他设计过不少公共建筑和教育建筑，广州迎宾馆旧楼就是他的作品。20 世纪 30 年代，他与建筑师李炳垣合作，为香港爱群人寿保险公司设计爱群大酒店。

这幢大厦从 1934 年 10 月 1 日破土动工，至 1937 年 7 月 27 日建成开业。外观是模仿美国摩天大楼风格，钢架结构，采用先搭好钢筋框架，再灌浇水泥的新工艺。当 15 层高的大厦钢架结构搭起后，广州市民不禁为之骇然，如此庞大和复杂的建筑钢框架，只有海珠桥可以与之媲美。这种工业革命的象征物，一再出现在广州街头，似乎带有某种隐喻的意义，暗示着时代交替的到来。

回头再看，爱群大酒店实际上也成了广州骑楼建筑急遽退潮的拐点。尽管它的底部依然保留着骑楼形式，但从整体而言，已很难归入到正宗的骑楼建筑中了。爱群大酒店 65 米的高楼，巍然耸立在蓝天白云之下、滔滔珠江之滨，

渡轮与爱群大酒店

① 《广州推行保甲制度之重大意义》。载《中山日报》1938 年 5 月 14 日。

与海珠桥互相辉映，直到 20 世纪 60 年代初，仍是广州最高的建筑物。开业仅仅 35 天之后——8 月 31 日——广州首次遭到日本飞机的轰炸，和平建设的年代，走到了尽头。

从 1937 年 8 月 31 日，日本首次空袭广州，至 1938 年 10 月 21 日广州沦陷，日军共出动 900 多架次飞机，投弹两千余枚，对广州进行反复的、频繁的无差别轰炸，其轰炸密度仅次于当时的陪都重庆。作家夏衍在一篇文章中记述："广州最繁盛的街道，全被炸成瓦砾场了。黄沙车站附近，已经是一片平地了。文化街的永汉路、惠爱路、长堤，每走几十步不是一堆焦土和残砖，就是一排炸成碎片压成血浆的尸块。"[1]

然而，就在这一片瓦砾与焦土之中，爱群大酒店的东侧，一座高楼仍然顽强地一层一层往上盖，它就是虎标万金油的永安堂。1930 年，南洋华侨胡文虎，回到广州开设永安堂，经营虎标牌万金油，最初以西堤二马路的永生药房为总代理处，1935 年夏天，在新填地筹建一座大厦，作为国内生产和经销虎标万金油的总批发处。

这是风云万变的多事之秋。1935 年永安堂筹建新大厦时的广告，轻松畅意："上有天台娱乐场，以供仕女登临，由此珠江风月，一览无遗，白云奇峰，游目可及。"[2]但在建设过程中，遇上了"两广事变"，陈济棠黯然下台；遇上了卢沟桥事变和淞沪会战，抗日怒吼，响遍全国；遇上了日本对广州的大规模空袭，把这座南中国最繁华的城市，变成了血肉横飞的炼狱。日军飞机在天空的轧轧声、隆隆的爆炸声、高射炮的射击声，取代了和平时代的鞭炮与锣鼓。1938 年 3 月，永安堂大厦在炮火中落成，它的广告画面，已恍如

虎标永安堂

---

① 夏衍：《广州在轰炸中》。载《新华日报》1938 年 6 月 8 日。

② 《虎标永安堂　星粤日报馆建筑广州新楼启事》。载《广州民国日报》1935 年 6 月 10 日。

隔世，变成了救护兵在战地抢救伤员，广告词是："搽食兼宜，百病可治，抗战期中，不可不备。"[1]

永安堂大厦，是近20年城市改造运动一个仓促的收官之作，占地面积约为707平方米，建筑面积4251平方米，楼高5层，造型方方正正，线条简洁明快，具有现代风格。首层是骑楼式设计，楼顶以上砌10米高的钟楼，四面均设有时钟，仿佛见证着艰难时世到来的每一分每一秒。

在漫天的浓烟之中，广州走向近代化的脚步，也戛然而止。

---

① 《广告》。载《中山日报》1938年3月26日。

第四篇

走向未来

广州火车站

第十章　走向未来

1949 年 10 月 1 日
中华人民共和国诞生了。

广州
在时代的潮起潮落之间，依然保持着它的独
特气质。

岭南文化
之所以能保持相对独立、完整，在很大程度上
有赖于背靠五岭、面朝大海的地理环境。

广州
还是那座繁华的商业城市，梦想在此孕育、
发芽、成长。

未来
会有喜剧，也会有悲剧。

但
只要明天太阳还会升起，人们就会前赴后继，
朝向那片在海平线上闪闪发光的城市。

广交会的诞生

　　珠江之水，不分昼夜，一泻千里，既不会为谁倒流，也不会为谁停顿片刻。经历了十四年抗日战争、三年解放战争，1949 年 10 月 1 日，中华人民共和国诞生了。滚滚铁流越过长江天堑，红旗漫卷江南，直指华南大地。10 月 14 日，解放军进入广州，长堤东亚酒店，升起了广州第一面五星红旗。

　　这是一个疾风骤雨的大时代。曾经见证大清王朝垮台的广州人，如今又见证了国民党的垮台。对老百姓来说，天下归一，意味着漫长的战乱终于结束了，他们盼望着，从此能过上丰衣足食、太平安乐的日子。

　　抗日战争期间，广州的工厂，不少在沦陷前已迁往粤北，来不及撤走的，遭到日军掠夺性破坏；抗战胜利后，工商业喘息未定，又在 1948 年币制改革失败、金圆券疯狂贬值的冲击下，几乎灭顶。1949 年，国民党败退前夕，全市有工业企业 3143 户，从业人数 7.49 万人；在建设厅备了案的工厂，只有 987 家，其中 15 家省营，其余为民营。1949 年全市工业总产值为 2.56 亿元（按 1952 年不变价计算，指工业企业，未包括手工业），比抗战前的 1936 年下降了 25%。歇业停工的工厂，占全市工厂总数的 44.7%，半停工的占 32.4%；全市几乎有五分之一的人，处于失业状态。

　　1950 年底，广州市各种类型工业企业，合计有 1.37 万户，其中国营（包括地方国营）企业 25 户，公私合营企业 5 户，私营企业 3290 户，个体手工业户 1.03 万多户，手工业合作社 7 户。基本上，这就是共和国建立之初，广州工业的全部家底了。

　　商业比工业的情形稍好，1936 年工业总产值 3.43 亿元，而坐商营业额（不包括摊贩、行商、饮食、服务、金融典当业）为 6.55 亿元，是工业的 191%。到 1948 年，工业总产值下降了 13.6%，仅为 2.96 亿元，而坐商营业额为 17.47

亿元，是工业的 500%。①1949 年 12 月，作为工商业行政领导机关的广州市工商局成立；1952 年设立广州市贸易局，统一领导国营商业，并相继建立了国营市粮食、棉花纱布、百货、煤建、工业器材、医药、专卖、土产、零售等专业公司。同时，在城乡普遍发动建立基层供销社、消费合作社和合作货栈。

国家对实现工业化，有迫切期望。在 1949 年 9 月 29 日通过的《中国人民政治协商会议共同纲领》中，提出"稳步地变农业国为工业国"的口号。②然而，当时人们对什么才是工业国，无论是理论上的认识，还是实践上的经验，都是一片空白。

很多人一度以为，工业化可以靠全民大会战，在短期内实现。只要建更多的工厂，大办工业，大炼钢铁，在国家的计划指导下，把钢铁产量提上去了，就是工业化了。1953 年，急风暴雨的城市工商业社会主义改造，拉开了序幕。

国家对私营企业的改造，从加工、订货、统购、包销、收购、经销这类形式开始，通过原料供应、产品销售等渠道，从外部与私营经济发生关系，最后实现公私合营。

协同和，这家在芳村大涌口有 43 年历史的机器厂，全盛时期（1936 年前后），连香港分厂职工共七百多人，生产的柴油机从最初的火胆机至纸煤机，从二冲程至四冲程，在国内市场上，极负盛名。工厂总经理林志澄，是本地工商界的名人。民国时代，他就是广州机器同业公会的理事长；抗日战争胜利后，担任过国民政府经济部粤桂闽特派员公署专员；现在又是工商业联合会监察委员会主任。

协同和在行业中的龙头地位、战略作用，以及工厂领导人的社会名望，都决定了，它被列为社会主义改造的第一批试点，以垂范整个行业。一支由地方干部、军队干部组成的工作队，进驻协同和机器厂，作为政府代表，全面领导公私合营工作。成立了由政府代表、私方代表和工人代表参加的"公私合营筹备委员会"。经过工作队的宣传、动员，工人们无不相信，公私合营之后，翻身做主，生活更有保障，不再受资本家的气，因此其热烈的程度，有如大海怒

① 《广州市志》第 5 卷上，第 11 页。广州出版社 1998 年版。
② 《中国人民政治协商会议共同纲领》。载《建国以来重要文献选编》第 1 册，第 2 页。中央文献出版社 1992 年版。

潮。资本家服与不服，都得低头。

1954 年 1 月 1 日，一个寒冷的元旦。披红挂彩的公私合营招牌，端端正正挂在协同和机器厂的大门口。工人们敲锣打鼓，欢呼雀跃，沉浸在兴奋、热闹的气氛之中。工作队干部作为公方代表，全部留任。另从工人中提拔 15 人，分别担任车间主任、工段长、计划调度员等。一个新的协同和，呱呱坠地。

按照广州市计划，1954 年将实行公私合营的工业企业，包括 8 个行业 26户。它们是：一、机器制造业六户，包括：华南、大成、丽华三个缝纫机厂，协同和机器厂、南侨机器制造厂（已合并于华南缝纫机厂）、广裕隆铸造厂。二、电工器材工业三户，包括：东洲电筒厂、南洋电器厂、兴华电池厂。三、制药工业三户，包括：天心制药、新光制药、新联制药厂。四、化学工业三户，包括：建业硫酸厂、岭南油漆厂、源裕隆化工厂。五、五金制品工业二户，包括：益丰搪瓷厂、上海软管（牙膏管）厂。六、纺织工业五户，包括：广州纺二厂、友光织布厂、华南线辘厂、全新针织厂、李裕兴针织厂。七、油脂化学工业三户，包括：源昌肥皂厂、光华、二友牙膏厂。八、橡胶工业一户，大华橡胶厂。[①]

对手工业的改造，也分头并进。许多商铺面临着搬迁与合并的命运。为了减少行业震荡，政府规定，凡产品是特种工艺和有其独特点，都应保留其独立的店铺，不宜集中生产。广州的玉器雕刻行业，是很有代表性的手工业行业，一向以小作坊生产，给客户加工为主，极少自产自销，平均每户的资金不足两千元。在改造中，被列入了特种工艺范畴。对大新东、大新西、长寿西、第十甫的玉器商，采取内并外不并的办法，即财务、业务合并起来，分别成立公私合营的广州工艺品出口公司珠石玉器第一、第二、第三、第四商店。原来的招牌和营业地址不变，改为商店门市部。各门市部统一核算盈亏，统一组织货源。

1957 年，整个玉器行业的格局急剧变化：合作社迅速壮大，不加入合作社，几乎没有任何出路。西区（今荔湾区）成立广州市玉器行业合作化筹备委员会，组社工作，热热闹闹地铺开，先后组成荧光玉器生产合作社和璧光玉器供销生产合作社。

---

① 罗培元：《在广州市 1954 年扩展公私合营会议上的报告》。载《中国资本主义工商业的社会主义改造·广东卷广州分卷》，第 199～200 页。中共党史出版社 1993年版。

广州象牙雕刻行业，也大同小异。1955 年 1 月，成立广州市第一象牙雕刻生产合作社成立，从几十名社员，发展到一百多人，占了全市牙雕商号的大半。翌年，恒昌、福源、复兴、利昌和、泗盛隆、隆昌、英发祥、永和、时昌、孔煊记、永亨、新新等 12 家私营象牙商号，组成公私合营福源象牙工艺美术联合厂。1958 年初，福源象牙厂又吸收了广兴祥、正隆、福兴等三个商号入厂。至此，广州牙雕业资产重组完成，几十间私营小型商铺分别组成了集体的第一象牙社和福源象牙厂。原材料由国家提供，销路也由国家包揽。在这种不可阻挡的大趋势下，1958 年 9 月，第一象牙雕刻生产合作社要转体制为全民所有制的地方国营工厂——广州大新象牙厂。

手工业的改造的程序，也是先委托加工，通过国家包揽原料和销路，解决他们的生存困难，吸引手工业者对合作化的自动靠拢；在这个基础上，先成立合作组，再扩大为合作社，最后公私合营，成立国营工厂。

公私合营大会

人们最初预计，完成对农业、工商业、手工业的社会主义改造，至少要几个五年计划的时间，但事实上，公私合营的进度，比计划要快得多。1956 年 1月 13 日，广州市进出口贸易业一马当先，获批准全行业公私合营。

1 月 20 日，越秀山体育场人山人海，市委在一片热烈的欢呼声中，正式宣布，批准全市工业 138 个自然行业共 4000 多户，实行全行业公私合营；批准商业、服务业、交通运输业等 132 个自然行业共

社会主义改造胜利联欢会

1.62 多万户，实行全行业公私合营。[①] 会后举行分区游行庆祝，三街六市，被彩旗的海洋淹没了。

对农业、工商业、手工业的改造，为实行国家计划经济，铺平了道路。1954 年，中共广州市委提出"把广州建设成为社会主义工业生产城市"的口号，动员全市人民参加社会主义建设，迅速改变广州工业生产落后的面貌。在第一个五年计划期间，广州市新建和扩建了国营十一橡胶厂、广州华侨糖厂、广东罐头厂、广州通用机器厂、广州造纸厂、广州绢麻厂、广州发电厂、流溪河发电厂、广州化工厂、广州农药厂、广州油脂化工厂、广州缝纫机厂等一批工业企业。

三大改造，反映了在一个特定时代，人们对于超英赶美、实现社会主义工业化，怀有一种只争朝夕的急切之情。改变整个经济结构、社会结构的巨大工程，可以在几年、几月，甚至几天之间完成。人们开始兴高采烈地谈论"跑步进入社会主义"了。群众运动释放出的巨大能量，预示着历史即将进入"一天等于二十年"的时代。

一个国家、一个城市，要完成近代化转型，迈向现代化的更高阶梯，不仅需要建立现代工业体系，还必须保持对外开放。抱着"自种自收还自足"的小农心态，是进不了现代化门槛的。一个国家与世界相处的模式，决定了它的兴衰成败。尽管 20 世纪五六十年代，在东西方阵营对峙的大格局下，中国受到西方国家的封锁，但有一扇对外开放的窗口，始终没有关上。这扇小小的窗口，就在广州。

有"中国第一展"之称的中国进出口商品交易会，从 1957 年第一届至今，每年两届，从未中断。可以说，广交会是广州人的骄傲，在中国与世界交往的历史上，一度扮演了至关重要的角色。

共和国成立后的第一个春天，广东出现了严重的春荒。各地治安不稳，交通不畅，城乡贸易陷于停滞，粮食运不进城，城市居民的口粮也开始告急了。为了解决物资匮乏问题、加强城乡物资流通，中南区和广东各专区都举办过一些土特产展览交流会，收到了一定的成效。于是，1951 年广州市决定举办一次

---

① 《大事记》。载《中国资本主义工商业的社会主义改造·广东卷广州分卷》，第794 页。中共党史出版社 1993 年版。

规模空前的物资交流大会，这就是"华南土特产展览交流会"。

　　为了做好接待工作，市政府专门成立负责接待来宾的联络处，与本市的旅店、茶楼食堂、交通机构联系。交流会开幕前夕，政府召集了广州市旅店业、酒楼茶室业、粉面茶点业、茶楼饼食业、餐室业、小食品馆业、轮船业及三轮车各基层委员会的代表，在广州戏院举行动员大会。大会开幕时，食、住、行的各种价格，应有合理的统一规定，在商家不亏本的前提下，尽可能便宜一些。旅店也得到贷款，用来更新设备。各地来宾乘坐车船、搬运展品，都有具体的优待办法。仓库业拨出现有仓库一定空间，交给交流会，用来存放展品，并按最低级货物的七折收费。

华南土特产交流大会的宣传画刊

　　10月14日，华南土特产展览交流会在广州揭开了帷幕。中共中央华南分局、广东省、广州市领导出席了开幕式，除国内各行政区的代表团外，还有港九工商界参观团和澳门观光团，也出席了开幕式。

　　交流会上，陈列着五花八门的南北土特产，从工业产品到农业产品，从干鲜果蔬等农副产品，到肥皂等化工产品，林林总总，不一而足。广州的交易总团推销的商品，以针织品、皮带、球鞋、电池、电筒、筷子、算盘、家用化工品等广州的工业制成品和面粉、黄豆等农副产品为主，同时又从中南购入各种豆类，从西北及西南区购入土药材等，对促进南北交流与城乡交流，作用甚大。

　　广州毗邻香港，海外华侨众多，这是地缘优势与人缘优势。广州与港澳的工商界，有着千丝万缕的联系。交流会开幕式一结束，港九工商界马不停蹄返回香港，

交流大会的小册子

组成庞大的交易团，带来了数量可观的药材、油豆、蛋、牲口及其他土特产订单。潮汕出产的土纸、高陂瓷器、薯粉等货品，在交流会上滞销，广州交易总团代为推销，港九代表团听说后，马上统统收购了。作为现代化指标之一，农副产品的商品化，开始步上轨道。

　　交流大会还设立了上百个零售摊位，一律明价实价，广东纱绸、文化衫、潮汕抽纱、椰壳制作品、牙膏、毛巾等商品，几天的营业额达高达上亿元。直到交流大会闭幕后，零售商场还不散场，继续营业。对广州人来说，两千年海外贸易的历史，早已驾轻就熟。如果中国要保留一扇对外的窗口，则非广州莫属。华南土特产展览交流会，为日后的出口商品交易会，打下了基础。

　　1951 年 3 月，根据全国贸易会议华南预备会议的决议，为配合整个华南地区开展对外贸易，介绍进出口商品，打破西方国家的封锁，广州市举办了华南出口商品展览会。这是由华南区财委和对外贸易管理局等 35 个公私机构和团体，组织广州市和广东、湖南、广西等公私业务经营单位，联合举办的。

　　展览会汇集了各地的农副产品、工业品、手工业品、畜产品和矿产品等两千多种，包括广州市 11 家罐头厂生产的罐头产品，广州益丰、新生两家搪瓷厂的产品，广州西关各家织造厂生产的纱绸，广州 20 家象牙厂的产品，广州 143 家制药厂生产的成药，广州各县郊出产的羽毛、竹器等产品，[①] 绝大部分直接从广州口岸出口。

　　1955 至 1956 年，广州先后举办了华南物资交流大会、广东省物资展览交流大会，以及两次广州出口物资展览交流会，积累了经验，于

交流会上展示广东特产荔枝

① 洪淮胜：《解放以来的广州对外贸易》。载陈柏坚主编《广州外贸两千年》，第 330 页。广州文化出版社 1989 年版。

是，经贸界不少有识之士和港澳商人，纷
纷呼吁定期举办全国性出口商品展览会。

　　1956 年 11 月 10 日，由中国国际贸易
促进委员会主办的中国出口商品展览会，
在新建成的中苏友好大厦举行。这是第二
年举办广交会的预演。展览会至 1957 年 1
月 9 日闭幕，民主德国、罗马尼亚等 19 个
国家驻华使节前来参观，展览会共接待了
来自亚洲、非洲、欧洲、大洋洲、美洲等
五大洲 50 多个国家的商人、政府官员、文
化艺术名流、学者、旅客和华侨、港澳人
士近 4 万人，国内各省来参观的人更多达
95 万人次。

　　中国出口商品展览会一结束，第一届
中国出口商品交易会（广交会），便进入
倒计时阶段了。至当年 4 月 25 日首届广交
会开幕，只有 30 名工作人员，短短三个半
月筹备时间。当时懂外语的人不多，甚至
连外国人打来的电话都不太敢接。第一个
敢拿起话筒的人，受到了表扬，被大家当
成学习榜样。

1956 年举办中国出口商品展览会

　　第一届广交会是中国出口商品展览会
的延续，设工业品、纺织品、食品、手工艺品、土特产品五个展馆，展销的商
品有一万多种，大部分是在中国出口商品展览会上展出过的，以农产品和土特
产品为主。佛山纸伞、大良木屐、揭阳竹编、新会葵扇、南海爆竹、阳江漆
器、东莞草织席、榄雕、竹雕、檀香扇等驰名的传统产品，价廉物美，任君选
择，而象牙制品是属于高档的工艺品，以其精雕细琢的手工，令人着迷。

　　从全国各省来了 13 家国营外贸公司，参加广交会的业务员，都是千挑万
选的"天之骄子"，不仅是各公司业务骨干，而且是政治骨干，被赋予代表新

中国形象的含义，责任重大。为了显得精明干练、精神饱满，在广交会开幕前，集中入住军区招待所，专人为他们理发、熨衣服，甚至还修剪指甲。每个业务员的胸前，别着交易团"入馆证"鱼尾签，也成了光荣的标志，走在大街上，接受市民的注目礼。

广州市想方设法，让客人有宾至如归之感，甚至连日用的香皂、肥皂、香烟，都为客人准备好了。广交会内宾每人每天供应猪肉，由 5 分钱标准，增加到 1 角钱（约 1 两猪肉）。当时市场供应严重匮乏，能够多拿半两猪肉招待每位客人，非常不容易，是全国各地支援的结果。

中央政府对广交会的情况高度关注，广交会的《每日动态》，都是直接报送北京中南海的。这一届广交会到会客商虽然只有寥寥的 1223 人，来自 19 个国家和地区，成交 3850 多宗，出口商品 1100 多种，成交金额为 18 万美元。成交贸易中，对港澳的出口占 64.33%，亚洲占 25.8%。1957 年的秋天，第二届广交会如期举办，海外客商翩然而至，从第 1 届的 19 个国家和地区，增加到 33 个，人数也上升到 1923 人，成交金额增加到 69 万美元。两届合共成交 87 万美元。① 数额虽然不大，意义却非同小可。

这个最初以农产品和土特产为主的小小交易会，每年春秋两届，风雨不改，甚至在"文化大革命"时期，也照开不误，一办便办了几十年，成为名副其实的"中国第一展"。

几十年风风雨雨，只要这扇窗不关上，那么，中国还是世界的中国。

---

① 广交会数据均来自中国进出口商品交易会（广交会）官方网站。

市场放开通向城市活力

　　中国经历了一波接一波政治、经济、文化革命的洗礼，天翻地覆，人间沧桑。尽管人们一直有个不死的希望，把广州从商业型、消费型城市，改造成生产型城市，成为华南地区的工业中心，但广州终究没有成为一个工业城市，在时代的潮起潮落之间，依然面朝大海，保持着它的商业传统。

　　海关大钟楼的指针，凝重地转着圈，不止不息，终于走到了 20 世纪 70 年代的尾声。中共中央十一届三中全会，一锤定音：解放思想，实事求是，走改革开放的道路。中国从一个风雨如晦的历史环境中，突围而出。广州在这股时代洪流中，将扮演怎样的角色？将上演怎样令人目眩、令人惊叹的一幕？

　　当时广州市的工业总产值占全省 40.6%，外贸收购值占全省 30%，财政收入占全省 41.5%，但这并不意味着广州工业的雄厚，而只意味着其他县市工业比广州更加落后。从 1980 年 11 月开始担任广州市市长的梁灵光，对广州的城市定位，有这样的表述："广州是广东省会，是华南地区经济、科学文化的中心，是交通运输的重要枢纽、军事战略要地和历史名城，它还是国内外关注的祖国南方的门户和社会主义的橱窗"；"广州是广东省重要的工业基地，配套协作条件好，科技力量较强，更重要的是，它的进出口贸易发达"。[①] "更重要"三个字，点明了广州工业是建立在与海外贸易的基础上的，也就是后来人们常说的"外向型"。

　　广州在引进外资方面，走在全国前面。中国内地"文革"后接受境外（包括港澳台地区）捐赠兴建的第一个项目，就是广州市机械化养鸡场。这个养鸡场是由东莞籍香港商人邓焜捐资的。邓焜是东莞凤冈镇雁田村人，1957 年创立大同机械，随后经销国产机床、电机。1977 年邓焜在参加广交会期间，与香

---

① 《梁灵光回忆录》，第 505 页。中共党史出版社 1996 年版。

港实业家刘浩清一起向广州工商联提出，愿意为国内的现代化建设，兴办一些项目。

当时国内经济十分困难，市场极度萎缩，副食品只能凭票限量供应，连鸡蛋也成了市民饭桌上的奢侈品。1978 年初，广州市为了让市民春节吃上鸡蛋，特别划拨了 60 万美元，向湖南省购买用于出口的鸡蛋，市民这才可以在春节凭票每人购买三只鸡蛋。

为了扭转困难局面，广州市把鲜鸡蛋的供应，作为搞活市场的一个突破口，如果能利用外资，兴办一家现代化养鸡场，便可解决大问题。但接受外商捐赠，是没有先例的事情，要冒一定的政治风险。外商愿意捐，广州市敢要吗？

当时主管广州财贸、农业、外贸和侨务的官员再三权衡，一致认为，为解决市民吃鸡蛋问题，这个政治风险值得冒。于是与邓焜一拍即合，由广州市委、市革命委员会专门成立了"养鸡领导小组"，从全市抽调了 40 多人，全力以赴，筹办养鸡场。

1978 年，邓焜、刘浩清捐赠 42.8 万美元，作为个人捐款，这在当年是一个天文数字，经广州市上报广东省，再由广东省上报国务院侨务办公室，最终获得批准，同意接受。闸门终于打开了，"文革"后第一笔外商捐赠的资金进来了。

这笔捐款主要用于引进养鸡的供水、供料、保温、孵化设备和种蛋、种苗。另由广州市政府财政拨款 760 万元，兴建鸡舍和供水、供电等各项配套设施。当年年底，一个大型的机械化养鸡场，便在广州东郊黄陂果园，平地崛起。

这个鸡场到 1978 年底，已基本完成种鸡舍二栋、育成鸡舍二栋、产蛋鸡舍四栋和肉鸡舍三栋，圈存鸡总计 3.6 万只，产蛋 11.6 万斤。[①] 同时规划的有种鸡场、孵化场、蛋鸡育成场、商品蛋鸡场（以上四个场后来合为广州市力康农工商联合公司）、肉鸡场（后来划归白云山农工商公司管理，与原有机械化肉鸡场合为广州市白云家禽发展公司）、饲料厂、家禽研究所（后来划归华南

---

① 詹春祥：《广州机械化养鸡场》。载《农业机械》1979 年第 2 期。

农学院管理，现为广东省家禽研究所）。邓焜在国内捐资办实业，在海外和港台起了一个带头作用。他又协助建立和健全各种管理制度，使养鸡场一开始就走上现代企业之路。

从 1981 年起，养鸡场开始盈利，成为广州市"菜篮子工程"项目的重要基地。广州开了一个成功的先例，至少给人们两点启示：一是投资应以市场为导向，首先生产市场最急需的商品，解决民生最迫切的问题，外资是否愿意进来，首先也是看有没有市场；二是利用外资，可以解决国内资金、设备不足的困难，达到发展经济的目的。

渠道一旦打开，外资汹涌而来。20 世纪 80 年代，广州利用外资创办了一批重要的工业企业，包括从日本、新加坡引入设备、技术的万宝冰箱厂，与美国企业合作的广美食品有限公司，从比利时引进的珠江啤酒厂等，全都是在市民日常生活中，有广阔市场的产品。

市场！市场！！市场！！！在 20 世纪 80 年代初，"市场"这个词，是最热门的关键词之一。搞市场经济，必须要先闯价格关。在计划经济时代，物价由国家严格控制，省及中央一级管理价格的农副产品，多达 240 种，加上县以下管理的价格，小至老鼠夹、纸字篓、猪肠衣、竹叶、发夹、图钉，都由价格部门统一定价。[1] 因为供应短缺，所以要统一价格，稳定市场；但因为价格脱离了市场，供应更加短缺，形成了恶性循环。

1979 年，广东省在调减粮食征购任务的同时，提高了 24 种农副产品的收购价格，农民的生产热情大大高涨，但零售价格也随之节节攀升。农产品价格一涨，工业产品的提价，便衔尾而来。火柴零售价，一直维持在 2 分钱一盒，几十年不变，工厂亏损严重。当物价部门打算把价钱提至 3 分钱一盒时，遭到来自各方面的批评，竟然争论了两年，才通过了提价 1 分钱，社会上好像刮起一场 12 级台风。[2]

中央赋予了广东特殊灵活政策，1981 年，广东把 110 种一类、二类农副产

---

[1] 黄立武：《勇闯价格改革第一关》。载《当代广东》1996 年第 1 期。
[2] 何杰：《难忘的十二年》。载《当代广东》1996 年第 1 期。

品改为三类，价格开放由市场调节，除保留粮、油、生猪、烤黄烟、黄麻等 16 个品种为国家定价外，其他全部放开市场调节。[①]1983 年，国家把 510 种消费工业品小商品的价格放开，广东省更进一步把除纸、糖、盐等 94 种以外的全部消费工业品价格放开。[②]

在经历了敞开市场的阵痛之后，价值规律开始显神通了。人们惊喜地发现，水果店的货架上，出现了久违的香蕉和柑橙，菜市场上有开刀活鱼卖了，也有猪肉供应了。豫、浙、皖、赣、湘等省的冻猪肉，源源运来，广州全市的冷藏库的存肉，相继爆满，部分猪肉不得不寄存到广西北海。人们给这种市场价格，起了一个名字叫"市场调节价"，听起来没那么刺耳，只是调节，不是取代，以缓解对计划经济价格的冲击力。

然而，市场调节比重，逐年不断扩大，占了主要地位，市场价格体系也在这个过程中，逐步形成。到了 1988 年，广东兵行险招，大幅提高农副产品的价格，零售市场的大米的价格，突然向上翻了两番有余。同时，油、糖价格也放开了。

自古以来，粮价都是最敏感的，粮价一升，百物腾贵。广州作为华南地区最大城市，粮食市场的改革，是一场生死大考。

广州市民与全省人民一样，祸福身受，但开弓没有回头箭。

1992 年，城乡粮食销售价继续放开，由粮食企业参照市场价格自由制定。随后，电视机、电冰箱、自行车、洗衣机、肥皂、食糖、水产品和绝大多数中成药，都放开了价格。市场物价虽然再起波澜，但广州人有了应变经验，不再惊惶，政府提心吊胆的抢购潮，没有发生。最危险的关隘，似乎已经闯过了。至此，实行了 40 年的粮食统购统销政策，在广东率先被送进了历史博物馆。

价格改革尽管不尽如人意，教训多多，但毕竟闯过了九曲十八滩，把整个时代，向前大大推进了一步。改革开放一旦启动，要走回头路，其实比继续前进更加困难。因为历史潮流浩浩荡荡，顺之者昌，逆之者亡。

---

① 黄立武：《勇闯价格改革第一关》。载《当代广东》1996 年第 1 期。
② 何杰：《难忘的十二年》。载《当代广东》1996 年第 1 期。

广州人所做出的努力，所付出的代价，有了最好的回报：1984 年，中央决定进一步开放天津、上海、大连、秦皇岛、烟台、青岛、连云港、南通、宁波、温州、福州、广州、湛江和北海 14 个沿海港口城市，并扩大地方权限，给予外商若干优惠政策和措施。1988 年，沿海开放区再增加 140 个市、县。

那一年，每天都有很多激动人心的消息，清晨与黄昏，当《广州日报》《羊城晚报》一上报摊，人人争相购买，甚至排起长龙，读报栏前也围满了市民。报端的大字标题，每条都那么闪亮抢眼，充满活力，让人觉得生活很有奔头，明天会更美好：《把改革的步子迈得更快些》《把经济特区办得更快些更好些》《广州扶助个体户经验推向全国》《万元户：三九八六户，占总户数：百分之十九》《工人说：如今靠真本事吃饭了》《让新一代企业家走上舞台》《高楼遍耸五羊城，爱群大厦从老大哥变成小弟弟》《广州商品在香港展销会盛况空前，十天成交额超过四千万美元》……

人们坚信，广州披荆斩棘，跋山涉水，已成功地飞越了一个不可回头的转折点。

在信息化时代中勇占先机

大众传播是现代化的重要"催化剂"，由于它天然地处在现代社会的中心位置，反映着最基本的社会过程。它传播发展知识，协助制定发展规划，监督发展过程。传播的效率，往往直接影响城市发展的速度和方向。现代人通过传播媒介，了解国家、了解世界，接受新知识、新思想、新观念。大众媒介的有效传播，塑造了人们对未来的希冀，并成为社会信心的基石。这一切，与城市的现代化的进程，息息相关。现代的传播媒介，包括图书、报刊、电台、电视台等。

广东文学一向以雄浑大气著称。新文化运动后，南方弥漫着红色革命的气氛，工人、农民和革命军人，成为舞台主角。在大动荡的年代，广东崛起以欧阳山、草明、萧殷等为代表的新一代作家，他们的目光与笔触，开始转向普罗大众，当时以《广州文艺》周刊为旗帜，发表了一系列粤语小说，从而揭开岭南文学的新一页。

关于岭南文学的内涵，多年来迭经争论。有人说是海洋文学，有人说是市井文学，有人说是水乡文学，也有人说是都市文学。无论如何定义，但有一点可以肯定，经过了"左联"时代"无产阶级革命文学运动"的洗刷，以南方城乡下层民众的生活为题材的文学，渐渐成为广东文学主流。

岭南特有的乡土味、市井味和浓郁的风土人情，是其重要表象。及至20世纪60年代前后，随着欧阳山《三家巷》、黄谷柳《虾球传》、陈残云《香飘四季》、吴有恒《山乡风云录》等长篇小说相继问世，这类型的文学，从形式到内容，均日臻成熟。

在经历了十年"文革"之后，1979年，冰封的大地开始解冻，许多已经停办的报纸杂志，纷纷复刊；广东中青年作家所写的短篇小说《我应该怎么办？》和《在小河那边》，风行天下，掀开了伤痕文学的一页。众多受到批判的作家和作品，重新活跃在文艺刊物上。欧阳山开始续写他的长篇小说《一代风流》；人民文学出版社出版了秦牧的童话故事集《巨手》和散文集《长街灯语》；吴有恒的小说《滨海传》，也脱稿付梓了，他所倡议的"岭南文派"，在广东文坛上，应者如云。

浏览一下当年的媒体，处处春潮涌动，让人情绪亢奋。意识流小说、朦胧诗的争论沸反盈天。老作家们的作品，政治热情充沛，直抒胸怀，载道言志，义典则弘。新一代作家则以一种激进的姿态，抵抗着"泛政治主义"强加给他们的意义与责任，他们更关注作品本身的解读方式。

围绕着"现代派文学"的辩论方兴未艾，报告文学又接踵而至，掀起了一股新的文学浪潮，内容大多反映改革先行者们的奋斗史。《热血男儿》《招商集团》《猫耳洞与摩天楼》《中国高第街》《中国铁路协奏曲》等报告文学，立意高远，文笔酣畅，显示了这批作家对社会责任、历史责任、道德责任的一种承担。

广东作协的文学刊物《作品》发行量高达到60万份，对后来的文学杂志来说，这简直是一个不可思议的天文数字；许多"文革"前的小说重新出版，新华书店出现争购文学书籍的人龙。就作家的社会地位而言，这是他们的黄金时代。《花城》《随笔》等杂志在文学青年和知识分子当中，人手一册；花城出版社在20世纪80年代出版的港台小说，不问作者是谁，也不问是武侠小说，还是虚幻、感伤的爱情故事，一印就几十万册，还要一再加印。人们像得了饥渴症似的，几乎毫无选择地吞咽着从四面八方涌来的各种信息。

广州的出版社获得迅猛发展，一家变两家，两家变四家。在原来的广东人民出版社之外，又先后成立了花城出版社、广东教育出版社、岭南美术出版社、新世纪出版社、经济出版社、旅游出版社、地图出版社；高教系统的广东高等教育出版社、中山大学、华南理工大学和暨南大学的出版社，相继成立，各立门庭，竞争非常激烈，据1989年的统计，广州一年出版图书2248种，超过了1950～1967年出书的总和。①

---

① 《广州市志》第16卷，第800页。广州出版社1999年版。

　　继出版业复苏之后，报业也开始了历史性的破冰。1978年，广州市只有两家党报、一家青少年报、一家卫生报和两家企业报。随着一个新觉醒运动汹涌而来，传媒的发展也一日千里，令人目不暇接。书报摊上的新面孔越来越多，《现代人报》《沿海大文化报》《亚太经济时报》《信息时报》《粤港信息报》《华夏诗报》《风流人物报》《舞台与银幕》《足球》《花鸟世界报》，以每年都新增几家以至十几家的惊人速度，迅猛繁衍。

　　期刊的发展，也一派蓬勃兴旺。除了《花城》《作品》这些老牌杂志，焕发青春外，创刊于1981年《黄金时代》杂志（前身是1975年创办的《广东青年》），记录年轻一代的心路历程，以文化视角解读他们的人生经验，深深影响了一代中国青年；同年创刊的《武林》杂志，是中国内地第一本武术类杂志，直接影响并培育了无数热爱武术运动的青少年；1983年创刊的《家庭医生》杂志，把深奥的医学知识和正确的健康理念，深入浅出，生动有趣地介绍给读者，在医学科普领域独占鳌头；1985年创刊的《南风窗》，在中国大陆首次鲜明提出"政经杂志"的理念，直面社会，指点江山，在知识分子中，风靡一时。还有《旅伴》《旅游》《舞台与银幕》《广州文艺》《译海》《少男少女》《希望》《家庭》《画廊》《香港风情》等几十种期刊，精彩纷呈，在全国读者中有很大影响。

　　南方日报、羊城晚报、广州日报，是坐镇广州的三大报业集团。它们旗下的《南方日报》《南方都市报》《南方周末》《羊城晚报》《新快报》《广州日报》等，一直是全国报业改革的先驱，无论是在监测社会环境，协调社会关系，还是在传承文化、提供娱乐方面，都作了许多意义非凡的探索。以"高度决定影响力"的《南方周末》在发挥舆论监督方面，不仅在广东，而且在全国，都曾拥有相当高的清誉，一度被视为新闻媒体舆论监督的一面旗帜。

　　广州报纸在新闻报道的手法、版面设计等方面的创新，也往往成为全国其他报纸争相模仿的对象。例如利用报眉作重点导读；突破"天线""地线"，使左右版线变得更加生动丰富；采用漫画配新闻，令读者喜闻乐见；进行整版的内容策划；报纸杂志化；吸收电子媒介的一些传播元素，强化报纸视觉效果等，一个个新鲜的点子，从广州报人灵活的脑子里，源源不断地冒出来。

"每天和太阳一起升起"的《广州日报》，1987 年在全国地方报纸中，率先实行扩版，从原来的对开四版，扩为对开八版。这一举动，在当年的中国报界，轰动一时，触发了全国报纸的扩版潮。1993 年 1 月《南方日报》和《羊城晚报》也同时由原来的四版扩为八版，当年又扩为 12 版，到 1998 年 1 月《南方日报》增扩至对开 16 版，翌年《羊城晚报》也变身为 16 版，有时 40 版，甚至更多。2002 年 8 月《南方日报》再次改版，日出 20 版，周末 32 版。

广州报业创下了许多个第一：全国第一份对开八版的报纸、第一份全彩色印刷的报纸，第一份广告收入过亿元的报纸，第一份采取"扫楼"形式自办发行的报纸，第一个自动售报站，第一家报业连锁店，第一个报业集团。几乎每一步都走在全国前面，使得广州的传媒，具有非同一般的号召力。

伴随着图书、期刊和报业的繁荣，图书批发公司应运而生，在广州形成了一个全国书报刊的集散市场。1988 年，广州有集体批发户 42 家，高峰时有 64 家，市属八区四县的零售书报摊有 800 多个。批发业户云集经营，东园路书报刊二级批发市场的名声，在全国如雷贯耳。

广州人的阅读风气，从中山大学"广州全民阅读指数调查研究"课题组的调查结果，可以略窥一二。2017 年 11 月至 2018 年 4 月期间，课题组通过对 1800 个样本的调查，完成了《广州全民阅读指数调查研究报告（2018 年）》。这份报告称，2017 年度广州市民日均综合阅读时长达到 97.20 分钟，超过 2016 年度全国成年国民（71.47 分钟）的阅读时长。广州市民家庭平均藏书（刊）量约为 92.88 本。2017 年度，广州图书馆进馆人次达 2088.62 万，日均接待公众访问 2.5 万人次，外借册次为 2637.51 万册次，而数字资源下载、浏览量更达 5873.48 万次。①

中华人民共和国成立以后，广东人民广播电台（原名广州人民广播电台）于 1949 年 10 月 18 日正式开播，到改革开放前，广东省级电台就是独此一家。1984 年 9 月，广东人民广播电台教育台开播，这是中国内地第一家省级教育电台，从此，电台进入了一个大规模快速成长的时期。

① 《调查发现：广州市民日均阅读时长 97 分钟，家中藏书约 93 本》。载《广州日报》2018 年 5 月 11 日。

1986 年 12 月，由原来广东电台第二台变身而成的珠江经济广播电台，正式成立开播。在三个小时的早晨节目中，由主持人直播新闻报道、市场信息、气象预报、歌曲等综合内容。这种带有主持人浓厚个人风格的形式，一下子把听众吸引住了，并迅速风靡全国，在业内被称为"珠江模式"，甚至被誉为"中国广播改革一个新的里程碑"。短短几年时间，"珠江模式"便传遍大江南北，进入到全国各电台的播音室内了。

到 20 世纪 90 年代初，广东人民广播电台旗下，已发展出新闻台、珠江经济台、音乐台、文艺台、英语台、教育台六个不同的专业台。于是有人断言，人人收听同一个电台的"广播"年代已经过去了，取而代之的是内容细分的"窄播"年代。后来非常流行的"听众热线电话"形式、与其他电台联办电话直播节目形式，都是广东的电台首创的。1991 年 12 月，广州人民广播电台开播，以粤语进行全天 24 小时直播。1992 年，珠江经济台与南方大厦合作创办"南大直播室"，是国内第一个长年在公众场所进行全透明直播的节目。

广播业的发展，让人眼花缭乱，而电视的发展速度，也同样让人震惊。1960 年 7 月，广州电视台（广东电视台的前身）正式开播，1974 年试播彩色电视节目，当时只有两个频道，一个是岭南台，另一个是珠江台。

1987 年广东电视台推出一部名为《公关小姐》的电视剧，以鲜活的题材和娱乐性，大获成功，在观众中竟创造了九成以上收视率的奇迹。1994 年的《情满珠江》、1995 年的《农民的儿子》、1996 年的《英雄无悔》，以及 1997 年的《和平年代》，都创下了高收视率的佳绩，并在全国屡屡获奖。2000 年，中国大陆第一档大型电视"真人秀"节目《生存大挑战》在广东电视台拉开序幕，随即带动起《走进香格里拉》（全国百家电视台联手打造）、《完美假期》（湖南经济电视台）等"真人秀"纷纷效仿。

2001 年 12 月，由原广东有线广播电视台和广东经济电视台整合而成的南方电视台启播，经济、都市、影视、综艺、科教和少儿六个频道，以全新版面与广大观众见面，标志着广东有线电视向市场全面进军。

广东有线电视是全国最大的电视网络，也是最早进行试验数字电视的地方。早在 1997 年，原广东有线广播电视台就建立了早期的数字电视试验系统，进行了包括视频点播在内的一系列技术试验。广东省作为首批被国家广电总局邀请参加有线数字电视试验的 11 个省市之一，于 2001 年 10 月正式加入由总局统一组织的有线数字电视试验工作。

1987 年，是城市现代化的一个重要纪元。互联网进入中国了。这是一个最有可能把所有传统传媒——图书、报刊、广播、电影、唱片、电视整合在一起的新媒体，它从诞生开始，以几何级数速度成长，转眼成为无所不能的超级巨人。对此，广州人有着异乎寻常的敏感，1996 年，对绝大多数国人来说，"上网"还是一个陌生的字眼，广东人民广播电台已建立起网站，成为国内第一个上网的广播电台。

进入 21 世纪后，互联网产业在广州的发展势头，有如海立山奔，势不可当。按 2012 年第一季度的调查，全国网商发展指数，广东以 78.38，排在全国首位；[①] 截至 2012 年底，广东网网民数量全国第一，网站数量达到 53 万，居全国榜首。采用手机和 PDA 上网，定制各种信息的人数也在急剧增加，广东有 5500 万手机网民，占全省网民总数 80%。[②]

凭借着移动电子商务、移动支付、应用程序商店、网络电话、移动音乐、手机游戏、移动广告、新型即时通信、移动门户等核心应用，移动社交网络、移动安全、人机交互、位置服务、健康服务、网上购物、智能家居等，凭着大数据优势，以惊人的规模和速度，大举进入广州人的生活之中。2014 年广州互联网营业收入达 1600 亿元，较 2013 年的 800 亿元实现翻倍增长。广州电子商务交易额超 1.3 万亿元，直逼广州的 GDP 数值。广州在全国移动互联网城市竞争力排名第二，仅次于北京。

据 2015 年的统计数据，作为国家信息化示范城市，广州铺设的光纤总长度已超过 850 万纤芯公里。已实现全市超过 2800 个楼盘（含商业楼宇）和小区光纤覆盖，覆盖用户超过 500 万户，平均接入宽带速率达到每秒 6M 以上；固定宽带接入用户总数达到 409 万户，家庭宽带普及率达到 74%，4M 及以上宽带用户数达到 343 万。网民平均每周上网时间为 19.75 小时。全市互联网普

---

① 阿里研究院编《2012 年第一季度网商发展指数报告》。
② 《中国互联网协会卢卫：广州网民数量全国第一》。载"腾讯科技"网（https://tech.qq.com/a/20121214/000087.htm）。

及率达到 78.4%，在五大国家中心城市中居首位。[1]

各大报纸、杂志，纷纷推出网络版，电视台也制作网络节目，甚至与有线电视、卫星电视同步播出。网上举办各种文化活动，吸引了大批青年参与。每年的"南国书香节""全民读书日""世界阅读日"等活动，数以十万计的读者，利用互联网参与评选优秀图书，发表阅读心得。

在漫长的农业社会，岭南文化之所以能保持相对独立、完整的本土性，在很大程度上，有赖于背靠五岭、面朝大海的自然地理环境。但在今天这个时代，技术已把一切都改变了。高山大海都不成其障碍。阻隔文化交流、资讯流通的鸿沟，大部分都被技术填平了。尽管还有一些人为的樊篱存在，企图把中国隔绝在现代潮流之外，但最终也将会被历史证明是无稽之谈。

以大数据、云计算、人工智能等技术为基础的信息化，是城市现代化的关键指标之一。有人称之为信息革命，有人称之为第三次工业革命，也有人称之为智能化时代。21 世纪，网络功能开始为广州各行业和社会生活提供全面应用，政务信息化、医疗信息化、电力信息化、金融信息化、酒店信息化等领域，都有令人难以置信的快速发展，人们的工作、生活、学习和人际交流、文化传播方式，正全方位发生着深刻改变，这是有目共睹之事实。

---

① 《广州电子商务交易额直追 GDP》。载《广州日报》2015 年 12 月 25 日。

有个梦想叫城市

　　杨箕村在广州的东部，以前已属于郊区了，但如今随着天河区的开发，它已被高楼大厦所包围。广九铁路已经拆除，杨箕村那个名字奇特的"火车路塘"，也早就填平消失了。21世纪以后，和其他"城中村"一样，杨箕村面临着拆迁与重建的局面。有一本记述杨箕村变迁历史的书，留下这样的记录："2010年7月1日，广州市越秀区杨箕村11.5万平方米的土地上，4台推土机从泰兴、长庚、雄镇、泰来几个出口缓缓驶进，数百名工程队人员尾随而入，1496栋房屋注定成为残砖断瓦。"[1]文字中，带有几分悲壮，几分沉凝。在翻天覆地的城市建设中，一条千年古村，从此消失。

　　曾几何时，杨箕村是广州的菜篮子之一。1959年，国家经济困难，市场供应紧张，广州市政府在杨箕、三元里、白鹤洞、黄花岗、瑶头、梯云（市场）、厚德（市场）七个地方，开设了国家统一领导下的农副产品贸易市场。农民私种私养的第三类农副产品，可在这些农贸市场交易，由买卖双方自行议价成交。

　　20世纪六七十年代，杨箕村的经济发展缓慢。直到1978年，集体存款只有150元，全村固定资产仅有59万元，属于贫困村。[2]1984年11月，随着蔬菜产销政策实行全面开放，农民可按市场需要，安排蔬菜生产，供应市场的蔬菜数量和品种质量，都节节攀升。杨箕村率先实行联产承包责任制，农民的生产积极性，大大提高，经济迅速好转。

　　1987年，杨箕村率先创立了全国第一个农村合作股份经济组织、社区性股份合作社，村民们既是劳动者，又是股东。同时利用征地款，投资办起了外商

---

① 南方都市报编《广州城中村风情画：杨箕》，第1页。花城出版社2011年版。
② 《张建好同志事迹》。载中华人民共和国农业农村部网站
（http://www.moa.gov.cn/ztzl/xzgcllsnsnmfrwbz/snmfrwfc/200909/t20090925_1358441.htm）。

活动中心、广九大酒店、杨箕酒店等第三产业。

杨箕村与台商合资兴办省内第一家刀模厂后，引进外资规模不断扩大，项目不断增多，分别与外商合资、合作办起了欣台鞋厂、美盈鞋厂、刀模厂、全锋鞋机、鞋材厂、先锋汽车修理厂、金棕榈大酒楼有限公司等十几个项目。1987年的固定资产已达到4000万元。其中几间大型鞋厂，都达到有十几条生产线和两千多名员工的规模，年创汇3000多万元。[①]

1989年，杨箕村成为广州第一个产值超亿元的"村"。1998年11月，获广东省人民政府农业办公室和广东省乡镇企业管理局为杨箕村颁发"广东省乡镇企业百强村"称号；2000年7月，杨箕村被国务院发展研究中心、农村部等4个单位评为"优秀小康村"。[②]

20世纪80年代末，广州大道一带，进行大规模开发建设，大量征用杨箕村的农田，1990年，杨箕村已无水稻、果树的栽种，只剩下一些菜田。到1995年，杨箕村的全部耕地都被征用完了，他们便到海珠区、番禺、东圃、增城等地，征别人的征地和租地，兴办乡镇企业。村民大部分转业，或下海从事个体小商业，或进入乡镇企业、区街企业打工，或在宅基地建房出租。

改造后的杨箕村，兴建起15幢36～42层高的电梯楼，供村民回迁居住。2010年5月开始动迁。2016年初改造工程基本完成。10月，杨箕村举行千围宴庆典活动，庆祝改造完成，村民回迁新居，逾万人参与宴席。

村里建起了卫生所、敬老院、小学、托儿所、幼儿园、文体活动中心等福利设施；推行文化教育，40岁以下的村民全部普及高中文化，村干部全部大专毕业。政府承诺，让村民生有所优、幼有所育、少有所教、老有所养、病有所医、贫有所扶、残有所安、死有所葬。维系千年的农业生产方式，至此全部退场。

杨箕村的变迁，是广州郊区城市化的一个缩影。与它有着相同命运的，还有猎德村、冼村、石牌村、天河村、棠下村、三元里村、瑶台村、永泰村、康乐村、鹭江村等130多个城中村。昔日的禾田、水塘，崛起了一个个大型购物

---

① 《杨箕村最后"钉子户"搬了　动迁历时3年多完结》。载《广州日报》2013年8月1日。

② 梅花村街道编《杨箕村自然普查文稿》（未刊稿）。无编写日期。

中心和花园住宅小区。那些曾经一把锄头、两腿泥巴的农民，已完全融入了市
民之中。

　　北京路，"文革"以前叫永汉路，全长1250多米，是广州最繁华的商业
中心。改革开放以后，北京路的商业发展，揭开了全新一页。1980年，中南地
区最大的集体所有制百货零售商场——太白商场开业，被人们视为百货零售业
改革的第一炮。1985年，以拆掉西湖商场，兴建30层高的超大型百货商店——
广州百货大厦为标志，这条历史悠久的文化商业街，真正开始了划时代的转
型。大批时装店、皮具店、鞋店、精品店，抢滩北京路，挂起了各种名牌连锁
专卖店的招牌。

　　由于北京路与主干道中山路相交，车
水马龙，川流不息，交通成了一个发展的瓶
颈。为了解决这个问题，1980年在北京路与
中山路交汇处兴建了一座人行天桥，10月1
日国庆节那天开通。桥为十字形，钢结构，
钢筋混凝土桥面，净高5米，跨度33.4米，
桥四端设上落楼梯，对疏导北京路交通，起
过重要作用。[①] 但一日千里的发展变化，到
20世纪90年代后期，垂垂老矣的天桥，已
无法满足交通的需要了。

　　1997年，北京路改为双休日准步行街
（公交车仍通行）；1999年改为周末商业步
行街；2001年12月1日起，改为全天候步
行街；2002年，新大新公司前的中山五路扩
宽，北京路与中山路交汇处的天桥，也"功
成身退"被拆除。2003年12月20日，北京
路北段（省财政厅大楼至中山五路）也实行

今日杨箕村

---

① 《广州市自行车人行天桥概况》，第1页。无编者，无日期。

分时段步行。北京路改成步行街后，平日的人流量，至少有三四十万人次，周末达五六十万人次；2005 年元旦，北京路的客流量甚至突破百万人次。

2004 年，北京路步行街设立"香港零关税商品"专卖区，以落实 CEPA 安排中关于香港 273 种产品自 2004 年 1 月 1 日起，进入内地市场享受"零关税"政策。2005 年初，以经营中、日、韩的时尚潮流商品的大型商场潮楼在北京路开业，形成购物、饮食、玩乐一体化。2006 年，北京路与法国香榭丽舍大道正式签约为友好街区，越秀区制定的《北京路国际商贸旅游区发展规划（2006-2011）》，把北京路步行街定位为具有"现代都市特色、岭南建筑风格、浓厚文化氛围、窗口示范作用"特色，以广州百货大厦和新大新公司为龙头，以名牌专业店为主体，以广百商业广场的建设为契机，发展成为以经营高档商品为主，配套功能完善的商旅互动的零售主导型综合性步行商业街。以单位面积商品零售总额计算，北京路曾连续多年居全国之首。

北京路堪称步步繁华，步步精彩。漫步在霓虹闪烁的北京路上，迎面而来的人群，提着大包小包，欢声笑语，进出于灯火璀璨的商场，像花团一样，一簇一簇地灿烂盛开着。与北京路周边的千年御苑、千年船台、千年古道、千年水闸、千年古寺，互相呼应，互相映衬，既叠印着那些流逝的岁月，也照亮了未来的大道。

今日北京路

改革开放以后，广州商业呈现汹涌澎湃的发展势头，北京路是一个缩影。1958 年，广州市政府对广州商业网点进行大调整，确立三个全市性的一级商业中心，中山五路—北京路、上下九路—第十甫、人民南路—海珠广场。如今，人们已分辨不出，哪里才是商业中心了，因为"中心"遍地开花，布满河南、河北、西关、天河。

　　每年都有大批外省人像潮水般涌到广州打工，也有大批广州人到外地求学和就业，人口的流动，商品的流动，都处在空前活跃的状态，洗牌效应无所不在。广州人的饮食习惯在改变，衣着品位在变化，购物习惯在改变，阅读兴趣在变化，婚姻观念在变化，方言也在变化。一切都在急速的嬗变之中。这是一场前所未有的超级风暴，不仅深度改造着广州人的血统，也为这座城市注入了超量的文化新元素。

　　2000年，广州市政府邀请清华大学、中国城市规划设计研究院、同济大学、中山大学、广州市城市规划勘测研究院五家机构，进行了一次广州市总体发展概念规划咨询活动。市长林树森在大会发言说："广州作为中心城市，第三产业已经超过50%。这样的产业结构还是比较好的。"但政府还是没有放弃工业城市的梦想，从张之洞至今，这个梦想，已延续了上百年。林树森说："很多人不知道，以为广州商业比较发达，把广州作为一个商业城市。而实际上在全国的城市中，广州的工业在全国排第二位，上海下来工业产值就是广州多了。老实说，小三角洲、大三角洲，甚至到东南亚，有点重工业、原材料工业的还是在广州这个地方。"①

　　事实上，广州在河南、西村、芳村兴建的工厂，如今大部分都不存在了。河南有一条马路叫"工业大道"，以前广州造纸厂、广州重型机器厂、广州造船厂、广州气体厂、第十一橡胶厂、广州锅炉厂等30多家大中型工业企业，集中在这条5.5公里的马路两旁。从这里诞生的广州第一艘万吨巨轮、中国第一台离心机、世界第一件钛制潜水服等，被誉为工业大道的"代表作"。

　　20世纪90年代以后，因城市发展、产业升级、环境污染、经营不善等问题，工厂陆续关闭或搬迁，搬到花都、从化、白云区等地方，广州在白云区建起了七星岗工业园区、望岗工业园区、永泰集贤工业园区、南国工业园、凤和工业园和东华工业区，在花都建起了岭南工业园、振兴工业区和欧洲工业园等。今天的工业大道，一眼望去，全是高楼大厦，不是住宅小区，就是商业中心。有市民戏称，应改名为"房地产大道"。

---

① 林树森：《广州城记》，第151页。广东人民出版社2013年版。

无论广州创造了多少工业产值，在人们的心目中，它仍然是一座繁华的商业城市，这个印象难以改变。它每天都在创造奇迹，让人们对未来充满憧憬，充满欲望，不断追求。生活方式趋于复杂，变得更丰富充实和多样化，有更多的受教育机会、就业机会和赚钱机会，也有了更多的竞争与变数。

为了自己的明天，成千上万的人涌向城市，老城区挤不下了，就要开辟新城区，兴建更密集的住房和写字楼，修筑更复杂的道路网，从高速公路到地铁，以便建立更快速、更大运量的交通设施；要提供更多的公共服务，更多的工厂、商店、食肆、学校、幼儿园、养老院、医院、职业介绍所、快递小哥、高压电网、水道、光纤网络、电信基站、煤气管线，消耗更多的能源，制造更多的垃圾，以及由此而引发的政治、经济、社会、文化、心理、生态、福利等领域的一系列问题。

梦想在此孕育、发芽、成长，未来可能是喜剧，也可能是悲剧。有人赢在起跑线上，有人输在终点线上；有人辞官归故里，有人漏夜赶科场。只要明天太阳还会升起，人生就有希望，人们就会前赴后继，跳上梦想之舟，朝那片在海平线上闪闪发光的地方——城市，奋力划去。

想当年，广州建起了第一高楼城外大新公司，让人们叹为观止；这个纪录在 25 年后，被爱群大酒店打破，人们又叹为观止；而爱群的纪录，在 31 年后被广州宾馆打破，人们又叹为观止。进入 20 世纪 90 年代以后，这些第一高楼的纪录，几乎年年被打破。1978 年，整个广州只有 24 幢 10 层以上的建筑物，到 1996 年已达到 3200 幢，增加了 132 倍。1983 年只有两幢 100 米以上的高楼，1997 年增加至 94 幢，翻了 47 倍。[①] 玻璃幕墙、观光电梯、旋转餐厅、立体交叉高架桥，这些以前只出现在电影里的东西，现在已多得让人头痛了。

如果说在 20 世纪 80 年代，政府是努力放手让市场发挥作用的话，那么，20 世纪 90 年代以后，随着地铁、环城高速公路、旧城改造、光亮工程、穿衣戴帽工程，一个个投资巨大的标志性工程上马，政府开始重新扮演起主导性的角色了。

---

① 广州市城建档案馆编《广州市 100 米高层建筑实录·前言》。1997 年 10 月。

太平南路（今人民南路）新华大酒店

　　20 世纪末，"建设国际化大都市"的口号，喊得震天响，人们已有从近代化向现代化迈进的强烈意愿与冲动。但什么才是国际化？怎样才叫作现代化？人们的观念，却不甚清晰，一度觉得，有足够多的高楼大厦，把玻璃幕墙砌到云端里去；有足够长的高架桥、内环路、高速公路、地下铁路，把全市覆盖起来；满大街都是国际品牌，小孩能够入读国际学校，把工人新村改名为"巴黎花园"，就是国际化了。

　　在全球一体化的浪潮下，文化的同质化，日趋严重。城市千城一面，好像以同一个模板不断复制出来。人们不禁要问：在洪水般的开发建设中，是否必然要付出交通堵塞、噪声扰人、灰霾蔽天、河涌污臭的代价？如何保持城市的历史、文脉、尺度、肌理、韵律，让广州人不至于觉得生活在一座陌生的城市？没有人能够理直气壮地回答。或者有人可以回答，却给不出解决的方案。

　　人们常常评论一座城市的好坏，但标准是什么？广州在历史上是中外贸易的枢纽，商业带有很浓的平民色彩，商品五花八门、琳琅满目，价廉物美，尤其是适合平民百姓消费的中低档商品，特别丰富。有人说广州像一个大集市，逛街像趁墟。一个平民化的购物天堂，恰恰就是广州与众不同的特色。让人一提起广州，脑海便立刻浮现出来的特有景象，就是广州的城市品牌。现在，人们希望用最豪华、最时尚、最巨型的购物中心，取代街头巷尾的小商业，以为这就是现代化。

一座城市是否有活力，不仅要看有多少超大型的购物中心，还要看很多方面。比如能不能提供足够的公共服务、基础设施和住房？居住环境是否安全？能否减少污染？生态环境是否稳定？卫生状况好不好？看病容易吗？读书容易吗？就业容易吗？年轻人买得起住房吗？法治环境是否完善？市民对公共事务的参与度有多大？资讯的流动是否畅通无阻？文化生活是否丰富多样？……凡此种种，都是一座城市现代化的价值标准。

城市是给人居住的。住得舒服的城市，才是好城市。对 GDP 有利的东西，对人们的生活未必有利。需要取舍与平衡。人们常把"时间就是金钱，效率就是生命"挂在嘴边，舆论对"速度""效率"这些概念，不断地渲染与神化，可以说既有利也有弊。利者，推动经济高速发展；弊者，人们正不自觉地创造一个物欲横流的社会。时至今日，人们已然明白，效率不是唯一值得追求的东西，在这个世界上，还有许多东西，需要予以关注，例如，公平、公正、诚信、情感、信念、关怀等。

在 20 世纪 80 年代经济起飞的过程中，广州在积极引进外资，发展"三来一补"和"三资"企业时，一些对环境污染严重的工业项目，也照上不误。有的企业为追求经济效益，不按规定采取环境的保护和治理。大量工业污染，正快速吞噬着自己的家园。河流成了臭水沟，污油满江，垃圾漂浮，鱼虾灭绝，空气尘雾弥漫，天降酸雨。

人们习惯了把 GDP 摆在一个至高无上的位置，一切都围绕着经济增长率，如痴如狂地运转。有人讥笑这是"GDP 压力综合征"，也有人称之为"GDP 拜物教"。为了争做全国龙头，跻身超级城市之列，都抢着搞最大的开发区、最大的物流中心、最大的金融中心、最大的高新技术中心、最大的会展中心，拥有最大的生产基地，盖全国最高的摩天大楼，最好全世界的跨国公司都在这里设立总部。

经济发展的最终目的，是以人为本的，是提高人们的生活质量。当今许多世界城市，GDP 并不算高，也没有跨国公司总部，也没有那么多高楼大厦，但人们一样可以生活得很富足、很舒适、很祥和。事实上，能否吸引跨国公司来设总部，与人们生活质量的好坏，并没有直接关系。

　　尽管 1982 年广州已跻身历史文化名城之列，但人们没有马上意识到"历史文化名城"这六个字的分量，更没有意识到，对于一个有两千多历史的城市来说，最重要的，是如何保有自己独特的文化遗产。这是它与其他城市的区别所在。一个有魅力的城市，需要有不同的建筑、不同的街道、不同的人群、不同的生活方式，向人们展示着独特的文化模式。真正能够吸引人的，是文化的多样性，而不是千篇一律。

　　广州人感受到切肤之痛了。速度与效率虽然重要，但过分片面强调速度与效率，并不能使人达至一种和谐、健康、向上的生活。于是，广州开始注重培养文化，并致力于治理污染，保护环境。一时间，人人都在高谈阔论"可持续发展"和"绿色 GDP"。人们的环境与资源意识，逐渐觉醒了。这是自己的家园，决不能以牺牲自然、破坏文化为代价，换取一两个百分点的经济增长率。如果从可持续发展角度思考，一个城市的文化容量，显然比 GDP 更为重要。产业有兴有替，但文化却历久不衰。

　　在铺天盖地的城市化浪潮冲击下，"旧城改造"运动长风一振，席卷东西南北，老房子被大片大片推倒，许多构成地方特色的传统建筑，被一扫而光。充满诗意、写满故事的乡土建筑，拆一幢少一幢。取而代之的，是如出一辙的石屎森林，不中不西的玻璃幕墙大厦，以多样性为基础的城市社会文化生态，遭到了不可逆的破坏。

　　人们在注重生活方式的同时，也关注着城市的传统问题：我们对传统究竟有多少认识？什么是一个城市的传统？它的个性是什么？居民的生活习惯如何？邻里关系有什么特点？商业布局为什么是这样而不是那样？人们常说一个城市要有"可识别性"，广州的可识别性又在哪里？

　　人们的思考，不断深入，对现状的不满，也与日俱增。于是就有了各种旨在改变现状的"工程"：碧水蓝天工程、河涌截污工程、珠江治理工程、机动车油改气示范工程、三绿工程（绿色消费、绿色市场、绿色通道）、垃圾分类回收计划、双达标（工业污染源达到国家或地方规定的污染物排放标准；空气和地面水按功能区达到国家规定的环境质量标准）活动、小四化（绿化、美化、净化、效能化）运动、创建国家环保城市活动。大批污染严重的工厂被关停改造；对小排量汽车上路，放了又禁，禁了又放；为了证明珠江水质的改善，政府还组织了"畅游珠江活动"。2002 年，广州市获联合国改善人居环境最佳范例奖。

城市的好坏，争论会永远存在。人们既要顾及城市的性能，也要考虑参差错落的价值标准。面对这些变化时，试图用"好"与"坏"来概括，也许会过于简单。

从 21 世纪开始，"大拆大建"的城建理念受到广泛质疑和批判。建筑遗产的保护与再利用，成为城市建设与社会发展日益重要的课题，备受关注。2000 年 7 月，一场"中国近代建筑史国际研讨会"在广州、澳门召开，会议主题就是"近代建筑与历史地段的保护再利用"。在"活化老建筑"观念的推动下，广州芳村大涌口有一片占地 2.3 万平方米的旧厂房、仓库，在 2005 年被改造成一个多功能展示厅、情景酒吧、工业博物馆和当代艺术家工作室的区域。无论它的活化寿命能维持多长，仍不失为有意义的尝试。对建筑遗产的保护与利用，使得岭南的人文脉络在现化代过程中，得以香火绵延，永无顿断。

2008 年 12 月，广州市政府印发《广州市污水治理和河涌综合整治工作方案》，要投资 486 亿元，用 18 个月的时间，完成广州的污水治理与河涌的综合整治。治理的技术路线，以截污、清淤、补水、堤岸、绿化、清违六大要素为主体。计划在 2010 年 6 月 30 日前，全市污水治理工程，将投资 184.73 亿元，建成 38 座污水处理厂、75 座污水泵站、1140 公里市政污水管网，新增污水处理能力 225 万吨 / 日，同时建设覆盖白云、花都、番禺、南沙、萝岗区和从化、增城市 32 个镇（街）所属的 245 个村、65.93 万农村常住户籍人口的农村生活污水处理系统。

在治理河涌方面，投资 119.33 亿元，综合整治河涌 121 条，整治总长度 388.52 公里。中心城区 6 个区共整治 66 条河涌，整治长度 240.64 条，其中主要河涌 29 条，整治总长度 154.33 公里；一般河涌 37 条，整治总长度 86.31 公里。同时组织开展有关河道清淤工作。花都、番禺、南沙、萝岗区和从化、增城市，计划整治河涌共计 55 条，整治总长度 147.88 公里。[1] 效果如何，一切都将摊在阳光下，由市民来评判。

---

① 广州市政府《广州市污水治理和河涌综合整治工作方案》。2008 年 12 月 29 日。

　　旧城改造的观念与思路，也发生着变化，不再依赖于房地产开发，不再沉迷于洪水式的大拆大建，而更多采取"微改造"的形式。在老旧小区进行改造公共设施、改造老旧房屋、改造人居环境，主要包括改造"三线"（电线、电话线、有线电视线）、更换排水管、改造路面、整饰花池、铺设路缘石、改造自行车停车架、增设楼道楼栋门及扶手等，点点滴滴地进行改造。

　　对历史建筑群，以修缮保护和活化利用为原则，尽量保住原貌，轻易不做伤筋动骨的改变，通过对绿化设施、围墙、建筑外立面的改造，营造出一个具有传统韵味的小区环境，留住历史记忆；与传统风貌不协调的建筑，采用小规模、渐进式的有机更新方式，改善提升。强调对城市肌理的整体性保护，保持传统街巷的空间尺度和风貌，改善公共服务设施，提升历史城区生活品质。所以，不要说争议没有意义，也不要回避争议，我们的时代，就是在正常争议的推动下，一步步向前走的。

　　政府与民间的努力，都是为了改善城市的居住环境，不管其措施是否得法，能否达到预期目标，其方向是对的，则殆无疑义。取法其上，能得乎其中，已赢得了市民认同。美丽的城市，真的会给人带来美丽的梦想。

结　语
读懂这座城

　　珠江，朝朝暮暮，奔流不息，每年把上亿吨泥沙冲往大海，渐渐淤积成珠江三角洲。在肥沃的冲积平原上，处处桑基鱼塘，果林茶园，稻浪翻波，水乡渔市，万家灯火。春秋战国五百余年，中原王纲陵夷，烽火不绝。而广州凭借五岭藩屏，依然风平波静，甚至和海外建立了贸易往来，海内外商贾咸集。

　　广州一直是以商为本的城市，"四民之中，商贾居其半"。[1] 广州人最会做生意，尤其是海洋贸易。在广州人的记忆里，通往大海的珠江，从来就是一条贸易之河。每天有无数的乌艚、白艚、独樯舶、牛头舶、三木舶、料河舶，麋集在江面上，等候入港或准备扬帆出海。一望无际的大海，不仅是生财之道，而且是文化之源，生命之源。

　　广州在远离中国政治、文化中心的边远地区，巍然独存，发展成繁荣富庶之区，更成为近百年引领中国前进的航标之一。什么是中国近代史？就是中国认识世界的历史，中国以平等、开放姿态融入世界的历史。广州在近代化转型中，起步最早，走在最前，也是因为地处南海之滨，处在中国与世界接触的最前沿。两千年的海上丝绸之路，把广州与世界紧密联系在一起，也把历史与现实紧密联系在一起。当世界在前进时，广州比内地其他城市，更早和更深刻地感受到。

---

[1]　彭邦畴：《重修梅州试院记》（碑文，碑存梅州市梅州学宫）。

　　广州经济是以外贸为本的，海路畅通与否，对广州的兴衰，影响至巨。反观通往北方的漕运与驿道，却没有这么明显的影响，甚至有时候北方战乱，广州反而发展更快。广州经济对海外贸易的依赖，远远大于对北方的依赖。广州是中国对世界开放时间最长、开放度最大的城市，也是距帝王都会、政教纪纲最远的城市。视界最宽，束缚最小，至关重要的两大因素，为培育新思想、新制度，提供了必要的水土。

　　要在漫长的历史时间轴上，为广州的近代化，确定一个清晰的起点，难乎其难。因为历史就像珠江一样，绵延不绝，前浪后浪，层层叠涌，无始无终，无间无断，每一朵浪花的出现，都有它的前因后果，都是天地万物交互作用的结果，无所谓终极原因，也难以预测它对天地万物的终极影响。有人说，鸦片战争开始了近代化进程；也有人说是从十三行时代开始；有人说，明代嘉靖朝广州作为唯一通商口岸时，这个过程就开启了；甚至有人要追溯到南宋时代。每一种说法，都有其依据，但都不完全站得住脚。

　　城市的近代化，有不同的指标参数可供衡量。但各项指标，不是齐头并进的，有时差距还非常大。比如十三行时代，广州商业全球化指标较高，但工业化指标却很低；自强运动以后，工业化指标有所上升，但民主化指标又很低；辛亥革命以后，民主化提升了，但城市服务、城市设施又跟不上；陈济棠时期，工业化指标大幅提升，城市街道、城市建筑、城市服务、城市生活，都有很大改善，但文化建设上却大幅倒退，甚至与近代公民社会的目标，背道而驰。

　　拆城筑路、大搞市政建设，城市主要区域的环境变好了，马路通畅了，建筑漂亮了，但有时候横街窄巷的环境，却因为大马路的出现，更加恶劣。繁华区与凋敝区的反差，更加强烈。繁华区运转良好，显示出蒸蒸日上的态势，但凋敝区却十分糟糕，居民也好像自暴自弃，肆意在家门口制造垃圾，淤塞河涌，恶化自己的环境，却熟视无睹，习以为常。这让人如何给城市近代化的成绩单打分呢？

　　城市文化的形成与发育，有时也陷入两难。广州人对吸收海外文化，没有什么心理障碍，几千年就是这么走过来的，他们并不特别崇拜西方文化，也不特别排斥。把外来文化与本土文化融为一体，对老百姓而言不是难题，在日常生活中，早就这么做了，但在深厚的儒家文化压力下，如何固守"华夷大防"，对官府而言却是天大难题。

张之洞提出"中学为体，西学为用"的主张，就像造了一个无形笼子，把几代人的思想关在里面，冲不出来。从鸦片战争、自强运动、戊戌变法、辛亥革命，到陈炯明时期、陈济棠时期，人们都在没完没了地讨论：到底中国比西方落后在哪里？为什么落后？在西方文化中，哪些我们应该学？哪些不应该学？是部分学，还是全盘学？对中国传统文化的评价，也呈现两极分化，有人认为都是糟粕，应该全盘否定，有人认为是国粹，应该发扬光大。在二分法的思维模式下，知识界争论不休，难获共识。

陈济棠试图以政治权力，为文化争论立下"共识"，一面扫荡旧俗，废除旧历，禁止过传统节日，禁止拜神；一面又提倡尊孔读经，恢复祀孔、祀关岳；一面在社会扫荡卜筮星相，一面自己私下又笃信风水、算命之说；一面不得不承认西方科学领先，一面又死抱着"自古圣贤，不臣异俗"的心理，左手引进外国机器、技术，右手指责学习外国文化是亡国文化。这让大众更加无所适从，也更无共识了，到底应该破除传统，还是应该回归传统？到底应该学习西方，还是抗拒西方？陈济棠也说不清楚，以至于出现祀孔应取旧历日子，还是新历日子，犹豫不决的窘境。

思想界在自我设限的怪圈里打转，每十年八年就反复一次，几成解不开的死结。影响到近代化的进程，经常出现进两步、退一步的情形；或者左脚往前走，右脚往后退；或者脑子想着右转，双脚却偏偏左转；或者思想已经飞跑到前面了，臃肿的身体还在后面慢慢爬。近代化的道路，也因此格外崎岖难行。

另一个阻碍近代化的因素，是频繁的战乱和政治动荡。清末的改革，因辛亥革命而中断；桂系的改良城市运动，被粤军回粤打断；陈炯明的第一次城市改革，因"二次革命"而中断；第二次城市改革，又因北伐和兵变而中断；陈济棠的三年施政计划，开展得蓬蓬勃勃，结果又因自己一手策动的"两广事变"而中断。

历史的风陵渡口，总是出现在意想不到之处。

然而，无论有多少风雨，多少障碍，现代化是一个世界大趋势。某个时候，某个地方，可能会走一些弯路，可能会步履蹒跚，时快时慢，但绝不会停止。世界要走向现代化，中国也要走向现代化。这是由历史发展的内在逻辑决定的，不是哪个人心血来潮可以改变的。

西医刚进入广州时，大部分人对外科手术极为恐惧，觉得破肚拆骨，近乎凌迟，连"道济"二字，都能联想起"刀仔"，闻之色变。许多人以为，要国人接受西医，还有漫漫长路要走，起码需经过两三代人。但何曾想到，才过了十几年，一家家西医院，已驾乎中医而上，遍布广州。五千年源远流长的中医，反而要为生存，苦苦挣扎。

当初张之洞在广州，看到沙面的整洁美观，就要修筑长堤，想把洋人比下去。才开了个头，就离开广州。人们都以为人亡政息，长堤计划，必定无疾而终，但它还是筑起来了，不仅筑了西堤、东堤，还一直筑到洲头咀，筑起了海珠桥。这一切，张之洞何曾想到？

辛亥革命后，陈炯明立志拆城墙、筑马路，但战火一起，美图成灰，许多人都以为，拆城筑路，不知是猴年马月的事了，但几年后一看，城墙已被夷为平地，一条条大马路出现了。在1921年之前的32年间，广州修筑的马路，只有3.9万米；而陈济棠时期，仅5年时间，就修筑了10.1833万米的马路。[①] 这一切，陈炯明又何曾想到？

一个崭新的广州，就在无数的"何曾想到"中，发育成长。1991年夏天的一个清晨，中山二路、执信路口附近的居民，被"突突"咆哮的钻机声惊醒。从执信路至东川路，长566米路段的马路，开始进行扩宽工程了，从原来的14米扩至36米。当时的人们何曾想到，这是广州地铁工程的第一炮。1993年12月28日，广州地铁1号线破土动工。随着地铁1号线在中山路的站场和上盖物业开始兴建，路面也同时进行全线拓宽。当人们对地铁1号线满怀憧憬时，又有多少人想到，28年以后，广州的地铁会开通至22号线呢？又有多少人能够预见到，22条地铁线，会给广州带来怎样的变化？

回望百年来时路，人们真切地感受到，什么叫"道路是曲折的，前途是光明的"，什么叫"历史潮流，不可阻挡"。广州从一个农业国的传统城邑，进

---

① 杨万秀主编《广州通史》近代卷，下册，第737～741页。《广州通史》现代卷，
　　上册，第395页。中华书局2010年版。

化成为近代城市，花了上百年时间；从一个近代城市向现代城市转型，也走过三十多年了。在这段漫长而艰苦的旅程中，闯过了多少急流险滩？未来还有多少荆棘坎坷？但该走的路，总是要走的，无论是高歌猛进，还是跌跌撞撞。

20 世纪以降，广州进行了两轮天翻地覆的城市改造运动。第一轮是 1918 年至 1938 年间，第二轮从 20 世纪 90 年代开始，至今仍在进行中。经过这两轮的建设，从城市的建筑、街道、服务、生活、设施、环境、收入、福利各方面考察，毋庸置疑，广州已从传统意义上的旧城邑，一步步走向现代大都市了。

尽管这个过程，充满了争议。有赞美，有欢呼，也有责备，有抗议，有嘲讽。一个历史悠久的城市，就是在这种曲曲折折、起起伏伏的道路上，一步一个脚印走过来了。被改变的不仅是城市的建筑形态与城市面积，大众的审美趣味、生活形态、生活习俗，乃至整个社会的价值观念，也无一例外地在改变着。

有人担心，广州的历史文化传统会不会因此死去？答案是：它不会死，只会以一种新形态延续下去。也许人们一时还觉得陌生，甚至有某种怀疑和排斥，因为人都希望生活在熟悉的环境中，但社会总归是要前进的。明天的太阳，总归是要升起的。争议不断，跬步千里。明天，将属于这座新的城市，新的广州。

明天，值得期待。